高等职业教育创新型系列教材

物流成本管理

（第 4 版）

主　编　陈　文　吴智峰
副主编　陈成栋　陈巧燕　郭雪琳

北京理工大学出版社
BEIJING INSTITUTE OF TECHNOLOGY PRESS

内 容 简 介

本书根据适度运用理论、突出实际操作和运用的原则,全面论述了物流成本管理的基本理论与方法,阐述了物流成本核算、物流成本分析、物流成本预测与决策、物流成本预算与控制、运输成本管理、仓储成本管理、配送成本管理、装卸搬运成本管理、物流成本绩效评价以及供应链物流成本管理等。

本书注重先进性原则,根据现代物流管理工作的要求,注重学习应用最新的物流成本管理理论、操作方法和手段。注重多样性原则,每章节提供了知识目标、技能目标、素质目标,穿插了知识拓展和大量的典型案例,每章后附有小结、同步测试以及实训项目。本书具有科学性、系统性、知识性、实用性等特点,适合作为高等学校物流管理专业以及相关专业的教材,也可以作为企业从事物流成本管理及相关人员的参考书。

版权专有　侵权必究

图书在版编目（CIP）数据

物流成本管理／陈文,吴智峰主编. ―4版. ―北京：北京理工大学出版社,2021.9（2021.10重印）
ISBN 978-7-5763-0297-4

Ⅰ.①物…　Ⅱ.①陈…②吴…　Ⅲ.①物流管理-成本管理-高等学校-教材　Ⅳ.①F253.7

中国版本图书馆 CIP 数据核字（2021）第 182464 号

出版发行 ／ 北京理工大学出版社有限责任公司	
社　　址 ／ 北京市海淀区中关村南大街 5 号	
邮　　编 ／ 100081	
电　　话 ／（010）68914775（总编室）	
（010）82562903（教材售后服务热线）	
（010）68944723（其他图书服务热线）	
网　　址 ／ http://www.bitpress.com.cn	
经　　销 ／ 全国各地新华书店	
印　　刷 ／ 三河市天利华印刷装订有限公司	
开　　本 ／ 787 毫米×1092 毫米　1/16	
印　　张 ／ 17.75	责任编辑 ／ 李玉昌
字　　数 ／ 415 千字	文案编辑 ／ 李玉昌
版　　次 ／ 2021 年 9 月第 4 版　2021 年 10 月第 2 次印刷	责任校对 ／ 周瑞红
定　　价 ／ 49.00 元	责任印制 ／ 施胜娟

图书出现印装质量问题,请拨打售后服务热线,本社负责调换

物流管理系列教材
专家委员会

主任委员：
  俞步松 浙江经济职业技术学院

副主任委员：
  杜学森 天津滨海职业学院
  孔月红 辽宁交通高等专科学校
  朱光福 重庆城市管理职业学院
  杨国荣 江西旅游商贸职业学院

编委（排名不分先后）：
  陈鸿雁 淄博职业学院
  陈　文 福建船政交通职业学院
  江明光 福建船政交通职业学院
  王红艳 陕西工业职业技术学院
  徐丽蕊 陕西工业职业技术学院
  李海民 山东交通职业学院
  杨　清 广西职业技术学院
  张　敏 广州航海学院
  朱耀勤 青岛黄海学院
  李　森 江苏海事职业技术学院
  姜　波 天津商务职业学院
  陶春柳 苏州健雄职业技术学院
  申纲领 许昌职业技术学院
  孙金丹 浙江物产物流投资有限公司
  黄法庆 山东商务信供应链有限公司

总　　序

2014年9月，国务院发布了《物流业发展中长期规划（2014—2020年）》，其中指出物流业是融合运输、仓储、货代、信息等产业的复合型服务业，是支撑国民经济发展的基础性、战略性产业，强调加快发展现代物流业，对于促进产业结构调整、转变发展方式、提高国民经济竞争力和建设生态文明具有重要意义，并提出到2020年，基本建立布局合理、技术先进、便捷高效、绿色环保、安全有序的现代物流服务体系。物流企业竞争力显著增强，一体化运作、网络化经营能力进一步提高，信息化和供应链管理水平明显提升，形成一批具有国际竞争力的大型综合物流企业集团和物流服务品牌。

现代物流是一项庞大而复杂的系统工程，不仅涉及运输、仓储、包装、装卸搬运、流通加工、配送、信息等各物流环节，也关系国家发展、城市规划、国土利用、基本建设、环境保护和经济运行的各部门，各类企业、事业单位都与物流有着密不可分的关系。

物流业涉及领域广、吸纳就业人数多，对促进生产、拉动消费的作用大。物流业产值每增加1%，可以增加10万个工作岗位。同时，物流成本占GDP的比率每降低1%，将带来3 000亿元的效益。而要提高物流业整体水平，亟须加快培养一支规模庞大的高素质技术技能型物流从业人员队伍。

2019年年初，国务院出台了《国家职业教育改革实施方案》（简称"职教20条"），对深化职业教育改革做出重要部署。"职教20条"针对一些多年来未解决的困扰，甚至阻碍职业教育发展的关键性、核心性问题，提出了一系列突破性的解决方案，具有划时代和里程碑意义。

"职教20条"提出：将"启动1+X证书制度试点工作""鼓励职业院校学生在获得学历证书的同时，积极取得多类职业技能等级证书，拓展就业创业本领，缓解结构性就业矛盾"。日前，教育部、国家发展改革委、财政部、市场监管总局联合印发《关于在院校实施"学历证书+若干职业技能等级证书"制度试点方案》（简称《试点方案》），部署启动"学历证书+若干职业技能等级证书"（简称"1+X证书"）制度试点工作。近期教育部首批启动了5个职业技能领域试点，物流管理职业技能等级证书正是首批试点的职业技能等级证书之一，这体现了国家层面对物流类高等职业教育的重视。

随着我国物流产业进入高质量发展的新时代，企业对高素质技术技能型物流人才的需求愈发迫切，需要一套更加成熟的、适应专业人才培养模式改革、适应企业现实要求、适应社会需求的物流管理专业教材，本套丛书就是在这样的背景下产生的。

这批教材立项之时，也是国家职业教育专业教学资源库建设项目及国家在线开放课程建设项目深入开展之际，而专业、课程、教材之间的紧密联系，无疑为融通教改项目、整合优质资源、打造精品力作奠定了基础。

本套丛书借鉴并吸收了国内外物流管理领域的最新研究成果，密切结合我国物流业高质量发展的实际需要，克服了同类教材的不足，充分体现了能力本位、应用性、创新性和实践性的要求。本套丛书力求在编写内容、编写体例和编写语言等方面适应高素质技术技能型人才培养的实际需求，以突出实践能力为主线，强调理论与实践的有机结合，理论阐述适度，突出高等职业教育特色，实现知行合一、工学结合的目标。内容按照"知识""能力""素质"并重的要求，以"考学结合"为切入点，贯彻"项目导向，任务驱动"编写理念，将"课堂理论教学、实验仿真教学、企业案例实践教学"的教学体系落实在教材中，并在教学过程中通过情景写实教学、经典实例教学等教学方式方法，培养学生乐于探究、勇于实践的职业素养，提高学生将物流理论应用于企业实践的职业能力，实现"教、学、做"的统一，为企业培养应用动手能力强、可持续发展潜力大的高素质技术技能型人才奠定基础。

这套教材从专家团队组建、教材编写定位、教材结构设计、教材大纲审定到教材编写、宣校全过程，都倾注了高职教学一线众多教育专家、教学工作者和企业一线人员的心血，在这里真诚地对参加编审的教授、相关专家表示衷心的感谢。

相信这套教材在广大职业院校推广使用之后，可以有效地培养学生学习能力、职业能力和社会能力，促进学生综合素质的发展和提高。

全国物流职业教育教学指导委员会副主任委员
浙江经济职业技术学院原书记

再版前言

为满足物流管理专业的教学需求，北京理工大学出版社组织编写了物流管理专业系列教材，《物流成本管理》一书于2009年出版。本教材出版以来，深受广大师生和业界读者的欢迎，于2012年修订出版了第2版，2017年修订出版了第3版。

为适应移动互联网、人工智能、大数据、云计算、区块链等为背景的新技术的到来，依据2019年7月发布的《高等职业学校专业教学标准》和智慧物流新实践，在征求院校师生和业界读者意见的基础上，予以修订。本书充分体现物流管理专业教学改革新成果，安排了知识目标、技能目标、素质目标、先导案例和综合案例，体现课程思政的相关内容，穿插了知识拓展和典型案例分析，附有本章小结、同步测试和实训项目，安排了二维码链接，有效适应"互联网+"灵活教学，教学课件、习题参考答案、微课、视频等数字教学资源建设齐全，种类丰富，以满足物流管理专业教学的需求。

本书由陈文、吴智峰副教授任主编，陈成栋教授、陈巧燕高级讲师、郭雪琳高级会计师任副主编，具体分工如下：陈文编写第5章、第10章、第11章，陈成栋编写第1章和第8章，吴智峰编写第4章、第6章、第9章，陈巧燕编写第2章、第3章和第7章，郭雪琳负责全书审稿。京东物流智能供应链高级总监原一健、高级工程师曹凯、产教融合负责人吴显威提供了修订意见和相关案例。全书由陈文、吴智峰拟定修订内容和统稿审核。

本书编写过程中参考和引用了国内外物流科学的论著、资料和案例，在此向相关作者表示最诚挚的感谢！

限于编者水平和所掌握资料所限，本书难免存在不足之处，恳请读者和专家批评指正。

编　者

前　言

物流成本管理是指运用成本来管理物流。随着企业面临的市场竞争日趋激烈，加强物流成本管理、降低物流成本对于企业来说有着重要的意义。在全球化经济、供应链管理的时代，降低物流成本并不是改善物流系统的唯一目的，良好的客户服务水平在使整个供应链系统的总成本维持在一个较低水平的同时，能够提高客户的满意度，提升企业的竞争力。物流成本的研究不只是为了降低物流成本，更重要的是通过成本研究发现物流系统中存在的缺陷，从而改善物流系统的性能。

根据高职高专物流管理专业的教学要求，北京理工大学出版社组织编写了本教材。本教材以《关于全面提高高等职业教育教学质量的若干意见》（教高〔2006〕16号）为指导，适应工学结合的人才培养模式，面向物流企业的基层管理工作岗位，以培养学生的职业能力为目标，以"教学做"一体化为宗旨。本教材贯彻了"行动导向"的编写理念，在教材中安排了知识目标、技能目标、先导案例和综合案例，穿插了大量的知识拓展和典型案例分析，每章后附有本章小结、思考练习题以及实训项目，内容深入浅出，版面生动活泼，可以提高学生的学习兴趣和学习效果。

本教材以高职高专人才的培养目标和特点为依据，根据物流行业的特点，重点介绍了物流成本核算、分析、预算、控制、绩效评价和供应链物流成本管理的基本理论和方法；并按照物流过程的主要环节，介绍了运输、仓储、配送和装卸搬运等物流活动成本管理的内容，全书共分11章。

本书由陈文副教授主编，陈成栋副教授和王琴老师为副主编。具体的分工为：福建船政交通职业学院陈文编写第5和第10章，闽江学院陈成栋编写第1和第8章，武昌理工学院王琴编写第4章，陈文、王琴共同编写了第9章，福建工贸学校陈巧燕讲师编写第2、第3和第7章，漳州职业技术学院陈耀庭编写第6和第11章。全书由陈文拟定大纲并统稿审核。

在本书编写过程中，参阅和引用了国内外许多有关物流科学的论著、资料和案例，在此对这些论著、资料和案例的作者表示最诚挚的谢意！

限于编者所掌握的资料和水平有限，本书难免存在不足之处，恳请读者和同行批评指正。

编　者

目 录

第 1 章 总论 1
  1.1 物流成本管理概述 2
  1.2 物流成本的构成和分类 8
  1.3 对物流成本的认识 11
  1.4 物流成本管理的相关理论学说 15
  1.5 美国、日本、中国的物流成本核算现状 19

第 2 章 物流成本核算 30
  2.1 物流成本核算的目的 31
  2.2 物流成本核算的对象 32
  2.3 物流成本核算的方法及存在的问题 36
  2.4 物流作业成本核算 40

第 3 章 物流成本分析 57
  3.1 物流成本分析概述 58
  3.2 影响物流成本的因素 62
  3.3 物流成本的差异分析 63
  3.4 物流作业成本分析 65
  3.5 物流效率分析 66

第 4 章 物流成本预测与决策 72
  4.1 物流成本预测概述 73
  4.2 物流成本预测的步骤和方法 74
  4.3 物流成本决策概述 81
  4.4 物流成本决策的方法 82

第 5 章 物流成本预算与控制 92
  5.1 物流成本预算概述 93
  5.2 物流成本预算的编制方法 95

5.3 物流成本控制概述 ………………………………………………………… 101
5.4 物流成本控制的方法 ……………………………………………………… 104
5.5 物流成本控制的途径 ……………………………………………………… 119

第 6 章　运输成本管理 …………………………………………………………… 127
6.1 运输成本概述 ……………………………………………………………… 130
6.2 运输成本核算 ……………………………………………………………… 131
6.3 运输费用预算编制 ………………………………………………………… 134
6.4 运输成本决策 ……………………………………………………………… 136
6.5 运输成本优化 ……………………………………………………………… 144

第 7 章　仓储成本管理 …………………………………………………………… 154
7.1 仓储成本管理概述 ………………………………………………………… 155
7.2 仓储成本核算 ……………………………………………………………… 158
7.3 仓储成本分析 ……………………………………………………………… 163
7.4 仓储成本决策 ……………………………………………………………… 167
7.5 仓储成本优化 ……………………………………………………………… 170

第 8 章　配送成本管理 …………………………………………………………… 179
8.1 配送成本管理概述 ………………………………………………………… 181
8.2 配送成本核算 ……………………………………………………………… 183
8.3 配送成本的控制与分析 …………………………………………………… 189
8.4 配送成本的优化 …………………………………………………………… 195

第 9 章　装卸搬运成本管理 ……………………………………………………… 204
9.1 装卸搬运概述 ……………………………………………………………… 205
9.2 装卸搬运成本核算 ………………………………………………………… 207
9.3 装卸搬运成本分析 ………………………………………………………… 213
9.4 装卸搬运成本优化 ………………………………………………………… 216

第 10 章　物流成本绩效评价 …………………………………………………… 221
10.1 物流成本绩效评价概述 …………………………………………………… 222
10.2 物流责任中心 ……………………………………………………………… 224
10.3 物流责任预算、责任报告和业绩考核 …………………………………… 227
10.4 物流成本绩效评价指标分析 ……………………………………………… 229
10.5 物流企业绩效综合评价 …………………………………………………… 235

第 11 章　供应链物流成本管理 ………………………………………………… 245
11.1 供应链成本的划分及其影响因素 ………………………………………… 246
11.2 基于供应链管理思想的物流成本绩效管理战略 ………………………… 248
11.3 供应链物流成本控制的途径 ……………………………………………… 253

参考文献 …………………………………………………………………………… 270

总　　论

知识目标

1. 掌握物流成本的内涵。
2. 了解物流成本的相关理论。
3. 明确物流成本的构成和分类。
4. 掌握物流成本管理的内容和方法。
5. 了解国内外物流成本管理的概况。

技能目标

1. 能正确表达物流成本的概念。
2. 具备从多角度思考物流成本的思维能力。

素质目标

1. 培养学生具备物流成本管理的基本素质。
2. 培养学生爱岗敬业、细心踏实的物流成本管理的职业精神。

先导案例

可口可乐的物流成本

成都金桥物流有限公司总经理刘显付算了一笔账，当你在超市里花6元钱买一瓶2.25升的可口可乐时，你也许不太注意，这6元钱里包含了人工成本、原材料成本以及物流成本，最后才是一瓶可口可乐的利润。其实，这瓶可口可乐的制造成本（也就是把人工成本和原材料的费用加在一起），只不过4元左右，利润不过几毛钱，而相比之下，物流的成本却超过了1元钱。一瓶可乐在仓储、运输上消耗的费用能够占到销售价格的20%～30%。

刘显付说，事实上，物流成本已经成为企业生产成本中不可忽视的一笔消耗。在市场竞争日益激烈的今天，原材料和劳动力成本利润空间日益狭小，劳动生产率提升的潜力空间也有限，加工制造领域的利润趋薄，靠降低原材料消耗、劳动力成本或大力提高制造环节的劳动生产率来获取更大的利润已较为困难。因此，商品生产和流通中的物流环节成为继劳动力、自然资源之后的"第三利润源"，而保证这一利润源实现的关键是降低物流成本。

资料来源：锦程物流网 www.56en.com

1.1 物流成本管理概述

1.1.1 物流管理的概念

尽管众多教科书强调现代物流管理起源于第二次世界大战中军队输送物资装备所发展出来的储运模式和技术，但是事实上自从有了人类生产、生活活动以来，物流活动就伴随存在。无论是古埃及金字塔的建造还是中国万里长城的修建，无不凝聚着人类物流管理的智慧，只是现代社会人们对物流管理的关注更多地集中到企业生产与军事保障，尤其是企业生产领域。

随着生产技术和管理技术的提高，企业之间的竞争日趋激烈，人们逐渐发现，企业想在降低生产成本方面的竞争中获胜越来越困难，竞争的焦点开始从生产领域转向物流环节，转向运输、存储、包装、装卸、流通加工等物流活动领域。人们开始研究如何在这些领域里降低物流成本，提高服务质量，创造"第三利润源"。物流管理从此由企业传统的生产和销售活动中分离出来，成为独立的研究领域和学科范围。

物流管理（Logistics Management）：以最低的物流成本达到用户所满意的服务水平，对物流活动进行的计划、组织、协调与控制。

——摘自《中华人民共和国国家标准物流术语》（GB/T 18354—2001）

根据美国的原物流管理协会于2002年1月发布的定义，物流管理是指供应链运作中，以满足客户要求为目的，对货物、服务和相关信息在产出地和销售地之间实现高效率和低成本的正向和反向的流动和储存所进行的计划、执行和控制的过程。

对于物流管理的概念，无论是中国官方给出的定义，还是美国原物流管理协会给出的定义，都强调物流低成本运作与高服务水平为物流管理的核心工作。因此，物流管理的本质要求就是求实效，即以最少的消耗，实现最优的服务，达到最佳的经济效益。积极而有效的物流管理是降低物流成本、提高物流经济效益的关键，搞好物流管理，可以实现合理运输，使中间装卸搬运、储存费用降低，减少损失；可以协调好物流各部门、各个环节以及劳动者之间的关系，从而提高物流活动的经济效益。关于物流成本在物流管理研究中的地位，在近几十年物流相关理论中被作为一个关键词展开论述。

1.1.2 物流成本的概念

物流成本（Logistics Cost）：物流活动中所消耗的物化劳动和活劳动的货币表现。

——摘自《中华人民共和国国家标准 物流术语》（GB/T 18354—2001）

具体来讲，物流成本由三部分构成：伴随着物资的物理性活动（包括动态与表态两种形式的活动）发生的费用以及从事这些活动所必需的设备、设施的费用；物流信息的传送和处理活动发生的费用以及从事这些活动所必需的设备和设施的费用；对上述活动进行综合管理的费用。

物流成本与物流活动是分不开的。因此，要确定企业的物流成本，首先要确定企业相关物流活动。从本质上来看，物流活动是服务过程，是价值增值过程。在分析物流活动时，将物流活动与价值链活动紧密联系，从供应商出发，继而到生产商，最后到消费者，以此分解或确定出有价值的物流活动，并对这些物流活动的费用进行核算，以正确掌握真实的物流成本。

知识拓展

美国、日本有关物流成本的定义

美国管理会计师协会的"物流成本管理公告"明确："物流成本是指企业在计划、实施、控制内部和外部物流活动的过程中所发生的费用，包括企业在采购、运输、仓储、物料和存货管理、订单处理、客户服务、预测和生产计划、相关信息系统及其他物流支持活动等典型的物流活动中所发生的费用。"

日本通商产业省编制的《物流成本核算活用手册》认为："物流成本是指从有形或无形的资源的供应者到需要者为止的实物流动所需要的成本，具体包括包装、装卸、运输、保管及信息处理等各种物流活动所发生的费用。"

上述美国和日本的物流成本核算规范所指的物流成本是从物流活动需求方（如制造企业）的角度作出的定义，是指企业典型物流活动所发生的费用。

1.1.3　物流成本管理的概念

物流成本管理是对物流成本进行调查、分析、预测及控制等管理活动，通过管理物流成本达到物流管理的目的，可以说是以成本为手段的物流管理，通过对物流活动的管理降低物流费用。

物流成本管理是物流管理的永恒课题，只是在经济发展的不同时期，物流成本的概念随着人们对物流管理的认识变化而变化。当人们认为物流处于 PD（Physical Distribution）阶段时，物流成本管理的重心在于销售物流领域；当人们对物流的认识进入 Logistics 阶段时，物流成本管理扩展到供应物流、生产物流领域，物流总成本的意识得到增强；而到了现今，越来越多的人认为物流管理属于供应链的范畴，对物流成本最小化的追求，已经超过个别企业的边界，追求的是整个供应链、整个流通过程物流成本的最小化。由此，考虑到供应链的因素，物流成本包括供应物流成本、生产物流成本、销售物流成本、逆向物流成本。甚至考虑到人类的可持续发展，物流成本还必须包括由物流活动给环境带来的损害产生的环境资源耗损成本与环境治理成本，即物流的绿色成本也纳入物流成本管理的潜在对象。

1.1.4　物流成本管理的内容

1. 物流成本核算

物流成本核算是根据企业确定的成本计算对象，采用适当的成本计算方法，按照规定的成本项目，通过一系列的物流费用归集与分配，计算出物流活动的实际总成本和单位成本。

2. 物流成本分析

物流成本分析是在成本核算及其他资料的基础上，运用一定的方法，揭示物流成本水平变动的原因，进一步查清影响物流成本变动的各种因素，并计算出企业的物流成本效率指标。

3. 物流成本预测

物流成本预测是根据有关的物流成本数据和其他的相关信息，运用一定的技术方法，对未来的物流成本水平及其变动趋势作出科学的预测。在物流成本管理的许多环节都存在成本预测问题，如运输环节的货物运输量预测、仓储环节的库存预测以及流通加工环节的加工预测等。

4. 物流成本决策

物流成本决策是在预测的基础上，通过一定的程序，从未来若干个可供选择的成本方案中选择一个相对较优的方案的过程，如仓库或者配送中心的新建、改建以及扩建方案的选择、装卸搬运设备的购置选择等。

5. 物流成本预算

物流成本预算是根据物流成本决策所确定的方案、预算期间的任务以及有关资料，通过一定的方法，以货币形式规定预算期间物流各环节的耗费水平和成本水平，并包括保证成本计划顺利实现的各种措施。

6. 物流成本控制

物流成本控制是根据计划的目标，对影响物流成本的各种因素和条件采取必要的措施，以保证物流成本预算的顺利完成。物流成本控制包括事前控制、事中控制和事后控制。

7. 物流成本绩效评价

物流成本绩效评价是运用一定的方法，采用特定的指标体系，依据统一的评价标准，按照一定的程序，通过定性及定量分析，对企业的物流财务指标进行分析，力求比较全面地反映企业物流成本效益水平和经营成果。

8. 供应链物流成本管理

供应链物流成本管理是通过对供应链成本及其影响要素进行分析，并对供应链绩效进行评价，进而对供应链中的物流成本进行有效的控制，提高客户的服务水平。

上述物流成本管理活动的各项内容是一个环环相扣、相互配合的有机整体。物流成本核算是物流成本管理工作的基础；物流成本分析是对物流成本管理工作的评价和探讨；物流成本预测是物流成本决策的前提；物流成本预算是物流成本决策方案实施的具体化；物流成本控制是对物流成本预算的实施进行控制，以保证目标的实现；物流成本绩效评价是对物流成本决策的正确性和物流成本控制的有效性进行评价，肯定成绩，发现问题，以利于新的决策的实施；供应链物流成本管理是给人们提供一个新的视角，就是从供应链的角度来对待物流成本管理工作，通过各种有效的手段和方式控制供应链物流成本，从而提高客户的服务水平和供应链的绩效。

1.1.5 物流成本管理的方法

1. 比较分析法

（1）横向比较。把企业的供应物流、生产物流、销售物流、退货物流和废弃物物流（有时包括流通加工和配送）等各部分物流费用分别计算出来，然后进行横向比较，比较各部分物流发生的费用的多少。如果是供应物流费用最多或者异常多，则再详细查明原因，改进管理方法，以便降低物流成本。

（2）**纵向比较**。对企业历年的各项物流费用与当年的各项物流费用进行比较，如果增加了，再分析原因，对症下药，制定改进措施。

（3）**实际与计划比较**。对企业当年实际支出的物流费用与原来编制的物流费用预算进行比较，如果超支了，分析超支的原因，以便能掌握企业物流管理中的问题和薄弱环节。

2. 活动优化法

活动优化法就是通过物流过程的优化管理来达到降低物流成本目的的管理方法。物流过程是一个创造时间性和空间性价值的经济活动过程，为了能提供最佳的价值效能，就必须保证物流各个环节的合理化和物流过程的通畅。物流系统是庞大而复杂的系统，需要进行优化，需要借助先进的管理方法和手段，可先在其单项活动范围内进行，再发展到整个物流系统的模拟，采用最有效的数理分析方法来组织物流系统，使之合理化。具体内容如下。

（1）**运用线性规划、非线性规划，制订最有效的运输计划，实现货物运输优化**。运输问题是物流过程遇到最多的问题，如果某种物品的生产成本、单位运输费用和运输距离以及工厂的生产能力和消费地需要量都是确定的，则可以用线性规划来使工厂生产的物品运到消费地的总运费最低。如果工厂的生产量发生变化，生产费用函数是非线性的，就应使用非线性规划来解决运输问题。线性规划的运输问题常用的求解方法有单纯形法和表上作业法，对于大规模的计算复杂的运输问题可用计算机软件来解决。

（2）**运用系统分析方法选择货物最佳的配送线路，实现货物配送优化**。配送线路是指各送货车辆向各个客户送货时所要经过的线路，它的合理与否对配送速度、合理利用车辆和配送费用都有直接影响。目前比较成熟的确定优化配送线路的方法是节约法，也叫节约里程法。

（3）**运用存储论，确定经济合理的库存量，实现物资储存的优化**。储存是物流系统的中心环节，物资从生产到客户需要经过的几乎每个阶段都会发生储存问题，其中确定合理库存量是一个重要的问题，可以通过存储论解决，其中主要的一种方法是经济订购批量模型，即 EOQ 模型。

（4）**运用模拟技术，对整个物流系统进行研究，实现物流系统的最优化**。例如克莱顿·希尔模型，它是一种采用逐次逼近法的模拟模型。这种方法提出物流系统的三项目标：最高的服务水平、最小的物流费用和最快的信息反馈。在模拟过程中采用逐次逼近法来求解下列决策变量：流通中心的数目、对客户的服务水平、流通中心收发货时间的长短、库存分布和系统整体的优化。

3. 综合评价法

综合评价法即通过物流成本的综合效益研究分析，发现问题，解决问题，从而加强物流管理的方法。例如采用集装箱运输：一可以简化包装，解决包装费问题；二可以防雨、防晒，保证运输途中的物品质量；三可以起仓库作用，防火、防盗。但是由于简化包装降低了包装强度，货物在仓库堆码不能太高，因而浪费了仓库空间，降低了仓储能力。那么，对运用集装箱运输就可以用物流成本这一统一尺度进行计算和综合评价，分别计算出上述各个环节物流费用，经过全面分析得出结论，这就是物流成本管理的综合评价法。

4. 排除法

在物流成本管理中有一种方法叫做活动标准管理（Activity Based Management，ABM）。

其中一种做法就是把与物流相关的活动分为两类：一类是有附加价值的活动，如出入库、包装、装卸等与货主直接相关的活动；另一类是无附加价值的活动，如开会、改变工序、维修机械设备等与货主没有直接关系的活动。其实在商品流通中，如果能直达送货，就不必设立仓库或配送中心，可以实现零库存，等于避免了物流中的无附加价值活动。如果将上述无附加价值的活动加以排除或尽量减少，就能达到节约物流费用的目的。

5. 责任管理法

责任管理法就是明确物流成本管理责任主体的方法。在企业中，划分出若干个责任中心，由各责任中心对自己所能控制的物流成本负起责任。例如，在生产企业里，客观地讲，物流本身的责任在物流部门，但责任的源头却在销售部门或生产部门，分清类似的责任有利于控制物流总成本，防止由于各个部门随意改变计划而产生无意义、不发生任何附加价值的物流活动。

1.1.6　目前我国物流成本管理存在的问题

1. 现有的会计核算只涉及部分物流费用

目前，企业日常物流会计核算的范围着重于采购物流、销售物流环节，忽视了其他物流环节的核算。按照现代物流的内涵，物流应包括供应物流、生产物流、销售物流、逆向物流等，与此相对应的物流费用包括供应物流费、生产物流费、销售物流费、逆向物流费等。

从核算内容看，相当一部分企业只把支付给外部运输、仓储企业的费用列入专项成本，而企业内部发生的物流费用，由于常常和企业的生产费用、销售费用、管理费用等混在一起，因而容易被忽视，甚至没被列入成本核算。其结果导致物流成本的低估或模糊。影响了会计信息的真实性，不利于相关利益者以及企业内部管理者的决策。

2. 物流成本核算标准不一致

从现有会计信息的披露看，企业内部计算物流成本的标准时常改变，有些企业的物流成本计算标准甚至每一年度都发生变动。由于物流活动贯穿于企业经营活动的始终，因而相关物流费用的核算基本上被并入产品成本核算之中，与其他成本费用混合计入相关科目。在企业内部对物流成本不甚了解，对物流成本是什么也十分模糊，弄不清楚物流成本与制造成本、成本与促销费用的关系。将因取得存货而发生的运输费、装卸费、包装费、仓储费、运输途中的合理损耗、入库前的挑选整理费等作为存货的实际成本核算，进而作为销售成本的一部分从总销售收入中扣除以得到总利润。物流会计信息与其他信息的混杂，致使有关物流的数据信息需从相关会计信息中归纳，过程复杂且数据的时效性差，不利于物流管理和绩效的评价。

随着物流费用的节省对企业利润贡献的加大，传统会计方法中间接费用依据生产过程中的直接人工工时或机器工时分配的做法，不仅歪曲了产品、服务成本，不利于生产业绩的考核、评价，而且高级管理人员基于这些数据所做的决策也是不正确的。

3. 计算物流成本的目的不明确

一些企业计算物流成本的目的，只是单纯地想了解物流费用，还没有达到利用物流成本数据的阶段。物流成本数据似乎对于企业没有什么用处，物流负责部门花费很大精力计算物流成本，但也只是计算一下物流成本是多少而已，物流成本管理还没有超出财务会计的范围。

一些企业计算物流成本的目的，只是为降低成本。物流部门向高层管理人员报告的物流成本，只不过是"冰山一角"，而没有向他们或生产、销售部门提供有关物流成本的确切的有价值的资料。

1.1.7 物流成本管理的目的和意义

物流成本管理是物流管理的重要内容，降低物流成本与提高物流服务水平构成企业物流管理最基本的课题。在企业实践工作中，管理者通过科学有效的物流成本管理，掌握企业物流成本实际状况，发现企业物流活动过程中存在的主要问题；根据物流成本核算结果，制定企业物流规划，确立物流管理战略；对物流活动的相关部门进行比较与评价，协调管理，在满足服务要求的条件下，实现物流系统成本最低。

1. 通过物流系统的标准化降低物流成本

物流作为一个大系统，需要制定系统内部设施、机械设备、专用工具等各个分系统的技术标准。制定系统内各个分领域如包装、装卸、运输等方面的工作标准，以系统为出发点，研究各分系统与分领域中技术标准与工作标准的配合性，统一整个物流系统的标准。物流标准化使货物在运输过程中的基本设备统一规范，如现有托盘标准与各种运输装备、装卸设备标准之间能有效衔接，大大提高了托盘在整个物流过程中的通用性，也在一定程度上促进了货物运输、储存、搬运等过程的机械化和自动化水平的提高，有利于物流配送系统的运作效率，从而降低物流成本。

2. 通过实现供应链管理达到供应链成本最低与效率最优化均衡

实行供应链管理不仅要求本企业的物流体制效率化，也需要企业协调与其他企业以及客户、运输业者之间的关系，实现整个供应链活动的效率化。正因为如此，为追求成本的效率化，企业中不仅物流部门或生产部门要加强控制，采购部门等各职能部门也要加强成本控制。提高对顾客的物流服务可以确保企业利益，同时也是企业降低物流成本的有效方法之一。

3. 借助于现代信息系统的构筑降低物流成本

物流管理成本与物流信息标准化程度关系密切，物流信息标准化程度又影响着各个物流环节或不同企业，甚至不同国家物流活动衔接的效率与成本。要实现企业与其他交易企业之间的效率化的交易关系，必须借助于现代信息系统的构筑，尤其是利用互联网等高新技术来完成物流全过程的协调、控制和管理，实现从网络前端到最终端客户的所有中间过程服务：一方面，各种物流作业或业务处理能正确、迅速地进行；另一方面，能由此建立起战略的物流经营系统。通过现代物流信息技术可以将企业订购的意向、数量、价格等信息在网络上进行传输，从而使生产、流通全过程的企业或部门分享由此带来的利益，充分应对可能发生的各种需求，进而调整不同企业或部门间的经营行为和计划，企业或部门间的协调和合作有可能在短时间内迅速完成，这可以从整体上控制物流成本发生的可能性。同时，物流管理信息系统的迅速发展，使混杂在其他业务中的物流活动的成本能精确地计算出来，而不会把成本转嫁到其他企业或部门。

物流成本管理的意义在于，通过对物流成本的有效把握，利用物流要素之间的效益背反关系，科学合理地组织物流活动，加强对物流活动过程中费用支出的有效控制，降低物流活动中的物化劳动和活劳动的消耗，从而达到降低物流总成本、提高企业和社会经济效益的目的。

1.2 物流成本的构成和分类

1.2.1 物流成本的构成

物流成本按物流所处的宏观和微观领域的不同分类,包括宏观物流成本和微观物流成本。

1. 宏观物流成本的构成

宏观物流成本又称社会物流成本,它是核算一个国家在一定时期内发生的物流总成本,是不同性质企业微观物流成本的总和。常用社会物流成本占国内生产总值(GDP)的比重来衡量一个国家物流管理水平的高低。国家和地方政府可以通过制定相关的物流政策,进行区域物流规划,建设物流园区等措施来推动物流产业的发展,从而降低物流成本。目前,各国对宏观物流成本的测算方法各不相同,中国在宏观物流成本的测算方法上仍处于探索阶段。

2. 微观物流成本的构成

物流成本管理一般是按实体的不同而区别对待的。物流成本按物流所处企业领域不同分类,可分为商品流通企业物流成本、制造企业物流成本和物流企业物流成本。

(1) 商品流通企业物流成本的构成。商品流通企业主要指商品批发企业、商品零售企业、连锁经营企业等。商品流通企业物流成本主要指在组织商品的购进、运输、仓储、销售等一系列活动中所消耗的人力、物力、财力的货币表现,其具体构成如下:

① 人工费用,包括与物流活动相关的员工工资、奖金、津贴以及福利费等。

② 运营费,包括物流运营中的能源消耗、运杂费、折旧费、办公费、差旅费、保险费等。

③ 财务费用,包括经营活动中发生的存货资金使用成本支出,如利息、手续费等。

④ 其他费用,包括与物流有关的税金、资产损耗、信息费等。

(2) 制造企业物流成本的构成。制造企业的物流过程一般包括供应物流、生产物流、销售物流以及回收和废弃物物流等。制造企业的物流成本是指企业在进行供应、生产、销售、回收等过程中所发生的运输、包装、仓储、配送等方面的费用。与商品流通企业相比,制造企业的物流成本大多体现在所生产的产品成本中,具有与产品的不可分割性。制造企业的物流成本一般包括以下内容:

① 供应、仓储、搬运和销售物流环节的员工工资、奖金、津贴以及福利费等。

② 生产材料采购的物流费用,包括运杂费、保险费、合理损耗成本等。

③ 产品销售过程中的物流费用,如运输费、物流信息费、外包物流费等。

④ 仓储保管费,如原材料和产品仓库的维护费、搬运费、合理损耗等。

⑤ 有关设备和仓库的折旧费、维修费、保养费等。

⑥ 营运费用,包括与物流相关的能源消耗费、物料消耗费、办公费、差旅费、保险费、劳动保护费等。

⑦ 财务费用,包括仓储原材料、在产品和半成品、产成品等所占用的资金及利息。

⑧ 回收废品发生的物流成本等。

（3）**物流企业物流成本的构成**。物流企业是为货主企业提供专业物流服务的，它包括一体化的第三方物流企业，也包括提供功能性物流服务的企业，如运输公司、仓储公司、货代公司等。物流服务企业通过提供专业化的物流服务，降低货主企业物流运营成本，并从中获得利润。可以说物流企业的整个运营成本和费用实际上就是货主企业物流成本的转移。物流企业的全部运营成本都可以看做广义上的物流成本。

1.2.2　物流成本的分类

1. 按物流活动的不同功能环节分类

按物流活动的不同功能环节分类，物流成本总体上讲由包装成本、装卸成本、运输成本、储存成本、流通加工成本、配送成本和物流信息成本七项构成。

（1）**包装成本**。包装成本一般包括以下几个方面：包装材料费用；包装机械费用，主要包括包装机械折旧费、低值易耗品摊销费、维修费等；包装技术费用，主要指实施缓冲包装、防潮包装、防震包装等费用；包装辅助费用，包括包装标记设计费、印刷费、辅助材料费等；包装的人工费用，包括从事包装工作的工人及其他有关工作人员的工资、福利费等。

（2）**装卸成本**。装卸成本的构成内容主要有以下几个方面：人工费用；营运费用，主要指固定资产折旧费、维修费、材料费等；装卸合理损耗费，如装卸中发生的货物破损、散失等；其他费用，如办公费、差旅费、保险费及相关税金等。

（3）**运输成本**。运输成本包括：人工费用；营运费用，如营运车辆的燃料费、养路费、保险费等；其他费用，如差旅费、事故损失、相关税金等。

（4）**储存成本**。储存成本主要包括以下几个方面：储存持有费用、订货或生产准备费用、缺货费用、在途库存持有费用等。

（5）**流通加工成本**。流通加工成本构成内容主要有：流通加工设备费用，如设备折旧、维修等费用；流通加工材料使用，主要指投入到加工过程中的材料成本；流通加工人工费用；其他费用，如加工过程中的电力、燃料、油料以及车间经费等。

（6）**配送成本**。配送成本的构成主要包括以下几个方面：配送运输费，主要指配送运输中发生的车辆费用和营运间接费；分拣费用，主要指分拣过程中发生的人工费和设备费等；配装费用，主要指配装时发生的材料费用和人工费等；其他费用，主要指配送发生的设备使用费、折旧费等。

（7）**物流信息成本**。物流信息成本主要指信息处理费、信息设备费、通信费等。

2. 按物流成本的性质角度不同分类

从物流成本的性质看，物流成本的构成主要分为人工成本、营运成本、保管成本、信息成本和其他成本。

（1）**人工成本**。人工成本主要包括管理人员工资、福利、津贴等，工人的工资、福利、奖金、津贴等，其他人员的费用。

（2）**营运成本**。营运成本主要包括运输费、装卸费、设备折旧费、设备维护费、材料耗损费、燃料费等。

（3）**保管成本**。保管成本主要包括包装材料费、仓储费、库存物资利息等。

（4）**信息成本**。信息成本主要包括信息设备费、消耗品费、通信费等。

（5）**其他成本**。其他成本主要指以上没有涉及的办公费、差旅费等。

3. 按物流成本发生于企业内、外部角度的不同分类

（1）企业内部发生的物流费用。企业内部物流费用包括：物流硬件和软件投资，如配送中心和仓库等物流设施的建设费、维修费和折旧费，企业购置的所有物流装备的购置费、维修费、折旧费，企业用于物流设施建设的银行利息，企业物流管理和物流作业人员的工资、福利开支，企业中与物流相关的水电费、煤气费、招待费、工具器具费等，企业物流宣传、教育、人员培训、出差等费用，企业原材料采购发生的物流费、企业产品销售活动中发生的物流费以及商品退货与废弃物回收过程中发生的物流费，企业物流活动中发生的信息费、流通加工费，等等。

（2）企业外部发生的物流费用。企业外部物流费用，如委托运输公司的运输费、装卸费、包装费，委托仓储企业的货物储存费和搬运装卸费，委托包装企业进行货物包装的包装费，委托咨询公司或专家、学者进行物流科研的费用。

4. 按物流成本发生的产品流程分类

（1）供应物流费。供应物流费是指从原材料（包括容器、包装材料）采购到供应给购入者或制造业者这一物流过程中所需的费用。

（2）企业内物流费。企业内物流费是指从产品运输、包装开始到最终确定向顾客销售这一物流过程中所需的费用。

（3）销售物流费。销售物流费是指从确定向顾客销售到向顾客交货这一物流过程所需要的费用。

（4）退货物流费。退货物流费是指随售出产品的退货而发生在物流活动过程中的费用。

（5）废弃物流费。废弃物流费是指由于产品、包装或运输容器材料等的废弃而发生的费用。

5. 按物流成本的性态分类

成本性态也称成本习性，是指成本总额与业务总量之间的依存关系。成本总额与业务总量之间的关系是客观存在的，而且具有一定的规律性。物流成本从性态分类可分为变动成本和固定成本。

（1）变动成本。变动成本是指成本总额随业务量的增减变化而近似成正比例增减变化的成本，例如材料的消耗、燃料消耗、工人的工资等。这类成本的特征是业务量高，成本的发生额也高；业务量低，成本的发生额也低。变动成本具有两个特征：一是变动成本总额的正比例变动性；二是单位变动成本的不变性，即在业务量不为零时，单位变动成本不受业务量的增减影响而保持不变。

（2）固定成本。固定成本是指在一定的业务量范围内，成本总额与业务量的增减变化无关的成本，如固定资产折旧费、管理部门的办公费等。这类成本的特征是在物流系统正常经营的条件下，成本必定要发生的，而且在一定的业务量范围内基本稳定。固定成本具有两个特征：一是固定成本总额的不变性，即固定成本总额不随业务量的增减而变动；二是单位固定成本的反比例变动性，即单位固定成本随业务量的增减呈反比例变动。

在实际工作中，企业内还存在混合成本，混合成本兼有固定成本和变动成本的性质，它会随着业务量的变动而变动，但其变动幅度并不随业务量的变动保持严格的比例，例如车辆设备的日常维修费用。事实上，在物流系统的运营中，混合成本所占的比重还是较大的。对于混合成本，可按一定方法将其分解为变动和固定两部分，并分别划归到变动成本和固定成本中。混合成本的分解可以依据历史数据进行，常用高低点法、散点图法和回归直线法，或者也可以由财务人员通过账户分析法或工程分析法进行混合成本的分解。

从物流成本的性态分类，有利于开展物流成本的预测、决策和控制。

6. 按物流成本的可控性分类

按物流成本的可控性，可将物流成本分为可控成本和不可控成本。

（1）可控成本。可控成本是指成本的责任单位对成本的发生能够控制的成本。例如，在生产企业中直接材料成本可以由生产部门和供应部门进行控制。因材料的耗用量而发生的成本对生产部门来说就是可控的，因价格原因形成的成本对生产部门就是不可控的。作为可控成本必须同时具备以下四个条件：

① 责任单位能够通过一定的方式了解这些成本是否发生以及何时发生。
② 责任单位能够通过对这些成本进行精确的计量。
③ 责任单位能够通过自己的行为对这些成本加以调节和控制。
④ 责任单位可以将这些成本的责任分解落实。

（2）不可控成本。凡不能满足上述条件的成本，称为不可控成本。责任单位不应当承担不可控成本的相应责任。

需要注意的是，成本的可控性是相对的，由于它与责任单位所处的管理层次高低、管理权限和控制范围的大小以及管理条件的变化有着直接的关系，因此，在一定空间和时间条件下，可控成本与不可控成本可以互相转化。

7. 按物流成本的核算目标分类

现代成本核算有三个主要目标：一是反映业务活动本身的耗费情况，以便确定成本的补偿尺度；二是落实责任，以便控制成本，从而明确有关单位的经营业绩；三是确保物流业务的质量。所以，成本按核算目标的不同可分为业务成本、责任成本和质量成本。

8. 按物流成本的相关性分类

成本的相关性是指成本的发生与特定决策方案是否有关的性质。成本按此性质可分为相关成本和无关成本两类。这种分类有助于成本预测和成本决策，有利于正确开展对未来成本的规划。

9. 按物流成本的计算方法分类

按物流成本的计算方法，可分为实际成本和标准成本。

（1）实际成本。实际成本是指企业在物流活动中实际消耗的各种费用的总和。

（2）标准成本。标准成本是通过精确的调查、分析与技术测定而指定的一种预计成本，是在一定的技术水平和管理条件下应当达到的成本目标。通过实际成本与标准成本的比较，可以计算成本差异，并分析差异的原因，进而采取相应的改进措施。

这种分类有利于开展物流成本的控制。

1.3 对物流成本的认识

1.3.1 物流成本的一般性特征

1. 物流成本的隐含性

物流成本冰山理论认为，传统物流成本的计算大多数情况下只是了解显性物流支出的费用，计算的主要是人工、材料消耗及固定资产折旧等费用，而对隐性的成本很少涉及。在一般情况下，企业只把支付给外部运输、仓储企业的费用列入物流成本，物流基础设施建设费用和企业利用自己的车辆运输、利用自己的库房保管货物、由自己的工人进行包装装卸等的费用都没有列入物流费用科目内。通常，企业向外部支付的物流费用表面上看是很大的一部分，但真正的大头是企业内部发生的物流费用。

2. 物流成本的效益背反特征

物流成本的效益背反理论是指物流成本各要素之间存在的交替损益特性。所谓交替损益性是指改变系统中任何一个要素都会影响到其他要素的改变，具体地说，要使系统中任何一个要素增益，必将对系统中其他要素产生减损的作用。例如，随着仓库数量的减少会使得运输次数增加，从而导致运输成本的增加；简化产品包装，减少了包装成本，但货物就不能堆放过高，降低了保管效率。正是由于各物流活动之间存在着这种效益背反效应，所以物流管理必须考虑整体成本最佳，使物流成本控制系统化、合理化。

3. 物流成本削减的"乘数效应"

物流成本削减的"乘数效应"是指物流成本削减对利润的影响相当于数倍的销售额增加的效应。举例来说，如果某企业的销售额为1 000万元，物流成本占销售额的10%，即100万元。如果企业想要增加10万元利润，则有两个途径：一是物流费用降低10%；二是增加销售额。假设企业的销售利润率为4%，则企业必须增加250万元的销售额才能够创造10万元的利润。由此可见，该企业降低10%的物流成本的作用相当于增加25%的销售额的作用。

1.3.2 站在不同角度对物流成本的认识

对物流成本的认识主要是看人们站在什么角度，站在物流成本会计统计核算角度，或企业整体综合管理角度，或政府宏观管理角度，对物流成本的认识都会有较大差异。

1. 会计统计核算视野下的物流成本

物流成本管理的前提是物流成本核算，只有清楚物流成本核算的范围，才能够实施物流成本分析，编制物流成本预算，控制物流成本支出。物流成本的内涵在概念上是明确的，物流成本是指伴随着物流活动而发生的各种费用，是物流活动中所消耗的物化劳动和活劳动的货币表现。问题的关键是，在实践中如何正确界定和划分物流成本的范围，如何将物流成本准确计算出来。

目前我国企业现行的财务会计制度中，没有单独的科目来核算物流成本，企业通常把各种成本都列在费用一栏中，物流成本较难从中分离。这使得一些企业仅将向外部的运输企业支付的运输费用和向外部仓库支付的仓储费用作为企业的物流成本，这种计算方式使得大量的物流成本，如企业内与物流活动相关的人员费、设备折旧费等不为人所知。全国甚至各个行业都少有有关物流成本的统计数据，企业也较少从物流总成本的角度考虑问题。传统的按职能评价业绩的指标体系很难让主管们积极参与到控制物流总成本的工作中来。在这种情况下，有人根据物流冰山的理论，认为要把隐藏在水面之下的物流成本全部都核算出来很难实现，就不断指责传统会计不能提供足够的物流成本分配的数据，很明显，这其实是一个误区。

理论研究和实际管理毕竟有所区别，在企业的物流管理中，不太可能为了建立物流独立核算系统而破坏其他若干成熟的财务会计核算系统。企业对物流成本核算的目的是评价物流管理部门的绩效，最终达到控制企业经营管理总成本目标，因此，必须在物流成本信息的精确与核算效率两者中权衡，简化物流成本核算过程。不能为了核算物流成本把目光停留在每一个物流功能环节上，而应站在企业经营管理总成本的高度去认识物流成本。

2. 企业经营管理总成本视野下的物流成本

目前物流在很多企业中都是分割开来由多个部门管理的，包括销售管理、采购管理、运输、配送、库存控制和客户服务等物流功能，往往都是不同部门在负责。由于企业按部门考核其成本效益指标，许多部门只关心本环节节约物流成本，使得降低物流成本的努力只是停留在某一项功能活动上，而忽视了对物流活动的整合。其结果往往是由于忽视了物流功能要素之间存在着的效益背反关系，虽然在某一项物流活动上支付的费用降低了，但总体物流成本并没有因此下降，甚至是物流总成本下降了，但是企业经营管理总成本却上升。例如，追求单位产品的运输成本最低，却忽略了运输质量的控制与时间成本，由于运输质量不良导致的质量成本或运输时间延长导致的企业财务费用上升远远超过了节省下来的运输费用；追求仓库单位租金最低，将仓库位置选在偏远的地方，对导致的交通不便利、装卸效率低、配送成本高，订单完成时间延长等诸多的后果，很多企业却没有周全的考虑。因此物流成本的节约最重要的是从总成本的角度出发，而不是追求其中某个环节的成本最低，单一环节物流成本的下降导致其他环节物流成本的上升是不可取的；一味追求物流成本的下降，而忽略了服务的重要性也不可取。因为即便是某个环节优化了，但总成本也许仍然很高。企业物流是一个完整的系统，追求物流成本的降低必须要以系统的观点和现代供应链管理的思想为指导：一方面通过在企业内部系统实行全面成本管理；另一方面与上下游企业构建供应链实现共赢。

联邦快递不惜成本雪中飞递邮包

联邦快递租用飞机冒着暴风雪，在24小时之内把客户的邮包送到山上，收的邮资可能只有10美元，但租飞机的费用可能需要5 000美元，看似是亏本的买卖，但其实他获得的利益毫无疑问比那点邮资价值要大多了。

资料来源：http://www.chinahrd.net/zhi_sk/jt_page.asp?articleid=113179

[分析]

为了实现对客户的承诺，维护企业声誉，物流企业可能会不惜付出较高的显性成本，以防止因失信于客户而可能产生的更大的隐性成本。

实施全面成本管理可有效地克服物流成本的效益背反现象，因为全面成本管理是对物流活动的全过程进行系统的统一管理，充分协调各部门，通过物流功能要素的协同降低各环节物流成本。为了使部门之间更好协同，必要时可以根据企业实际情况进行机构重组，成立横向的物流管理部门。以总成本降低为主要目的，最大限度地降低物流成本，有效地处理物流成本的效益背反关系。实施全面成本管理可加快物流合理化过程，物流作业质量、成本和时间经过协调，可以达到长期消减成本的目的。企业物流作业质量提高，可加快物流速度，而物流速度的加快是物流成本效率提高的保证，充分协调质量、时间和成本三者之间的关系，可达到物流系统整体优化的目的。

随着社会分工越来越深入，现代企业总是主动或被动地处于供应链的某个环节，对物流成本的控制还不能仅关注本企业内部的成本控制，还应该结合战略成本管理思想，充分考虑其所在行业的现状与前景、本企业所处的地位，通过对上下游价值链的分析，消除不能增值的作业，选择合作伙伴构建供应链，在供应链成员之间合理有效地分配资产和利益，物流成本管理和流程优化的对象涵盖上下游整个供应链所有企业，最终获得共赢。

3. 社会总成本视野下的物流成本

物流成本的下降，对于全社会而言，意味着创造同等数量的财富，在物流领域所消耗的物化劳动和活劳动得到节约，达到以尽可能少的资源投入，创造出尽可能多的物质财富，减少资源消耗的目的。单个企业或某个供应链利益共同体在经济意识下考虑物流成本总是考虑自身利益最大化，而很少顾及外部不经济的问题。但是作为一个国家政府，从社会总成本的角度去认识物流成本就应该有更大范围的全局意识与一定的前瞻性。

首先，政府对物流成本的关注不同于单一的企业，不同企业之间此消彼长的成本不再是关注的重点，如采购成本，有些学者认为物流成本应该从采购抓起，甚至强调物流成本控制主要依靠节约采购成本，这从单一的企业物流成本控制来说不无道理，但从整个国家来说只不过是不同企业财富的转移博弈，并不影响全社会物流成本，尤其是以内贸为主的企业。

其次，应该注重政府公共财政对物流基础设施、交易平台的投入，如道路等级的提高，需要政府公共投资增大，使运输路径缩短，交通损耗减少。增加政府信息平台建设，降低企业信息成本。政府的物流成本提高了，企业的物流成本下降了，这类物流成本符合国际惯例，从企业向政府转移，提高本国企业的国际竞争力。

第三，政府应树立绿色物流理念，加强对物流过程中产生的环境问题和资源的可持续利用问题进行管理。企业在追求自身利益时可能会采取短期行为或投机行为试图节约物流成本，而政府站在全社会的可持续发展立场，必须加大企业短期行为与投机行为的成本，如加强限制超载行为、提高车辆废气环保标准、可降解包装材料强制推广以及废弃物处理标准的制定与执行。否则企业为了降低运输成本，让货物严重超载，破坏道路设施甚至可能由于超载导致车祸，加大社会总成本；或者说眼前企业的物流成本下降了，却可能引发不远的将来社会资源的枯竭以及自然资源的恶化。

第四，"第三利润源"说被普遍认可，众多企业逐利而上物流项目，一方面加快了物流行业发展步伐，另一方面使物流设施重复建设，物流企业无序竞争不可避免，增大了社会总成本。此时政府这双"有形的手"就更应该挺身而出，发挥政府的指导作用，制定科学的物流园区规划，扶植、引导物流企业规范发展，尽可能减少物流设施重复建设、物流企业无序竞争。在全国各大中型城市，主要商品生产集散地和交通枢纽，建设若干规模合理，运作规范的现代化商品物流中心和专业化配送中心，构建全国性物流配送网络。建设若干条贯通区域或全国，甚至国际配送业务的联运干线，构建全国性的商品物流配送绿色通道。适当推动企业从自营物流向第三方物流发展，提高物流行业效率。如果全行业的物流效率普遍提高，物流成本平均水平就可能降低到一个新的水平，那么本国企业的国际竞争力将会得到增强。

1.4 物流成本管理的相关理论学说

归纳国内外学术界对物流理论与实践的分析和研究,物流成本相关理论研究所涉及的问题复杂而繁多,但许多理论和学说已经形成了一定的共识,这些理论成果主要可概括为以下几个方面。

1.4.1 "黑大陆"学说

在财务会计中把生产经营费用大致划分为生产成本、管理费用、营业费用、财务费用,然后再把营业费用按各种支付形态进行分类。这样,在利润表中所能看到的物流成本在整个销售额中只占极小的比重,因此物流的重要性当然不会被认识到,这就是物流被称为"黑大陆"(Druker,1962)的一个原因。

由于物流成本管理存在的问题及有效管理对企业盈利和发展的重要作用,1962 年,著名管理学家彼得·德鲁克在《财富》杂志上发表了题为《经济的黑色大陆》一文,他将物流比作"一块未开垦的处女地",强调应高度重视流通及流通过程中的物流管理。彼得·德鲁克曾经讲过"流通是经济领域的黑暗大陆"。德鲁克泛指的是流通,但由于流通领域中物流活动的模糊性特别突出,它是流通领域中人们认识不清的领域,所以"黑大陆"学说主要针对物流而言。

在"黑大陆"中,如果理论研究和实践探索照亮了这块黑大陆,那么摆在人们面前的可能是一片不毛之地,也可能是一片宝藏之地。"黑大陆"学说是对 20 世纪中叶经济学界存在的愚昧认识的一种批驳和反对,它指出在市场经济繁荣和发达的情况下,无论是科学技术还是经济发展,都没有止境。"黑大陆"学说也是对物流本身的正确评价,即这个领域未知的东西还很多,理论与实践皆不成熟。

1.4.2 效益背反理论

"效益背反"又称为"二律背反",这一术语表明了两个相互排斥而又被认为是同样正确的命题之间的矛盾。效益背反说(Bowersox,Closs,Cooper,2002)认为物流的若干功能要素之间存在着损益的矛盾,即某一个功能要素的优化和利益发生的同时,必然会存在另一个或另几个功能要素的利益损失是这一领域中内部矛盾的反映和表现。"效益背反"是物流领域中很普遍的现象,是物流领域中内部矛盾的反映和表现。物流系统的效益背反包括物流成本与服务水平的效益背反和物流各功能活动之间的效益背反。

1. 物流成本与物流服务水平的效益背反

一般来讲,物流服务水平与成本是一种此消彼长的关系,两者之间的关系适用于收益递减原则,如图 1-1 所示,在服务水平较低的阶段,如果追加 X 单位的成本,服务水平将提高 Y,而在服务水平较高的阶段,同样 X 单位的成本,提高的服务质量只有 Y' ($Y'<Y$)。所以无限度提高服务水平,成本上升的速度会加快,而服务效率则没有多大提高,甚至下降。

2. 物流各功能活动之间的效益背反

物流成本之间存在效益背反规律,物流的各项活动(如运输、仓储、包装、装卸搬运、

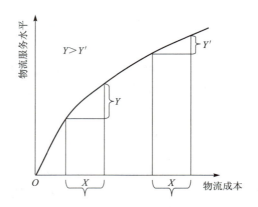

图 1-1　物流服务水平与物流成本的关系

流通加工、配送等）之间的效益背反如图 1-2 所示，如减少库存据点并尽量减少库存，会使库存的补充更加频繁，必然增加运输成本。因此物流系统是以成本为核心，按最低成本的要求，使整个物流系统化。它强调的是调整各要素之间的矛盾，强调各要素之间有机地结合起来。这要求必须从总成本的角度出发，以系统的角度看问题，追求整个物流系统总成本的最低。

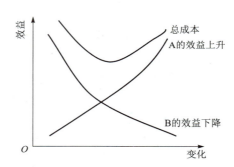

图 1-2　物流各功能活动之间的效益背反

1.4.3　服务中心论

该理论是在"效益背反"理论基础上，由欧美学者于 20 世纪 60 年代提出的。该理论认为企业物流成本与物流服务水平存在背反关系，企业在进行物流成本管理时并不能一味地强调节约耗费、降低成本，而应该立足于在保持和提高企业对客户服务水平的基础上，通过寻求物流成本与服务之间的平衡点，保持企业的整体竞争优势。服务中心论认为物流活动的最大作用并不在于为企业节约了成本或增加了利润，而是在于提高了企业对用户的服务水平，进而提高了企业的竞争力。该理论对物流的描述采用"后勤"一词，强调物流活动的保障职能，通过对企业竞争优势与能力的培养，从整体上压缩企业的综合经营成本和发展潜力。

1.4.4　"第三利润源"说

"第三利润源"的说法是日本早稻田大学教授、日本物流成本学说的权威学者西泽修在

1970 年提出的。

从历史发展来看，人类历史上曾经有过两个大量提供利润的领域。在生产力相对落后、社会产品处于供不应求的历史阶段，由于市场商品匮乏，制造企业无论生产多少产品都能销售出去，于是就大力进行设备更新改造、扩大生产能力、增加产品数量、降低生产成本，以此来创造企业剩余价值，即"第一利润源"。当产品充斥市场，供大于求，销售产生困难时，也就是第一利润达到一定极限，很难持续发展时，便采取扩大销售的办法寻求新的利润源泉。人力领域最初是廉价劳动，其后则是依靠科技进步提高劳动生产率，降低人力消耗或采用机械化、自动化来降低劳动耗用，从而降低成本，增加利润，称为"第二利润源"。然而，在这两个利润源潜力越来越小，利润开拓越来越困难的情况下，物流领域的潜力被人们重视，于是出现了西泽修教授的"第三利润源"说。

这三个利润源着重开发生产力的三个不同要素：第一个利润源的挖掘对象是生产力中的劳动对象；第二个利润源的挖掘对象是生产力中的劳动者；第三个利润源的主要挖掘对象则是生产力中劳动工具的潜力，同时注重劳动对象与劳动者的潜力，因而更具全面性。

1.4.5 物流冰山说

物流冰山说

物流冰山说是由日本早稻田大学西泽修教授提出来的，他潜心研究物流成本时发现，现行的财务会计制度和会计核算方法都不可能掌握物流费用的实际情况，因而人们对物流费用的了解一片空白，甚至有很大的虚假性，他把这种情况比作"物流冰山"，如图 1-3 所示。西泽修指出，盈亏计算表中"销售费用和管理费用"栏中记载的"外付运费"和"外付保管费"的现金金额，不过是冰山之一角。冰山的特点是大部分沉在水面以下，是看不到的黑色区域，即隐性成本；看到的不过是它的一小部分，即显性成本。物流便是一座冰山，其中沉在水面以下的是看不到的黑色区域，而看到的不过是物流成本的一部分，人们过去之所以轻视物流，正是因为只看见了冰山的一角，而没有看见冰山全貌。

在企业财务会计中，向企业外部支付的物流成本能体现出来，即为显性成本；企业内消耗的物流成本一般是不能体现出来的，即为隐性成本。如果把会计报表中记载的物流成本，只认为是企业外部支付的部分，把它误解为"冰山全貌"，企业就会面临险境。只有对物流成本进行全面计算，才能够解释清楚混在有关费用中的物流部分成本。

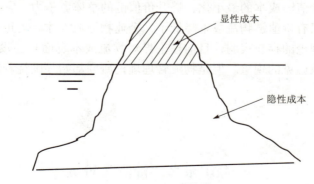

图 1-3 物流冰山说图解

1.4.6 战略中心论

战略中心论认为物流具有战略性，对企业而言物流不仅是一项具体的操作性任务，还是发展战略的一部分。这一学说把物流提升到相当高的位置，认为物流会影响到企业总体的生存与发展，而不是在哪一个或哪几个环节搞得合理一些，节省了多少费用的问题，应该站在战略的高度看待物流对企业长期发展所带来的深远影响。

1.4.7 绿色物流论

绿色物流论是指从环境的角度对物流体系进行改进，形成环境共生型的物流管理系统。这种物流管理系统建立在维护地球环境和可持续发展的基础上，改变原来的经济发展与物流、消费生活与物流的单向作用关系，在抑制传统直线型的物流对环境造成的危害的同时，树立与环境和谐相处的概念和全新理念，去设计和建立一个环形的、循环的物流系统，使到达物流末段的废旧物质能回到正常的物流过程中来。

1.4.8 系统论

1973年，美国哈佛大学教授詹姆斯·海斯凯特在著作《企业物流》中，用系统论的方法对企业物流活动进行了深入的阐述。其主要观点有：企业各物流活动之间、物流与其他经营活动和客户服务之间存在着普遍的内在联系。所以在考察个别物流活动的变化时，应尽可能从总体和系统的角度进行比较，分析要素间的互动关系。他认为，对物流活动应当进行系统管理，要对各种物流活动成本及其相互关系，在既定的客户服务水平约束下，进行有效协调和权衡。也就是说，不管是显性成本，还是隐性成本，所有的物流活动和结果都可以换算成物流成本。该理论通过物流成本对物流活动进行管理，成为研究物流管理的切入点。

1.4.9 价值链论

伴随信息技术的发展和全球采购的兴起，企业间竞争日益加剧的环境要求企业物流战略的制定与成本管理必须摒弃狭隘的内部成本观念，要着眼于产业链的构成与变化，将企业内部的物流系统延伸到整个价值链。该理论采用系统的、整体的观点与方法对企业的物流实行管理，认为企业竞争成败的关键在于企业所处价值链的整体运转效率，而不是企业自身单方面降低成本，因而物流成本管理必须摒弃单个企业物流成本最小化的观念，要从整体价值链的角度出发，寻求价值链成本的最小化，提升价值链的整体竞争力，它是价值链上所有企业共同努力的结果。只有价值链物流成本降低了，企业物流成本才能真正地、持续地降低。

上述物流管理理论的存在表明，目前理论界对物流成本真面目还没有十分清楚的认识，而且存在各学派各执己见的现象。但是物流管理理论研究却始终围绕着物流成本这一关键词展开论述。

一瓶矿泉水"价值"50元

2008年5月12日四川汶川特大地震发生后，汶川茂县等地通信中断，交通阻绝，成为孤域围城。为了救助灾民,党中央不惜一切代价,派遣飞机向灾区空投救援物资。

返回成都某机场后,已是晚上7时许,记者正好目击驻鄂空降兵某部连夜执行空投任务。只见打好包的救灾物资排列在机场空地内,包括帐篷、方便面和矿泉水等。

为节省成本并保证灾民及时准确获得物资,一般使用直升机低空抛投的方式。中国专业救助直升机"B-7125"抵达绵竹市金花镇,悬停在距地面仅2米的低空,准确投下2吨食品和矿泉水。据空降部队有关人士介绍,每空投一个救灾物资包裹,需要一套稳定伞、引导伞、开伞器、定时器、滑轮货架等,价值约8 000元,且都不能回收。再加上其他费用,一瓶矿泉水的空投成本达到50元。

据介绍,仅17日,驻鄂空降兵某部空投20架次,使用降落伞1 200个,价值共980万元。这还不包括空投的救灾物资本身的价值。

资料来源:《楚天都市报》

[分析]

在特定条件下,物流管理首先是保证物流服务的保障功能得到实现,甚至不惜成本地实施物流活动。在保障物流服务的功能有效实现的前提下,才考虑尽可能地降低物流成本。

1.5 美国、日本、中国的物流成本核算现状

1.5.1 美国的物流成本核算

美国权威的物流市场年度报告撰稿人 Robert V. Delaney(罗伯特·德兰尼)先生已经连续多年编纂出版《美国物流年度报告》,而对美国物流成本的测算则已经上溯到1960年。

美国的宏观物流成本主要由三部分组成:**库存费用、运输费用与管理费用**。

宏观上,美国物流成本包括的三个部分各自有其测算的办法。

第一部分库存费用,是指保存货物所需的费用,除了包括仓储、残损、人力费用及保险和税收费用外,还包括库存占用资金的利息。其中利息是由当年美国商业利率乘以全国商业库存总金额得到的。把库存占用的资金利息加入物流成本,是现代物流与传统物流费用计算的最大区别,只有这样,降低物流成本和加速资金周转速度才从根本利益上统一起来。美国库存占用资金的利息在美国企业平均流动资金周转次数达到10次的条件下,约为库存成本的1/4,为总物流成本的1/10,数额较大。仓储成本测算时涉及公共仓库和企业自有仓库两个方面,公共仓库的仓储成本数据可以从美国商务部人口普查局的《服务业年度调查报告》中获取,而企业自有仓库的仓储成本数据则是德兰尼先生自己测算的。此外,全国商业存货总额涵盖了农业、采矿业、建筑业、服务业、制造业、批发零售业等所有行业门类的数据。

第二部分运输费用,是基于伊诺运输基金会(ENO)出版的年度运输丛书得到的货运数据。运输费用包括公路运输、其他运输方式费用与货主费用。公路运输包括城市内运送费用与区域间卡车运输费用。其他运输方式费用包括铁路运输费用、国际国内空运费用、货代费用、油气管道运输费用。货主方面的费用包括运输部门运作及装卸费用。近10年来,美国的运输费用占国民生产总值的比重大体为6%,一直保持着这一比例,说明运输费用与经

济的增长是同步的。

第三部分物流管理费用，是按照美国的历史情况由专家确定一个固定比例，乘以库存费用和运输费用的总和得出的。美国的物流管理费用在物流总成本中的比例在4%左右。

美国物流成本占GDP的比重在20世纪80年代保持在11.4%～11.7%，而进入20世纪最后10年，这一比重有了显著下降，由11%以上降到10%左右，甚至可以达到9.9%。但物流成本的绝对数量还在一直上升。比较近20多年来美国物流成本的变化可以看出，运输成本在GDP中比例大体保持不变，而库存费用比例降低是导致美国物流总成本比例下降的最主要的原因。这一比例由过去接近5%下降到不足4%。由此可见，降低库存成本、加快周转速度是美国现代物流发展的突出成绩。也就是说，利润的源泉更集中在降低库存、加速资金周转方面。

知识拓展

美国物流成本测算的主要特点

美国物流成本占GDP的比重，大体可分为四个阶段：第一阶段是1960—1980年，稳中有升，基本上保持14%～16%的比例。第二阶段是1981—1990年，有较大的下降，从最高达16%下降到11%左右。第三阶段是20世纪的最后10年，呈缓慢下降趋势，维持在10%～11%，最低时达到9.9%。需要指出的是，在上述三个阶段中，物流成本的绝对数量一直在上升，但是上升的幅度低于国民经济的增长幅度。第四阶段是21世纪以来，不仅物流成本占GDP的比重下降，而且物流成本的绝对数量也在下降，这是由于美国经济总体情况发生变化。美国物流成本测算方法有下述几个主要特点。

(1) 时间成本和资金成本占有非常重要的地位。美国一直用Alford-Bangs公式来测算库存成本，即用全部存货价值乘以库存率。从1960年到2002年，美国的库存率有13年相当于全部库存价值的25%，19年大于25%，最高时达到34.7%，只有2001年以来的最近十年，库存率才低于库存值的25%，多数时间为22%～25%。这表明，只有在物流成本中包含速度、时间成本和资金成本的内涵，才能对物流做出准确的评价。

(2) 全口径。美国运输成本不仅包括运输部门的营运费用，也包括企业自营运输的费用；库存成本不仅包括公共仓库的费用，也包括企业自有仓库的成本；不仅包括制造业，也包括批发业零售业、服务业、农业、采矿业以及建筑业的数据，非常完整全面。

(3) 注重调查行业物流成本。由于宏观物流成本只考察整个国家的物流费用，其数据是通过多种统计调查方法得到的，对企业物流运作没有直接的指导意义。因此美国Establish咨询公司通过《物流成本和服务数据库调查》来获取行业分析数据，进而给出了分行业的物流成本占销售额比重的标杆值，如工业耐用品行业为7.7%、非耐用消费品行业为7.7%、制药业为4.4%（2000年）。迄今为止，该公司已经积累了包括30个行业、为期8年的数据。

(4) 物流成本核算体系科学合理，并进行长期跟踪。无论是宏观物流统计还是行业物流成本统计，都需要长期的持续的跟踪和观察，美国的物流成本测算已有40多年的历史，形成了一套完整、系统的模式和方法。

1.5.2 日本的物流成本核算

日本对物流成本的核算方法体系的研究是比较早的，1977年日本运输省流通对策部公布了"物流成本算定统一基准"，这一政策对于推进企业物流管理有着深远的影响。原因是当时物流合理化先进的企业正热心地从事物流成本控制的研究，各个企业都制定了自己独特的成本控制体系，因而出现了成本概念不一致的状况，这样各企业所计算出的成本就缺乏相互对比的基础。另外，在一般企业中，尽管物流成本的测算以物流合理化为前提，但是由于缺乏统一明确的会计成本核算标准和整理方法，因此，对物流成本的计算是不完全的，进而影响了物流合理化的发展。正是在这种状况下，日本运输省制定了"物流成本算定统一基准"。由于企业和政府的共同努力，全社会的物流管理得到了飞跃性的发展，也使日本迅速成为物流管理的先进国家。

日本对宏观物流成本的核算主要借鉴了赫斯凯特最早提出的方法，即由每年公布的就业统计和库存统计等各种数据推算出总体物流费用，此外日本也参考了德兰尼的推估法，站在货主的立场来推算部分国内物流成本。具体核算时，将宏观物流成本分为运送费、保管费及物流管理费三者来统计。

第一部分运送费，有营业运送费和企业内部运送费，前者又包括卡车货运费、铁路货运费、内海航运货运费、国内航空货运费及货运站收入等各项开支，各项累计之和为运送费总额。

第二部分保管费，这项保管费不是狭义的保管费，它不仅包括仓储业者的保管费或企业自有仓库的保管费，还包括仓库、物流中心的库内作业费用和库存所发生的利息、损耗费用等。

第三部分物流管理费，由于无法用总体估计的方法求得，依据《国民经济计划年报》中的《国内各项经济活动生产要素所得分类统计》，将制造业和批发、零售业的产出总额，乘上日本物流协会（JILS）根据行业分类调查出来的各行业物流管理费用比例0.5%计算得出。

具体的各项核算内容与数据来源参见表1-1。

表1-1 日本估算物流费用各项目的方式及数据来源

运输费用	营业运输费用	卡车运输业	对卡车运输业支付的费用以该行业营业收入确定，其资料来自交通省的相关资料
		铁路货运业	对铁路货运业支付的费用以该行业营业收入确定，其资料来自交通省铁道局编制的《铁路统计年报》
		内海海运业	对内海航运业支付的费用以该行业营业收入确定，由于没有直接资料，则以该年度运输省海上交通局编制的《日本海运的现状》所记载的每家企业平均营业额乘上业者总数计算
		国内航空货运业	对国内航空货运支付的费用以该行业的JAL、ANA、JAS三大公司的营业收入合计确定

续表

运输费用	营业运输费用	港湾运输业	对港湾运输业支付的费用以该行业营业收入确定,其资料由交通省海事局港运科提供
		货物运输业	对货运运输业支付的费用以该行业营业收入确定,其资料由交通省综合政策复合货物流通科提供
		货运站业	对货物站业支付的费用以该行业营业收入确定,其资料由交通综合政策局货物流通设施科提供
	内部运输费用	内部使用卡车运输费=营业用卡车平均行走1里①的原价×内部使用卡车行走里数×实际平均1日1车行走里数比×装载比率 其中,实际平均1日1车行走里数比=内部使用卡车实际平均1日1车行走里数比÷营业用卡车实际平均1日1车行走里数比 装载比率=内部使用卡车的平均装载率÷营业用卡车的平均装载率	
保管费	保管费是将经济企划厅编制的《国民经济计算年报》中的国民资产、负债余额中原材料库存余额、产品库存余额的合计数乘以日本资料学会调查所得的库存费用比例而得。这项保管费不是狭义的保管费,它不仅包括仓储业者的保管费,还包括仓库、物流中心的库存作业费用		
物流管理费	物流管理费用无法用总体估计的方法,所以依据《国民经济计划年报》中的《国内各项经济活动生产要素所得分类统计》,将制造业和批发、零售业的产出总额乘上 JILS 根据行业分类调查出来的各行业物流管理费用比例 0.5% 计算得出。 物流管理费=(制造业产出额+批发、零售业产出额)×物流管理费用比例		

注:① 1 里 = 500 m

知识拓展

日本物流成本管理经历的几个阶段

日本神奈川大学的唐泽丰教授认为日本的物流成本管理经历了以下四个阶段:

(1) 明确物流费用,从物流费用与销售金额比率的角度进行管理的阶段,即主要是定量地掌握物流费用的阶段。

(2) 采用物流预算制度,可以对物流费用的差异进行分析的阶段。

(3) 正式确定物流费用的基准值或标准值,使物流预算的提出或物流的管理有一个客观的、恰当的标准的阶段。

(4) 建立物流管理会计制度阶段,使物流成本管理与财务会计在系统上联结起来,说明已到了成本模拟的阶段。

菊池康认为日本的物流成本管理经历了以下五个阶段:

(1) 了解物流成本的实际状况(对物流活动的重要性提高认识)。

(2) 物流成本核算(了解并解决物流活动中存在的问题)。

(3) 物流成本管理(物流成本的标准成本管理和预算管理)。

(4) 物流收益评估(评估物流对企业效益的贡献程度)。

(5) 物流盈亏分析（对物流系统的变化或改革做出模拟模型）。

现在日本多数企业物流成本管理处于第三阶段，还没有达到第四、第五阶段，物流部门还落后于销售和生产部门。

1.5.3 中国物流成本统计核算

物流成本的研究在中国具体表现为两个方面：一方面，因为中国作为世界重要的制造中心，其物流成本数据自然成为世界各大经济组织、各类管理咨询机构关注的目标，但不同组织机构对中国国内物流成本数据的估算、分析，无论在总量，还是企业的实际支出，甚至行业标准，都没有形成统一的意见；另一方面，中国各类组织参照美、日等发达国家和地区的物流理念和核算结果，努力统计一份中国人自己的物流成本统计数据。

在中国官方物流统计数据出台前后，就出现多个版本统计口径各异的中国物流成本数据，有国际货币基金组织、世界银行的，有知名投资银行与咨询机构的，如摩根·斯坦利亚太投资研究组、美智（Mercer）管理顾问公司等不同版本的物流成本数据。

与国外研究机构相比，国内对中国宏观物流成本统计核算的研究略显迟缓，物流成本信息不全面。

中国仓储协会、中国交通运输协会等部门在各自专业领域搜集物流成本相关数据，定期或不定期地向社会公开相关数据。如中国仓储协会从 1999 年开始连续调查中国物流市场并公开发布《中国物流市场供求分析与对策》报告，中国交通运输协会发布《2000 年中国交通运输发展战略研究》等研究报告，均涉及部分物流成本数据。

中国物流与采购联合会编印的《中国物流年鉴》和《中国物流发展报告》自 2002 年以来已连续多年出版，成为国内最具权威的物流行业年度分析报告。

中国物流与采购联合会还和国家统计局合作编制完成中国制造业采购经理指数，采购经理指数（PMI）是国际通行的宏观经济监测指标体系，对国家经济活动的监测和预测具有重要作用，2005 年 7 月 6 日在北京正式发布，并逐月发布，在指数化反映物流成本领域前进了一大步。

2003 年，南开大学现代物流研究中心和天津市统计局合作完成了《中国物流产业核算制度及统计核算体系研究》的研究项目。据媒体报道，该项目突破了欧美国家学者惯用的统计核算方法，从全新的角度提出了利用投入产出原理推算中国物流成本，具有极强的应用性，进一步完善了物流产业的核算体系。

2007 年由全国物流标准化技术委员会提出，西安交通大学管理学院、中国科学院数学与系统科学研究院、中国物流信息中心等科研机构参与，在借鉴日本《物流成本计算统一标准》的基础上，从物流成本项目、物流范围和物流支付形态三个维度展开编写了一套中国《企业物流成本构成与计算国家标准》，主要包括适用范围、物流成本内涵及计算对象、物流成本构成和物流成本计算四部分内容，其中物流成本构成和物流成本计算是本标准的核心内容。这套标准经过反复研讨，几易其稿，终于定稿并开始推广。这套标准的推出，对微观企业核算物流成本越来越有指导意义，为宏观物流成本统计奠定良好基础。

2004年10月，国家发改委、国家统计局联合印发了《关于组织实施〈社会物流统计制度及核算表式（试行）〉的通知》（发改运行〔2004〕2409号）标志着中国社会物流统计和核算制度正式建立。按照制度要求，中国物流与采购联合会和中国物流信息中心随即开展了两方面的工作。

一是根据社会物流统计核算制度，正式系统地核算了中国1991年以来各年度的物流统计数据，并形成了按季度统计的制度。在此基础上，于2005年4月第一次由国家发改委、国家统计局和中国物流与采购联合会联合发布了2004年度中国物流运行情况，受到社会广泛关注。

二是正式着手组织开展了中国生产、流通和物流企业统计调查工作。通过这次统计调查，更加系统地分析近两年来中国物流总体运行质量、对国民经济发展的作用与意义、社会物流成本变化趋势、社会物流效益增长以及中国物流发展存在的问题等，力求全面反映中国物流运行情况。这次调查，特别突出对不同行业和企业的物流运行状况、物流业务构成及发展趋势、物流费用水平、物流装备状况进行深度分析，更加深入地掌握中国物流发展趋势，为制定中国现代物流发展政策和战略规划，加强宏观调控提供更加科学权威的依据。通过这次调查，将进行物流企业排名。企业排名是一项严谨科学的工作，国内外一些著名的企业排名都严格以统计数据为依据，一般都按企业经营规模的指标数据排名。为使这次物流企业排名更具有科学依据，将按照国际通行方法，在规范的统计调查基础上，严格以企业的物流业务收入指标进行50强排名。根据社会物流统计制度规定，全国重点物流企业统计调查及企业排名的工作将每年进行一次。

经过两年试运行，2006年国家发改委以发改运行〔2006〕625号文发布《国家发展和改革委关于组织实施社会物流统计核算和报表制度的通知》，正式启动了中国定期社会物流统计调查与核算工作。该文件通知决定，自2006年起将社会物流统计核算试行制度转为正式制度，定期开展社会物流统计核算工作。国家发改委的625号文同时正式颁布了中国第一部《社会物流统计核算和报表制度》。该《制度》主要内容分为三部分：第一部分是由企业填报的基层调查表，第二部分是供国家和省市用的核算表，第三部分是相关的指标解释与计算方法。

基层调查表调查对象为中国境内登记注册从事货物生产与流通的工业、批发贸易和零售的法人企业，以及为货物提供配送、运输、仓储、包装、流通加工等物流服务的物流企业。工业、批发贸易和零售企业采用重点调查的方式，由国家统计局从全国第一次经济普查的企业库中，按地区、按行业大类选取了4 500多家企业填报；物流企业则是由年物流业务营业收入在5 000万元以上的独立法人企业填报。

国家发展改革委员会的625号文中明确要求有关部门要高度重视这项工作，通力合作，确保资料来源。被调查单位要认真领会调查方案的要求，积极组织好填报工作，按时完成任务。各单位要严格按照《统计法》要求，确保数据质量，单位领导要对报出的数据负直接责任。该文件同时还明确规定，社会物流统计核算工作由国家发展改革委员会、中国物流与采购联合会联合组织实施，统计调查的最终数据会同国家统计局发布，具体工作委托中国物流与采购联合会承担。

物流降本增效，助推中国制造业物流转型升级

1. 社会物流成本有待进一步压缩

2019年中国物流成本占GDP比重为14.7%，与美国8%、欧洲9.5%相比，我国物流成本仍相对较高，物流效率还有待提高。随着国家宏观经济进入新常态、产业结构调整进一步推进，对物流行业"降本增效"的需求更加迫切，国内社会物流成本有待进一步压缩。

从工业物流总额占全社会物流总额的比例来看，2010—2020年整体保持在89%以上，工业物流在物流行业中占据主导地位，相应地制造行业也发挥着重要作用，承担着物流"降本增效"的主要压力。

2. 制造业物流发展困境

目前国内制造业物流主要面临着物流链条冗长复杂、个性化需求较多、物流信息不对称等问题，导致制造业物流成本过高，企业承担着较大的运营压力。

3. 政策助推制造业物流转型升级

物流业是支撑国民经济发展的基础性、战略性、先导性产业，制造业是国民经济的主体，是全社会物流总需求的主要来源。为进一步深入推动物流业制造业深度融合、创新发展，保持产业链供应链稳定，国家从政策层面不断推出指导发展的意见措施。

截至2020年9月中国制造业物流行业相关重点政策汇总

发布时间	政策
2014年8月	《加快发展生产性服务业促进产业结构调整升级的指导意见》
2014年11月	《关于促进内贸流通健康发展的若干意见》
2015年8月	《关于推进国内贸易流通现代化建设法制化营商环境的意见》
2016年7月	《"互联网+"高效物流实施意见》
2017年8月	《关于进一步推进物流降本增效促进实体经济发展的意见》
2018年6月	《关于开展2018年流通领域现代供应链体系建设的通知》
2019年3月	《关于推进物流高质量发展，促进形成强大国内市场的意见》
2019年4月	《国家物流枢纽网络建设实施方案（2019—2020年）》
2020年7月	《关于做好2020年降成本重点工作的通知》
2020年9月	《推动物流业制造业深度融合创新发展实施方案》

资料来源：前瞻产业研究院整理

2020年9月，国家发展改革委会同工业和信息化部、公安部、财政部、自然资源部、交通运输部、农业农村部、商务部、市场监管总局、银保监会、铁路局、民航局、邮政局、中国国家铁路集团有限公司等13个部门和单位联合印发《推动物流业制造业深度融合创新发展实施方案》，针对物流业制造业融合发展存在的主要问题，系统提出11方面发展任务。一方面，从企业主体、设施设备、业务流程、标准规范、信息资源等5个关键环节，对促进物流业制造业全方位融合提出明确要求，推动解决制约物流业制造业深度融合的主要障碍和"中梗阻"；另一方面，聚焦大宗商品物流、生产物流、消费物流、绿色物流、国际物流、应急物流等6个重点领域，明确了推动物流业制造业深度融合、创新发展的主攻方向。

中国物流业制造业深度融合实施方案

- 到2025年，物流业在促进实体经济降本增效、供应链协同、制造业高质量发展等方面作用显著增强

发展目标

五大关键环节
- 促进企业主体融合发展
- 促进设施设备融合联动
- 促进业务流程融合协同
- 促进标准规范融合衔接
- 促进信息资源融合共享

- 大宗商品物流
- 生产物流
- 消费物流
- 绿色物流
- 国际物流
- 应急物流

六大重点领域

资料来源：前瞻产业研究院整理

4. 制造业物流发展趋势

随着制造业的转型升级发展，制造企业对物流体系的要求越来越高，未来技术创新和运营模式创新将带动行业朝向智慧化、平台化、差异化和供应链一体化方向发展，制造业物流正迎来转型升级发展的重要时期。

资料来源：前瞻网，https://www.qianzhan.com/analyst/detail/220/200923-dbad1f1d.html

点评

树立正确的国家观

树立正确的国家观是青年学生正确认识国家和社会的重要基础。正确认识基本国情、国家道路和制度选择，正确认识国家目标、国家利益、国家战略和政策，增强国家意识是青年学生树立正确国家观的基本内容。

本案例基于中国物流业降本增效的基本政策，阐明物流业制造业深度融合、创新发展的重要发展思路，提升青年学生家国情怀意识。

本章小结

物流成本管理是物流管理的核心内容。本章从介绍物流管理概念入手，着重介绍物流成本的概念、构成、分类及特点，并从会计统计核算、企业整体综合管理和政府宏观管理等多角度认识物流成本。

在物流成本管理研究过程中，物流成本相关理论为物流成本研究奠定了良好的基础，了解主流物流成本管理相关理论有利于读者把握物流成本管理研究方向。本章介绍了在近几十年对物流成本管理影响重大的"黑大陆"学说、效益背反理论、服务中心论、"第三利润源"说、物流冰山说等理论。

美国、日本等发达国家不论在物流成本管理实践，还是在物流成本理论研究领域均走在世界前沿。本章介绍了美国、日本物流成本管理经验，并介绍中国物流成本管理的现状，让读者在进一步学习本书相关章节时对中外物流成本管理有基本了解。

国际上通常用社会物流总费用占 GDP 的比重来衡量一国的物流发展水平。本章以知识拓展的方式让读者正确理论物流成本管理的目的，读懂常见的物流成本统计数据。

同步测试

思考与练习

1. 什么是物流成本？你更愿意从哪个角度认识物流成本？
2. 物流成本的构成内容是什么？
3. 物流成本是如何分类的？
4. 物流成本有哪些特点？什么是效益背反现象？如何处理物流成本与服务水平效益背反关系？
5. 物流成本管理的内容是什么？
6. 物流成本管理的意义是什么？
7. 不同国家的宏观物流成本占 GDP 的比重有没有可比性？为什么？
8. 开展对物流成本和物流成本管理认识的课堂讨论。

综合案例

安利：削平物流成本

高成本时代来临！不断上涨的石油和原材料价格，已经导致许多航空和交通运输企业亏损严重，其他行业也不太乐观；企业的物流成本变得更加昂贵；高人力成本让很多外资企业另觅去处，一些劳动密集型企业濒临倒闭……降低运营成本，甚至已到了事关企业生死的地步。那么，用 IT 突破高成本困局，优秀的 IT 手段在其中如何发挥作用？

安利是一家非常善于通过减少中间环节、压缩成本、增加利润空间的直销企业，它喜欢尝试不同新工具和新技术来降低企业的运营成本。譬如安利为它在中国的 30 多家分公司、200 家店铺和工厂安装了思科 IP 电话，最终实现零成本通信。再拿对直销企业很重要的物流来说，这部分成本仅占安利全部经营成本的 4.6%，远远低于行业水平。

安利在降低物流成本上到底有什么特别的秘诀呢？通过分析发现，安利采取的策略主要有三条：非核心业务外包；仓库半租半建；核心系统大投入。

1. 非核心业务外包

中国从 1998 年开始严厉打击非法传销，这促使安利等很多直销企业走上转型之路。安利转型后采取了"店铺销售＋雇佣推销员"的方式，分布在全国各地的店铺承担着下订单、顾客数据收集、业绩查阅、物流与资金流周转等任务。而这种业务模式尤其对仓储物流的要求非常之高。

安利物流储运系统的主要功能是：将安利工厂生产的产品及从其他供应商采购的印刷品等，先运送到广州储运中心，然后运抵各地的区域仓库暂时储存，再根据需求转运至设在各省市的店铺，并通过家居送货或店铺等销售渠道推向市场。

但与其他公司不同的是，安利储运部同时还兼管全国几百家店铺的营运、送货及电话订货等服务，因此，物流系统的完善与效率直接影响着整个市场的运作。但由于国内第三方物流供应商的专业程度普遍不高，所以，安利决定采用符合现状的"自有团队+第三方物流供应商"的运作模式。

核心业务如库存控制等由安利统筹管理，实施信息资源最大范围的共享，使价值链发挥最大的效益。非核心环节，则通过外包形式完成。如以广州为中心的珠三角地区主要由安利的车队运输，而其他绝大部分货物运输都是由第三方物流公司来承担。另外，全国几乎所有的仓库均为外租第三方物流公司的仓库，而核心业务，如库存设计、调配指令及储运中心的主体设施与运作，则由安利团队统筹管理。

目前已有多家第三方物流公司承担安利的配送业务，安利会派人定期监督和进行市场调查，以评估服务供货商是否提供有竞争力的价格以及符合公司要求的服务标准。这样，既能整合第三方物流的资源优势，与其建立坚固的合作伙伴关系，同时又通过对企业供应链的核心环节——管理系统、设施和团队的掌控，保持安利的自身优势。

2. 仓库半租半建

在美国，安利仓库的自动化程度相当高，但在中国，很多现代化的物流设备并没有被采用，这是因为美国土地和人工成本非常高，而中国这方面的成本却比较低。两相权衡，安利弃高就低。

安利于2003年启用的物流中心占地面积 40 000 m^2，建筑面积 16 000 m^2。这样大的物流中心如果全部自建，仅土地和库房等基础设施方面的投资就需要数千万元。因此，安利采取了和另一物业发展商合作的模式，合作方提供土地和库房，安利租用仓库并负责内部的设施投入。

如此一来，安利只用1年时间和1 500万元投入，就拥有了面积充足、设备先进的新物流中心。而国内不少企业，在建自己的物流中心时将主要精力都放在了基建上，不仅占用了企业大量的周转资金，而且费时费力，效果并不见得很好。在国内其他城市，安利也尽量采用租借第三方物流公司仓库的方式。

3. 核心系统大投入

安利在核心系统上从来不吝惜投入。安利单在信息管理系统上就投资了9 000多万元，其中主要的部分之一，就是物流、库存管理系统。这个系统使安利的物流配送运作效率得到了很大提升，成本也因此大大降低。

安利物流系统能将全球各个分公司的存货数据联系在一起，各分公司与美国总部直接联机，详细储存每项产品的生产日期、销售数量、库存状态、有效日期、存放位置、销售价值、成本等数据。有关数据通过数据专线与各批发中心直接联机，使总部及仓库能及时了解各地区、各店铺的销售和存货状况，并按各店铺的实际情况及时安排补货。在仓库库存不足时，公司的库存及生产系统亦会实时安排生产，并预定补给计划，以避免个别产品出现断货情况。

自1998年开始转型以来，安利就大手笔投入对信息化进行改造，每年投入都超过1 000万元。这种大手笔投入既体现了安利的雄厚实力，也是立足其长远的目标。安利IT系统完全能够支持每星期100万笔订单的业务量和每年300亿元的销售规模，覆盖了整个物流供应链的各个环节，为物流系统的稳健运行提供了源源不断的动力。

资料来源：中国物流与采购网

案例讨论

1. 如何理解安利公司追加信息管理系统投入与缩减物流成本之间的关系？
2. 安利公司中国仓库半租半建的做法给中国企业物流的设施建设有何启迪？

阅读建议

［1］鲍新中. 物流成本管理与控制［M］. 北京：电子工业出版社，2006.
［2］宋华. 物流成本与供应链绩效管理［M］. 北京：人民邮电出版社，2007.
［3］易华. 物流成本管理［M］. 北京：清华大学出版社，北京交通大学出版社，2005.
［4］中国物流与采购网［EB/OL］. http：//www.chinawuliu.com.cn/

中国物流与采购网

第 2 章

物流成本核算

知识目标

1. 明确物流成本核算的概念和目的。
2. 了解物流成本核算的对象。
3. 了解物流成本核算的现状。
4. 掌握物流成本核算的方法和步骤。

技能目标

运用作业成本法进行物流成本核算。

素质目标

1. 培养学生具备物流成本核算的职业素质。
2. 培养学生具备作业成本核算的职业要求。

先导案例

某家电生产企业的物流成本核算

某家电生产企业拥有四个产品事业部，分别是电视、冰箱、洗衣机和空调事业部。四个事业部的产品统一由销售公司销售，销售公司的销售网络遍布全国，在全国按地域有 7 个销售分公司，销售公司不仅要负责四类产品的销售推广和销售组织，也要全面负责销售物流的组织与管理。整个企业的销售物流成本也没有进行单独的核算，包括运输费用、仓储费用、物流管理费用等在内的销售物流成本大部分都分散在企业"营业费用"账户的各个费用项目中。

目前，为了加强物流管理，适应商流与物流分离的发展趋势，企业提出把销售物流职能从销售公司中分离出来，成立单独的物流公司，由物流公司以第三方物流的形式开展公司的销售物流业务。为了更好地进行决策，公司的决策层要求财务部门提供一份目前的物流成本实际发生额信息。由于过去没有对物流成本进行单独的核算，财务人员只能统计出外包的运输和仓储业务的成本，而不能明确地提供销售物流成本的全面情况。于是，企业决策层以及财务人员都认识到物流成本的核算对企业做出物流管理决策以及进行物流系统优化的重要性，准备在下一个会计期开始进行物流成本的核算。为了更好地进行物流成本的核算，财务经理认真学习了有关物流管理和物流成本的书籍资料，他发现，物流成本一般可以以物流范围（供应物流成本、生产物流成本和销售物流成本等）、物流成本支付形式（材料费、人工费、维护费、一般经费等）或者物流功能（运输费、保管费、包装费、装卸费、物流信息费等）等作为成本核算对象进行核算。

考虑到销售物流与各个事业部以及销售公司都有关系，财务经理又就物流成本的核算对象问题征求了各事业部和销售公司有关领导的意见。各事业部领导的意见基本是：事业部管理的体制应该越来越完善，因此，物流成本的核算也应该以各个事业部作为成本核算对象，也就是说应该分别核算电视、冰箱、洗衣机和空调四类产品的物流成本，以有利于各事业部的内部利润核算以及绩效考核。而销售公司的总经理认为，为了更好地对下属销售分公司进行管理控制，物流成本的核算应该以各个分公司（地域）作为物流成本的核算对象，分别核算各区域的物流成本。负责营业费用会计核算的会计人员则认为，由于目前的营业费用是按照人工费、材料费、折旧费、差旅费、办公费等费用项目进行核算的，因此，他建议物流成本的核算口径应该与之相对应，也就是按照费用项目来进行物流成本的核算，这样物流成本的核算才更有可操作性，否则，难度会比较大。

在众多意见之中，财务经理一时也很难确定物流成本的核算对象和核算方式。于是，他拜访了一位物流成本管理专家，专家听了上述情况之后，说了下面一番话："企业物流成本核算的最终目标肯定是降低物流成本，但是如何实现物流成本的降低呢？必然是通过各种管理手段来实现。物流成本核算对象要根据你的企业管理的要求来确定。确定了成本核算对象之后，物流成本核算方法的选择就简单了，你是财务专家，核算方法的选择对你来说不是难题。"财务经理听完这番话之后，似乎明白了其中的道理，虽然一时还是不能决定到底应该如何选择成本核算对象，但是他相信，回去之后通过与公司相关人员的再次讨论以及征求管理决策层的意见，一定能够设计出一套完整的物流成本核算体系。

你觉得这位财务经理应该考虑如何进行公司物流成本的核算呢？

2.1 物流成本核算的目的

物流成本核算是按照国家有关的法规、制度和企业经营管理的要求，对物流服务过程中实际发生的各种劳动耗费进行计算，以提供真实的、有用的物流成本信息。

物流成本核算是物流成本管理的基础，物流成本数据是制订物流计划、控制物流作业以及评价物流业绩等不可缺少的资料。物流成本核算科学、准确与否影响着物流成本管理水平的高低。物流成本核算的基本目的，是要促进企业加强物流管理，提高管理水平，创新物流技术，提高物流效益。具体地说，物流成本核算的目的可以体现在以下七个方面。

(1) 通过对企业物流成本的全面计算，弄清物流成本的大小，从而提高企业内部对物流重要性的认识。长期以来，由于现行会计制度将物流成本的各个构成部分分散在众多的成本费用项目中，从当前的账户和会计报表中，人们很难甚至根本无法看清物流耗费的实际状况，因此物流成本一直没有引起人们的关注。而实际上，物流成本在不同行业中占产品成本的比例一般都在 15%～30%范围内，有的甚至高达 40%，成为制造业仅次于原材料成本的第二大成本。挖掘物流成本的潜力，是企业降低成本、创造更多利润的途径。而对企业物流成本进行全面细致的核算，描绘企业物流成本的全貌就成为达到上述目的的基础工作。

（2）通过对某一具体物流活动的成本计算，弄清物流活动中存在的问题，为物流运营决策提供依据。管理的重点在于经营，经营的重点在于科学的决策，而决策的重点在于充分、真实、完整的信息。只有信息充分，才能根据实际情况对企业的现状和存在问题进行分析并提出备选方案；也只有信息充分，才能对备选方案进行比较，寻找投入产出比最高的方案。

（3）按不同的物流部门组织计算，计算各物流部门的责任成本，评估各物流部门的绩效。当前，很多企业在进行内部责任成本核算，并制定了产品或服务的内部转移价格，其目的就是进行绩效考核，提高各部门的成本意识和服务意识。对物流相关部门进行考核，就需要企业物流成本核算的相关数据。

（4）通过对某一物流设备或机械（如单台运输卡车）的成本计算，弄清其消耗情况，探索提高设备效率，降低物流成本的途径。

（5）通过对每个客户物流成本的分解核算，为物流服务收费水平的制定以及有效的客户管理提供决策依据。既然物流成本是产品成本中重要的组成部分，人们在进行产品定价时就应该充分考虑该产品的物流服务消耗量，将物流成本考虑到产品定价里才会使价格决策更科学、更符合实际。通过物流成本的核算，就可以为物流服务价格和产品价格的具体制定提供依据。

（6）通过对某一成本项目的计算，确定本期物流成本与上年同期成本的差异，查明成本升降的原因。企业物流成本是全面反映企业物流活动的综合性评价指标，物流成本的高低是企业物流管理水平的综合反映。企业物流运营管理水平的高低，物流装备和设施利用率的高低，燃料、动力单位消耗的大小，产品配送、仓储布置是否合理，企业的选址及厂区规划设置是否合理都会在物流成本中反映出来。

（7）按照物流成本计算的口径计算本期物流实际成本，评价物流成本预算的执行情况。明确物流成本核算目的是十分重要的，可以说，它是选择成本核算对象、确定物流成本的核算内容甚至是选择物流成本核算方法的基础。当然，物流成本核算目的的确定也要结合企业业务流程、组织结构的设置以及管理方式和管理要求的实际情况进行分析。

2.2 物流成本核算的对象

2.2.1 物流成本核算的对象

所谓成本核算对象是指企业或成本管理部门为归集和分配各项成本费用而确定的、以一定时期和空间范围为条件而存在的成本计算实体。物流成本的核算对象应根据物流成本计算的目的及企业物流活动的特点予以确定。一般来讲，物流成本核算的对象有如下几种。

1. 以某一物流成本项目为核算对象

把一定时期的物流成本，从财务会计的计算项目中抽出，按照成本费用项目进行分类计算。它可以将企业的物流成本分为企业内部物流费、委托物流费和外企业代垫物流费等项目并分别进行计算。在企业的财务会计核算中，各项成本费用的账户往往是按照各个成本项目进行分类的，因此可以说，按照成本项目进行物流成本的核算是最基本的物流成本核算方式。不管采用什么样的成本核算对象，都可以按照成本项目对这些核算对象的物流成本进行细化。

2. 以某种物流功能为核算对象

根据需要，以包装、运输、储存等物流功能为对象进行计算。这种核算方式对加强每个物流功能环节的管理，提高每个环节作业水平，具有重要的意义，而且可以计算出标准物流成本（单位数量、重量、容器的成本），进行作业管理，设定合理化项目。以物流成本的功能作为成本核算对象，可以核算得到的物流成本信息见表2-1。

应该注意的是，尽管这里按照物流的每项功能进行物流成本的归集，但一般仍然可以得到每项物流功能成本中各个成本项目的构成，因为按照成本费用项目进行成本的分类是最基本的成本分类方法。

表2-1 以物流功能为成本核算对象的物流成本汇总信息

成本项目	功能	运输	保管	装卸	包装	流通加工	物流信息	物流管理	合计
企业内部物流成本	材料费								
	人工费								
	维修费								
	水电费								
	⋮								
	其他								
小计									
委托物流费									
合计									

3. 以某一服务客户作为核算对象

这种核算方式有利于加强客户服务管理，为企业制定物流服务收费价格，或者为不同客户确定差别性的物流水平等提供决策依据。特别是对于物流服务企业来说，在为大客户提供物流服务时，应认真核算分别对各个大客户提供服务时所发生的实际成本。按客户进行物流成本核算可以得到的物流成本信息见表2-2。

表2-2 以客户为成本核算对象的物流成本汇总信息

成本项目	客户	大客户A	大客户B	…	大客户N	X类中小客户	Y类中小客户	其他客户	合计
企业内部物流成本	材料费								
	人工费								
	维修费								
	水电费								
	⋮								
	其他								
小计									
委托物流费									
合计									

从表 2-2 中可以看到，对于大客户，可以独立设置账户核算其发生的物流成本，以进行有效的管理，如果物流企业服务的对象还包括许多中小客户，则可以把这些客户进行分类（比如按照同类产品归类，或者按照同等服务水平要求归类），统一核算物流成本，然后按照归类的属性再将成本分摊给这些客户，以有效地进行每个客户的成本与收费价格的管理，也有利于进行有效的物流服务水平管理。

4. 以企业生产的某一产品为核算对象

这主要是指货主企业在进行物流成本核算时，以每种产品作为核算对象，计算为组织该产品的生产和销售所需的物流成本。据此可进一步了解各产品的物流成本开支情况，以便进行重点管理。以产品为物流成本核算对象的成本汇总表可以与表 2-1 和表 2-2 类似，这里不再列出。

5. 以企业生产的某一过程为核算对象

如以供应、生产、销售、退货等过程为对象进行计算。它的主要任务是从材料采购费及企业管理费中抽出供应物流成本；从基本生产车间和辅助生产车间的生产成本、制造费用以及企业管理费等账户中抽出生产物流成本；从销售费用中抽出销售物流成本等。这样就可以得出物流成本的总额，可使企业经营者一目了然地了解各范围（领域）物流成本的全貌，并据此进行比较分析。

6. 以某一物流部门为核算对象

如以仓库、运输队、装配车间等部门为对象进行计算。这种核算对加强责任中心管理，开展责任成本管理以及对部门的绩效考核是十分有利的。

7. 以某一地区为核算对象

计算在该地区组织供应和销售所花费的物流成本，据此可进一步了解各地区的物流成本开支情况，以便进行重点管理。对于销售或物流网络分布很广泛的物流企业或者产品分销企业来说，这种以地区为物流成本核算对象的成本核算就显得更加重要，它是进行物流成本日常控制、各个地区负责人绩效考核以及其他物流系统优化决策的有效依据，以地区为核算对象的物流成本汇总信息，见表 2-3。可以看出，管理者不仅可以获得每个地区的物流总成本，还可以得到物流成本按照物流功能（运输费、仓储费、配送费、流通加工费等）的构成情况。实际上，企业也可以按照每个地区物流成本的成本项目构成进行物流成本的归集。

此外，企业还可以以某一物流设备和工具（如某一运输设备）为对象，或者以企业的全部物流活动为对象进行成本计算。

表 2-3　以地区为成本核算对象的物流成本汇总信息

成本项目	地区	第一分公司	第二分公司	第三分公司	第四分公司	合计
企业内部物流成本	运输					
	保管					
	装卸					
	包装					

续表

成本项目 \ 地区		第一分公司	第二分公司	第三分公司	第四分公司	合计
企业内部物流成本	流通加工					
	物流信息					
	物流管理					
	其他					
小计						
委托物流费						
合计						

知识拓展

营运成本法

目前，国内业界会计上普遍采用营运成本法核算企业物流成本。它是以物流各功能模块为成本控制重点，按不同支付形态和物流功能进行核算，是传统的成本核算方式的代表。营运成本法核算物流成本的概念性公式为

$$物流总成本 = 运输成本 + 存货持有成本 + 物流行政管理成本$$

营运成本法在成本计算中普遍采用与产量关联的分摊基础——直接工时、机器小时、材料耗用额等。在电子技术革命的基础上产生的高度自动化的先进制造企业环境下，许多人工已被机器取代，因此直接人工成本比例大大下降，固定制造费用大比例上升。产品成本结构发生重大变化，这种传统的成本分摊方法使许多物流活动产生的费用处于失控状态，造成大量的浪费和物流服务水平的下降。并且，营运成本法下归集的物流成本往往不完整，许多不能用经济合理的方式追溯的变动成本和固定费用支出往往被忽略，混入期间费用，造成所谓的"物流冰山费用说"。

2.2.2 物流成本核算对象的确定

进行物流成本核算，首先要确定物流成本核算对象。成本核算对象的选取方法不同，得出的物流成本结果也就不同，从而也就导致了不同的成本评价对象与评价结果。因此正确确定物流成本核算对象是进行物流成本计算的基础，但是中国对物流成本计算对象的确定还没有形成统一的规范。

确定物流成本核算对象需从以下三个方面进行分析。

1. 物流成本核算期间的确定

物流活动是持续不断进行的，必须截取其中的一段时间作为汇集物流经营费用、计算物流成本的时间范围，这个时间范围就是物流成本核算期间。物流成本核算期间可以以年、季、月为周期，也可以是某项作业周期，应当视具体情况而定。

2. 物流成本核算范围的确定

物流成本核算范围是物流成本核算的具体内容，即应选取哪些成本费用项目来进行物流

成本核算。根据物流成本分析控制的需要,从物流活动范围的角度看,考虑供应物流费、企业内物流费、销售物流费、回收物流费和废弃物物流费中的哪些应纳入物流成本核算范围;从物流功能范围的角度看,考虑在运输、搬运、存储、包装、流通加工等物流功能中,应选取哪些功能作为物流成本核算对象。

3. 物流成本承担者的确定

成本承担者是指发生并应合理承担各项费用的特定经营成果的体现形式。物流成本承担者根据实际情况,可以是某一客户,某一作业种类,物流责任中心乃至整个企业。

从上述三个方面确定了物流成本核算对象,就可以收集物流成本数据,核算物流成本了。

2.3 物流成本核算的方法及存在的问题

2.3.1 物流成本核算的基本方法

1. 会计方式的物流成本核算方法

所谓会计核算方法,就是通过凭证、账户、报表对物流耗费予以连续、系统、全面的记录、计算和报告的方法;会计方式的物流成本核算,具体包括两种形式。

其一是双轨制。即把物流成本核算与其他成本核算截然分开,单独建立物流成本核算的凭证、账户、报表体系。在单独核算的形式下,物流成本的内容在传统成本核算和物流成本核算中得到双重反映。

其二是单轨制。即物流成本核算与企业先行的其他成本核算如产品成本核算、责任成本核算、变动成本核算等结合进行,建立一套能提供多种成本信息的凭证、账户、报表核算体系。在这种情况下,要对现有的凭证、账户、报表体系进行较大的改革,需要对某些凭证、账户、报表的内容进行调整,同时还需要增加一些凭证、账户和报表。这种结合无疑是比较困难的,但并不是不可能的,因为企业物流成本的大部分内容包括在产品成本中,责任物流成本是责任中心成本的一部分,变动物流成本则是企业变动成本的一部分。

企业物流成本会计核算是采用单轨制还是采用双轨制,应根据每个企业的具体情况而定。不过,从发展的观点来看,最好是采用单轨制会计核算方式。当然,采用单轨制会计核算方式还必须具备一定的条件:

(1) 核算人员必须有较高的业务素质;
(2) 企业管理基础工作必须比较健全;
(3) 管理人员必须具备综合的现代成本管理意识;
(4) 企业的成本工作必须实现标准化和现代化,有基本的组织保证。

2. 统计方式的物流成本核算方法

所谓统计方式,就是说它不要求设置完整的凭证、账户和报表体系,而主要是通过对企业现行成本核算资料的解剖分析,从中抽出物流耗费部分(即物流成本的主体部分),再加上一部分现行成本核算没有包括进去但要归入物流成本的费用,如物流信息、外企业支付的物流费等,然后再按物流管理的要求对上述费用重新进行归类、分配、汇总,加工成物流管理所需要的成本信息。具体做法如下:

（1）通过对材料采购、管理费用账户的分析，抽出供应物流成本部分，如材料采购账户中的外地运输费、管理费用账户中的材料市内运杂费、原材料仓库的折旧修理费、保管人员的工资等，并按功能类别、形态类别进行分类核算。

（2）从生产成本、制造费用、辅助生产、管理费用等账户中抽出生产物流成本，并按功能类别和形态类别进行分类核算。例如，人工费部分按物流人员的人数比例或物流活动工时比例确定，折旧修理费用按物流固定资产占用资金比例确定。

（3）从销售费用中抽出销售物流成本部分，包括销售过程发生的运输、包装、装卸、保管、流通加工等费用，委托物流费按直接发生额计算。

（4）对于外企业支付物流费部分，现有成本核算资料没有反映。其中供应外企业支付的物流费可根据在本企业交货的采购数量，每次以估计单位物流费率进行计算；销售外企业支付的物流费根据在本企业交货的销售数量乘以估计单位物流费率进行计算。单位物流费率的估计可参考企业物资供应、销售给对方企业交货时的实际费用水平。

（5）物流利息的确定可按企业物流资产占用额乘以内部利率进行计算。

（6）从管理费用中抽出退货物流成本。

（7）对于企业来说，废弃物物流成本数额一般较小，可以不单独抽出，而是并入到其他物流费用中。

委托物流费的计算比较简单，它等于企业对外支付的物流费用。企业内部物流耗费及外企业支付物流费用的计算比较复杂，总的原则是单独为物流活动所耗费的部分直接计入；间接为物流活动所耗费的部分以及物流活动与其他非物流活动共同耗费的部分，则按一定标准或比例，如物流人员比例、物流工时比例、物流资产余额等分配计算。

与会计方式的物流成本核算比较起来，由于统计方式的物流成本核算没有对物流耗费进行连续、全面、系统的跟踪，所以据此得来的信息，其精确程度受到很大的影响，但正由于它不需要对物流耗费作全面、系统、连续的反映，所以运用起来比较简单、方便。在会计人员素质较差、物流管理意识淡薄、会计电算化尚未普及的情况下，可运用此法，以简化物流成本核算，满足当前物流管理的需要。

3. 统计方式与会计方式相结合的物流成本核算方法

所谓统计方式与会计方式相结合，即物流耗费的一部分通过统计方式予以核算，另一部分通过会计方式予以核算。运用这种方法，也需要设置一些物流成本账户，但不像会计核算方法那么全面、系统，而且这些物流成本账户不纳入现行成本核算的账户体系，对现行成本核算来说，它是一种账外核算，具有辅助账户记录的性质。具体做法如下：

（1）辅助账户设置。一般说来，企业应设置物流成本总账，核算企业发生的全部物流成本；同时按物流范围设置供应、生产、销售、退货、废弃物流成本二级账；在各二级账下按物流功能设置运输费、保管费、装卸费、包装费、流通加工费、物流管理费三级账，并按费用支付形态设置专栏。

（2）对于现行成本核算已经反映但分散于各科目的物流费用，如计入管理费用中的对外支付的材料市内运杂费、物流固定资产折旧费、本企业运输车队的费用、仓库保管人员的工资、产品和原材料的盘亏损失、停工待料损失；计入制造费用的物流人员工资及福利费、物流固定资产的折旧修理费、运输费、保险费、在产品盘亏和毁损；等等，在按照会计制度的要求编制凭证、登记账簿，进行正常成本核算的同时，与此凭证登记相关的物流成本辅助账户，进行账外的物流成本核算。例如，企业以银行存款支付购进材料货款及运输费用共 6 000 元，其中材料买价 5 000 元，运费 1 000 元。企业可根据这项业务作如下会计分录：

    借：材料采购   5 000
      物流成本   1 000
     贷：银行存款   6 000

据此分录，一方面登记材料采购和银行存款账户，另一方面在有关的物流成本总账、二级账、三级账户中登记。

（3）对于现行成本核算没有包括但属于物流成本应该包括的费用，其计算方法与统计方式下的计算方法相同。

（4）月末根据各物流成本辅助账户所提供的资料编制范围类别、功能类别、形态类别等各种形态的物流成本报表。

这种方法的优缺点介于会计核算方法和统计核算方法之间，即它没有会计核算方法复杂，但它也没有会计核算方法准确、全面；与统计核算方法比较，情形则恰恰相反。

2.3.2 物流成本在核算中的特性

物流成本核算非常重要，但是物流成本核算所需要的数据的获得却很困难。具体来说，物流成本在核算中存在着以下特性。

1. 难确定性

物流成本的计算范围太大。它包括原材料物流、工厂内部物流、从工厂到仓库和配送中心的物流、从配送中心到商店的物流等。这么大的范围，涉及的单位非常多，牵涉的面也很广，很容易漏掉其中的某一部分，计算哪部分、漏掉哪部分，物流费用的大小相距甚远。比如，向外部支付的运输费、保管费、装卸费等费用一般都容易列入物流成本，但是本企业内部发生的物流费用，如与物流相关的人工费、物流设施建设费、设备购置费以及折旧费、维修费、电费、燃料费等是否也应列入物流成本中？此类问题都与物流费用大小直接相关。所以说物流费用确实犹如一座海里的冰山，露出水面的仅是冰山一角。

2. 难分解性

在现行会计核算体系的框架内，无法直接得到物流成本数据，各种物流成本数据混杂在生产成本、销售费用以及财务费用中，如：从企业内部来看，货物购买或销售时产生的运输成本常常包含在货物的购入成本或产品销售成本之中；厂内运输成本常常是计入生产成本中的；订单处理成本可能包含在销售费用之中；部分存货持有成本又可能包含在财务费用之中；等等。从供应链角度来考虑，则会发现一系列相互关联的物流活动产生的物流总成本既分布在企业内部的不同职能部门中，又分布在企业供应链上下游的不同合作伙伴那里。因此，在实际计算物流成本时，对上述费用的分解还存在一个制度规范的问题，而且分解这些隐藏的费用在操作上也存在很大的难度，操作成本较高。

3. 难统一性

不同企业的物流成本项目不同，中国对物流成本计算的范围和具体计算方法还没有形成统一的规范，在如何统一物流成本计算项目方面，尚没有形成统一的标准。相对于物流研究开始较早的美国和日本，中国在这一点上表现比较明显。

2.3.3 中国物流成本核算中的存在的问题

中国传统的成本核算方法在物流成本核算方面的不足体现在以下五个方面。

（1）现行会计制度没有对物流成本费用进行单独核算，物流成本被分散在许多其他成本项目中。通常将一些应计入物流成本的费用计入企业的经营管理费用，如：企业因采购物资而发生的外地运杂费计入原材料成本，而市内运杂费计入管理费用；保管费用计入管理费用；物资的迂回运输、毁损、丢失等损失计入管理费用或营业外支出；销售产品发生的产品保管、运输、装卸等费用又要计入营业费用等。因此，从现行的账户记录和会计报表中，很难或者说几乎不可能看清物流耗费的实际情况。

（2）物流成本核算不全面。目前，企业日常物流会计核算范围着重于采购物流、销售物流环节，忽视了其他物流环节的核算，相当一部分企业只把支付给外部运输、仓储企业的费用列入专项成本，而企业内部发生的物流费用常和企业的生产费用、销售费用、管理费用等混在一起，因而容易被忽视，甚至未被列入成本核算。导致物流成本低估或模糊，影响了会计信息的真实性，不利于企业内部管理者和利益相关者的决策。

（3）没有正确确认物流成本责任。物流一体化的结果，要求建立一个成本——收益分析核算系统。这种核算必须提供跨越价值链的一体化物流运作逻辑，它的基本理念在于所有参与到价值链的部门都需要合作，以取得卓越的绩效。这种将总成本分配到对物流活动负责人的做法，可以在物流成本控制和利润方面取得最大的绩效。传统会计方法不能满足物流一体化的要求。物流活动及其发生的许多费用常常是跨部门发生的，而传统的会计是将各种物流活动费用与其他活动费用混在一起，归集为诸如工资、租金、折旧等形态，这种归集方法不能确认运作的责任。

（4）物流成本分配动因缺乏关联性。现代生产的特点是生产经营活动复杂，产品品种结构多样，产品生产工艺多变，经常发生调整准备，使过去费用较少的订货作业、物料搬运、物流信息系统的维护等与产量无关的物流费用大大增加，投入的所有资源也随其成倍增加。传统成本核算中普遍采用与产量关联的分摊基础——直接工时、机器小时、材料耗用额，与物流成本之间的关联性降低，这样导致物流成本核算不准确。

（5）核算标准不统一。各物流企业是根据自己不同的理解和认识来把握物流成本的，企业间无法对物流成本进行比较、分析，也无法得出产业平均物流成本。

知识拓展

物流成本在现行会计核算制度下的体现

企业现有的会计核算制度是按照劳动力和产品来分摊企业成本的，这种方法掩盖了企业的基本活动，忽视了影响成本的各项活动之间的联系，导致经济基础大相径庭的活动的成本合并，而将属于同一项活动的劳动、原材料和间接成本等相关部分人为分离。财政部于2000年12月29日公布了《企业会计制度》，根据这一制度，企业的成本费用主要通过"生产成本""制造费用""劳务成本""主营业务成本""主营业务税金及附加""其他业务支出""营业费用""管理费用""财务费用""预提费用"和"待摊费用"11个科目进行核算。按照现行的企业会计核算制度的要求，购买原材料所支付的物流费用是计算在原材料成本中的，工厂生产的产品从工厂运到商业部门的物流成本计算在主营业务成本中，自运运输费用和自用保管费用计入营业费用，另外与物流相关的利息计入财务费用。所以在现行会计制度下，企业发生的物流成本都是列在"材料采购""管理费用""销售费用"以及"财务费用"等账户中混合核算的。

2.4 物流作业成本核算

现行物流成本在核算上存在许多问题：计算方法上没有切实掌握公司内部的物流成本，弄不清物流成本与制造成本、物流成本与促销费用的关系，物流成本中混有物流部门根本无法控制的成本，企业不同物流成本的计算标准也不同，企业内部计算物流成本的标准时常改变。物流成本核算和评价所存在的问题，显然为利用物流成本进行物流管理增加了难度。新兴的物流作业成本法从作业与成本之间的因果关系出发计算物流成本，结果更为准确、科学，是最有发展前途的物流成本计算方法。

2.4.1 作业成本法的相关概念

作业成本计算法（Activity Based Costing，ABC），简称作业成本法，根据实际作业流程所耗费的资源分摊成本，它将间接成本直接、准确地分摊到每一件产品或服务上。作业成本法的使用可以帮助企业管理层弄清每件产品、每个订单的成本和利润，从而作出正确的决策。

作业成本法

美国会计大师埃里克·科勒教授在1952年编著的《会计师词典》中，首次提到了作业、作业账户、作业会计等概念。1971年，乔治·斯托布斯教授在《作业成本计算和投入产出会计》中对"作业""成本""作业会计""作业投入产出系统"等概念作了全面系统的讨论。20世纪80年代后期，随着MIS、MRPⅡ、FMS和CIMS的广泛应用，人们感觉到传统的成本计算方法所得到的成本信息与现实脱节，成本扭曲普遍存在，严重影响了企业的盈利能力和战略决策。美国芝加哥大学的青年学者罗宾·库伯和哈佛大学教授罗伯特·卡普兰在对美国公司调查研究之后，在1988年提出了以作业为基础的成本计算方法。目前，作业成本法已在各国企业管理实践中得到广泛应用，其应用的领域包括制造业、商品批发零售业、金融、保险机构、医疗卫生、会计师事务所、咨询类社会中介机构及物流产业。

改善现有的作业流程或进行产品的取舍，作业成本计算涉及的概念有：资源（Resources）、作业（Activity）、作业中心（Activity Centre）、成本对象（Cost Objects）、资源动因（Resources Driver）、作业动因（Activity Driver）、作业成本池（Activity Cost Pool）和成本要素（Cost Element），其内在联系如图2-1所示。（资料来源：Peter. B. B. Tumey，ABC The Performance Breakthrough）

1. 资源

资源是指费用的总支出。一个企业的资源（即总支出）包括直接人工、直接材料、间接制造费用、物流成本、营销成本等。资源成本信息的主要来源是总、分类账，它提供诸如企业支付的工资总额、计提折旧总额、支付的赋税总额等信息。

2. 作业和作业链

简单地讲，作业是企业为提供一定的产品或劳务所发生的、以消耗资源为重要特征的各

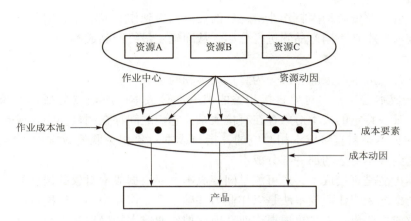

图 2-1 作业成本法相关概念内在联系图

项业务活动的统称。企业的各项业务活动都是作业，一个企业实质上是一系列作业的集合体。由于在作业的进行中产生资源消耗，出现作业下耗费，因此在作业成本计算法下，企业全部的经营资源都被认为是由各种作业消耗的，而产品生产不过是对各种作业的消耗。

作业可以从不同的角度进行分类。库伯和卡普兰将作业分为以下四类：
（1）单位作业，是指单位产品或顾客收益的作业；
（2）批别作业，是指一批产品或顾客收益的作业；
（3）产品别作业，是指某种产品或顾客的每个单位都收益的作业；
（4）过程作业，也称管理级作业，是指为了支持生产管理活动的作业。

3. 成本动因

一般而言，成本动因（Cost Driver）是指导致企业成本发生的任何因素，也就是成本驱动因素。它是引起成本发生和变动的原因，或者说是决定成本发生额与作业消耗量之间的内在数量关系的根本因素。成本动因是作业成本法的着眼点，是作业成本理论下分配成本的依据，因而决定着成本、费用应该计入哪个对象以及多少的问题。出于可操作性考虑，成本动因必须能够量化，可量化的成本动因包括生产准备次数、零部件数、不同的批量规模数、工程小时数等。成本动因可分为资源动因和作业动因。

（1）资源动因反映了作业中心对资源的消耗情况，是资源成本分配到作业中心的标准。在分配过程中由于资源是一项一项地分配到作业中去的，于是就产生了作业成本要素。将每个作业成本要素相加就形成了作业成本库。作业成本计算要观察、分析物流资源，为每项物流资源确定动因。例如，仓库面积、体积是仓库折旧的资源动因。

（2）作业动因是将作业中心的成本分配到产品、劳务或顾客中的标准，也是资源消耗与最终产出相沟通的中介，反映成本对象使用物流作业的频度和强度。例如，商品检验活动的作业动因是商品检验的次数，它是分配、计算商品检验成本的依据。通过实际分析，可以揭示哪些作业是多余的、应该减少，整体成本应该如何改善、如何降低。

4. 作业中心与作业成本库

作业中心是成本归集的基本单位，它由一项作业或一组作业组成。一个作业中心就是生产流程的一个组成部分，作业中心的设立以同质作业为原则，是相同的成本动因引起的作业的集合。由于作业消耗资源，所以伴随作业的发生，作业中心也就成为一个资源成本库，即作业成本库。应按照资源动因将作业所耗费的资源归集到作业成本库，按照作业动因将作业成本库中的作业成本在不同产品间进行分配，从而确定最终产品成本。

5. 直接成本与间接成本

成本按其计入成本对象的方式分为直接成本和间接成本。

（1）直接成本是与成本对象直接相关的那一部分成本。所谓"与成本对象直接相关"是说该成本与某一特定的成本对象存在直接关系，它们之间存在明显的因果或受益关系。

（2）间接成本是与直接成本相对应的，指与成本对象相关联的成本中不能用一种经济合理方式追溯到成本对象的那一部分成本。

一项成本可能是直接成本，也可能是间接成本，要根据成本对象的选择而定。

上述几个概念表明作业成本法是以作业为基础，设立作业中心，根据资源动因进行资源成本归集，形成作业成本库；再根据作业动因，把作业成本精确地分配至最终产品的成本计算方法。

2.4.2 作业成本法的技术路线和实施步骤

作业成本法最初作为一种正确分配制造费用、计算产品制造成本的方法被提出。其基本思想是在资源和产品之间引入一个中介——作业，在资源耗费与产品耗费之间借助作业这一"桥梁"来分离、归纳、组合，然后形成各种产品成本，如图2-2所示。

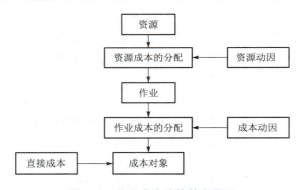

图2-2 作业成本法的基本原理

物流作业成本计算是以作业成本计算为指导，将物流间接成本更为准确地分配到物流作业、运作过程、产品、服务及顾客中的一种成本计算方法。由于它立足于成本对象与物流作业耗费的因果关系，因此是一种更为准确、也更有发展前途的物流成本计算方法。图2-3显示了物流企业应用作业成本法的技术路线。

物流作业成本法的计算步骤如下。

1. 确认资源，划分直接成本

直接成本就是那些易于追溯到成本对象上的成本，一般包括直接材料费、直接人工费和其他直接费用。直接成本不需要先按资源动因后按作业动因进行分配，可以直接将它们分配到成本目标。

2. 确认主要作业和作业中心

作业是基于一定目的，以人为主体，消耗了一定资源的特定范围内的工作，是构成产品生产、服务程序的部分。实际工作中可能出现的作业类型一般有启动准备、购货订单、材料

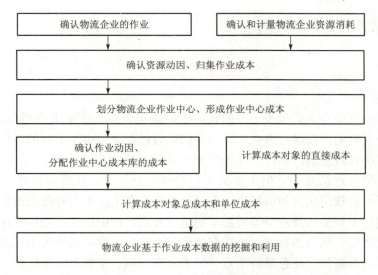

图 2-3　物流企业应用作业成本法的技术路线

采购、物料处理、设备维修、质量控制、生产计划、工程处理、动力消耗、存货移动、装运发货、管理协调等。

一个作业中心就是生产程序的一部分。例如，检验中心就是一个作业中心。由于生产经营的范围扩大、复杂性提高，构成产品生产、服务程序的作业也大量增加，为每项作业单独设置成本库往往并不可行。于是，将有共同资源动因的作业确认为同质作业，将同质作业引发的成本归集到同质作业成本库中以合并分配。按同质作业成本库归集间接费用，不但提高了作业成本计算的可操作性，而且减少了工作量，降低了信息成本。

3. 依据资源动因，归集作业成本库

在对企业作业和资源动因进行全面分析的理论基础上，依据各项资源耗费结果、资源动因作业之间的相关性，将当期发生的生产费用按不同作业中心进行归集，即按各作业中心的作业成本库归集作业成本，并计算各成本库中的成本总和。

4. 以作业动因为基础分配作业成本

这一步骤包括以下两个方面：

（1）确认各作业的作业动因，并统计作业动因的总数，据此分别计算各作业的单位作业动因的作业中心成本动因率。作业中心成本动因率的计算公式为

$$作业中心成本动因率 = \frac{该作业中心成本库的作业成本总额}{该作业中心的成本动因量} \quad (2-1)$$

（2）统计各产品所耗作业量（或作业动因数），计算产品承担的作业成本，开列产品成本单。某项产品应承担的某项作业成本分配额计算公式为

$$某项产品应承担的某项作业成本分配额 = 该产品消耗某作业成本动因量 \times 该作业中心成本动因率 \quad (2-2)$$

5. 计算产品或服务的物流总成本

根据产品或服务对作业的消耗，将间接成本分配给最终产品或服务，再加上直接追溯到成本对象上的直接成本，就可以得到成本对象的物流总成本。

$$分配给物流成本对象的总成本 = 产品应承担的作业成本分配额 + 直接成本 \quad (2-3)$$

2.4.3 企业物流作业核算案例

> **案例一**

1. 案例描述

东方公司是一家中央工厂位于上海的食品生产连锁企业，主要生产蛋糕、西点、面包、月饼以及干点，所有的产品通过中央工厂向各门店直接配送。由于上海的市场逐渐饱和，东方公司开始向经济相对发达的浙江、江苏扩张，目前已在两省7个城市开店43家。蛋糕是东方公司最具优势的产品之一，但由中央工厂直接运到浙江、江苏却很难保证新鲜度，为此，公司想用开设现裱门店来加以解决。现裱，是指中央工厂生产并配送蛋糕胚至门店，门店在此基础上进行上奶油以及造型等再加工的生产方式。而中央工厂集中配送是指由中央工厂直接生产并包装好，然后由物流车直接配送到门店，门店取货后即可上柜出售的物流配送方式。现裱虽有货品新鲜、花色品种丰富、可为顾客定制、交货及时等优势，但也有执照难以办理、租金费用高、品质和口味难以控制等劣势。集中配送虽有货品新鲜度不高、运输费用高、定制花色品种有限等问题，但可以保证货品的品质和口味，同时，生产成本较低，还节约了门店租金。两种方式难分伯仲，但如果用作业成本法对蛋糕的物流成本进行核算，从物流成本的角度来比较，却可以做出经济与否的判断。

2. 作业成本系统的设计

（1）前期准备，包括以下四方面的内容：

① 模型设计以及数据收集。根据作业成本法的相关要求并结合项目的实际情况，共设计7张表单采集数据，涉及的部门包括零售部、资讯部、生产部、原辅料仓库、质检中心、物流中心以及财务部。

② 核算期间及成本标的的确定。因为蛋糕的生产销售有季节性的特点，比如在节日期间以及冬季就卖得更好，所以将一整年作为核算期间。作业成本法的成本标的为不同的物流活动。

③ 项目方案设计。从已有的成本核算记录中可以看出，现裱的毛利可以达到公司的期望值。如果中央工厂集中配送方的蛋糕毛利可以达到公司的期望值，那么出于品质控制的考虑，公司是不会采用品质难以控制的现裱方式的。因此，项目方案的核心在于：利用作业成本法计算出蛋糕在中央工厂集中配送方式下的单位物流成本，用加成利润法算出各型号蛋糕的理想售价，并与现行价格进行对比后决定是否在外省市开现裱门店。

④ 项目假设。为将作业成本法和现实情况有机结合，特作如下假设：所计算的蛋糕物流成本是指蛋糕从生产至到达门店所发生的活动费用的总和。东方公司的蛋糕品种只有一种鲜奶蛋糕，作业（订单处理、生产、质检、分拣、配送）能力充足。运输作业的直接变动成本和间接变动成本根据不同运输路线来考虑。作业范围为：从上海中央工厂到苏州、杭州，再由苏州、杭州分拨到无锡、昆山、常熟、太仓、嘉兴五地。

（2）资源的确定。根据实际情况，确定资源费用及其分类。其中，直接变动成本为燃油费、路桥费、各类员工工资；间接变动成本为订单处理费、养路费、运管费、各种折旧费、保险费、车辆维修费、轮胎费、话费补贴、机动车年检费、年审费、管理成本、空驶成本、配送费和其他相关费用。因为蛋糕是快速消费品，从生产到消费的仓储费用和资金占压的机会成本可以忽略不计；空驶成本可以折半算，因为东方公司的司机在返程中会运载一些辅料和周转箱。

（3）分析定义作业。根据作业成本法的特点，将从生产到最终门店的物流过程分为订单处理、生产、质检、分拣、首次配送和分拨配送六个作业。作业及其相应的成本动因见表2-4。

表2-4 作业及其相应的成本动因

作业名称	作业类型	资源动因
订单处理作业	批级作业	订单数、人工工时
生产作业	批级作业	人工工时
质检作业	批级作业	人工工时
分拣作业	单位级作业	人工工时
首次配送作业	单位级作业	自营物流车数
分拨配送作业	单位级作业	外包物流车数

3. 物流成本的核算

（1）各作业步骤的成本核算，按照作业的分类分别核算：

① 订单处理作业成本。东方公司的订单处理程序如下：门店店员填单—门店店员抛单—资讯部打印订单并交至裱花车间。订单处理作业成本包括三部分：处理蛋糕订单的门店店员两人，月均工资（含四金）1 100元，此类员工有35%的工作时间用于蛋糕订单处理；资讯部处理蛋糕订单的开票组员工两人，月均工资（含四金）1 500元；POS系统的折旧费用月均26 587元，用于蛋糕订单处理程序的折旧为10%。一般说来，平均每个订单大约订1.6个蛋糕（门店的订货与要货通常开在同一单子上）。一年的蛋糕订购数为93.5万个，因而全年订单数约为584 375个，月订单数约为48 698个。因此，订单处理作业成本＝（1 100×2×35%＋1 500×2＋26 587×10%）/48 698＝0.13（元/订单）。

② 生产作业成本。东方公司的蛋糕生产程序如下：原辅料仓库配料—生产蛋糕胚（打料、搅拌、灌浆、烘烤、冷却）—裱花（拆胚、割胚、裱花、收尾作业）。生产作业成本包括：原辅料蛋糕配料工人两人，月均工资（含四金）1 000元；蛋糕胚生产工人15人，月均工资（含四金）1 500元；裱花工人88人，月均工资（含四金）1 600元；生产机器的折旧费用月均7 666元。每月平均生产蛋糕77 917个，每200个为一批次，则月生产蛋糕约390批。因此，生产作业成本＝（1 000×2＋1 500×15＋1 600×88＋7 666）/390＝443.50（元/批）。

③ 质检作业成本。东方公司的质检工作主要包括两部分：一是全程质量控制，即在蛋糕的整个生产过程中的质量监督与管理；二是事后质量控制，即蛋糕成品的质量检验。质检作业成本包括：全程质量控制员工两名，月均工资（含四金）1 700元；事后质量控制员工两名，月均工资（含四金）1 700元；检验设备折旧500元/月。质检作业成本＝（1 700×2＋1 700×2＋500）/390＝18.72（元/批）。

④ 分拣作业成本。东方公司的分拣工作包括对蛋糕的包装、分类、分组以及装车等从生产车间到公司物流车这段时期的所有活动。分拣作业成本就是员工的人力成本：成品间员工26名，用于蛋糕分拣作业的时间占总工作时间的90%，人均月工资（含四金）1 400元。分拣作业成本＝1 400×26×90%/390＝84（元/批）。

⑤ 首次运输作业成本。首次运输作业成本是指将蛋糕从上海的中央工厂运送到杭州、苏州两大分拨中心的所有与运输相关的成本。上海—杭州的运输作业成本包括路桥费、燃油费、工商管理费、司机工资等直接变动成本（见表2-5）和车辆折旧、车辆维修、保险费、通信费、轮胎费、养路费、运输管理费、机动车检测费、年审、事故成本以及其他费用等间接变动成本（见表2-6）。

每车每趟运输作业直接变动成本为（185为上海到杭州的里程数）

$$[(0.95+1.16)\times 2+0.39]\times 185 = 852.85(元)$$

每车每趟运输作业间接变动成本为

$$(3\,833+4\,000+500+150+800+575+75+125+1\,667+250)/30 = 399.17(元)$$

因此，上海—杭州的运输作业成本（每车每趟）＝直接变动成本＋间接变动成本＝852.85+399.17＝1 252.02（元）。

同理，上海—苏州的运输作业成本为625.62（元/（趟·车））。

表2-5 上海—杭州的运输作业直接变动成本

变动成本	单位里程费用率/元·km^{-1}	备注
路桥费	0.95	总路桥费/行驶里程数
燃油费	1.16	燃油价格为4.3元/L，公司使用的2.5 t五十铃冷藏车每百千米耗油数为27 L
工商管理费	0	太少，可忽略不计
司机工资	0.39	司机月工资2 000元（含四金），行驶里程5 180 km

表2-6 上海—杭州的运输作业间接变动成本

作业成本类型	成本用费	备注
车辆折旧	3 833	车价29.3万元，进口油漆费0.5万元，其他费用（购置税、交易税、牌照、检测费等共2.8万元）可用6年，残值5万元
车辆维修	4 000	
保险费	500	车辆责任险、乘员险、第三者责任险共6 000元/年
电话费	150	
轮胎费	800	轮胎每个400元
养路费	575	每吨230元/月，公司自营物流车每辆2.5 t
机动车检测费	75	
年审	125	年审费1 500元/年
事故成本	1 667	每年大约20 000元
其他费用	250	管理成本、办公费用等

⑥ 外包分拨作业成本。从苏州、杭州到无锡、昆山、常熟、太仓、嘉兴采用分包分拨

的方式，分拨费用详见表2-7。

表2-7　苏州、杭州到其他地区的外包费用一览表

区　间	路程/km	每趟外包费用/元
苏州—无锡	60	600
苏州—昆山	35	800
苏州—常熟	42	900
苏州—太仓	72	1 100
杭州—嘉兴	60	650

（2）各作业步骤的成本汇总及分配。

根据上述各步骤的成本计算结果可以得出作业成本核算表，并可根据该表进行不同成本标的的物流成本分配（见表2-8、表2-9）。

表2-8　上海—杭州作业成本分配表

作　业	资源动因	资源数	作业动因	作业动因数	作业动因率
订单处理	人工工时	6 428.7	订单数	48 698	0.13元/订单
生产	人工工时	172 966	生产批次数	390	443.50元/批次
质检	人工工时	7 300	质检次数	390	18.72元/批次
分拣	人工工时	32 760	分拣次数	390	84.00元/批次
首次配送	运输车数	11 975	运输次数	30	399.17元/趟

表2-9　上海—杭州单位作业成本表

作　业	作业动因率	动因数	每趟作业成本	每趟变动成本	每趟成本
订单处理	0.13元/订单	125	16.25元	0	16.25元
生产	443.50元/批次	1	443.50元	0	443.50元
质检	18.72元/批次	1	18.72元	0	18.72元
分拣	84.00元/批次	1	84元	0	84.00元
首次配送	399.17元/趟	1	399.17元	852.85元	1 252.02元

上海—杭州每趟物流成本合计为：16.25+443.50+18.72+84+1 252.02=1 814.49（元/趟）。同理，可以计算出从上海到各外省市每趟的物流成本，见表2-10。

表2-10　上海到各外省市的单位物流成本　　　　　　　　　　　　　　单位：元

目的地	杭州	苏州	无锡	昆山	常熟	太仓	嘉兴
每趟物流成本	1 814.49	1 188.09	1 788.09	1 988.09	2 088.09	2 288.09	2 464.49
每个物流成本	9.07	5.94	8.94	9.94	10.44	11.44	12.32

3. 基于核算结果的决策

根据表2-10可以计算出，每个蛋糕运到外省市的平均物流成本=（9.07+5.94+8.94+9.94+10.44+11.44+12.32）/7=9.73（元）。

上海市内配送成本约为 2.3 元/个，因此，蛋糕从上海的中央工厂到各门店的物流成本为 9.73+2.30=12.03 元/个。每个蛋糕标价 138 元/个，平均折扣 9 折，因此每只蛋糕的实际销售价格=138×0.9=124.20（元/个）。蛋糕物流成本占实际销售价格的比重=12.03/124.20×100%=9.69%。如果采取现裱的形式，则每只蛋糕的物流成本约为中央工厂集中配送的60%（因为蛋糕胚的体积约占整个蛋糕体积的55%；其他工序的成本差异小，可估算）。根据统计数据，若每天每家外省市门店销售 8 个蛋糕，则中央工厂集中配送的物流成本比现裱每月高出 124.2×8×43×30×9.69%×40%=49 680.4（元）（43 为需配送的门店数）。结合现裱门店的租金考虑，若每个城市配备一个现裱门店，每个现裱场地在门店内占地 15 m²，租金约 3 500 元（因现裱场地设在门店内，故租金较高）；申办手续费为 800 元/店，则现裱门店的建立费用总计达（3 500+800）×7=30 100（元）。中央工厂集中配送和现裱的综合成本差异为：49 680.4-30 100=19 580.4 元。

通过以上分析可以看出，若开现裱门店，则公司每月可节约成本 19 580.4 元，每年可节约成本 234 964.8 元。但是，东方公司是一家知名企业，每年有 7 亿元的销售收入，为了234 964.8 元去承担品质上的风险非常不值。因此综合考虑后，建议采用如下策略：在杭州和苏州分别开两家现裱门店，以应对运输风险、特殊顾客需求以及保证节日充足供货；其余门店仍然采取中央工厂集中配送方式。

案例二

1. 基本资料收集

A 公司是一家经营计算机硬件的销售商，产品可分为家用机、商务机和笔记本三类。该公司的物流作业流程如图 2-4 所示。

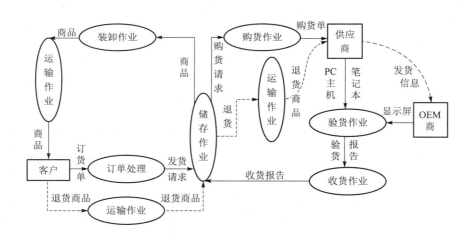

图 2-4 物流作业流程图

通过公司的账册以及与职工的访谈中获得该公司某月与物流相关的明细资料。

① 存货进货成本 25 250 000 元，资金平均占用天数为 7 天，年贷款利率 7%，存货积压比例 3%；

② 通信费总额 25 000 元，经过仔细确认，销售环节分摊 95%，采购环节分摊 5%；

③ 物流相关人员工资总额 15 500 元/月，物流相关水电费每月 500 元；
④ 企业购货单数为 10 次，其中家用机 3 单、商务机 3 单、笔记本 4 单；
⑤ 客户订单数为 57 单/月，其中家用机 20 单、商务机 23 单、笔记本 14 单；
⑥ 仓容体积为 1 000 立方米，仓库租金 5 000 元/月；
⑦ 商品进价：家用机 4 500 元/台、商务机 3 000 元/台、笔记本 5 000 元/台；
⑧ 月销售数量：家用机 1 500 台、商务机 5 000 台、笔记本 700 台；
⑨ 货物外包装体积为：家用机和商务机 0.1 立方米/台（台式机的显示器由 OEM 直接送到客户手中，库存的是主机），笔记本 0.05 立方米/台；由第三方物流公司配送的运费是按件计算的，商务机和家用机每套 35 元，其中采购环节每套 25 元，销售环节每套 10 元；笔记本每件采购环节 15 元，销售环节 5 元，合计 20 元/件。本地配送货物产生的短途运费 3 500 元/月，因退货等产生的返回物流费 1 500 元/月。

2. 按作业成本法核算步骤核算作业成本

（1）确认资源，划分直接成本。直接成本不需要先按资源动因后按作业动因进行分配，可以直接将它们分配到成本目标。

① 存货持有成本=存货进货成本×平均占用天数÷360×年贷款利率×
　　　　　　　　（1+存货积压比例）
　　　　　　　　= 25 250 000×7÷360×7%×（1+3%）= 35 340（元）

② 物流相关通信费 = 25 000×5% = 1 250（元）（通信费总额 25 000 元，经过仔细确认，销售环节分摊 95%，采购环节分摊 5%）

③ 耗用资源的统计情况见表 2-11。

表 2-11　耗用资源统计表

项　　目	资源/元
工资	15 500
通信费	1 250
仓租	5 000
水电费	500
存货持有成本	35 340
合计	57 590

④ 由外企业支付的运费虽然不是本企业支付，但"羊毛出在羊身上"，这部分运费也包含在商品的成本之中，因此应作为物流成本的一部分。由第三方物流公司配送的运费是按件计算的，属于直接成本，可直接分解到单件商品：商务机和家用机每套 35 元，其中采购环节每套 25 元，销售环节每套 10 元；笔记本每件采购环节 15 元，销售环节 5 元，合计 20 元/件。

⑤ 短途运费 3 500 元和返回物流费 1 500 元也是按数量计量的成本，虽然是间接成本，也可以直接追踪到产品品种。

（2）确认主要作业和作业中心。将有共同资源动因的作业确认为同质作业，将同质作业引发的资源成本归集并形成作业成本库，见表 2-12。

表 2-12 资源分配表　　　　　　　　　　　　　　　　　　　　　　单位：元

资源	资源动因	作业成本库					
		订单处理	储存作业	收发作业	购货作业	装卸作业	合计
工资	人数	5 000	1 000	1 500	5 000	3 000	15 500
通信费	人数				1 250		1 250
仓租	体积		5 000				5 000
水电费	度数	100	300		100		500
存货持有成本	金额		35 340				35 340
分配给作业成本库的资源		5 100	41 640	1 500	6 350	3 000	57 590

说明：

① 在如图 2-4 所示的流程图中可以看到，该公司共有订单处理、购货、验货等 8 个作业，由于该公司验货、收货、发货流程比较简单且都是库管人员的作业，所以将这些作业合并作为收发作业中心。

② 工资原则上按岗位实际工资分配，仓储人员 40% 的工作时间用于存储作业，60% 的时间用于收发作业，月工资 2 500 元按 6∶4 的比例分配到收发和仓储两个作业。

（3）以作业动因为基础将作业成本库的成本分配到最终产品。这一步骤包括以下三个方面。

① 计算相关分配率（即作业动因）。

订单处理作业的成本分配率 = 订单作业所分配的资源÷客户订单数 = 5 100÷57 = 89.47（元/单）

储存作业的成本分配率 = 存货持有成本÷进价金额+储存作业其他成本÷可存货体积

$$= 35\ 340 \div 25\ 250\ 000 + (1\ 000 + 5\ 000 + 300) \div 1\ 000$$

$$= 0.14\% + 6.3\ 元/m^3$$

收发作业的成本分配率 = 收发作业成本÷收发货次数

　　　　　　　　　　= 收发作业成本÷（购货单数+订货单数）

　　　　　　　　　　= 1 500÷(10+57)

　　　　　　　　　　= 22.39（元/次）

购货作业的成本分配率 = 购货作业成本÷购货单数 = 6 350÷10 = 635（元/单）

装卸作业的成本分配率 = 装卸作业成本÷可搬运能力 = 3 000÷1 000 = 3（元/m^3）

注：仓库的仓容限额为 1 000 m^3，搬运工人的搬运能力为 1 000 m^3。

② 根据作业动因量具体分配作业成本，并计算成本对象的物流总成本，见表 2-13。

表 2-13 作业成本分配单　　　　　　　　　　　　　　　　　　　　单位：元

作业成本库	作业动因（1）	作业动因数量（2）	作业成本（3）	单位成本（4）
家用机（1 500 台）				
订单处理	89.47 元/单	20	1 789.40	1.19
储存作业	6.30 元/m^3+0.14%	150 m^3+1 500×4 500 元	10 395.00	6.93
收发作业	22.39 元/次	23	514.97	0.34

续表

作业成本库	作业动因（1）	作业动因数量（2）	作业成本（3）	单位成本（4）
购货作业	635 元/单	3	1 905.00	1.27
装卸作业	3 元/m³	150	450.00	0.30
短途运费			1 400.00	0.93
返回物流			600.00	0.40
外企业负担的运费				35.00
单位成本				46.36
商务机（5 000 台）				
订单处理	89.47 元/单	23	2 057.81	0.41
储存作业	6.30 元/m³+0.14%	500 m³+5 000×3 000 元	24 150.00	4.83
收发作业	22.39 元/次	26	582.14	0.12
购货作业	635 元/单	3	1 905.00	0.38
装卸作业	3 元/m³	500	1 500.00	0.30
短途运费			1 400.00	0.28
返回物流			600.00	0.12
外企业负担的运费				35.00
单位成本				41.44
笔记本（700 台）				
订单处理	89.47 元/单	14	1 252.58	1.79
储存作业	6.30 元/m³+0.14%	35 m³+700×5 000 元	5 120.50	7.32
收发作业	22.39 元/次	18	403.02	0.58
购货作业	635 元/单	4	2 540.00	3.63
装卸作业	3 元/m³	35	105.00	0.15
短途运费			700.00	1.00
返回物流			300.00	0.43
外企业负担的运费				20.00
单位成本				36.40

注：（3）=（1）×（2），（4）=（3）÷销量。

③ 计算闲置生产能力。通过以上分析可知，储存作业和搬运作业尚有未使用的生产能力，见表 2-14。

表 2-14 闲置生产能力计算单　　　　　　　　　　　　　单位：元

成本项目	作业成本	已分摊的作业成本				闲置生产能力
		家用机	商务机	笔记本	合计	
储存作业	41 640	10 395	24 150	5 120.5	39 565.5	2 074.50
装卸作业	3 000	450	1 500	105	2 055	945

3. 分析

（1）通过以上计算可得：家用机、商务机、笔记本每台的单位物流成本分别为 46.36 元、41.44 元和 36.40 元。

（2）基于作业成本法的物流成本计算模型改变了传统成本计算方法采用的单一分配标准，而是突出选择作业来反映成本费用动因，采用多元分配标准，从而提高了物流成本信息相关性和准确性。

（3）利用作业成本法的模型，不但可以了解到每单位商品的物流成本水平，还可以知道这些费用都是哪个环节发生的，发生了多少。计算得到的物流成本更强调成本的功能性和结构性，体现了现代物流成本管理的新思想。功能性揭示了成本产生的必要性，即某项是否是为达到一定目的而发生的；结构性指出了成本的构成，即物流成本涵盖的内容与范围，这对于一个拥有众多分散产品或服务的企业来说是很重要的。

（4）通过作业成本法，闲置生产能力的成本清楚得到确认。企业一旦了解了本企业的物流成本构成及其发生的金额，就可以采取许多策略以尽量消除不必要的作业，降低物流成本，提高获利能力。

素养提高

精益求精工匠精神

治玉石者，既琢之而复磨之，治之已精，而益求其精也。精益求精工匠精神强调干一行、爱一行、专一行、精一行，务实肯干、坚持不懈、精雕细琢的敬业精神。物流作业成本核算要求企业依据实际运营过程分析定义作业名称，基于资源耗用因果关系进行成本分配，大幅提升成本核算精确度。企业物流作业核算案例详尽介绍物流作业成本核算的具体流程与步骤，培养青年学生精益求精工匠精神。

本章小结

物流成本核算是物流成本管理的基础性工作。进行物流成本核算，首先必须结合自身的实际确定核算目的与核算对象，可以选取以某一物流成本项目、某种物流功能、某一服务客户、某一产品、企业生产的某一过程、某一物流部门、某一地区以及某一物流设备或机械为核算对象。按照这个核算对象设置相应的物流成本账户，然后设置相应的账簿，选择合适的成本核算方法，按步骤进行物流成本核算。

物流成本核算可以采用会计核算方法、统计方法或会计与统计相结合的混合方法。其中会计核算方法具体包括两种形式：其一是双轨制，其二是单轨制。运用会计方式进行物流成本核算时，提供的成本信息比较系统、全面、连续，且准确、真实，这是其优点；但这种方法比较复杂，企业物流成本会计核算是采用"单轨制"还是采用"双轨制"，应根据每个企业的具体情况而定。统计方式的物流成本核算方法不要求设置完整的凭证、账户和报表体系，而主要是通过对企业现行成本核算资料的解剖分析，从中抽出物流耗费部分（即物流成本的主体部分），再加上一部分现行成本核算没有包括进去、但要归入物流成本的费用，如物流信息费、外企业支付的物流费等；然后再按物流管理的要求对上述费用重新归类、分配、汇总，加工成物流管理所需要的成本信息。所谓统计方式与会计方式相结合，即物流耗费的一部分内容通过统计方式予以核算，另一部分内容通过会计方式予以核算。运用这种方法，也需要设置一些物流成本账户，但不像第一种方法那么全面、系统；而且，这些物流成本账户不纳入现行成本核算的账户体系，对现行成本核算来说，它是一种账外核算，具有辅助账户记录的性质。

引入作业成本法是企业成本管理的必由之路。作业成本法的核算程序是建立作业成本库，按照资源动因将间接费用计入各作业成本库中；然后按照各个作业中心的成本动因计算各自的成本动因率；最后计算各产品的单位成本。利用作业成本法进行物流成本核算，不但可以了解到每单位商品的物流成本水平，还可以知道这些费用都是哪个环节发生的，发生了多少。计算得到的物流成本更强调成本的功能性和结构性，体现了现代物流成本管理的新思想。

同步测试

思考与练习

1. 什么是物流成本核算？
2. 如何选取物流成本核算对象？
3. 物流成本核算包括哪些步骤？
4. 什么是作业成本法？什么是成本动因？它是如何细分的？
5. 简述作业成本法的基本原理。
6. 某企业对甲、乙两产品进行包装，本月发生的成本资料见表2-15。

表2-15 成本资料

项 目	甲产品	乙产品	合 计
产量/件	200 000	400 000	
直接成本/元	20 000	100 000	120 000
间接成本总计/元			720 000
其中：准备费用/元			200 000
检验费用/元			145 000
电费/元			180 000
维护费/元			195 000
准备次数/次	600	400	1 000

续表

项　　目	甲产品	乙产品	合　　计
检验时数/h	1 000	450	1 450
耗电量/度	120 000	180 000	300 000
机器工时/h	20 000	100 000	120 000

间接物流成本相关的作业及成本动因见表2-16。

表2-16　间接物流成本相关的作业及成本动因

作　业	准　备	检　验	供　电	维　护
成本动因	准备次数	检验时数	用电度数	机器小时

要求：利用作业成本法分析计算甲、乙两产品的单位物流成本。

实训项目

结合学习内容，调查一家企业，以该企业的某个物流环节为对象，演练物流作业成本核算。

综合案例

■ 案例一

作业成本法在戴尔公司的实施

当戴尔公司1994年实施作业成本法时，经理层很少有人可以理解他们可以得到什么结果。坐落于美国得克萨斯州奥斯汀市的戴尔公司是美国根据订单制造个人计算机的鼻祖。根据戴尔公司后勤服务的董事负责人Ken Hashman回忆说，公司运作在1994年撞上了墙（hit a wall）。戴尔公司1994年的销售收入达到29亿美元，但是税后利润却是3 600万美元的净损失。公司上下清楚地知道公司正在面临着巨大的增长，但管理层却不确定应该推出哪种产品，针对哪个市场公司才有可能实现最大赢利。公司管理层需要迫切地了解哪个产品线可以给企业带来最大收益。

所以，公司管理层决定在全公司实施作业成本核算系统，尽管很少有人真正明白作业成本法，但很少有人会去拒绝或抵触。作为一个执行低成本战略的竞争者，戴尔公司必须明确了解每个产品的成本并将各种成本分解并明细到ABC可以解决的方面。Ken Hashman回忆说为了在短期内实现有效的成本分析，公司管理层决定先不全面实施ABC，而是让所有经理将精力放在至关重要的少数几个方面，以期在短期内收到最大效益，为公司扭亏为赢。

ABC实施的第一步是在公司组建跨部门的团队具体研究公司管理层确定的成本活动方面，包括采购和运输、收货、计算机部件保险、组装、装载、配送和保证服务。组装部分又根据产品线分成了小的项目。

当涉及估计总的间接成本时，公司的项目团队需要重新收集数据。然后项目团队需要确定成本活动的成本动因。举例而言，公司的采购活动支持整个公司所有产品上百种计算机零部件的采购。一个零部件无论价值是 1 美元还是 100 美元，其采购成本都基本是一样的。所以每个生产线计算机零部件的采购种类就成为一个重要的成本动因。在实施 ABC 以前，公司采购部门的成本只作为公司管理费用的一部分，并没有具体分配到各个产品线上面去。

根据成本动因进行的成本数据全部汇总到公司的内部信息系统中。在实施 ABC 的初期，公司应用 Excel 电子表格进行 ABC 数据的收集和建立 ABC 模型。Excel 的电子表格使成本的计算非常方便，便于建立成本数据和成本动因之间的关系，使公司可以计算出各个成本动因的成本数量。电子表格可以将成本在各个成本对象之间进行分配，譬如各个产品线之间的成本分配。随着公司规模的不断增长，公司建立了关于 ABC 的成本核算信息系统使成本核算系统化、制度化。ABC 成本核算系统的建立使公司可以更加有效地执行低成本的竞争战略。

5 年过去了，从 1994 年开始实施的 ABC 系统终于得到了巨大的回报。1998 年销售收入达到 123 亿美元，比 1994 年增长了 329%。公司税后纯收入 1998 年达到 9.44 亿美元。但更为重要的是，公司的所有管理者现在可以自信地指出公司在哪些业务上盈利，在哪些业务上亏损。John Jones，公司副总裁和戴尔公司北美公司运营总监说："ABC 真正地使戴尔公司的管理更上一层楼。公司对各个产品的赢利有了更加透彻的了解，这将直接帮助公司制定竞争战略。"ABC 的实施使完成了戴尔公司的转型，由一个粗放经营的高速发展的企业转变为一个高速发展但同时管理精细化的成熟企业。

案例讨论

1. 戴尔公司是如何实施作业成本法的？
2. 通过全公司实施作业成本核算系统，给戴尔起到了哪些作用？

案例二

布鲁克林酿酒厂空运鲜啤

布鲁克林酿酒厂（BrooNyn Brewery）在美国分销布鲁克林拉格和布朗淡色啤酒，并且已经经营了三年。虽然在美国它还没有确立起一种国家名牌，但在日本市场却已为其创建了一个每年 200 亿美元的市面。

Taiyo 资源有限公司是 Taiyo 石油公司的一家国际附属企业。在这个公司的 Keiji Miyamoto 访问布鲁克林酿酒厂之前，该酿酒厂还没有立即将其啤酒出口到日本的计划。Miyamoto 认为，日本消费者会喜欢这种啤酒，并说服布鲁克林酿酒厂与 Hiroyo 贸易公司会面，讨论在日本的营销业务。Hiroyo 贸易公司建议布鲁克林酿酒厂将啤酒航运到日本，并通过广告宣传其进口啤酒具有独一无二的新鲜度。

这种做法不仅是一个令人感兴趣的营销战略，也是一种独一无二的物流作业，因为高成本使得目前还没有其他哪一家酿酒厂通过航空将啤酒出口到日本。布鲁克林啤酒厂于 1989 年 11 月装运了它的第一箱布鲁克林拉格到达日本，并在最初的几个月里使用了各种航空承运人。最后，日本金刚砂航空公司被选为布鲁克林酿酒厂唯一的航空承运人。金刚砂公司之所以被选中，是因为它向布鲁克林酿酒厂提供了增值服务。金刚砂公司在其 J. F. K. 国际机场的终点站交付啤酒，并在飞往东京的商务航班上安排运输。金刚砂公司通过其日本报关行办理清关手续。这些服务有助于保证产品完全符合新鲜要求。

啤酒之所以能达到新鲜要求，是因为这样的物流作业可以在啤酒酿造后的一周内将啤酒从酿酒厂立即运达顾客手中，而海外装运啤酒的平均订货周期为 40 天。啤酒的新鲜度使之能够超过一般价值定价，高于海运装运的啤酒价格的 5 倍。虽然布鲁克林拉格在美国是一种平均价位的啤酒，但在日本，它是一种溢价产品，获得了极高的利润。

拉格的高价并没有阻碍啤酒在日本的销售。1988 年，即其进入日本市场的第一年，布鲁克林酿酒厂取得了 50 万美元的销售额。1989 年销售额增加到 100 万美元，而 1990 年则为 130 万美元，其出口总量占布鲁克林酿酒厂总销售额的 10%。

将来，布鲁克林酿酒厂将改变包装，通过装运小桶装啤酒而不是瓶装啤酒来降低运输成本。虽然小桶重量与瓶装啤酒的相等，但减少了玻璃破碎而使啤酒损毁的机会。此外，小桶啤酒对保护性包装的要求也许较低，这将进一步降低装运成本。在不久的将来，布鲁克林酿酒厂将要把这种啤酒出口到其他国家。

案例讨论

1. 布鲁克林酿酒厂如何在日本市场开拓其啤酒营销业务？
2. 企业如何处理物流成本控制和发展市场业务之间的关系？

阅读建议

［1］何开伦．物流成本管理［M］．武汉：武汉理工大学出版社，2007．
［2］杜学森．物流成本管理实务［M］．北京：中国劳动社会保障出版社，2006．
［3］汪晓娟．物流成本管理［M］．北京：机械工业出版社，2007．
［4］中国物流学会［EB/OL］．http：//csl.chinawuliu.com.cn/

中国物流学会

物流成本分析

知识目标

1. 掌握物流成本分析的含义、内容和方法。
2. 了解物流成本的影响因素。
3. 明确物流成本差异分析。
4. 了解物流效率分析因素。

技能目标

进行物流成本分析。

素质目标

1. 培养学生具备物流成本分析的职业素质。
2. 培养学生具备物流成本差异分析、效率分析的职业要求。

先导案例

ABC 公司的物流成本分析

ABC 公司是中国香港一家物流服务提供商,创建于 1993 年,当时香港港口正处于处理从华南转来的货物的高速发展期。通过回顾与分析 ABC 公司在 2010 年至 2018 年之间的财务报表可知,货物处理量在九年间翻了一番。但是在同期,加权平均的服务价格(用户需付的费用)减少了 50%,因此该公司的收入也同样减少了 50%。尽管服务价格下调带来了巨大的损失,ABC 公司还是成功地将其在香港的市场份额从 2010 年的 18% 提高到了 2018 年的 23%。服务价格的缩减,在香港的竞争者之间会相差 5%~15%,这主要还是由远洋货物的交易转移到深圳的港口造成的。

ABC 公司的未来运营面临许多问题与机遇,尽管面临业务量成倍增加与服务价格大幅下调的事实,仍然必须按照董事会的要求,将公司的税后利润保持在一个合理的水平。假如你是 ABC 公司的总经理,需要认真思考的议题包括以下几点:

(1) ABC 公司的物流成本是如何构成的?每一部分所能带来的边际效益是多少?
(2) ABC 公司的基本战略有哪些选择?
(3) ABC 公司在香港和华南地区面临的关键问题是什么?
(4) 为了创造竞争优势,总经理需要哪些配置活动、资源和知识?

3.1 物流成本分析概述

物流就是对处于运动和静止过程中的存货的管理。物流成本是指产品在实物运动过程中,如包装、装卸、储存、流通加工等各个环节所支出的人、财、物成本的总和。物流成本分析是物流成本管理的重要内容。

3.1.1 物流成本分析的含义

分析是人们认识客观事物本质特征及其发展规律的一种逻辑思维方法。物流成本分析是利用物流成本核算数据和相关资料,对照成本计划、同期成本指标和国内外同类企业的成本指标,分析物流成本水平与构成的变动情况,查找影响物流成本变动的原因,测定其影响程度,寻找降低物流成本的途径,为改进物流成本管理工作提供建议和依据。

物流成本分析

物流成本是反映企业物流经营管理工作质量和劳动耗费水平的综合指标。在企业经营活动过程中,原材料和能源消耗的多少,劳动生产效率的高低,产品质量的优劣,物流的技术状况,设备和资金的使用效果,生产组织管理水平的高低,等等,都会直接或间接地反映到物流成本中。因而加强物流成本分析,有利于揭示企业经营活动过程中存在的问题,总结经验,改善经营管理工作,不断挖掘企业内部降低物流成本的潜力,为企业积累更多的资金,为提高企业的竞争力创造条件。

3.1.2 物流成本分析的内容

物流成本分析的内容可以概括为以下三个方面。

(1) 在物流成本核算的基础上,通过深入分析,正确评价企业物流成本计划的执行结果,提高企业和职工讲求经济效益的积极性。

(2) 揭示物流成本变动的原因。正确查明物流成本上升或下降的原因,进一步提高企业管理水平。

(3) 寻求进一步降低物流成本的途径和方法。通过物流成本分析,研究企业经营条件的变化,为制定物流成本预算以及进行物流成本控制提供强有力的依据。

3.1.3 物流成本分析的方法

物流成本分析的具体方法可以分为基本分析方法和技术分析方法。

1. 基本分析方法

基本分析方法即一般分析方法,主要是运用全面的观点观察和分析问题,从相互联系的事物中分析各个因素的影响方向和程度。在实际工作中就是收集影响企业的各种因素来评价企业的基本状况。

2. 技术分析方法

技术分析方法主要是运用各类财务指标及其变化关系来评价企业的经营情况及财务状况。财务评价指标是对财务目标阶段性的回顾和总结，是以定量方式表现财务变化规律的方法。通过财务评价指标，可以为企业的财务决策、计划提供依据。

物流成本分析的技术分析方法包括比较分析法、比率分析法、趋势分析法、图表分析法、平衡分析法和因素分析法等。

（1）比较分析法。比较分析法也称对比分析法，是财务分析常用的一种方法。它是通过两个或两个以上相关指标进行对比，以确定数量差异的一种方法，用来说明两个事物之间的联系和差距。财务分析过程通常包括比较、分解和综合三个阶段，其中比较分析是基础工作。在实际工作中，比较分析法有实际指标和计划指标对比、同一指标纵向对比以及同一指标横向对比三种类型，这三种类型分别揭示了企业业绩完成、发展趋势和先进程度三个方面的内容。

① 实际指标和计划指标对比。用于说明企业业绩计划完成的情况和程度，分析实际和计划的差异，为进一步的财务分析提供依据。但在进行此项比较时，应注意计划本身的先进性与可比性。

② 同一指标纵向对比。这是同一指标在不同时间上的对比，一般是用本期实际指标与历史指标作对比（上期或历史先进）。通过比较，可以观察企业的经营情况和财务活动情况，有利于企业今后的发展规划，及时发现企业发展的新的潜力。

③ 同一指标横向对比。这是同一指标在不同条件下的对比，一般是用本企业与同类型同行业企业作对比，从而发现差距，促进企业的发展。

运用比较分析法时要注意指标的可比性和指标差异的确定。指标的可比性是指指标的统计口径相同，包括指标内容、计算方法、评价标准和时间单位等方面的一致性。指标差异的确定是指差异如果是绝对数，则采用两个指标相减的差额来表示；如果是相对数，则将两个指标相除，以取其比率来表示。

（2）比率分析法。在错综复杂、相互联系的经济现象中，某些指标之间存在一定的关联，这种关联可以组成各种比率。比率分析法就是将两项相互依存、相互影响的财务指标通过计算，形成比率，用以分析评价企业财务状况和经营水平的一种方法。它是从财务现象到财务本质的一种深化。比率分析法比比较分析法更具有科学性和可比性，它适用于不同企业之间的对比。在市场经济条件下，财务分析更注重企业的财务支付能力、营运能力及盈利能力的分析，因此比率分析法已成为当前财务分析的主要方法。

素养提高

快递小哥走进中南海建言献策

2018年1月31日，百世快递员李朋璇从中南海出来，激动之情溢于言表，"没想到一名快递小哥能当面向总理提建议，对今后的发展更有信心了！"李朋璇与总理的这次"面对面"发生在当天召开的国务院座谈会中，李克强总理听取科教文卫体界人士和基层群众代表对《政府工作报告（征求意见稿）》的意见和建议。李朋璇作为基层群众代表，当面向总理提了关于快递发展的建议。

李朋璇是山西省临猗县卓里镇的百世快递网点负责人,他之所以能够幸运地走进中南海,还要从半年前的一次留言说起。2017年7月12日,李克强总理在国务院常务会议上要求将已审议的《快递条例(草案)》向社会公开征求意见。7月24日,国务院法制办就此条例公开征求意见。中国政府网也开通了专题栏目,向社会大众征求相关意见建议。

征求意见发出后,李朋璇以"青春斗"的网名留言,"农村生鲜快递易烂赔偿贵,盼能买保险。"希望国家有关部门能重视生鲜快递的生存现状,改变现在不发生鲜农产品走不出去、发了出现高额赔偿伤不起的局面。

留完言后,李朋璇本以为会"石沉大海",令他没想到的是,工作人员与他取得了联系,并邀请他亲自到中南海与李克强总理面对面交流。就这样,李朋璇不仅成为第一个走进中南海的中国政府网网友,也成为第一个走进中南海的快递小哥。

资料来源:快递小哥李朋璇被请进了中南海:我当面给总理进了一言 https://www.guancha.cn/politics/2018_02_02_445543.shtml

点评

积极承担社会责任

社会责任是个体对社会整体承担的责任,个体采取积极行动,促成有利于社会(不特定多数人)的后果的产生或防止坏的结果的产生。物流成本分析可以揭示企业经营活动过程中存在的问题,利于总结经验,改善工作,提高经济效益。

本案例中快递小哥通过物流成本分析发现农村生鲜快递行业存在的普遍问题,作为基层群众代表进中南海建言献策,培养学生的爱国意识和社会责任感。

(3) 趋势分析法。趋势分析法也是企业财务分析中一种常见的方法。它是比较分析法的延伸,是将连续数年(一般三年以上)的财务报表以某一年为基期,计算每期各项指标对基期同一项目指标的趋势百分比,借以表示其在各期的上下变动趋势,从而判断企业的经营成果和财务状况。在实际工作中,一般以第一年作为基础,如果第一年不适宜,也可以选择其他年份。其计算公式为

$$某期增长趋势百分比 = \frac{本期金额}{基期金额} \times 100\% - 1 \tag{3-1}$$

例 3-1 万顺物流公司 2016—2020 年的运输收入资料见表 3-1。

表 3-1 万顺物流公司 2016—2020 年的运输收入资料 单位:万元

2016 年	2017 年	2018 年	2019 年	2020 年
10 000	12 000	13 000	15 000	18 600

设以 2016 年为基期,2020 年比 2016 年增长:

$$18\ 600/10\ 000 \times 100\% - 1 = 86\%$$

如分别以上年为基期,则各年环比增长为

2017 年比 2016 年增长 = 12 000/10 000×100% − 1 = 20%

2018 年比 2017 年增长 = 13 000/12 000×100% − 1 = 8%

2019 年比 2018 年增长 = 15 000/13 000×100% − 1 = 15%

2020 年比 2019 年增长 = 18 600/15 000×100% − 1 = 24%

(4) 因素分析法。因素分析法又称因素替代法，它是对某项综合指标的变动原因按其内在的组合因素进行数量分析，用以确定各个因素对指标的影响程度和方向的一种方法。因素分析法有连锁替代法（或连环替代法）和差额分析法两种。

① 连锁替代法的计算程序。首先确定影响财务指标变动的因素，列出关系式；其次对影响这项指标的因素进行分析，决定每一个因素的排列顺序，逐项进行替代；然后逐项计算各个因素的影响程度；最后对各因素影响程度进行验证。

知识拓展

连锁替代法因素的排列原则

（1）如果计算公式由乘法构成，必须数量指标在先，质量指标在后。必须保持指标的内在经济联系。

（2）如果计算公式由除法构成，先替代分母因素，再替代分子。

（3）如果计算公式由加减法构成，直接比较。

（4）如果计算公式由四则运算构成，先替代分母上的连乘因素，再替代分子上的连乘因素。

例 3-2 万顺物流公司 2020 年的燃料耗用资料见表 3-2。

表 3-2 万顺物流公司 2020 年的燃料耗用资料

项 目	计划数	实际数	差异数
燃料耗用单位成本/元每吨千米①	0.200	0.254	+0.054
货车周转量/万吨千米	7 777.67	8 166.55	+388.88
燃料耗用总成本/万元	1 555.53	2 074.30	+518.77

$$\text{燃料耗用总成本} = \text{货车周转量} \times \text{燃料耗用单位成本} \tag{3-2}$$

① 计划燃料耗用总成本 = 7 777.67×0.2 = 1 555.53（万元）。

② 逐项替代，先替代货车周转量（假定燃料耗用单位成本不变）：

$$8\ 166.55 \times 0.2 = 1\ 633.31（万元）$$

再替代燃料耗用单位成本（假定货车周转量不变）：

$$8\ 166.55 \times 0.254 = 2\ 074.30（万元）$$

③ 分析各因素对燃料耗用总成本的影响程度。

由于货车周转量变动产生的影响：1 633.31 − 1 555.53 = +77.78（万元）；

由于燃料耗用单位成本变动产生的影响：2 074.30 − 1 633.31 = +440.99（万元）。

④ 验证两个因素共同影响使燃料耗用总成本增加 518.77 万元：

$$77.78 + 440.99 = 518.77（万元）$$

---

① 吨千米 = 10^3 千克千米。

② 差额分析法的计算程序。直接用实际数与计划数之间的差额来计算各个因素对指标变动的影响程度。仍以 3-2 为例。

由于货车周转量变动而影响燃料耗用总成本 $=(8\ 166.55-7\ 777.67)\times 0.2=+77.78$（万元）

由于燃料耗用单位成本变动而影响燃料耗用总成本 $=8\ 166.55\times(0.254-0.200)=+440.99$（万元）

两个因素共同影响，使燃料耗用总成本发生的差异 $=77.78+440.99=518.77$（万元）。

3.2 影响物流成本的因素

3.2.1 物流合理化

物流合理化就是使物流设备配置和一切物流活动趋于合理，具体表现为以尽可能低的物流成本，获得尽可能高的服务水平。对于一个企业而言，物流合理化是影响物流成本的关键因素，直接关系到企业的效益，它是物流管理追求的总目标。

物流合理化包含的内容很多，要根据实际物流流程来设计、规划，不能单纯地强调某环节的合理、有效、节省成本，要把物流合理化当作是整个物流系统的优化，通过最优化的组成，达到最低的物流成本。如何设计物流服务方案，将是实现物流合理化的关键，也是降低物流成本，获取更大"第三利润"的有效途径。

3.2.2 物流质量

加强物流质量管理，是降低物流成本的有效途径，只有不断提高物流质量，才能不断减少和消灭各种差错事故，降低各种不必要的费用支出；才能降低物流过程的消耗，增加物流企业的盈利；才能保持良好的信誉，吸引更多的客户，形成规模化的集约经营，提高物流效率，从根本上降低物流成本。

一般情况下，提高服务质量，物流成本就会增加；降低物流服务质量，物流成本也相应会降低。由此可见，在降低物流成本与提高物流服务质量之间存在一种矛盾对立关系，所以，在确定物流服务质量时，要以用户满意为前提，同时兼顾物流成本的合理，使两者的利益达到协调统一。

3.2.3 物流效率

提高物流效率，可以减少资金占用，缩短物流周期，降低储存费用，从而节省物流成本。向现代物流转变将是提高物流效率的一种有效的方法，也是物流企业发展的方向。目前的情况大多是传统的仓库和货代，一些基本的现代化硬件设施相对较少，这给发展现代物流带来了许多障碍，所以应先着手对现有的资源和流程进行改造，提高作业效率；同时，配置一些基础性的设施，如计算机、软件、系统联网等，为整个储运向现代物流转变提供便利。当前，电子商务正在各行各业兴起，物流业也不例外。将电子商务应用于物流业的发展，可以节约大量的人力和时间，从而可以提高整个物流效率，使得物流成本降到最低。

3.2.4 物流人才

使物流合理化，提高物流服务质量及物流效率，这些都需要专业的人员去做，他们工作的方法、态度，将间接影响企业物流成本的大小。重视物流人才，可以节省许多机会成本。专业人员的一个好建议或者合理优化的方案，都会给企业带来巨大的效益，所以，物流人才是物流企业的宝贵资源，是一种潜在效益。好的物流企业，都需要一个精明能干的物流人才队伍的支撑。要想发展物流，实现现代化物流，就必须重视物流人才的培养与培训，同时，为物流人才创造一个良好的工作环境，通过他们的努力工作，去实现物流成本的降低，实现物流企业的效益创收，实现物流企业的现代化。

影响物流成本的因素远不止这些。要想降低物流成本，就必须对整个物流流程进行分析，发现问题，解决问题，不断对物流流程进行完善。只有这样，才能使物流更合理化、使物流成本最小化。所以，降低物流成本，提高物流服务质量是企业永久的课题。

3.3 物流成本的差异分析

3.3.1 成本差异分析的目的

所谓成本差异分析就是在成本的形成过程中，定期对成本支出情况所进行的差异分析。即通过实际成本和计划目标的对比分析，发现偏差，寻找原因，采取对策，使成本的整个形成过程始终处于可控状态，确保物流成本计划和成本降低计划得以实现。

进行差异分析是成本核算人员非常重要的一项工作。无论成本预算多么准确，标准成本设置多么精确，最终的成本差异是经常存在的，一般 ERP 的差异分析包括三个方面：生产订单的差异分析；成本中心的成本差异分析；一些总账科目余额的差异分析。三种差异可以归纳为数量差异和价格差异。凡是实际成本大于标准成本的差异，都称为不利差异；凡是实际成本低于标准成本的差异，都称为有利差异。

知识拓展

ERP

企业资源计划（Enterprise Resource Planning，ERP）是美国 Gartner Group 公司于 1990 年提出的，其核心管理思想就是实现对整个供应链的有效管理。ERP 系统能够自动完成一个组织功能领域的各项任务（财务、人力资源、销售、采购和物料分配），并能将这些不同领域的数据资料储存在一个数据库中。ERP 系统的运行目的是通过信息共享和互相交流加强企业各部门之间的合作和交流。ERP 强调企业的事前控制能力，它可以通过将设计、制造、销售、运输等集成来并行地进行各种相关的作业，为企业提供对质量、适应变化、客户满意、绩效等关键问题的实时分析能力。

3.3.2 成本差异分析的内容

成本差异计算和分析的对象，主要是标准成本与实际成本之间的差异。

1. 生产订单的差异分析

ERP 中的每一张生产订单都是一个成本对象。对于一张生产订单来说，既有成本的流入，也有成本的流出，这两者之间必然会有一些差额，生产订单的差异分析就是对这个差额进行分析。生产订单的成本流入包括成本构成的三大要素：材料、人工和费用。生产部门开始领料时，便有材料费流入该生产订单；开始生产后，生产统计员录入生产情况，如生产时间、准备时间、排队时间、停工时间和废品等，录入过程就是成本流入生产订单的过程，这包括直接人工费用与间接费用；生产订单上的完工产品入库后，成本从生产订单流出，流出成本其实就是该生产订单的生产成果。要分析生产订单成本流入与流出的差异，需要从许多方面着手，如实际用料与物料清单中所设标准用料的差异；领料时材料价格与标准价格（制定标准成本时所使用的价格）的差异；实际生产工时与按工艺路线所计算的理论生产工时之间的差异；实际产量与生产订单计划生产数量之间的差异；标准成本本身的偏差等。

在实际工作中，不可能对每一张订单都进行如上所述的详细的分析，应该采取重点分析，首先确定分析的目标，然后根据目标决定对哪些订单进行分析，确定分析的重点。例如，要分析某班组的工作效率，可以对该班组所做的所有生产订单进行分析，分析的重点应该是生产汇报工时与理论工时的差额。再如，如果公司高层领导决定对某几个产品的定价进行调整，为了提供准确的成本信息，需要对这几个产品的成本构成进行分析，可先按物料清单分解，直至最低层，然后对这些成品及其所包括的所有半成品的生产订单，根据差异分析的结果作出是否需要调整其标准成本的决定，或者给决策人员提供一个可以参考的合适的定价。

2. 成本中心的成本差异分析

为了对工作中心（假定一个工作中心就是一个物流成本中心）的成本差异进行有效的分析，就必须做好日常的成本数据采集工作。由于成本数据采集工作一直是成本核算的重点和难点，下面从两个方面对实施 ERP 后成本中心的成本数据采集工作进行阐述。

（1）物流成本中心的成本数据采集工作。ERP 提供了强大的数据采集功能，这就是 ERP 对生产成本核算产生的影响。但是并非实施 ERP 之后所有的数据都能从中得到，有许多数据还需要成本核算人员去采集，但是采集的目的和方法在实施 ERP 之后有了很大的变化。对于流入工作中心的成本流，由于其中有许多是非直接成本，应根据一定的成本动因进行分摊，从而完成成本从其他成本中心向工作中心的流动。

要做好日常的基础工作，如费用发生时，应当准确计入相应的成本中心；对于高层成本中心的费用，月底应按合适的成本动因分摊到底层成本中心。只有这些基础工作做好后，才可能进行成本中心的差异分析。

（2）分析成本中心的成本差异。工作中心的成本流入包括许多方面：
① 从现金支出直接流入，如为该工作中心支付的水电费、修理费和员工的直接工资等。
② 从上层成本中心分摊流入，如制造部门管理人员工资和一般间接费用等。
③ 从其他成本中心分摊流入，如机修车间对该工作中心的服务就导致成本流从机修车间流入该工作中心。

工作中心的成本流出只有一个方向，即从工作中心流入到各生产订单，各生产订单的人工费和间接费用等都是从工作中心流入的。

对工作中心成本差异的分析要做到有的放矢，根据不同的目的进行不同的分析。如果需要考核工作中心的管理人员，或分析其业绩，则可以计算成本流入与流出的差额。只要相对于正常数据偏差不太大，就无须进行更深入的分析；如果偏差较大，就必须对该数据进行分析。分析时，要从最近发生的费用、各项摊入费用构成、本年预算和生产订单的完成情况入手。如果需要分析一个工作中心的产能和运行效率，仅仅计算成本流入与成本流出的差额是远远不够的，还必须结合该工作中心的订单生产情况、机器运转情况和废品率等进行综合分析。当然，严格来说，这已经超出了成本核算的范围。通常情况下，对工作中心成本差异的分析总是离不开对订单生产情况的分析，这也许是分析成本中心成本差异最大的特点。

3. 总账科目余额分析

总账科目中与成本核算相关的科目主要包括各项存货、制造费用和生产成本等。在绝对理想的状态下，月末制造费用与生产成本的余额应自动结转为零，当然这在现实中是不可能的。

在发放工人工资和生产部门发生费用时，会计人员在财务模块中记入"生产成本"和"制造费用"等账户的借方；当生产过程中进行生产订单数据汇总时，这些工资及费用被转移到相应的生产订单，系统会自动生成凭证，形成了"生产成本"和"制造费用"账户的贷方发生额。月底，在财务人员未进行手工结转前，这两个账户的余额可能在借方也可能在贷方。其实，对这两个账户而言，其余额也可以理解为成本流入与流出的差额。工资及费用发生时，不管发生在哪个成本中心，对这两个账户而言都可以说是流入了成本，而在进行订单生产时，这些成本又从该账户中流出，流入各生产订单。当然成本最终会从生产订单流入产品。

3.4 物流作业成本分析

现代物流业已把信息的统计、处理和分析作为重要的发展方向，为企业的顺利发展提供良好的保证。作业成本法（ABC法）为一种现代战略管理工具，它通过把企业主要活动和特定的产品和服务联系起来，帮助管理者了解耗费资源的真正因素和每项产品与服务的真实成本。

应用ABC法会使我们正确分析产品成本形成的原因，从而有利于评价工作绩效，找出成本差异的原因，不断改进工作方法，降低产品实际成本，增强企业产品的竞争力。

3.4.1 物流作业成本分析活动的内容

1. 确认活动的必要性

即对必要的活动进行确认。判断一项活动是否必要，通常可以从两个方面进行考察：一是用户是否必要，如果是必不可少的，那么这项活动是必要的；二是对成功的运营必要与否，若对成功运营是必要的，那么这项活动也是必要的。除此之外的活动都是不必要的，不必要的活动应当尽量消除。

2. 活动作业量比较

仅凭本公司物流活动业务量的效益和效率不足以说明问题，需要将其与其他公司的活动作比较分析，从而发现相对差距和值得改进之处。

3. 各项活动之间的联系分析

要实现一定的目标，需要经过一系列物流活动，而这一系列物流活动相互协调才能将重复性活动和活动占用的时间降至最少。

为了全面反映企业的物流成本，通常可以采用 ABC 法计算包括仓储保管、流通加工、装卸搬运、运输配送和订单处理等五个方面的物流成本。同时还允许企业定义标准成本值，用于真实反映物流成本的高低和存在的问题。

3.4.2 物流作业成本法的功能

1. 标准作业成本值设定
企业可以定义每项物流作业成本的标准值，用于和实际情况比较。

2. 物流作业成本计算
企业可以计算（包括设定时间自动计算）各成本值。

3. 物流作业成本查询
提供随时查询物流作业成本值的功能。

4. 成本分析
系统根据选定成本的标准值和实际值，自动报告当前成本的高低，并以图表和报表等多种形式反映企业的物流成本状况。

5. 作业指标分析
系统根据选定的作业指标以及标准值和实际值，自动报告当前作业绩效的好坏。

3.5 物流效率分析

物流效率分析就是将各项物流过程进行的状况予以量化，再进一步加以分析检讨。虽然一个企业的物流状况无法完全以量化指标来表示，但如果能掌握可以量化的资料，经过详细的分析、推敲，便可以使物流的效率评估结果更客观、准确，进而有益于增进企业的经营能力。

3.5.1 物流效率评估指标设置的基本原理

效率分析的基本原理是对产出量和投入量的评价，即衡量每一项投入资源能获得多少产出成果，因此投入量、产出量是一项主要的分析指标。此外，物流过程中，仅观察产出和投入之比并不足以反映全貌，必须进一步找出投入和投入之间的比率，以确定投入与投入间的关系是否合理。例如：存货管理费率＝存货管理费用/存货数量，即观察每一单位投入的存货数量需花费多少管理费用。另外，也有些物流过程要分析其绩效，掌握产出和产出，即两两产出量间的比率，以衡量产出与产出间的相关程度是否令人满意。例如：客户单位收益＝销货收入/订单数量，即观察在现行销售情况下，获得每张订单能够赚得（产出）多少收益。

综上所述，在进行物流效率评估时，所设置的指标应包括：产出/投入、投入/产出、投入/投入和产出/产出四项。

3.5.2 设置分析指标的原则

产出/投入、投入/产出、投入/投入和产出/产出的分析形式必然能推导出不少分析指标，然而若导出的指标不能反映企业现状，对公司营运的改善没有帮助，则这一指标就没有存在的必要。因此，对分析指标的选择，应满足以下原则。

第一，选出的指标能反映组织整体或个别物流过程单位的效率。

第二，选出的指标能确实反映负责人或经理人的努力程度，对于非其所能控制的因素也应该能适当显示。

第三，选出的指标要有助于问题点的分析，能协助企业找到加强管理改善问题的方向。

因此，我们所推导的指标将包含物流整体及个别物流过程部分，如果一味追求个别物流过程的细节可能会导致出现个别物流过程绩效高但对整体利益反而有害的情况；同样，若只集中于整体企业效率的分析，则可能无法找出个别物流过程的潜在问题，从而使得企业逐渐走下坡路。另外，对人员努力度的掌握，将由各个物流过程切入也是要考虑的问题。

3.5.3 物流效率指标的推导步骤

1. 划分物流分析的物流过程项目

虽然特性或规模不同的企业，其经营的物流过程管理方式不完全相同，但大致可将物流的活动划分为进出货、储存、盘点、订单处理、拣货、配送、采购及整体评估等八部分。

2. 针对每一物流过程设定分析指标

（1）设施空间生产力指标；

（2）人员生产力指标；

（3）设备生产力指标；

（4）货物、订单效益指标；

（5）物流过程规划管理力指标；

（6）时间生产力指标；

（7）成本力指标；

（8）品质力指标。

3. 设定各物流过程效率评估的要素

要针对物流的各物流过程选定效率评估要素，了解各物流过程的涵盖范围及其重点考核。以下就依进出货物流过程→储存物流过程→盘点物流过程→订单处理物流过程→拣货物流过程→配送物流过程→采购物流过程→整体物流过程的评价顺序，由各物流过程的运作内容来选择主要的效率评估要素。

4. 建立基本资料

为方便起见，可以将基本资料划分成仓管资料、运输资料、会计财务资料、订货验收资料和人事资料五个部分来分别收集，希望能以最短时间收集到完整的资料。此外，由于有些资料会随着时间（每月、季、年）改变，但有些资料在短期内（两、三年）并不会变动，因此，将基本资料划分为固定资料与变动资料两大类，以减少基本资料填写的数量。

5. 导出各物流过程生产力量化指标

依照所收集的厂家营运基本资料，可由四种效率指标运算方式（产出—投入、投入—

产出、投入—投入、产出—产出）来导出各物流过程效率分析的量化指标。

本章小结

物流成本分析是在物流成本核算的基础上，采用一定的方法对物流成本进行分析，包括物流成本差异分析和物流效率分析。物流合理化、物流质量、物流效率、物流人才等因素是影响物流成本的主要因素。

物流成本分析方法包括技术分析方法和基本分析方法，其中技术分析方法包括比较分析法、趋势分析法、因素分析法、比率分析法等。

物流效率分析就是将各项物流过程进行的状况予以量化，再进一步加以分析检讨。虽然一个企业的物流状况无法完全以量化指标来表示，但如果能掌握可以量化的资料，经详细的分析推敲，将能使物流的效率评估结果更客观、正确，进而有益于增进企业的经营能力。

同步测试

思考与练习

1. 物流成本分析的含义是什么？
2. 物流成本分析有哪些方法？
3. 影响物流成本的因素有哪些？
4. 物流成本差异分析有哪些内容？
5. 物流效率分析的指标应如何设置？
6. 物流效率分析的指标有哪些内容？
7. 假设在我国西部有一个制造商，现打算开拓东部市场，至少有以下四种战略可供选择，其优劣的初步分析见表3-3。

表3-3　企业的物流战略选择

战略选择	优势	劣势	考虑因素
直接运送产品至客户	可以节省存货的费用，直接、便捷。减少中间环节，降低失去销售的机会成本	直接运送比由当地的仓库送货至客户要慢。同时，由于客户的订购量很小，运送成本较高	该产品的特性（如单价、易腐性和季节性等）；所需运送成本；客户订货数量
大批整车运送产品到靠近市场的仓库	大批运送比根据每一订单运送给客户的运输成本要少，可以节省一定的运输成本；同时，通过建立地区仓库，企业可以较及时地向客户提供送货服务，可以提高客户的惠顾率	在建立或租赁仓库时要付出一定的成本，加大了存货费用	当增加新地区仓库所能增加客户的惠顾利益超过了建立仓库所需的成本时，就可以考虑建立仓库

续表

战略选择	优势	劣势	考虑因素
将零件运到靠近市场的装配厂	利用当地优势,进一步减少产品成本及送货时间的延误	经过装配的产品可能与原产品质量有一定的差距,另外应考虑建立装配厂所投入的成本	所能节省的运输费用及降低的产品成本;建立装配厂所投入成本;当地可以利用资源优势及劳动力优势
建立地区制造厂	取得规模经济效益,最大限度地开拓和占领新的市场,取得较大的竞争优势	前期需要进行较为复杂的可行性研究,费用较高,投资风险较大	该行业是否具有大规模生产的经济性及当地的人力、能源、土地、运输等可用程度及成本、有关的法律及政治环境

请结合此问题,在进行物流成本、客户服务水平等因素分析的基础上应选择哪一种物流战略?有何理由?

实训项目

参观你所在地区的某企业,了解其物流成本的分析情况,并帮助该企业做一个月的效率分析。活动结束后分组讨论并写出调查报告。

综合案例

广州保税区物流成本分析

广州保税区从海外进口货物货值 HKD 1 千万元的产品,分为 10 个货柜一个月内交货到国内分销给国内的经销商,进口综合关税约为 35%。

国内经销商分三类。

第一类:可提供流动资金 RMB 150 万元以上;

第二类:可提供流动资金 RMB 50 万~150 万元;

第三类:可提供流动资金在 RMB 50 万以下。

港币汇率为 1 HKD=1.067 7 RMB,仓储时间为一个月,占用仓库面积为 2 000 m²,产品单价为 HKD 1 000 元,共 10 000 件,每柜 1 000 件。

下面分三种不同进口渠道进行运作成本和风险方面的分析,这三种进口渠道是:

货物在香港仓储,在香港交货给国内经销商由其自己找途径进口,以下简称"香港仓储";

货物由海外直接运到大陆的口岸完税后在国内仓储并交货给经销商,以下简称"直接进口";

货物在广州保税区仓储,在国内经销商提货时完税进口,以下简称"保税区仓储"。

1. 综合情况对比表

综合情况对比表见表 3-4。

表 3-4 综合情况对比表　　　　　　　　　　　　单位：千港元

对比项目	香港仓储	直接进口	保税区仓储
香港到大陆的运费	30 000	0	0
物流综合服务费用	250 000	20 000	50 000
进口完税费用	100 000	100 000	60 000
进口综合关税	3 500 000	3 500 000	3 500 000
占用流动资金数量	10 250 000	13 620 000	10 050 000
国内提货时间/天	5	1	1
海外缺货调拨成本	10 250 000	13 620 000	10 050 000
经销量最低调货量/件	1 000	1	1
综合货物销售成本	13 980 000	13 620 000	13 610 000

2. 注释及分析

（1）香港到大陆的运费，采用香港仓储的方式将由国内经销商负担，而后两种由于直接从海外运到大陆，因此无须此费用；从数据可以看到后两种方式为佳，香港仓储为次。

（2）物流综合服务费用，主要包括仓储费用、服务费用等物流费用。从费用情况可以看到，直接进口方式由于只负担仓储费用，因此最低；保税区仓储方式由于各方面费用均低于香港仓储，因此排在第二位，香港仓储费用最高，排在第三位。

（3）进口完税费用，主要指进出口公司的进口费用，一般为 CIF 价格的 2%，若为大宗进口可以达到 1%，广州保税区可以达到 0.6%。因此保税区仓储排在第一位；香港仓储和直接进口排在其次。

（4）进口综合关税，为 CIF 价格的 35%，三种方式相同。

（5）占用流动资金数量，是指公司为此必须提供的流动资金数量。直接进口由于不可能马上全部销售，因此全部的进口费用必须由公司提供，所以占用流动资金最多，排在第三位；保税区仓储由于各方面的使用资金均大大低于香港仓储，因此保税区仓储排在第一位；香港仓储排在第二位。

（6）国内提货时间，这项指标是保证国内客户的非常重要的环节，香港仓储由于需要在订货后运输到国内再完成海关完税的工作，因此时间最长，排在最后；直接完税和保税区仓储均可以在当天提货，并列第一。

（7）海外缺货调拨成本，是指当海外有地方急需该批货物时，必须从此批货物中调拨时，该批货物的成本。从数据可以看出，直接进口方式根本无法完成海外缺货调拨的功能，排在第三；香港仓储排在第二；保税区仓储费用最低，排在第一。

（8）经销商最低订货量，是指为了保证货物供应中的方便，运输的成本、风险等因素，国内经销商最实际的最低的订货量。这项指标直接影响到国内经销商的成本。香港仓储方式只能有第一类经销商订货，第二类经销商必须几个一起订货不现实，第三类经销商根本无法订货；而直接进口方式和保税区仓储方式第三类经销商也可以直接订货，对于扩展销售非常有利。

（9）综合货物销售成本，是指国内经销商得到货物时的成本。保税区仓储和直接进口方式由于物流费用低，最终成本基本相同；香港仓储由于物流费用高，因此成本高，非常不利于产品在国内市场的销售。

综合上述分析，可以得到这样的结论：保税区仓储的费用最低，物流效率最高，是首选的进口物流渠道。

3. 保税区保税仓储与非保税区保税仓储的问题分析

保税仓储有保税区内的保税仓储和保税区外的保税仓储，经营者可以进行保税仓储并分批完税的业务，这样应该如何选择？

保税区内的保税仓库，是真正意义上的保税仓库，除非法的进口产品如毒品、军火等不准仓储外，可以无任何限制地进行保税仓储，同时产品可以根据使用者的不同情况以不同形式进行销售。若使用者是国内顾客，可以完税进口；若使用者有免税批文，可以免税进口；若使用者在国外，可以将产品再出口国外，等等，仓储时间不受限制，还可以在未交关税的情况下将新产品拿到国内进行展示。根据海关规定，非保税区内的保税仓库仅用于外资企业进行保税加工时保税料件的保税存放，所存放料件有存放时间和种类的限制，且不可以完税进口，也不可以再返销国外市场，更不可以出仓展示。目前广东各地，如番禺、东莞等地的保税仓库采用了一些变通的方法使其保税仓库的货物可以进行完税进口业务；但就目前趋势而言，这种变通方法是不可能长久的，因为它不具备合法的成分，只是运作于海关管理制度不完善的空间，从稳定、安全、长远的角度讲，不应采用这类保税仓库。

从长远利益来讲，采用保税区内的保税仓储的方式作为进口渠道是目前和未来的首选。

案例讨论

结合上述案例，讨论企业如何做好物流成本分析和物流战略的选择。

阅读建议

[1] 赵忠玲. 物流成本管理 [M]. 北京：经济科学出版社，2007.
[2] 李建丽. 物流成本管理 [M]. 北京：人民交通出版社，2007.
[3] 汪晓娟. 物流成本管理 [M]. 北京：机械工业出版社，2007.

第4章

物流成本预测与决策

知识目标

1. 明确物流成本预测的概念。
2. 掌握物流成本预测的基本方法。
3. 明确物流成本决策的概念。
4. 掌握物流成本决策的基本方法。

技能目标

1. 运用预测方法进行物流成本预测。
2. 具备物流成本决策的基本技能。

素质目标

1. 培养学生具备物流成本预测、决策的职业素质。
2. 培养学生具备物流成本预测及决策方法的职业要求。

先导案例

未来数年船舶运营成本预测

未来很多年里，船舶运营成本的巨幅增长将成为船东及船舶运输经营者的不能承受之重。

据世界著名船舶管理公司 V.Ships 技术部主管 Ray McNamara 预测，在 2007—2011 年，船东及船舶运输经营者在人力和保险上的开销将以年均两位数的速度增长。从宏观经济角度分析，船东及船舶运输经营者承受的成本压力主要来自日益复杂的政策与行业规则、技术变革与人力资源短缺等方面。除此之外，还有美元贬值可能带来的通货膨胀、利率下跌等货币风险。

McNamara 强调他的预测针对的是整个市场而非单单 V. Ships，他预计人力成本的年均增长幅度将达到 12%，由于该成本占到了船东及船舶运输经营者全部经营成本的一半左右，因此这对他们来说绝对是个糟糕透顶的消息。McNamara 还指出随着全球船队规模的不断扩张，对船员的需求也会越来越大，但是培训一批船员所花的时间远比造一艘船长，而且培训船员这项工作正变得越来越复杂与费钱。这鼓励了从别人那里挖走训练有素的船员的行为，而这种趋势本身又抬高了船员的薪酬水平。此外，由于可能面临刑事风险，很多有经验的船长与机师都不得已离开了这个行业。

再来看看保险方面的成本，据 McNamara 预测，此项费用的年均涨幅为 13%。影响因素有：港口拥堵与货运量的增长使得事故出现的概率更高；船舶工作负荷增强；船舶资产增值而产生更高的投保费用；修船厂紧缺致使船东需付出更高的维修成本，McNamara 预计维修与保养成本的年均增幅为 5%。此外，雇佣不合格船员而造成船舶维护状况不佳、船厂的劳动力成本上涨以及钢铁涨价等因素也会抬高维修与保养成本。

马施云会计师事务所（Moore Stephens）的 Richard Greiner 表示运营成本的年增长幅度稳定地保持在 2%~3% 的年代已经一去不复返了。该所的 OpCost 报告显示过去七年中散货船与油轮的经营费用年均涨幅分别为 5.2% 与 6.5%，集装箱船则为 7.5%。

资料来源：中国国际海运网

4.1 物流成本预测概述

4.1.1 预测的概念

预测就是根据历史推测未来。确切地说，预测是在对历史资料进行整理和分析的情况下，采用一定的手段对不确定事件或未知事件进行估计或表述，属于探索未来的活动。预测是人类自古就有的活动。据《史记》记载，我国春秋战国时代就有根据市场上商品供求情况的变化来预测商品价格变化的思想，如"贵上极则反贱，贱下极则反贵"。西方的星象术也是占卜者根据所拥有的材料对未来进行估计或描述。古代人们的这些预测活动通常都是经验的总结。用现在的术语来讲，属于定性预测的范畴，这还不能说形成一门科学，只能说具有了预测的思想。

当代预测技术，一般认为起源于 20 世纪初。当时，随着资本主义经济危机的日益加剧，垄断资本迫切需要了解有关方面未来的前景以便进行垄断经济经营活动。到 20 世纪 20 年代，随着综合指数法、趋势外推法等方法的纷纷出现并应用于经济活动中，经济预测开始受到重视。

20 世纪 40 年代以后，预测技术在欧美得到了广泛传播。据统计，60 年代以来欧美各国建立了大量的预测咨询机构，70 年代世界各国已有 2 500 多家专业咨询机构从事与预测有关的咨询工作。在中国，20 世纪 50 年代就已经开展了预测的研究与运用，但由于历史的原因，直到改革开放以后，预测的研究和运用才真正得到了重视和发展。当代的预测技术一方面继续重视定性预测，另一方面则非常重视定量的预测技术。定量预测技术是运用科学的、数学的判断方法，对事物未来可能演变的情况作出数量上的推断的一种技术。作出一个准确的预测需要两方面的知识：一是被预测对象本身所处学科领域的知识；二是预测方法本身的理论，主要是数学方面的有关理论。

4.1.2 成本预测的概念

成本预测是指运用一定的科学方法，对未来成本水平及其变化趋势作出科学的估计。通过成本预测，掌握未来的成本水平及其变动趋势，有助于减少决策的盲目性，使经营管理者易于选择最优方案，作出正确决策。

由于成本预测面向未来，因此成本预测具有以下几个特点：预测过程的科学性；预测结果的近似性；预测结论的可修正性。这就要求在成本预测中决不能主观臆断。

4.1.3 物流成本预测的概念

所谓物流成本预测，是指依据物流成本与各种技术经济因素的依存关系、发展前景及采取的各种措施，并利用一定的科学方法，对未来期间物流成本水平及其变化趋势作出科学的推测和估计。

物流成本预测是物流成本决策、物流成本预算和物流成本控制的基础，可以提高物流成本管理的科学性和预见性。在物流成本管理的多个环节都存在成本预测的问题，如运输成本预测、仓储成本预测、装卸搬运成本预测、配送成本预测等。

物流成本预测能使企业对未来的物流成本水平及其变化趋势做到"心中有数"，并能与物流成本分析一起为企业的物流成本决策提供科学的依据，以减少物流成本决策中的主观性和盲目性。

4.1.4 物流成本预测的分类

1. 按预测的期限分类

按预测的期限，物流成本预测可以分为长期预测和短期预测。长期预测指对一年以上期间进行的预测，如三年或五年；短期预测指一年以下的预测，如按月、按季或按年。

2. 按预测的内容分类

按预测内容，物流成本预测可以分为制订计划或方案阶段的物流成本预测、在计划实施阶段的物流成本预测。

3. 按物流不同功能环节分类

按物流不同功能环节，物流成本预测可以分为运输成本预测、仓储成本预测、装卸搬运成本预测、流通加工成本预测、包装成本预测、配送成本预测等。

4.2 物流成本预测的步骤和方法

4.2.1 物流成本预测的步骤

物流成本预测的对象通常是随机的，与物流成本预测对象相联系的。各物流功能环节影响因素错综复杂，预测不同功能环节的物流成本，其背景也不同，应该采取不同的预测方法和手段。为了保证预测结果的客观性与准确性，进行物流成本预测时，通常应该遵循以下五个步骤。

1. 确定预测目标

进行物流成本预测，首先要有一个明确的目标。物流成本预测的目标又取决于企业对未来的生产经营活动所欲达成的总目标。物流成本预测目标确定之后，便可明确物流成本预测的具体内容。

2. 收集预测资料

物流成本指标是一项综合性指标，涉及企业的生产技术、生产组织和经营管理等各个方面。在进行物流成本预测前，必须尽可能全面地占有相关的资料，并应注意去粗取精、去伪存真。

3. 建立预测模型

在进行预测时，必须对已收集到的有关资料，运用一定的数学方法进行科学的加工处理，建立科学的预测模型，借以揭示有关变量之间的规律性联系。数学模型一般是带有参数的。需要针对建立的数学模型进行相应参数的估计（利用收集的数据样本），最终识别和确认所选用的具体数学模型。

4. 模型检验

以历史资料为基础建立的预测模型可能与未来的实际状况有一定的偏差，且数量方法本身就有一定的假定性，因此必须采用一些科学方法对预测的结果进行综合的分析判断，对存在的偏差，及时予以修正。针对具体数学模型进行合理性检验、误差检验等。如有必要，还需回到第3步。

5. 预测与结果分析

运用前面建立的数学模型，使用有关物流预测对象的数据样本作出预测，并在有关经济理论的基础上作出合理分析和解释。

4.2.2 物流成本预测的方法

物流成本预测的方法很多，它随预测对象和预测期限的不同而各有所异，但总体来看，基本方法包括定性预测方法和定量预测方法两大类。

在实际应用中，定性预测方法与定量预测方法并非相互排斥，而是相互补充的，两者可以结合应用。即在定量分析的基础上，考虑定性预测的结果，综合确定预测值，从而使最终的预测结果更加接近实际。

定性预测方法是预测者根据掌握的专业知识和丰富的实际经验，运用逻辑思维方法对未来成本进行预计推断的各种方法的统称。由于此类方法是利用现有资料，依靠预测者的素质和分析能力所进行的直观判断，因此也称为直观判断法，包括德尔菲法、一般预测法、市场调研法、小组共识法和历史类比法等。这种方法简便易行，预测的速度较定量分析要快捷，常常在企业缺少完备、准确的历史资料，或难于进行定量分析的情况下采用。

定量预测方法是根据历史资料以及成本与影响因素之间的数量关系，通过建立数学模型来预计推断未来成本的各种预测方法的统称。定量预测方法按照成本预测模型中成本与相应变量的性质不同又可分为趋势预测方法和因果预测方法两类。趋势预测方法是按时间顺序排列有关的历史成本资料，运用一定的数学方法和模型进行加工计算并预测的各类方法，具体包括简单平均法、加权平均法和指数平滑法等。这类方法承认事物发展规律的连续性，将未来视为历史的自然延续，因此又称为外推分析法。与趋势预测方法不同，因果预测方法是根据成本与其相关因素之间的内在联系,建立数学模型并进行分析预测的各种方法,具体包括本量利分析法、投入产出分析法、回归分析法等。这类方法的实质是利用事物内部因素发展的因果关系来预测事物发展的趋势。

物流成本预测定量预测常用的方法有以下四种。

1. 算术平均法

算术平均法有简单算术平均法与加权算术平均法之分。加权算术平均法是用各种权数算得的平均数作为加权算术平均数,它可以自然数作权数,也可以数据出现的次数作权数或根据实际情况确定权数,所求平均数值即为测定值。简单算术平均法可看做加权算术平均法的特例,即各期权数都为1。

$$预测期成本 = (\sum 历史各期成本 \times 该期权数) / 各期权数之和 \qquad (4-1)$$

算术平均法的应用举例如下。

例 4-1 某企业 2020 年 1—6 月的物流成本分别为 350、346、358、360、355、370 万元。试用算术平均数法预测该企业 2020 年 7 月的物流成本。

(1) 简单算术平均法示例:

该企业 7 月物流成本的算术平均数为

$$(350+346+358+360+355+370)/6 = 357(万元)$$

因此,预测 7 月的物流成本是 357 万元。

说明:简单算术平均法主要适用于观察变量不呈现明显倾向变化,而现实中经济数据常有一定时间趋势等特征,因此其局限性是明显的。

(2) 加权算术平均法示例:

假如给予观察值相应的权数依次为:1、2、3、4、5、6,用加权平均法预测的 7 月物流成本为

$$(1\times350+2\times346+3\times358+4\times360+5\times355+6\times370)/(1+2+3+4+5+6) \approx 360.4 （万元）$$

加权算术平均法考虑了近期的物流成本对预测影响较大而给予较大权数,这样可能更符合实际。运用加权算术平均法的关键在于确定适当的权数。

2. 加权移动平均法

加权移动平均法就是根据同一个移动段内不同时间的数据对预测值的影响程度,分别给予不同的权数,然后再进行平均移动以预测未来值。

加权移动平均法不像简单移动平均法那样,在计算平均值时对移动期内的数据同等看待,而是根据越是近期数据对预测值影响越大这一特点,不同地对待移动期内的各个数据。对近期数据给予较大的权数,对较远的数据给予较小的权数,这样来弥补简单移动平均法的不足。

加权移动平均法的计算公式为

$$Y_{n+1} = \frac{\sum_{i=1}^{n} Y_i \times X_i}{\sum_{i=1}^{n} X_i} \qquad (4-2)$$

式中 Y_{n+1}——第 $n+1$ 期加权平均值;

Y_i——第 i 期实际值；
X_i——第 i 期的权数（权数的和等于1）；
n——期数。

例 4-2 以例 4-1 的数据为例，当 $n=3$ 时，运用加权移动平均法的物流成本预测结果见表 4-1。

表 4-1 加权移动平均法的物流成本预测实例　　　　　　　　　　单位：万元

月份	实际物流成本	$n=3$ 时的预测量
1	350	
2	346	
3	358	
4	360	358×3/6+346×2/6+350×1/6=352.7
5	355	360×3/6+358×2/6+346×1/6=357
6	370	355×3/6+360×2/6+358×1/6=357.2
7	372	370×3/6+355×2/6+360×1/6=363.3

用加权移动平均法求预测值，对近期的趋势反映较敏感，但如果一组数据有明显的季节性影响时，用加权移动平均法所得到的预测值可能会出现偏差。因此，有明显的季节性变化因素存在时，最好不要加权。

3. 指数平滑法

指数平滑法由美国经济学家布朗于 1959 年在《库存管理的统计预测》一书中首先提出，它是以一个指标本身过去变化的趋势作为预测未来的依据的一种方法。对未来预测时，考虑到近期资料的影响应比远期为大，因而对不同时期的资料不同的权数，越是近期资料权数越大，反之权数越小。

设以 F_n 表示下期预测值，F_{n-1} 表示本期预测值，D_{n-1} 表示本期实际值，a 为平滑系数（其取值范围为 $0<a<1$），则 F_n 的计算公式为

$$F_n = F_{n-1} + a(D_{n-1} - F_{n-1}) = aD_{n-1} + (1-a)F_{n-1} \tag{4-3}$$

即

$$\text{预测期成本} = \text{平滑系数} \times \text{上期实际成本} + (1-\text{平滑系数}) \times \text{上期预测成本} \tag{4-4}$$

例 4-3 根据表 4-2 给出的数值，用指数平滑法进行预测。

表 4-2 指数平滑法的物流成本预测实例　　　　　　　　　　单位：万元

月份	实际物流成本	指数平滑值		
		$a=0.1$	$a=0.5$	$a=0.9$
1	3 000			
2	2 879	3 000	3 000	3 000
3	3 121	2 988	2 940	2 891
4	2 865	3 001	3 031	3 098
5	2 867	2 987	2 940	2 888
6	3 100	2 975	2 904	2 869

计算过程见表4-2,实际工作中,通常取第一期实际值作为第二期的预测值,或者给定一个初始期的预测值。

4. 一元线性回归预测法

回归分析法是通过对观察值的统计分析来确定它们之间的联系形式的一种有效的预测方法。从量的方面来说,事物变化的因果关系可以用一组变量来描述,因为因果关系可以表述为变量之间的依存关系,即自变量与因变量的关系。运用变量之间这种客观存在着的因果关系,可以使人们对未来状况的预测达到更加准确的程度。

根据 x、y 现有数据,寻求合理的 a、b 回归系数,得出一条变动直线,并使线上各点与实际资料上的对应点之间的距离最小。

设变动直线方程为

$$y = a + bx \tag{4-5}$$

回归系数 a 和 b 通常用最小二乘法计算:

$$b = \frac{n\sum x_i y_i - \sum y_i \sum x_i}{n \sum x_i^2 - \sum x_i \sum x_i} \tag{4-6}$$

$$a = \frac{\sum y_i - b \sum x_i}{n} \tag{4-7}$$

例4-4 ABC公司下半年某项物流业务成本资料见表4-3。

表4-3 成本资料

月 份	物流业务量/h	物流成本/元
7	6.5	120
8	8.5	130
9	5	110
10	8	130
11	10	140
12	6	125

假设第二年1月物流业务量为13 h,请预测该项物流业务的成本。

解: 为便于计算,先对资料进行以下处理,见表4-4。

表4-4 计算表

月份	物流业务量 x/h	物流成本 y/元	xy	x^2
7	6.5	120	780	42.25
8	8.5	130	1 105	72.25
9	5	110	550	25
10	8	130	1 040	64
11	10	140	1 400	100
12	6	125	750	36
$n=6$	$\sum x = 44$	$\sum y = 755$	$\sum xy = 5\ 625$	$\sum x^2 = 339.5$

$$b = \frac{n\sum x_i y_i - \sum y_i \sum x_i}{n\sum x_i^2 - \sum x_i \sum x_i}$$

$$= \frac{6 \times 5\,625 - 44 \times 775}{6 \times 339.5 - 44 \times 44}$$

$$= -3.47\,(元/h)$$

$$a = \frac{\sum y_i - b\sum x_i}{n}$$

$$= \frac{755 - (-3.47) \times 44}{6} = 151.28\,(元)$$

根据上述计算结果，采用回归预测法计算出该项物流业务成本的直线方程为
$$y = 151.28 - 3.47x$$

第二年 1 月物流业务量为 13 h 的情况下，物流业务成本为
$$y = 151.28 - 3.47 \times 13 = 106.17\,(元)$$

4.2.3 物流成本预测方法的选择

定量预测方法与定性预测方法并不是相互孤立的，经常需要综合运用。总的来说，定性预测擅长于预测趋势的转折及其影响，定量预测则只有在趋势能延续下去的前提下才有效。定量预测更具客观性、低成本，适于反复预测等。因此，通过两类预测的综合运用和合理分工，可明显地提高预测精度、节约预测成本。

经济预测都需要明确预测目标、收集历史数据、建立数学模型、估计模型参数并检验、得到预测结果并分析、评价预测结果等步骤。由于经济现象十分复杂以及数学手段的有限性，不论什么数学模型，在进行经济预测时都是近似的，甚至有时预测结果与实际情况相差较大。所以，对预测方法的合理选择是做好物流成本预测工作的核心。对于预测方法的选择，不仅要考虑预测对象的特征，而且要考虑到预测方法本身的特性以及预测的成本和预测收益等方面。

1. 预测对象的特征

在进行经济预测时需要考虑的预测对象的特征主要有以下四方面。

（1）预测的时间范围。不论什么层次的预测都有自己的时间范围。预测者在进行预测工作时必须考虑到自己预测的目的是短期、中期还是长期，这与预测方法的选择有直接关系。有些预测方法适用于短期预测，如指数平滑法；有些预测方法则适用于中期或长期预测，如定性预测法。一般来说，随着预测时间的延长，定量预测精度会降低。

（2）预测对象的性质。按照预测对象可知信息的利用程度，可以将其划分为白色、灰色以及黑色等系统，也可以将其划分为确定性的和随机性的。在选择预测方法时应该充分考虑到预测对象的这些信息。比如，预测对象的大部分信息未知，只知道某些信息，则可以选择灰色预测模型；将某些因果分析看做有随机因素影响，则可以选用回归分析；如果忽略随机因素的影响，则可以从曲线拟合的角度选择、建立数学模型。

（3）经济过程的平稳性。经济过程的平稳程度直接影响到预测模型的选择。当某个经济现象的过程是平稳运行时，只需用预测方法揭示出规律性，并定期检验就可以满足决策者的要求。如果经济运行过程波动较大，则需要经常收集更新历史数据，并注意最近期的数据

对预测的重要性。比如，近年来运输价格市场起伏波动较大，在对与运输价格市场有关的问题进行预测时就需要不断更新历史数据，对所用预测方法进行不断修正。

（4）决策的目的及其详细程度。决策目的不同，决策的详细程度不同，显然所采用的方法也不同。对于决策目的，可以分为控制性决策和计划性决策。控制性决策是指决策的目的在于控制经济运行过程，这时，预测应该是周详的。计划性决策通常需要假定经济运行过程按照当下的发展趋势进行，此时，预测不用太过详细，应该在于揭示未来可能的演变方向和趋势，更加合理的预测可以是区间预测。

2. 预测方法的特征

（1）预测方法本身所使用的时间范围。与预测者自己确定的时间范围不同，这是指预测方法本身的局限性。有些方法只适用于对短期事件作出预测，比如后面将要介绍的某些时间序列预测方法；有些方法则比较适用于对中长期事件作出预测，同样是时间序列，有些方法就属于此列。

（2）通过预测方法得到结果的精度。一般来说，通过简单方法得到的预测结果精度比较低。但也未必是越复杂的方法，预测精度就越高。在多数情况下，同样的问题往往可以用不同的预测模型进行预测，因此，为了提高预测精度，应该对同一个问题进行多种方法的选择，并将定性预测、分析与定量手段相结合，也可以采用加权预测的思想。

3. 仔细分析、利用历史数据的特点

物流活动中的历史数据大致上可以分为趋势型、季节型、水平型和循环型四种，或者是这四种类型的组合。结合历史数据的这些特点，选择合适的预测方法能够提高预测的精度。关于历史数据的这些特点在本书后面章节中将会论述。在选择预测方法时，除需要考虑上述问题外，还需要考虑预测工作的成本、预测模型的适用性等问题。

Sun 公司的预测分析小组

杰出的战略家深谙先发制人之道，做到这一点的确需要远见卓识。Sun 公司成立了自己的需求分析小组，致力于更精确地预测市场对系统的需求量以及与之相应的元器件采购。该小组的目标是对潜在需求作出一个预测范围，而不是一个精确数字，并且对公司能真正实现这些需求预测的概率作出估计。

该公司旨在超越传统的预测方法，不仅仅考虑内部计划和预测，而是着眼于更多的影响因素。所做的预测把不同来源的数据都考虑进去了，包括来自内部规划、市场调研、用户调查和供应商提供的信息。考虑的变量则包括市场上同类竞争产品的数量、季节周期、消费周期和市场增长速度与规模。

这个成立不到一年的小组还利用了来自主要客户的信息，他们会问客户计划购买什么样的产品以及希望这些产品有哪些功能。他们并不是光靠内部信息作预测，那样往往会自圆其说。他们花了不少钱作问卷，向客户询问对于一个给定产品，哪些性能最重要及其打算购买什么样的产品。

有时问卷统计结果会大大出乎 Sun 公司的营销和销售部人员的预料，预测小组亦已遇到一个产品的市场潜力比 Sun 营销部门预计大的实例。有些时候，内部压力会使预测数字偏

低；有好几次，他们都依据分析调高了生产计划。

为了能充分利用先进的预测方法，Sun 聘请了数名专家来进行复杂的统计分析。他们请了三位博士利用复杂算法获取市场调研和市场份额数据，进行竞争分析，并利用他们计算一些基于不可控因素期望值和概率区间。

[分析]

Sun 公司的预测通过收集大量的信息，包括内部信息和外部信息，并通过问卷调查、统计分析等方法，大大提高了预测的精度，为制定企业的管理决策打下了良好的基础。

4.3 物流成本决策概述

物流成本预测是为物流成本决策服务的，管理的关键在于决策，物流成本决策在物流成本管理中处于重要的地位。

4.3.1 物流成本决策的含义

决策是指管理者为了实现某种特定的目标，从两个以上可供选择的方案中选择一个令人满意的方案的过程。决策作为一个系统过程，其构成要素包括决策者、决策目标、决策变量、状态变量、效果值、概率等。

物流成本决策是指针对物流成本，在调查研究的基础上确定行动的目标，拟定多个可行方案，然后运用统一的标准，选定适合本企业的最佳方案的全过程。

决策是行动的基础，正确的行动来自于正确的决策。在物流活动中，决策贯穿于物流管理工作的全过程。正确的决策必须建立在认识和了解企业内部条件和外部环境的基础上，首先必须按照决策的程序和步骤进行操作；其次，要运用适当的技术和方法，才能做出正确的决策。

4.3.2 物流成本决策的步骤

物流成本决策包括以下七个步骤。

第一步，界定问题、识别机会。要注重考虑物流组织中人的行为以及信息的准确与时效。

第二步，明确目标。要求明确物流系统总目标和各分目标的关系，确定决策目标的约束条件，决策目标尽量用数量表示。

第三步，拟定备选方案。拟定备选方案的过程如图 4-1 所示。

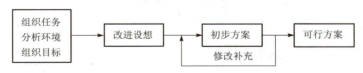

图 4-1 拟定备选方案的过程

第四步，评估备选方案。评估备选方案应注意：方案实施的条件是否具备，成本情况如何；方案能给组织带来什么样的长、短期利益；方案实施的风险及失败的可能性。

第五步，作出决策。决策者要想作出一个良好的决策，必须仔细考察全部事实，确定是否可以获取足够的信息并最终选择最好方案。

第六步，选择实施战略。制定保证方案实施的策略；确保与方案有关的各种指令能被所有人员充分地了解；将决策目标分解，落实到单位或个人；建立工作报告制度，了解方案的进展，并及时作出适当调整。

第七步，监督和评估。职能部门对各层次、各岗位的方案执行情况进行检查和监督，并将信息反馈给决策者；决策者根据反馈信息对偏差部分及时采取有效措施；对目标无法实现的应重新确定目标，拟订可行方案，并进行评估、选择和实施。

4.3.3 物流成本决策的分类

根据决策学理论，物流成本决策可以归纳为以下四种类型。

1. 战略决策和战术决策

战略决策是指关系到全局性、方向性和根本性的决策，其产生的影响深远，在较长时间内会对企业的物流成本产生影响。例如，企业运输、配送线路的规划，仓库、配送中心的选址，仓库采取租赁或是自建等问题，就属于战略决策。战术决策是为了保证战略决策的实施，对一些带有局部性、暂时性或者其他执行性质的问题所做的决策。例如运输决策、库存决策等就是战术决策。

2. 规范性决策和非规范性决策

规范性决策是指在管理工作中，经常遇到的一些重复性的问题，这些问题凭借现有的规章制度就可以解决。例如物流成本的预算与控制决策就是属于规范性决策。非规范性决策是指偶然发生的或初次发生的非例行活动所作出的决策，这类决策往往依赖于决策者的经验和判断能力。

3. 单目标决策和多目标决策

决策目标仅有一个，就称单目标决策；决策目标不止一个，就称多目标决策。

4. 确定性决策、风险性决策和不确定性决策

确定性决策方法的特点是只有一种选择，决策没有风险，只要满足数学模型的前提条件，数学模型就会给出特定的结果，例如企业常用到的量本利分析就属于确定性物流成本决策。风险性决策是指决策所遇到的未来事件的各种自然状态的发生具有不确定性，但可以测出各种自然状态出现的概率的决策，风险性决策方法可以采用期望值决策法和决策树法。不确定性决策是指在对决策问题的未来不能确定的情况下，通过对决策问题的变化的各种因素分析，估计有几种可能发生的自然状态，计算其损益值，按一定的原则进行选择的方法。

4.4 物流成本决策的方法

4.4.1 物流成本决策的一般方法

物流成本决策的方法很多，最常用的有量本利分析法、期望值决策法、决策树法、乐观准则、悲观准则、后悔值准则、成本无差别点分析法、重心法、差量分析法、线性规划法等。

1. 量本利分析法

量本利分析法是针对确定性决策的一种求解方法。它就是研究决策方案的销量，生产成

本与利润之间的函数关系的一种数量分析方法，是从目标利润或目标成本出发，来确定合理的物流业务量或业务规模的方法。

量本利分析法

2. 期望值决策法

期望值法是针对风险性决策的一种求解方法。它以收益和损失矩阵为依据，分别计算各可行方案的期望值，选择其中收益值最大的方案作最优方案。在某一确定方案的情况下，根据不同的状态可能出现的概率可计算出期望值。其计算公式为

$$\sum(A_i) = \sum x_{ij} p(\theta_j) \tag{4-8}$$

由上可知，期望值的计算公式采用了以概率为权数的加权算术平均法。

3. 决策树法

决策树法也是针对风险性决策的一种求解方法。它是决策局面的一种图解，是按一定的方法绘制好决策树，用树状图来描述各种方案在不同自然状态下的收益，然后用反推的方式进行分析，据此计算每种方案的期望收益从而作出决策的方法。

4. 乐观准则、悲观准则、后悔值准则

乐观准则、悲观准则、后悔值准则是针对不确定性决策的求解方法。乐观准则也称大中取大法；悲观准则也称小中取大法；后悔值准则需要计算后悔值，所谓后悔值也称机会损失值，是指在一定自然状态下由于未采取最好的行动方案，失去了取得最大收益的机会而造成的损失。

5. 成本无差别点分析法

成本无差别点分析法就是对不同的备选方案首先计算成本无差别点，然后把它作为数量界限来筛选最优方案的一种决策分析方法。成本无差别点是指两个备选方案在总成本相等时的业务量。当预计业务量低于成本无差别点时，则固定成本较小，单位变动成本较大的方案为较优方案；当预计业务量高于成本无差别点时，则固定成本较大，单位变动成本较小的方案为较优方案。

6. 重心法

重心法是一种模拟方法，它是将物流系统中的需求点和资源点看成是分布在某一平面范围内的物体系统，各点的需求量和资源量看成是物体的重量，物体系统的重心作为物流网点的最佳设置点，利用求物体系统重心的方法来确定物流网点的位置。

7. 差量分析法

差量分析法是根据两个备选方案的"差量收入"与"差量成本"的比较所确定的"差量损益"来确定哪个方案最优的方法。"差量收入"是指两个备选方案的预期相关收入之间的差额；"差量成本"是指两个备选方案的预期相关成本之间的差额。如果"差量损益"小于零，则后一个方案较优；如果"差量损益"大于零，则前一个方案较优。应当注意，在计算时，方案的先后排列顺序必须一致。另外，如果有多个方案供选择时，可两两作比较，最终来确定最优方案。

8. 线性规划法

线性规划法用来解决资源的合理利用和合理调配问题。具体来说有两个方面：一是当计划任务已确定时，如何统筹安排，以最少的资源来完成任务；二是当资源的数量已确定，如何做到合理利用、配置，使完成任务最大化。线性规划的实质是把经济问题转化为数学模型进行定量分析，通过求函数极大值或极小值来确定最优方案。

4.4.1 物流成本决策方法的运用

例 4-5 某配送中心某产品的年设计配送能力为 10 000 件,每件产品销售价格 6 000 元,该项目投产后年固定成本总额为 600 万元,单位产品变动成本为 2 500 元,单位产品所负担的销售税金为 500 元,若产销率为 100%,试对该项目进行盈亏平衡分析。

解:已知 $Q_0 = 10\,000$ 件,$P = 6\,000$ 元/件,$F = 600$ 万元,$V = 2\,500$ 元,$T = 500$ 元,按公式计算得:

(1) 盈亏平衡产销量 $Q^* = F/(P-V-T) = 6\,000\,000/(6\,000-2\,500-500) = 2\,000$(件)。

(2) 盈亏平衡销售收入 $TR^* = Q^* \times P = 2\,000 \times 6\,000 = 12\,000\,000$(元)。

(3) 盈亏平衡配送能力利用率 $S^* = Q \times 100\%/Q_0 = 2\,000 \times 100\% \div 10\,000 = 20\%$,

产量安全度 $= 1 - S^* = 1 - 20\% = 80\%$。

(4) 盈亏平衡销量单价 $P^* = F/Q_0 + V + T = 6\,000\,000/10\,000 + 2\,500 + 500 = 3\,600$(元),

价格安全度 $= 1 - P^*/P_0 = 1 - 3\,600/6\,000 = 40\%$。

计算结果表明,该项目只要达到产量 2 000 件,销售净收入 1 200 万元,生产能力利用率 20%;或者在产量达到 10 000 件的情况下,销售单价 3 600 元,该项目即可实现不亏不盈。又因产量安全度为 80%,价格安全度为 40%,因此该项目具有较大承担风险的能力。

例 4-6 某产品每件销售价为 100 元/件,每件成本 70 元。如卖不掉还剩残值 30 元。在这一时期需求量为 35~40 件,即 35 件以下可以全部卖掉,超过 40 件以上则卖不掉。资料见表 4-5。

表 4-5 需求量和需求概率

需求量/件	需求概率/%
35	10
36	15
37	25
38	25
39	15
40	10

解:根据资料,得到期望利润计算表,见表 4-6。

表 4-6 期望利润计算表

利润/元 订货量/件	实际需求量/件	35	36	37	38	39	40	期望利润/元
	概率	0.1	0.15	0.25	0.25	0.15	0.1	
35		1 050	1 050	1 050	1 050	1 050	1 050	1 050
36		1 010	1 080	1 080	1 080	1 080	1 080	1 073
37		970	1 040	1 110	1 110	1 110	1 110	1 085.5

续表

利润/元 \ 实际需求量/件 \ 订货量/件	35	36	37	38	39	40	期望利润/元
概率	0.1	0.15	0.25	0.25	0.15	0.1	
38	930	1 000	1 070	1 140	1 140	1 140	1 080.5
39	890	960	1 030	1 100	1 170	1 170	1 058
40	850	920	990	1 060	1 130	1 200	1 025

比较表 4-6 中的期望利润，订货量为 37 件时期望利润 1 085.5 元，为最大值。因此，订货量 37 件为最优方案。

例 4-7 某流通企业为了增加所销售的产品的附加值，拟投资建设流通加工厂，据市场预测产品销路好的概率为 0.7，销路差的概率为 0.3，有三种方案可供企业选择。

方案 1：新建大厂，需投资成本 300 万元。据初步估计，销路好时，每年可获利 100 万元；销路差时，每年亏损 20 万元，服务期为 10 年。

方案 2：新建小厂，需投资成本 140 万元。销路好时，每年可获利 40 万元；销路差时，每年仍可获利 30 万元。服务期为 10 年。

方案 3：先建小厂，三年后销路好时再扩建，需追加投资成本 200 万元，服务期为 7 年，估计每年获利 95 万元。

试选择方案。

解：用决策树法，先画出决策树，如图 4-2 所示。

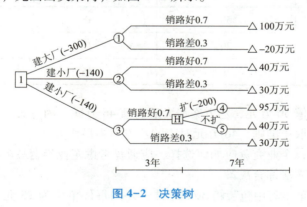

图 4-2 决策树

计算方案点的期望效益值：

$E_1 = [0.7×100+0.3×(-20)]×10-300 = 340$（万元）

$E_2 = (0.7×40+0.3×30)×10-140 = 230$（万元）

$E_4 = 95×7-200 = 465$（万元）

$E_5 = 40×7 = 280$（万元）

$E_4 > E_5$

$E_3 = 0.7×40×3+0.7×465+0.3×30×10-140 = 359.5$（万元）

比较 E_1、E_2、E_3，选择方案 3 为最好。

例 4-8　某企业从事某生鲜产品配送业务，该产品合理的进货量存在一定利润，若销路不好，进货量超过销量，将出现处理存货成本，可能导致企业亏损。现有三种配送方案待选，估计销路和损益情况见表 4-7。试分别用乐观准则、悲观准则、后悔值准则选择最优产品方案。

表 4-7　损益表　　　　　　　　　　　　　　　　　　单位：万元

状　态	甲方案	乙方案	丙方案
销路好	40	90	30
销路一般	20	40	20
销路差	−10	−50	−4

解：① 乐观准则（大中取大）：

甲方案最大利润 40 万元，乙方案最大利润 90 万元，丙方案最大利润 30 万元。

因此，90 万元对应的乙方案为最优方案。

② 悲观准则（小中取大）：

甲方案最大利润−10 万元，乙方案最大利润−50 万元，丙方案最大利润−4 万元。

因此，−4 万元对应的丙方案为最优方案。

③ 后悔值准则：

后悔值＝该自然状态下最大损益值−相应损益值，见表 4-8。

表 4-8　后悔值表

状　态	甲方案	乙方案	丙方案
销路好	50	0	60
销路一般	20	0	20
销路差	6	46	0

甲方案最大后悔值 50 万元，乙方案最大后悔值 46 万元，丙方案最大后悔值 60 万元。

因此，根据大中取小准则，46 万元对应的乙方案为最优方案。

对以上决策方法，企业究竟应如何选择，应通盘考虑企业经营战略，物流系统所处的环境，选择一种或多种方法综合决策。

例 4-9　某企业每年需用包装箱 36 000 件，外购每件单价为 25 元，现该企业辅助车间有剩余生产能力可以生产这种包装箱，经测算每件自制成本为 27 元，其中直接材料 11 元，直接人工 4 元，变动性制造费用 2 元，固定制造费用 10 元。

要求：（1）作出该包装箱是自制还是外购的决策分析。

（2）假定全年包装箱的需用量不知道，自制包装箱时辅助车间每年需追加专属固定成本 320 000 元，要求作出该包装箱是自制还是外购的决策分析。

解：（1）自制包装箱的变动生产成本为 36 000×(11+4+2)＝612 000（元）

包装箱外购成本为 36 000×25＝900 000（元）

可知，自制比外购的成本低 288 000 元，故选自制方案较好。

（2）在全年包装箱的需用量不知道的情况下，设 X 为包装箱的全年需用量，自制包装

箱的预期相关成本为

$$Y_1 = 专属固定成本 + 单位变动成本 \times 包装箱的全年需用量$$
$$= a + bX = 320\ 000 + 17X$$

外购包装箱的预期相关成本为

$$Y_2 = a + bX = 25X$$

两方案相等时包装箱的数量为成本无差别点，其值为：

$$320\ 000 + 17X = 25X$$
$$X = 40\ 000$$

如果包装箱的全年需用量低于 40 000 件，宜外购；若超过 40 000 件，宜自制，如图4-3所示。

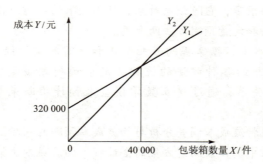

图 4-3　成本无差别点示意图

例 4-10　某计划区域内 A_1（3，8）、A_2（8，2）为资源点，B_3（2，5）、B_4（6，4）、B_5（8，8）为需求点。各点资源量、需求量和运费率如表4-9，需在该地区设置一个配送中心 D，只考虑运输费用最低，求 D 的最佳位置。

表 4-9　各点资源量、需求量和运费率

	资源量或需求量	至 D 点的运费率
A_1	2 000	0.5
A_2	3 000	0.5
B_3	2 500	0.75
B_4	1 000	0.75
B_5	1 500	0.75

解：由重心法公式计算：

$X_0 = \sum_{j=1}^{n} C_j W_j X_j / \sum_{j=1}^{n} C_j W_j = (2\ 000 \times 0.5 \times 3 + 3\ 000 \times 0.5 \times 8 + 2\ 500 \times 0.75 \times 2 + 1\ 000 \times 0.75 \times 6 + 1\ 500 \times 0.75 \times 8)/2\ 000 \times 0.5 + 3\ 000 \times 0.5 + 2\ 500 \times 0.75 + 1\ 000 \times 0.75 + 1\ 500 \times 0.75 = 5.16$；

$Y_0 = \sum_{j=1}^{n} C_j W_j Y_j / \sum_{j=1}^{n} C_j W_j = (2\ 000 \times 0.5 \times 8 + 3\ 000 \times 0.5 \times 2 + 2\ 500 \times 0.75 \times 5 + 1\ 000 \times 0.75 \times 4 + 1\ 500 \times 0.75 \times 8)/2\ 000 \times 0.5 + 3\ 000 \times 0.5 + 2\ 500 \times 0.75 + 1\ 000 \times 0.75 + 1\ 500 \times$

0.75＝5.18。

重心的坐标点是（5.16，5.18），这就是配送中心的位置。

物流成本决策的方法是多种多样的，尤其是借助运筹学的方法，具有一定的复杂性，由于篇幅的关系，在此不再作更多的阐述。

本章小结

物流成本预测是物流成本决策、物流成本预算和物流成本控制的基础，可以提高物流成本管理的科学性和预见性。在物流成本管理的多个环节都存在成本预测的问题，如运输成本预测、仓储成本预测、装卸搬运成本预测和配送成本预测等。

物流成本预测的方法很多，它随预测对象和预测期限的不同而各有不同，但总体来看基本方法包括定性预测方法和定量预测方法两大类。

定性预测方法是预测者根据掌握的专业知识和丰富的实际经验，运用逻辑思维方法对未来成本进行预计推断的各种方法的统称。定量预测方法是根据历史资料以及成本与影响因素之间的数量关系，通过建立数学模型来预计推断未来成本的各种预测方法的统称。

物流成本决策是指在物流成本调查分析与物流成本预测的基础上，确定行动的目标，拟定多个可行的方案，并从中选择最满意方案的全过程。物流成本决策可以分为战略决策和战术决策、规范性决策和非规范性决策、单目标决策和多目标决策、确定性决策、风险性决策和不确定性决策等。物流成本决策的方法很多，最常用的有量本利分析法、期望值决策法、决策树法、乐观准则、悲观准则、后悔值准则、成本无差别点分析法、重心法、差量分析法和线性规划法等。

同步测试

思考与练习

1. 什么是物流成本预测？
2. 比较分析定量预测与定性预测方法的优缺点与适用条件。
3. 什么是物流成本决策？
4. 简述物流成本决策的基本步骤。
5. 简述物流成本决策的分类。
6. 某物流中心 2019 年 1—12 月的实际物流运作成本依次为 50 万元、52 万元、48 万元、49 万元、42 万元、43 万元、47 万元、51 万元、52.4 万元、50.6 万元、51.4 万元、50.4 万元。该年 1 月的成本预测值为 49 万元，设平滑系数为 0.5，请用指数平滑法预测该物流中心 2020 年 1 月的物流运作成本。
7. 某配送中心计划改进配送方案，改进配送方案有两种途径：一是自行改进，成功的概率是 0.7；二是其他配送公司探索合作，成功的概率是 0.8。无论是自行改进成功还是与其他公司合作成功，配送规模都有两种选择方案：（1）配送量不变；（2）配送量增加 20%。据预测，今后五年单位配送成本跌落的概率是 0.1，保持中等成本水平的概率是 0.5，高涨的概率是 0.4，各状态的该配送中心每月配送成本资料见表 4-10。

表4-10 资料表   单位：万元

单位配送成本	原方案		自行改进方案0.7		探索合作方案0.8	
	配送量不变	配送量增加20%	配送量不变	配送量增加20%	配送量不变	配送量增加20%
跌落0.1	400	460	400	450	420	450
中等0.5	500	580	480	560	500	550
高涨0.4	800	870	750	860	720	850

试用决策树法进行决策。

8. 某公司需用一台设备，现有两种方案可供选择：一是购置方案，价格为52 000元，估计可使用10年，试用期满时估计残值2 000元，每年的维修保养费为3 000元，另外该设备每天的运行成本为80元；二是向租赁公司租赁方案，每天的租金为100元，运行成本仍然发生。

要求：确定这两个方案各适用于何种条件。（提示：设使用天数为X，购置方案的年使用成本为固定成本+每天运行成本×使用天数。这里固定成本为年维修保养费+年折旧费；年折旧费=（设备价格-残值）/使用年限。借助成本无差别点求解）

9. 设一个物流中心向四个企业运输货物，这四个企业的位置坐标和有关资料见表4-11。为使总运输成本最低，该物流中心的最佳位置应在哪里？

表4-11 运输系统资料

企 业	坐标（X, Y）	年需求量/万t
D_1	2，2	80
D_2	3，5	90
D_3	5，4	20
D_4	8，5	30

实训项目

通过一家物流企业的调研，写一篇物流成本预测或决策的调研报告。

综合案例

转动运筹学的魔方

1998年8月，全球最大的管理咨询公司安达信咨询公司为和光集团做了一个重要的咨询项目，提交了一份厚达几十页的最终报告，和光集团因此出现了一个全新的部门——物流中心。从配备人员、组织机构到设计业务模式、运作流程，再到内部管理机制和对外关系的建立，和光物流中心逐步建立起从境内外提货开始到送达到销售员手上为止的整个物流运作体系，其服务范围包括按照产品线经理的指令实施境内外的提货、境外转运、进口报关、国内分货、国内运输、仓储及订单配送等管理和服务；提供相应物流运作过程中的信息反馈和为集团相关管理部门提供掌控和考核各产品线经营状况的依据；协助各产品线经理从专业的角度规范上游厂商、下游客户有关物流运作方面的管理。

和光集团物流总监陶传志说，"从一开始，物流中心的运作就是在安达信的几位资深专家的协助下开展的，因此，其规范的程度属于国内的一流水准。由于运作模式上发生了根本的变化，许多历史遗留的管理漏洞得到了较为彻底的堵塞，另外还扫除了诸多的管理盲点。"

从1999年上半年的运营数据来看，物流中心实际发生的费用（抵消其直接创造的利润）约占其年初预算额的1/3，而其运作成果是使集团的平均成本下降了1%左右。如果以集团1999年近20个亿的销售收入来计算，全年节约成本近2000万之巨。

据说，大名鼎鼎的微软在美国招募编程工程师的时候，笔试的最后一道试题是与计算机技术毫无干系的运筹学，名为LQ（运筹商数，对应于IQ、EQ）测试。有一年的题目是：几个人在黑夜里同向过一座独木桥，每人过桥的时间长短不同，每次只能过两个人，而且需要往返运送唯一的手电筒，求最节约时间的过桥方式。

实际上，这种试图寻求最优化方案的运筹能力就是一种系统性思考的能力，这对和光物流中心的运作来说是至关重要的。从前，由于缺乏这种系统性的思考，和光集团在全国范围内的分货、调拨和运输方式，有很多都大大有悖于运筹学的基本原理。比如，有时候从北京调到广州的货又从广州原封不动地调到上海，人力、财力、物力的浪费十分惊人，直接导致储运成本居高不下，而且贻误了最佳的销售时机。为此，和光物流中心从一开始就决定用"全国一盘棋"的新运作模式，重新运筹集团的物流：首先把分布在广州、上海、北京、沈阳的四大中心库位的人员和业务的隶属关系划至物流中心统一管理，这样就相当于为几条呈放射状的线找到了一个共同的圆心，或者说神经中枢。接着，物流中心对运输的方式又做了大幅度的调整。从前，集团货物的运输80%以上都采用铁路运输的方式，实际上这完全是一种被动的因袭——这几年国内高速公路网的大力建设，汽运的成本已降至铁运的1/2左右，而且货物的破损率、丢失率大大低于铁运，更为重要的是，汽运的机动程度、辐射能力和即时性都好于铁运。所以，物流中心总监到广州等四大中心库位的所在地，从价格、服务、运力等几方面全面衡量筛选承运商，利用规模优势，大大降低了运输成本。比如，从大连到沈阳的单程运费市价为1500元左右，其中，仅承运商可以计算出来的成本就达700多元，而全面委托后单程运费破天荒地降至800元，承运商从和光这儿几乎分文都赚不到，其利润将主要来源于抵沈后的空车配货。然后，物流中心加强了对内部员工的培训，制定了一系列的管理规范，严格控制装卸费等有可能存在管理黑洞的费用支出，缩短了对库存商品的盘点周期，加大了盘点的力度，全面实施日盘、周盘、月盘、季盘和年盘的五级盘点制度，大大提高了集团资产的安全程度。进口部则重新理顺了与海关、商检、卫检、经贸委等政府部门的关系，提高了进口报关的速度，并根据国家相关法律法规和政策，合理选择进口途径和方式，以减低进口成本，减少资金占用和进口费用。

著名数学家华罗庚曾对运筹学下了个贴切而又绝妙的定义——用烧开水的时间找茶叶。就在和光物流中心52名员工合力转动的运筹学的魔方里，大块大块的行销成本被无情地压了下来。物流中心的经理们一直有一个心愿，就是在不远的几年内把集团的行销成本统统吃掉，那样和光在国内IT分销市场上将无人可敌。

资料来源：http：//www.chinawuliu.com.cn/oth/content/200407/200414267.html

案例讨论

结合案例，讨论和光物流中心如何运用运筹学思维降低物流成本。

阅读建议

［1］胡列格，等．物流运筹学［M］．北京：电子工业出版社，2005．

［2］易华主．物流成本管理［M］．北京：清华大学出版社，北京交通大学出版社，2005．

［3］杜学森．物流成本管理实务［M］．北京：中国劳动社会保障出版社，2006．

［4］2017年主流电商发展五大新趋势［EB/OL］．［2016-12-19］．http：//www.chinawuliu.com.cn/zixun/201612/19/317825.shtml

2017年主流电商发展五大新趋势

物流成本预算与控制

知识目标

1. 了解物流成本预算的含义及编制内容。
2. 掌握物流成本预算的基本方法。
3. 了解物流成本控制的含义、分类、原则、步骤。
4. 掌握物流成本控制的基本方法。
5. 明确物流成本控制系统的特征和目标。

技能目标

1. 运用弹性预算进行物流成本预算的编制。
2. 运用零基预算进行物流成本预算的编制。
3. 运用目标成本法进行物流成本控制。
4. 运用标准成本法进行物流成本控制。
5. 运用责任成本法进行物流成本控制。

素质目标

1. 培养学生具备物流成本预算与控制的职业素质。
2. 培养学生具备物流成本预算与控制方法的职业要求。

先导案例

沃尔玛的成功之道——物流成本控制

在沃尔玛超市里,"天天低价"是其最醒目的标签,但这只是沃尔玛的表象。

虽然薄利多销是沃尔玛恒久的原则,就像沃尔玛的创始人山姆·沃尔顿的名言:"一件商品,成本8毛,如果标价1元,可是销量却是标价1.2元时的3倍,我在一件商品上所赚不多，但卖多了，我就有利可图。"但沃尔玛从来都以合理的利润率决定价格，而非刻意低价。中国国内某些企业也一度把"低价策略"视为至宝，却成了价格战的牺牲品。沃尔玛"天天低价"的背后有一整套完善的物流管理系统，因为它的物流成本永远控制在最低，所以才能保持"天天低价"。通过高效的供应链管理体系来降低物流成本和保持最大销售量是沃尔玛保持高效的存货周转的核心竞争力。

5.1 物流成本预算概述

任何一个企业的物流资源，包括物流人员、设备和工具、资金等都是有限的，作为企业的物流部门的目标就是使有限的物流资源取得最大的物流效果，因此，企业在开展物流活动时就必须做好物流成本预算。

5.1.1 物流成本预算的含义

物流成本预算是指一定时期的物流成本计划，它是管理者依据对日常物流核算信息的分析，充分挖掘降低物流成本的潜力，并由此推算出企业为实现预期目标所需物流费用的合理范围，是企业预先确定的物流管理目标。

物流成本预算作为物流成本控制常用的一种手段，在企业中得到广泛的应用。它是指所有以货币形式及其他数量形式反映的有关企业未来一定时期内全部物流活动的行动计划与相应措施的数量说明。它包括预算编制和预算控制两项职能。

物流成本预算控制方法通常包括固定预算法、弹性预算法、零基预算法和滚动预算法。在企业实际工作中，由于预算控制法可操作性强，应用灵活，往往与企业财务预算控制相结合，在物流企业不具备目标成本、标准成本制定条件的情况下，大都采用预算成本控制法。预算成本控制不仅仅用于期间费用和间接费用的控制，也常常用于直接人工和直接材料的成本控制。

物流成本预算作为计划实施与控制的中间环节，它的作用表现在：使物流成本计划进一步具体、明确，通过设定目标和相关责任，将现状与设定目标进行对比分析，以此来协调企业的物流活动，同时它还是控制日常物流活动的标准，也是考核物流业绩的依据，因此，企业在开展物流活动时就必须做好物流成本预算。

知识拓展

我国企业目前还没有直接以"物流预算"名义存在的预算体系，而是被分解为诸如销售预算、生产预算、采购预算、设备预算和人员预算等，因此可以从上述预算中抽取合并成物流预算。

5.1.2 物流成本预算的编制内容

物流成本预算的编制内容与物流成本的核算内容基本类似，物流成本是按照各种不同的分类标准进行分类核算的，同样，物流成本预算也可以按照各种不同的分类标准进行编制。因此，物流成本的预算可以按照以下内容进行编制。

1. 按物流流程进行编制

企业物流流程成本包括供应物流成本、企业内物流成本、销售物流成本、回收物流成本、废弃物流成本等。

以某制造企业为例，以企业上年的物流成本统计数据为基础，根据物流成本控制目标，制定出本年的物流成本预算，见表5-1。

表5-1　按物流范围进行编制的物流成本预算　　　　　　　　　　单位：万元

成本项目	上年实际数	预计增减比率/%	本年预算金额
供应物流成本	100	10	110
生产物流成本	150	—	150
销售物流成本	200	−5	190
回收物流成本	10	−40	6
废弃物流成本	20	−10	18
总计	480		474

在上述预算中，首先要确定预计增减比率，它随着物流业务量的增减而增减，同时还要考虑控制物流成本。其次是对每一项物流成本的预算，应当采取一定的技术手段将其细化，例如将供应物流成本细化为材料费、人工费、折旧费、办公费等。此外物流成本预算除了按照年度进行编制以外，也可以按照季度、月度进行编制。

2. 按物流功能进行编制

物流功能成本包括物品流通成本、物流信息流通成本和物流管理成本三个部分。

（1）物品流通成本是指为完成商品物理性流通而发生的费用，包括包装成本、运输成本、配送成本、仓储成本、流通加工成本、装卸搬运成本等。

（2）物流信息流通成本是指因处理、传输有关的物流信息而产生的费用，包括与储存管理、订货处理、顾客服务有关的费用。

（3）物流管理成本是指进行物流计算、调整和控制所需的费用，包括作业现场的管理费，也包括企业物流管理部门的管理费。

3. 按支付形式进行编制

物流成本按支付形式可分为材料费、人工费、公益费、维护费、一般经费、委托物流费和向其他企业支付的物流费等。其中各项费用包含的内容如下。

材料费：物资材料费、燃料费、消耗性工具、低值易耗品摊销以及其他物料消耗等费用。

人工费：工资、奖金、福利、医药、劳动保护以及职工教育培训费。

公益费：给公益事业单位所提供的公益服务支付的费用，如水费、电费、燃气费、煤气费、冬季取暖费和绿化费等。

维护费：土地、建筑物、机械设备、车辆、船舶、搬运工具、工具器具备件等固定资产使用、运转和维修保养所产生的费用，如维修保养费、折旧费、房产税、土地车船使用费、租赁费和保险费等。

一般经费：差旅费、交通费、会议费、书报资料费、文具费、邮电费和零星购进费等。

特别费用：企业内利息等。

委托物流费：物流业务委托给物流业者时向企业外支付的费用。

向其他企业支付的物流费：如商品购进时采用送货制时包含在购买价格中的运费和商品销售采用提货制时因顾客自己取货而扣除的运费等虽未进行物流活动却产生的物流费用。

5.2　物流成本预算的编制方法

预算与控制密不可分，物流成本预算既是一个计划过程，同时也是制定控制标准的过程；而物流成本预算的执行过程就是根据预算对物流活动过程进行控制的过程。管理人员在编制物流成本预算时，要针对不同的企业特点使用恰当的编制方法和技巧，这是物流成本预算控制能否成功的重要因素。

5.2.1　物流成本弹性预算的编制

弹性预算也称为变动预算或滑动预算，它是相对于固定预算而言的一种预算。它在编制成本预算时，预先估计到计划期内业务量可能发生的变化，编制出能分别适应各种业务量的成本预算。由于这种预算随着业务量的变化而变化，本身具有弹性，因而叫做弹性预算。

1. 弹性预算的基本原理

按照物流成本习性，在编制弹性预算时首先将预算中的全部成本费用分为变动费用和固定费用两个部分。固定费用在相关范围内，其总额不随业务量的增减而变动，因此在按照实际业务量对预算进行调整时，只需调整变动成本即可。

设固定预算中的费用预算总额为

$$Y = a + bX \tag{5-1}$$

式中　a——固定费用总额；
　　　b——单位生产变动成本；
　　　X——计划业务量。

如果实际业务量为 Z，按照实际业务量调整以后的预算总额为

$$Y = a + bZ \tag{5-2}$$

2. 弹性预算的编制步骤

（1）选取和确定业务量计算单位。要选择代表性强的业务量作为计算单位，例如运输成本预算选择吨千米作为计量单位，仓储成本预算选择仓储作业量（托盘数、吨）作为计量单位，供应成本预算选择材料采购量（吨）作为计量单位，等等。

（2）确定业务量变动范围。确定业务量变动范围时应满足业务量变动的实际需要，有以下三种方法。

① 把业务量范围确定在正常业务量的 60%～120%。

② 把历史上的最低业务量和最高业务量分别作为业务量范围的上限和下限。

③ 对企业预算期的业务量作出悲观和乐观预测，分别作为业务量范围的上限和下限。

（3）选择弹性预算的表达方式。表达方式主要有列表法和公式法。

① 列表法：先确定业务量变化范围，划分出若干个业务量水平，再分别计算出各项物流成本项目的预算成本，汇总列入预算表格。

② 公式法：将所有物流成本项目分解为固定成本和变动成本，确定预算成本计算公式为

$$Y = a + bX$$

式中　a——混合成本中的固定部分和固定成本的和；
　　　b——混合成本中的单位业务量变动成本和变动成本的和；
　　　X——业务量。

例 5-1　假定某企业业务量（物流商品流转量）由 40 000、30 000、20 000 到 16 000 个单位发生变化，物流成本的弹性预算见表 5-2。

表 5-2　物流成本的弹性预算

成本明细项目	变动费用分配率	物流商品流转量			
		40 000	30 000	20 000	16 000
变动费用					
包装费	0.4	16 000	12 000	8 000	6 400
运输费	0.6	24 000	18 000	12 000	9 600
搬运费	0.3	12 000	9 000	6 000	4 800
流通加工费	0.5	20 000	15 000	10 000	8 000
装卸费	0.2	8 000	6 000	4 000	3 200
小计		80 000	60 000	40 000	32 000
固定费用					
保管费		10 000	10 000	10 000	10 000
订货处理		10 000	10 000	10 000	10 000
信息流通		15 000	15 000	15 000	15 000
物流管理		5 000	5 000	5 000	5 000
客户服务		1 500	1 500	1 500	1 500
小计		41 500	41 500	41 500	41 500
物流成本费用		121 500	101 500	81 500	73 500

物流成本的弹性预算为企业不同情况下的业务量提供了物流成本预算，在企业中得到广泛的运用。

5.2.2　物流成本零基预算的编制

零基预算是在 20 世纪 60 年代由美国人彼得·派尔（Peter Pyhrr）提出的，并由美国德州仪器公司于 1970 年率先倡导实施的新型预算管理方法，是"以零为基础的编制预算和计划的方法"（Zero-Based Planning and Budgeting），即零基预算（ZBB），被认为是一种控制间接费用和期间费用极为有效的方法。1976 年，美国总统卡特将零基预算引入政府的预算管理，取得了较好的成效。目前，零基预算作为成本费用预算的一种编制方法在中国越来越多地运用于政府部门和以微利为主要特征的行业。

物流成本零基预算的编制方法首先是以零为基础，不考虑以往的费用开支情况，提出物流成本预算目标；然后进行成本效益分析，对每一个预算项目的收益与耗费进行比较，在权衡各个物流费用开支项目轻重缓急的基础上决定所有预算项目资金分配的先后顺序；最后根据确定的先后顺序将企业物流活动在预算期内可动用的资源，在有关项目之间进行分配。这样，既保证优先项目的资金需要，又使预算期内各项物流活动得以均衡协调，从而保证资源的有效利用。因此零基预算法可以有效地节约经费开支，优化资金的使用效果。

1. 零基预算的特点

（1）零基预算以零为起点，根据成本发生对于预算单位目标实现的必要性，来确定成本预算。

（2）零基预算要求对一切业务活动，不论过去做过还是没有做过，都毫无例外地逐个进行成本—效益分析。

（3）零基预算首先从业务活动本身考虑问题，对每一项业务活动逐个分析之后，再确定其成本支出水平和收益率。

（4）零基预算对待所有业务，不论新旧，都看成整体的组成部分，同等看待并统一安排。一律根据成本—效益分析来确定它们的重要程度，根据重要程度增加或削减开支。

2. 零基预算的编制步骤

（1）划分和确定基层预算单位。基层预算单位可以是物流运作的基层部门。

（2）编制本单位的费用预算方案。企业提出总体预算目标，各基层预算单位根据总目标和自身的责任目标，从零出发，编制本单位费用预算方案，详细说明项目的目的、性质、作用以及开支项目。

（3）进行成本—效益分析。基层预算单位按下达的"预算年度业务活动计划"，确认业务项目及其费用开支，基层预算单位的业务项目一般分为三个层次：第一层次是必要项目；第二层次是需要项目，即有助于提高质量效益的项目；第三层次是改善工作条件的项目。管理层进行成本—效益分析，判断各个项目费用开支的合理程度、先后顺序以及对本单位业务的影响。

（4）审核分配资金。依据项目的轻重缓急次序，分配资金，落实预算。

（5）编制并执行预算。资金分配方案确定后，制定零基预算正式稿，经批准后下达执行。

例 5-2 某物流部门根据企业目标以及自身所承担的经营任务，提出计划期各项费用，见表 5-3。企业下达可供物流部门使用的资金为 730 000 元，采用零基预算法编制 2020 年物流费用预算。

表 5-3 物流部门计划期费用　　　　　　　　　　　单位：元

费用项目	费用标准
人员工资及福利	200 000
设施设备折旧费	50 000
材料采购费	35 000
广告宣传费	350 000
仓库保管费	25 000
物流信息费	120 000

(1) 根据有关历史资料，对各种费用进行"成本—效益分析"。物流部门人员工资及福利设施设备折旧费属于约束性固定成本，是企业必不可少的开支项目；材料采购费和仓库保管费属于变动性物流费用，与业务量有关，是完成计划规定的物流业务必不可少的开支。

广告宣传费和物流信息费要作进一步分析。根据以往的平均费用金额和相应的平均收益金额，计算成本比率，见表 5-4。

表 5-4 "广告宣传费和物流信息费"成本效益分析　　　　单位：元

明细项目	平均费用	平均收益	成本效益比率/%
广告宣传费	20 000	400 000	5
物流信息费	40 000	400 000	10

(2) 安排各项费用开支顺序。
① 采购费用和仓库保管费用是必需的开支项目，需全额保证，列为第一层次；
② 人员工资及福利和设施设备折旧费，列为第二层次；
③ 广告宣传费成本收益水平高于物流信息费，列为第三层次；
④ 物流信息费，列为第四层次。
(3) 分配资金，落实预算。物流部门可使用的资金为 730 000 元，分配结果见表 5-5。

表 5-5 物流部门零基预算报告（2020 年）　　　　单位：元

费用项目	优先级	预算费用
材料采购费	第一层次	35 000
仓库保管费	第一层次	25 000
设施设备折旧费	第二层次	50 000
人员工资及福利	第二层次	200 000
以上费用合计		310 000
广告宣传费	第三层次	（730 000−310 000）×20/30＝280 000
物流信息费	第四层次	（730 000−310 000）×10/30＝140 000

3. 零基预算的优缺点

(1) 零基预算的优点，主要包括：
① 有利于管理层对整个企业的预算进行全面审核，避免内部各种随意性的费用支出。
② 有利于提高主管人员计划、预算、决策与控制的水平。
③ 有利于提高资金的使用效果和合理性。
(2) 零基预算的缺点，主要包括：
① 编制过程复杂，工作量较大，时间较长。
② 需要花费大量的人力、物力和时间，预算成本较高。

5.2.3 物流成本滚动预算的编制

通常情况下，物流成本预算的预算时间是一年，以便和会计年度相一致，对预算执行结果进行评估和分析。但是，这种固定年限的预算在实际工作中存在诸多缺陷，由于实际执行情况下每个月都会发生变化，固定年限的预算对今后每个月的情况只能做大致的预测，而预测与实际往往存在误差，造成执行上的困难。为解决上述问题，企业可以采取滚动预算方法编制物流成本预算。这种方法要求始终保持 12 个月的时间跨度，前几个月的预算做得详细完整一些，后几个月的可以笼统概括一些，每过一个月（或季度），就根据实际情况对后面的预算做一些调整和修正，并在原有的预算期补充一个月（或季度）的预算，逐期向后滚动。

滚动预算符合企业持续经营的一般假设，预算具有连续性和完整性，它帮助管理者通过动态预算过程对企业一段时期的物流经营活动作出详细和全面的安排。此外，滚动预算方法符合人们对事物的发展认识过程，允许人们对预算作出调整和修正，以适应客观情况的变化，提高了预算的科学性和有效性。滚动预算编制示意图如图 5-1 所示。

图 5-1　滚动预算编制示意图

5.2.4　作业成本法在物流成本预算中的应用

物流成本预算的一个关键问题是成本预算与作业成本法（ABC 法）的结合，将预算建立在作业成本法的基础上，会提升物流预算控制职能的适用范围和效果。作业成本法的概念和运用在本书第 3 章作了专门介绍，这里主要讨论作业成本法在物流成本预算中的运用。

应用作业成本法进行物流成本预算，有以下三个优点。

（1）作业成本法的本质是产品消耗作业，作业耗用资源；生产导致作业的产生，作业导致成本的产生。在物流成本预算中应用作业成本法，将引导管理人员把注意力集中在成本动因上，而不是仅仅关注成本计算结果本身，这无疑会使我们对预算差异的原因分析更深入、透彻，所采取的纠正措施更有力，有助于提高物流预算控制的效率和效果。

（2）在物流成本预算中的应用作业成本法，可以将作业成本系统纳入物流成本预算体系，这在很大程度上可以避免传统预算中间接费用责任不清的问题，有利于加强间接费用的预算，提高准确性，加强经济责任制的考核。

（3）在物流成本预算中应用作业成本法，已经将传统的责任部门转变为责任中心，即过程和团队，成为物流预算控制点。以面向改善和革新为特点的现代生产经营环境，为弹性预算的构建提供了依据。下面以某公司的一般弹性预算和作业物流弹性预算为例进行介绍，分别见表 5-6 和表 5-7。

表 5-6 一般物流弹性预算（2020 年）作业中心：包装

项目 / 直接人工小时	分类 固定金额/元	分类 变动（分配率）/（元·工时⁻¹）	弹性预算数/元 10 000 工时	弹性预算数/元 20 000 工时
直接材料		10	100 000	200 000
直接人工		8	80 000	160 000
物料消耗		2	20 000	40 000
维修	20 000	3	50 000	80 000
电力	15 000	1	25 000	35 000
检验	120 000		120 000	120 000
包装准备	16 000		16 000	16 000
验收	22 000		22 000	22 000
合计	193 000	24	433 000	673 000

表 5-7 作业物流弹性预算（2020 年）作业中心：包装

项目	成本动因	分类 固定	分类 变动	弹性预算数	弹性预算数
	直接人工小时			10 000 工时	20 000 工时
直接材料			10 元/工时	100 000 元	200 000 元
直接人工			8 元/工时	80 000 元	160 000 元
物料消耗			2 元/工时	20 000 元	40 000 元
小计				200 000 元	400 000 元
	机器小时			8 000 工时	16 000 工时
维修		20 000 元	5.5 元/工时	64 000 元	108 000 元
电力		15 000 元	2 元/工时	31 000 元	47 000 元
小计				95 000 元	155 000 元
	包装准备次数			25 次	30 次
包装准备			800 元/次	20 000 元	240 000 元
检验		80 000 元	2 100 元/次	132 500 元	143 000 元
小计				152 500 元	167 000 元
	订单数			120 件	150 件
验收		6 000 元	200 元/件	30 000 元	36 000 元
合计				477 500 元	758 000 元

从表 5-6 和表 5-7 可以看出，一般弹性预算和作业物流弹性预算中的直接材料、直接人工和物料消耗的预算相同，其他项目的预算相差很大。这是由于一般弹性预算假设成本是由单一的因素——直接人工小时驱动的，并以此计算实际作业的预计成本，但实际上成本是由多动因决定的，这就造成一般弹性预算对成本的误导。而作业物流弹性预算是建立在多动因的基础上，采用同一成本动因的作业归为一组，因此可以准确预测不同作业用量时的成本数，其所作出的物流成本弹性预算是比较准确、合理的。

5.3 物流成本控制概述

5.3.1 物流成本控制的含义

物流成本控制，是指企业在物流活动过程中依据事先制定的物流成本标准，对实际发生的物流成本进行严格审核，一旦发现偏差，及时采取措施加以纠正，从而实现预定的物流成本目标。

在现代企业管理中，物流成本控制具有十分重要的作用，通过物流成本控制可以降低物流成本，提高企业经济效益。物流成本控制不仅仅局限在降低物流成本方面，其重点将延伸到企业总体战略乃至供应链战略的制定和实施方面。

现代企业的物流成本控制强调全员控制、全方位控制以及全过程控制，强调效益观念，它不仅仅是强调孤立地降低物流成本，更重要的是从成本和利润的比较中寻找效益的最大化。

5.3.2 物流成本控制的分类

物流成本控制是企业物流成本管理的一个重要手段，物流成本控制分为广义的物流成本控制和狭义的物流成本控制。广义的物流成本控制，是指按照成本发生的时间划分为事前控制、事中控制和事后控制；狭义的物流成本控制仅指事中控制。

1. 物流成本事前控制

物流成本事前控制指的是运用目标成本法进行物流成本控制，或者采用预算法进行控制，属于前馈控制。目标成本法是指经过物流成本预测和决策，确定目标成本，并将目标成本进行分解，结合经济责任制，层层进行考核。物流成本事前控制主要内容包括物流系统的设计，如配送中心、仓库的建设，物流设施设备的配备，物流信息系统的建设，作业流程的改进优化等。据估计，60%~80%的物流成本在物流系统的设计阶段就已经确定了，因此物流成本事前控制是物流成本控制最重要的环节，直接影响到物流作业流程成本的高低。

2. 物流成本事中控制

物流成本事中控制指的是运用标准成本法进行物流成本控制，也就是日常控制。它对物流过程中所发生的各项费用（如设备费用、人工费用、工具费用和其他费用支出等）按预定的成本费用标准，进行严格的审核和监督，计算实际费用和标准之间的差异，并进行分析，一旦发现偏差，采取措施加以纠正，并及时进行信息反馈。

3. 物流成本事后控制

物流成本事后控制指的是在物流成本形成之后，对物流成本的核算、分析和考核，属于反馈控制。物流成本事后控制通过实际物流成本和标准的比较，确定差异，分析原因，确定责任者，对物流成本责任单位进行考核和奖惩。通过分析，为企业今后的物流成本控制提供意见和措施，制定物流成本控制制度，从而降低物流成本。

5.3.3 物流成本控制的原则

为了有效地进行物流成本控制，必须遵循以下五项原则。

1. 经济原则

所谓经济原则，指的是以较少的投入取得尽可能大的经济效果，也就是对人力、物力、财力的节省。强调效益观念，这是物流成本控制的核心，也是物流成本控制的最基本原则。

2. 全面原则

全面原则包括全员控制、全方位控制以及全过程控制。全员控制是指物流成本控制不仅有专职成本管理机构的人员参与，还要求企业全体人员的广泛参与，才能取得良好的控制效果。全方位控制指的是不仅对各项费用产生的数额进行控制，还要对发生费用的时间、用途进行控制，讲求物流成本开支的合理性、合法性和经济性。全过程控制是指物流成本控制不局限于生产过程，还要将其向前延伸到物流系统设计、研发，向后延伸到客户服务成本的全过程。

3. 责、权、利相结合的原则

要加强物流成本控制就必须发挥经济责任制的作用，就必须坚持责、权、利相结合的原则，这就要求企业内部各部门、各单位要承担相应的物流成本控制职责，赋予相应的权利，并享有相应的利益，才能充分调动各方面对物流成本控制的积极性和主动性，取得良好的效果。

4. 目标控制原则

物流成本控制是企业目标控制的一项重要内容。目标控制原则是指企业管理以既定的目标作为人力、财力、物力管理的基础，从而实现企业的各项经济指标。物流成本控制是以目标物流成本为依据，控制企业的物流活动，达到降低物流成本、提高经济效益的目的。

5. 重点控制原则

重点控制原则指的是加强对物流成本关键点的控制。企业日常的物流成本费用项目众多，计划与实际的差异点也非常多，如果平均使用力量进行管理，往往要花费大量的时间和精力，而且效果不佳。通过关键点的控制来降低物流成本，是一些物流发达国家的盛行做法，有利于提高物流成本控制的效率。

5.3.4 物流成本控制的步骤

物流成本控制贯穿于企业生产经营的全过程，一般来说，物流成本控制包括以下步骤。

1. 制定物流成本标准

物流成本标准是物流成本控制的准绳，是对各项物流费用开支的数量限度，是检查、衡量、评价物流成本水平的依据。物流成本标准应包括物流成本计划规定的各项指标，由于这些指标通常比较综合，不能用于具体控制，可以采用计划指标分解法、预算法、定额法等来确定具体的指标，还要进行充分的调查研究和科学计算，同时处理好与其他技术经济指标的关系。

2. 监督物流成本的形成

根据控制标准，经常对物流成本的各个项目进行检查、评比和监督，不仅要检查指标本身的执行情况，还要检查影响指标的各个条件，如设施设备、技术水平、工作环境等。

要加强物流费用开支的日常控制，要有专人负责监督，还要加强执行者的自我控制，明确经济责任制，调动全体员工的积极性。

3. 及时揭示和纠正偏差

揭示实际物流成本偏离标准成本的差异，分析差异的原因，明确责任的归属，提出改进措施并加以贯彻执行。一般采取以下步骤。

（1）提出降低物流成本的课题。从各种物流成本超支项目中寻找降低物流成本的课题，课题一般是成本降低潜力大、可能改进的项目，提出课题的目的、内容和预期要达到的效益。

（2）讨论和决策。发动有关部门人员进行广泛的研讨，尽可能提出多种解决方案，从中选择最优方案。

（3）确定方案实施的方法、步骤和负责执行的人员。

（4）贯彻执行方案。执行过程要加强监督检查，检查其经济效益及是否实现预期目标。

4. 评价和激励

评价物流成本目标的执行结果，根据物流成本绩效实施奖惩。

5.3.5 物流成本控制应注意的问题

进入 21 世纪以来，全球经济一体化的趋势越来越明显，随着竞争的日益加剧，物流成本控制的目标不仅仅是降低物流成本，而且要通过物流的合理化，合理配置企业资源，优化业务流程，提高供应链绩效，才能提高企业的利润，从而提升企业的竞争力。

在企业物流成本控制中要注意以下五个结合。

1. 物流成本控制与服务质量控制相结合

由于提高物流服务质量水平与降低物流成本之间存在着"效益背反"的矛盾关系，因此在进行物流成本控制时，必须搞好物流成本控制与服务质量控制的结合。物流成本控制的目标是以最低的物流成本，实现客户预期的物流服务水平，或者是以一定的物流成本去实现最高的客户服务水平。要正确处理降低物流成本与提高服务质量的关系，谋求物流效益的提高。

2. 局部控制与整体控制相结合

局部控制是对某一物流功能或环节耗费成本的控制，而整体控制是对全部物流成本的系统控制，物流成本控制的重要原则是对物流成本的整体控制。例如，航空运输的运费比其他运输方式的要高，但航空运输可以减少包装费，保管费几乎为零，而且没有时间上的损失，因此不能光从运输费用这一项来判断整个物流费用的削减与否。

3. 全面控制与重点控制相结合

物流系统是一个多环节的开放系统，在进行物流成本控制时必须遵循全面控制的原则。但是，根据重点管理的基本原则，应当对物流活动及对其经济效果有重要影响的项目和因素严加控制，如对物流设备投资、贵重包装以及能源等物流成本项目实行重点控制，提高物流成本控制的效果。

4. 经济控制与技术控制相结合

物流成本是一个经济范畴，实施物流成本管理必须遵循经济规律，广泛运用利息、奖金、定额、利润、责任结算、绩效考核等经济手段。同时，物流管理又是一项技术性很强的工作，必须改善物流技术和提高物流管理水平，通过物流作业的机械化、自动化，以及运输管理、库存管理、配送管理等技术的充分运用，降低物流成本。

5. 专业控制与全员控制相结合

专业的物流成本控制是必要的，如运输部门对运输费用的控制，仓储部门对保管费用的控制，财会部门对全部费用的控制。但是更要加强物流成本全员控制的意识，形成严密的物流成本控制网络，才能最终达到降低物流成本的目的。

5.4 物流成本控制的方法

物流成本控制的方法主要有目标成本法、标准成本法、责任成本法等。

5.4.1 目标成本法

1. 目标成本法的含义

目标成本法是战略成本管理使用的一种工具，是为了更好地实现成本控制的目标，从战略的高度与企业的战略目标相结合，将成本控制扩展到产品生产的全过程，从产品开发、设计到生产制造以及销售阶段，实现全过程的物流成本控制的一种方法。

目标成本是一种预计成本，是指产品、劳务和工程项目等在其生产经营活动开始前，根据预定的目标所预先制定的产品、劳务和工程项目生产和营建过程中各种消耗的标准，是成本责任单位、责任人努力的方向与目标。

目标成本是有效地进行成本比较的一种工具，它将成本指标层层分解落实，使其与实际发生的生产费用相比较，找出差异，查明原因，及时采取措施加以改进，从而达到控制成本的目的。确认目标成本的过程，也是深入了解影响成本的各种因素以及这些因素对成本的影响程度的过程，从而有利于明确差异，加强成本管理。

在目标成本法运用的早期，企业通常是先通过市场调查收集信息，了解客户愿意为这种产品所支付的价格以及期望的功能和质量，扣除开发产品所需要的研发经费和预计的利润，这样计算出来的结果就是产品在制造、分销和产品加工处理过程中所允许的最大成本，即目标成本，即：产品目标成本＝售价－利润。

在美国，目标成本法被认为是一种管理方法，不仅仅是一种成本控制的方法，也是一种利润计划和成本管理的综合方法。

日本企业运用目标成本法已有许多年，根据日本 Kobe 大学的调查，100%的运输设备制造商、75%的精密设备制造商、88%的电子设备制造商和83%的机器制造商都在使用目标成本法。

2. 目标成本法的特点

与传统成本控制方法相比，目标成本法不是局限在企业内部计算成本，它需要更多的信息，例如企业的竞争战略、产品战略以及供应链战略等信息，企业拥有这些信息后，就可以实现各环节的物流成本管理。目标成本法具有以下四个特点。

(1) 目标成本法实现了总体战略目标管理。从本质来看，目标成本法是一种基于企业长远性发展的战略管理技术，目标成本法改变了传统的把降低成本作为唯一目标的观念，实现了总体战略目标管理，其目的是提高企业的竞争实力。例如，市场调查发现客户要求某种产品增加一项功能，这会导致产品制造成本的上升，但是如果不增加这项功能，企业的竞争地位就会受到削弱，企业就必须在产品中增加这项功能。传统的成本管理是否定这种做法的，原因是传统成本管理只注重事中管理和事后管理，忽略了事前管理；而目标成本管理的落脚点在于事前管理，以实现企业总体战略为目标，以目标成本为依据，对企业的各项支出进行有效的管理。

(2) 目标成本法是全过程、全员、全方位的成本管理方法。所谓全过程是指包括整个供应链的活动过程，从供应商、制造商、分销商到客户的各个环节的节点企业的成本，体现了一体化的成本管理思想。所谓全员指的是企业的每个员工，上至高层管理人员，下至基层员工，都要建立目标成本的评价和激励机制，进行绩效考核，从而调动员工进行成本管理的积极性。所谓全方位指的是从生产管理到企业战略、质量控制、后勤保障、员工培训、财务监督到企业内部各方面的工作以及企业竞争环境的评估、知识管理、供应链管理等。

(3) 目标成本法运用了价值工程法。价值工程法是针对产品和服务的功能加以研究，以最低的生命周期成本，通过剔除、简化、变更、替代等方法，达到降低成本以及提高产品和服务价值的目的。确定物流服务必要的功能，避免功能过剩（物流服务功能多于或高于客户所必需的）和功能不足（物流服务功能不能满足客户的要求）现象的发生，追求物流服务的最佳价值，其公式为

$$价值 = \frac{功能}{成本} \tag{5-3}$$

式中　功能——物流服务的功能；
　　　成本——物流服务的寿命周期成本，指为实现物流服务的必要功能在整个物流服务过程中所发生的成本。

从式（5-3）中可以看到，这里的价值不是传统意义上的价值，而是功能与成本的比值，比值越大，企业提供给客户的服务价值就越大，从而体现出物流服务物美价廉的程度。

物流服务的功能过剩和价值不足，对客户需求和企业的物流成本控制都会产生负面的影响。功能过剩会导致物流服务成本的增加，会让客户承担不必要的成本。价值不足虽然实现了低成本，但物流服务不能满足客户需求。利用价值工程可以很好地确定控制物流成本的界限，探讨在保留产品和服务功能、性能不变的情况下，降低成本的可能性。把价值工程作为实现目标成本的手段，建立一体化的物流目标成本，增加增值作业，减少非增值作业，使目标成本管理向纵深发展，为降低成本、提高效益开辟新的途径。

(4) 目标成本法建立了持续的成本降低机制。在目标成本下，成本控制是持续进行的，这种持续进行的成本控制是靠绩效评估系统的不断改进来保障的。客观、公正的绩效评估系统可以使管理者合理选择实现目标成本的方法，组织物流资源，并设置短期、中期和长期目标，使成本控制有了明确的方向。它促使企业员工了解组织的任务和自己承担的责任，并感受到管理系统的公平和自身的价值，调动了全体员工参与降低物流成本的积极性。

3. 目标成本法的三种形式

企业物流的运作方式不同，选择的物流目标成本控制方式也不同，主要有以下三种方式。

(1) 基于价格的目标成本法。这种方法适用于客户需求相对稳定的企业，这种企业所提供的产品和服务变化较少，很少引入新产品。目标成本法的主要任务就是在获取准确的市场信息的基础上，明确产品的市场价格和预计利润，并为成员企业利益分配提供合理的方案。在基于价格的目标成本法实施过程中，企业之间的利益分配是最关键的步骤。应该使所有企业都能获得利益，但利益总和不得超过最大许可的物流成本，达成的价格要有利于企业今后的长期发展。

(2) 基于价值的目标成本法。在市场需求变化较快，要求供应链有较大的柔性，特别是交易型供应链关系的情况下，往往采用这种办法。为满足客户需要，要求企业提供具有差异性的高价值产品，产品的生命周期较短，物流运作的风险较大。因此必须重构物流过程，其核心能力要与客户需求相匹配。通过实施基于价值的目标成本法，对客户需求作出快速反应，能增强企业的整体竞争能力。

要按照物流过程中各种作业活动创造价值的比例分摊目标成本，企业之间要保持公平的合作关系，并选择最有利的物流方案。由于客户的需求在不断变化，这就造成变换物流程序的成本较高，采用基于价值的目标成本法，确定物流各项作业成本，从而使其与目标成本保持一致。

(3) 基于作业成本管理的目标成本法。这种方法要求所有客户的需求是一致的、稳定的和已知的，适用于紧密型或一体化型的供应链关系，通过协同安排实现物流过程的长期稳定。要求企业控制和减少物流总成本，供应链成员企业必须尽力建立作业成本模型，并通过对整体物流成本的作业分析，找出不增值部分加以剔除，设计联合改善成本管理的作业方案，实现供应链总成本的合理化。

4. 物流目标成本制定的程序

第一步：在进行物流目标成本控制时，首先要确定物流目标成本，物流目标成本的确定包括物流总目标成本测算和物流单项目标成本测算。

(1) 物流总目标成本测算。物流目标成本等于预期物流服务收入减去目标利润，因此首先要测算出目标利润，下面介绍两种测算目标利润的方法。

① 目标利润率法：采用经营相同或者相似业务的物流企业的平均报酬率来预计本企业利润。计算公式为

$$目标利润 = 预计服务收入 \times 同类企业平均服务利润率 \tag{5-4}$$

$$目标利润 = 本企业净资产 \times 同类企业平均净资产利润率 \tag{5-5}$$

$$目标利润 = 本企业总资产 \times 同类企业平均资产利润率 \tag{5-6}$$

例 5-3 某企业物流运输的同业平均服务利润率为 17.8%，预计本年服务量为 408 万吨千米，服务的市场价格为每吨千米 1 元。

解：物流目标利润为 408×1×17.8% = 72.5（万元）；

物流目标总成本 408×1−72.5 = 335.5（万元）；

物流目标单位成本 335.5÷408 = 0.82（元每吨千米）。

采用目标利润率法的依据是本企业要达到行业中同类企业的平均报酬水平，才能在竞争中生存。有的企业甚至使用同类企业的先进报酬水平来预计目标成本。

② 上年利润基数法：随着企业生产经营的发展，企业高层领导会提出增长利润的要求。计算公式为

$$目标利润=上年利润×利润增长率 \tag{5-7}$$

采用上年利润基数法的依据为未来为历史的延续，在考虑现有基础的前提下预计未来的变化，包括环境和自身的改变。有时董事会或上级会提出利润增长的明确要求，促使企业采用上年利润基数法。这样算出来的物流目标成本只是初步设想，不一定完全符合实际，还要对其可行性进行分析。

（2）物流单项目标成本测算。物流单项目标成本测算一般用于测算各个单项服务、作业的目标成本，有三种方法。

① 倒扣法：倒扣法是指根据市场调查得到的客户可以接受的单位价格，扣除企业预期的单位服务目标利润、单位税金以及单位服务期间费用，计算出来的单位服务目标成本。计算公式为

$$物流单位服务目标成本 = 预计单价 - 单位服务目标利润 - 单位税金 - 单位服务期间费用 \tag{5-8}$$

例 5-4 某新产品预计单位售价为 2 000 元，单位产品目标利润为 300 元，该产品的税率为 10%，预计单位产品期间费用为 200 元。根据倒扣法，求出该产品的目标成本。

解：该产品的目标成本为 2 000-300-2 000×10%-200=1 300（元）。

② 量本利分析法：量本利分析法是指按照目标利润、目标成本和预计销售量来计算单位变动目标成本。

依据销售量、成本和利润三者的关系，得

$$利润=单位价格×销售量-单位变动成本×销售量-固定成本 \tag{5-9}$$

导出目标单位变动成本的计算公式为

$$目标单位变动成本=单位价格-(利润+固定成本)/预计销售量 \tag{5-10}$$

例 5-5 某企业加工一种新产品投入市场，据分析其单价不能高于同类产品售价（50元）的 120%，预计加工该产品的固定费用为 1 500 元，该产品的目标利润为 11 500 元，预计产品销售量为 1 000 件。求出该产品的目标单位变动成本。

解：该产品的目标单位变动成本为：50×120%-(11 500+1 500)/1 000=47（元/件）。

③ 比价测算法：比价测算法是指将新服务或新作业与原有的相似服务或作业作比较，如果是与原来相同的环节，则按照原来的成本指标测算；对于新的环节，则按照新材料的标准成本和工时标准进行测算。

与物流总目标成本测算一样，物流单项目标成本测算也需要不断调整，目标成本测算是目标成本控制的基础，物流目标成本测算的准确性关系到物流目标成本的控制效果。

第二步：物流目标成本的可行性分析。

物流目标成本的可行性分析，是指对初步测算的目标成本是否切实可行作出分析和判断，包括分析预计服务收入、物流目标利润和目标成本。

企业分析预计服务收入有三种方法，可以进行市场调研，调查客户的需要；也可以进行竞争者分析，掌握竞争者的物流服务功能、价格、服务水平等有关资料，与本企业进行对比；在上述两种比较之后，企业也可以通过比较确定自己的预计服务收入的可行性。企业分析物流目标利润应与企业的中长期目标及利润计划相结合，同时考虑销售、利润、投资回报、现金流量、物流服务品质、成本结构、市场需求和政策等因素的影响。最后企业根据自身实际成本的变化趋势和同类企业的成本水平，考虑成本节约的潜力，分析物流目标成本的

可行性。

第三步：物流目标成本的分解。

物流目标成本分解是指在目标成本通过可行性分析后，将其目标成本自上而下按照企业的组织结构逐级分解到有关的责任中心，形成各自的成本控制目标。常用的物流目标成本分解方法有以下五种。

（1）按照管理层次进行分解。将物流目标成本按总公司、分公司、部门、班组和个人进行分解。

（2）按照管理职能进行分解。将物流目标成本在同一管理层次按职能部门进行分解。例如配送部门负责配送费用，运输部门负责运输费用，后勤部门负责燃料动力费用，行政部门负责办公费用等。

（3）按照服务机构进行分解。将服务成本分成各种材料消耗成本或人工成本，并分派到各个责任中心。

（4）按照服务形成过程进行分解。将服务成本按照服务设计、服务材料采购、服务提供和服务的推广过程分解成本，形成每个过程的目标成本。

（5）按照成本的经济内容进行分解。将服务成本分解成固定成本和变动成本，再把固定成本分解成折旧费、办公费、差旅费、修理费等项目，把年度目标成本分解为季度或月度目标成本；把变动成本分解为直接材料费用、直接人工费用以及各项变动费用。

第四步：物流目标成本的分析、修正和考核。

物流目标成本的分析、修正是指将用实际业务量计算出的目标成本与实际成本进行比较，计算成本差异，检查目标成本的完成情况，找出差异原因，采取有效的成本控制措施。并根据客户的需求变化、市场变化对目标成本的影响，对目标成本进行必要的修订，使其更加合理可行。

物流目标成本的考核是目标成本得以顺利进行的保证，一般采取财务指标和非财务指标考核相结合的方法，通过公平合理的评价机制，激发员工降低成本的积极性。

5. 物流目标成本实施方案的评价——价值工程

企业确定物流目标成本的实施方案后，就要组织企业各方面的资源，重新设计物流系统和分销物流服务方式，实现目标成本。

价值工程可以有效评价物流系统和物流服务方式的合理性，它以功能分析为中心，以最低的成本向客户提供满意的服务，做到物流服务和成本的最佳配比，使物流各项作业实现恰当的价值。

价值工程法的评价程序介绍如下：

（1）选择评价对象。由于价值工程的评价是整个生命周期成本，如果对每一个环节都进行功能分析、成本测算和价值评定，工作量会很大，也没有必要。按照成本控制的效益原则，进行重点控制，可以选择那些频率高、服务量较大、成本较高的物流服务活动作为价值分析的对象。

（2）根据对象收集信息。根据物流服务的性质、活动范围、业务流程、成本发生方式以及物流服务质量等，多方面收集经济和技术信息，收集的资料越充分对分析越有利。

（3）进行功能、成本和价值分析。首先要分析对象所具有的功能以及所起的作用，对物流服务活动的价值有无影响；其次对功能进行分类整理，哪些是功能过剩，哪些是功能不足,从而掌握需要改进的功能范围,为功能改进提供依据。最后进行功能评价,针对不同的分析对象进行评价,然后与实际成本进行比较,求出各个分析对象的价值系数。

针对物流目标成本实施方案,常用的有评分法、功能价值评价和成本降低幅度评价两种。

① 评分法。评分法即采用 5 分制、10 分制和 100 分制按照物流服务活动各方面的重要性打分,例如现有改进物流服务方式的三种备选方案,从及时性、流程复杂性、操作方便性、耗时、准确性和安全性等方面按 10 分制评分,见表 5-8。

表 5-8 功能评分表

方案	及时性	流程复杂性	操作方便性	耗时	准确性	安全性	总分
1	6	10	10	6	4	10	46
2	9	6	8	5	6	5	39
3	9	8	10	9	7	10	53

方案 2 总分最低,初选淘汰。然后根据估计成本进行比较,见表 5-9。

表 5-9 估计成本比较表

方案	固定费用	变动费用(直接材料、人工费用等)	总成本
1	30	125	155
3	20	140	160

计算各方案的价值系数,设方案 1 的成本系数为 100,则方案 3 的成本系数为
$$(160/155)\times 100 = 103.22$$
方案 1 和方案 3 的价值系数 V_1、V_2 分别为
$$V_1 = 46/100 = 0.46$$
$$V_2 = 53/103.22 = 0.513$$

对比后选择方案 3。

② 功能价值评价和成本降低幅度评价。在实际工作中,问题往往不像上述例子那么简单,因此,用功能价值评价和成本降低幅度评价可以对功能复杂的物流服务项目进行优劣的评判。其中:

$$功能价值 = 实现某一功能的目标成本 / 实现某一功能的现实成本 \qquad (5-11)$$
$$成本降低幅度 = 实现某一功能的目标成本 - 实现某一功能的现实成本 \qquad (5-12)$$

由于一个物流服务环节往往不止一个功能,而实现一个功能往往不止一个物流服务环节。因此要将市场和技术预测确定的物流服务目标成本,根据有关功能的复杂和重要程度(功能评价系数),按一定标准分摊到此功能上面,计算公式为

$$某一物流服务环节的目标成本 = 该物流服务方式目标成本 \times 该物流服务环节的功能评价系数 \qquad (5-13)$$

上例中的功能价值和成本降低幅度的计算结果见表 5-10。

表 5-10 功能价值和成本降低幅度

物流服务环节	现实成本/元	按功能评价系数分配目标成本/元	功能价值	成本降低幅度/元
A	237	240	1.012	-3
B	168	180	1.190	-12
C	105	90	0.857	15
D	281	180	0.640	101
E	76	90	1.184	-14
F	133	120	0.92	13
合计	1 000	900		100

（4）确定最优方案。根据上面的计算结果，按照客户的需求，提出若干具有改进价值的新方案，在把各种方案进行分析和比较后，选择功能不变，但却使成本更低或功能更高的最优方案。

原则上应选择价值系数大于1或小于1的物流服务环节作为改善对象，如果价值系数等于1，说明该环节的功能与成本平衡，不必加以改善；价值系数大于1，说明功能重要性大的物流服务环节实际分配到的成本较少；价值系数小于1，说明功能重要性小的物流服务环节占用了过多的实际成本；因此可以将这两种情况作为提高或降低成本的分配对象。

例如上例中物流服务环节C和D的价值系数都小于1，尤其是D偏低，有降低成本的潜力。

寻求最优的改进方案是价值工程的关键，这就需要各个部门集思广益，集中各部门一起讨论和评价方案，如果测算出的物流服务成本高于目标成本，还要继续重复上述活动。

（5）求出目标成本。根据最优方案进行目标成本计算，也就是将物流服务目标成本按功能评价系数分配给有关的物流服务环节，算出各个环节的物流服务目标成本，作为成本控制的依据。

5.4.2 标准成本法

1. 标准成本法的含义

标准成本是指经过认真的调查分析和运用科学的技术检测方法制定的在有效经营条件下应该达到的成本。物流成本控制要求首先制定成本控制标准，物流标准成本主要包括三方面的内容：直接材料、直接人工和物流服务费用。

标准成本法

知识拓展

标准成本控制法是一种理想的事中控制方法，它的原理是对控制对象事先设定标准成本，并设立标准成本卡，在实际工作过程中，将实际消耗量与标准成本进行比较，计算成本差异，分析差异原因，采取措施控制差异，将各项成本支出控制在标准成本范围内。

标准成本法是在科学管理之父泰勒的生产过程标准化思想影响下产生的，1904年，美国效率工程师哈尔顿·爱默生首先在美国铁道公司应用标准成本法；1911年，美国会计师卡特·哈里逊第一次设计出一套标准成本制度；1920年，美国成本会计师协会召开的首届年会设计了一套将实际成本和标准成本相结合的方法；1923年，随着间接费用差异分析方法的形成，标准成本制度进入了实施阶段。1930年哈里逊写成了《标准成本》一书，是世界上第一部论述标准成本制度的专著；1932年，坎曼又丰富了标准成本制度。此后标准成本制度从美国传入英国、德国、日本和瑞典等国家。20世纪70年代末通过世界性管理会计学术会议传入中国，中国的一些大企业（如上海的宝钢）采用了标准成本法，取得了巨大的成功，大大降低了成本，提高了效益，形成了比较科学的标准成本制度。

2. 物流标准成本的制定

（1）物流直接材料标准成本的制定。物流直接材料标准成本由物流直接材料价格标准和直接用量标准确定，计算公式为

$$物流直接材料标准成本 = 价格标准 \times 用量标准 \tag{5-14}$$

物流活动中的包装和流通加工由于需要使用材料，经常要计算物流直接材料标准成本。

① 直接材料价格标准应能准确反映目前市场的价格、今后市场的发展趋势，还要考虑大批量采购的价格折扣等因素。价格标准要考虑运费、检验费用和正常损耗等因素，并与采购部门协商后加以确定。

② 用量标准要根据企业物流作业流程和管理等情况综合确定。

（2）物流直接人工标准成本的制定。物流直接人工标准成本由物流工资率和工时标准加以确定。计算公式为

$$物流直接人工标准成本 = 标准工资率 \times 工时标准 \tag{5-15}$$

① 物流直接人工标准成本的制定基本涉及了物流活动的各个环节。在制定物流直接人工标准成本时，如果是计件工资，标准工资率就是计件工资单价；如果是计时工资，标准工资率就是单位计时工资，把标准工资总额除以标准总工时得到。

② 工时标准，需要根据现有的物流运作技术条件，测算提供某项物流服务需要花费的时间，包括设备准备时间、操作服务时间和工间休息时间。

（3）物流服务费用标准成本的制定。物流服务费用标准成本分为变动物流服务费用标准成本和固定物流服务费用标准成本。

① 变动物流服务费用标准成本：变动物流服务费用标准成本由变动物流服务数量标准成本和变动物流服务价格标准确定。

数量标准可以采用单位物流服务直接人工标准工时、机械设备标准工时或其他标准。价格标准就是每小时变动物流服务费用的标准分配率，根据变动物流服务费用预算除以数量标准总额得到。因此，计算公式为

$$\frac{变动物流服务费用}{标准成本} = \frac{单位物流服务直接人工}{标准工时} \times \frac{每小时变动物流服务费用}{的标准分配率} \tag{5-16}$$

其中

$$\frac{每小时变动物流服务费用}{的标准分配率} = \frac{变动物流服务费用预算总额}{物流直接人工标准总工时} \tag{5-17}$$

变动物流服务费用标准成本的例子有很多，例如装卸搬运活动使用的油料和配件的标准成本。当各部分变动物流服务费用的标准确定以后，将它们加起来就得到变动物流服务费用

的单位标准成本。

② 固定物流服务费用标准成本：固定物流服务费用标准成本由固定物流服务数量标准和固定物流服务价格标准确定。数量标准和价格标准的确定与变动物流服务费用相同。

因此，计算公式为

$$\frac{\text{固定物流服务费用}}{\text{标准成本}} = \frac{\text{某物流服务直接人工}}{\text{标准工时}} \times \frac{\text{每小时固定物流服务费用}}{\text{的标准分配率}} \quad (5-18)$$

其中

$$\frac{\text{每小时固定物流服务费用}}{\text{的标准分配率}} = \frac{\text{固定物流服务费用预算总额}}{\text{物流直接人工标准总工时}} \quad (5-19)$$

固定物流服务费用标准成本的例子很多，如仓库租赁费和仓管员工资标准。当各部分固定物流服务费用的标准确定以后，将它们加起来就得到固定物流服务费用的单位标准成本。

将所得的物流直接材料、直接人工和服务费用的标准成本汇总，就可以得到有关物流服务的完整物流标准成本。

例 5-6 某物流公司某月计划正常运营能力为 9 100 直接人工小时，预算直接人工工资总额 48 000 元，营运间接费用预算总额为 24 600 元。其中变动间接费用预算为 8 400 元，固定间接费用预算为 16 200 元，假设某项单位物流服务的直接人工标准工时为 10 h，直接材料的标准消耗定额为 10 kg，每千克标准单价为 12 元。计算该项物流服务的标准成本。

解：

$$\text{标准工资分配率} = \frac{\text{直接人工工资总额}}{\text{直接人工标准工时总数}} = \frac{48\,000}{9\,100} = 5.27 \text{（元/h）}$$

$$\text{变动间接费用标准分配率} = \frac{\text{变动间接费用预算总额}}{\text{直接人工标准工时总额}} = \frac{8\,400}{9\,100} = 0.92 \text{（元/h）}$$

$$\text{固定间接费用标准分配率} = \frac{\text{固定间接费用预算总额}}{\text{直接人工标准工时总额}} = \frac{16\,200}{9\,100} = 1.78 \text{（元/h）}$$

由此可以确定该服务项目的标准成本，见表 5-11。

表 5-11 某项单位物流服务标准成本计算表

成本项目		数量标准	价格标准	单位标准成本/元
直接材料		10 kg	12 元/kg	120
直接人工		10 h	5.27 元/h	52.7
间接费用	变动间接费用	10 h	0.92 元/h	9.2
	固定间接费用	10 h	1.78 元/h	17.8
合计				199.7

表 5-11 就可以作为物流企业的单位物流服务的"标准成本卡"。利用"标准成本卡"就可以为日常的成本控制提供依据。

3. 物流标准成本差异的计算与分析

物流标准成本差异是指物流实际成本与标准成本之间的差额。实际成本大于标准成本，是逆差，称为不利差异；实际成本小于标准成本，是顺差，称为有利差异。其计算公式为

成本差异=实际成本−标准成本

$$=实际数量\times实际价格-标准数量\times标准价格$$
$$=(实际数量-标准数量)\times标准价格+实际数量\times(实际价格-标准价格) \quad (5-20)$$

从式（5-20）看出，（实际数量-标准数量）×标准价格被称为数量差异，实际数量×（实际价格-标准价格）被称为价格差异。因此，成本差异就等于数量差异与价格差异之和，即

$$成本差异=数量差异+价格差异 \quad (5-21)$$

物流标准成本差异通常是由物流直接材料成本差异、物流直接人工成本差异和物流服务费用的成本差异三部分构成。

（1）物流直接材料成本差异的计算和分析。物流直接材料成本差异由物流直接材料价格差异和物流直接材料用量差异组成，可用公式表示为

$$物流直接材料成本差异=物流直接材料实际成本-物流直接材料标准成本 \quad (5-22)$$
$$物流直接材料用量差异=(材料实际用量-材料标准用量)\times材料标准价格 \quad (5-23)$$
$$物流直接材料价格差异=(材料实际价格-材料标准价格)\times材料实际用量 \quad (5-24)$$

有很多原因造成物流直接材料用量差异，如采用新的包装技术，而用料标准没有随之改变；操作员技术不过关；责任心较差，等等，这类差异的责任一般要由操作部门承担。导致物流直接材料价格差异的原因也很多，如没有按照经济订购批量进行采购，舍近求远采购，等等，这类差异的责任一般要由采购部门承担。

（2）物流直接人工成本差异的计算和分析。物流直接人工成本差异由物流直接人工效率差异和物流直接人工工资率差异组成，可用公式表示为

$$物流直接人工成本差异=物流直接人工实际成本-物流直接人工标准成本 \quad (5-25)$$
$$物流直接人工效率差异=(实际人工工时-标准人工工时)\times标准工资率 \quad (5-26)$$
$$物流直接人工工资率差异=(实际工资率-标准工资率)\times实际人工工时 \quad (5-27)$$

物流直接人工效率差异的原因也很多，如用人不当、作业人员经验不足、路况差导致额外运输时间，物流机械设备陈旧、低效等，这类差异的责任一般要由操作部门承担。导致物流直接人工工资率差异的原因有工资制度的变化、临时工的变动等，这类差异的责任一般要由人力资源部门承担。

（3）物流服务费用成本差异的计算和分析。物流服务费用成本差异分为变动物流服务费用成本差异和固定物流服务费用成本差异。

① 变动物流服务费用成本差异分析。变动物流服务费用成本差异由变动物流服务费用效率差异和变动物流服务费用耗费差异组成，可用公式表示为

$$\begin{matrix}变动物流服务费用\\成本差异\end{matrix}=\begin{matrix}变动物流服务费用\\实际成本\end{matrix}-\begin{matrix}变动物流服务费用\\标准成本\end{matrix} \quad (5-28)$$

$$\begin{matrix}变动物流服务费用\\效率差异\end{matrix}=(实际工时-标准工时)\times\begin{matrix}变动物流服务费用\\标准分配率\end{matrix} \quad (5-29)$$

$$\begin{matrix}变动物流服务费用\\耗费差异\end{matrix}=\left(\begin{matrix}变动物流服务费用\\实际分配率\end{matrix}-\begin{matrix}变动物流服务费用\\标准分配率\end{matrix}\right)\times实际工时 \quad (5-30)$$

引起变动物流服务费用效率差异的原因与引起物流直接人工效率差异的原因基本类似，变动物流服务费用耗费差异的形成往往是由于变动物流服务费用开支额或工时耗费发生变化，责任一般在物流操作部门。

② 固定物流服务费用成本差异。固定物流服务费用成本差异由固定物流服务耗费差异、

闲置能量差异和效率差异组成，可用公式表示为

$$\begin{matrix}\text{固定物流服务费用}\\\text{成本差异}\end{matrix} = \begin{matrix}\text{固定物流服务费用}\\\text{实际成本}\end{matrix} - \begin{matrix}\text{实际物流作业量}\\\text{的标准成本}\end{matrix} \quad (5-31)$$

$$\begin{matrix}\text{固定物流服务费用}\\\text{耗费差异}\end{matrix} = \begin{matrix}\text{固定物流服务费用}\\\text{实际成本}\end{matrix} - \begin{matrix}\text{固定物流服务费用}\\\text{标准成本}\end{matrix} \quad (5-32)$$

$$\begin{matrix}\text{固定物流服务费用}\\\text{闲置能量差异}\end{matrix} = \left(\begin{matrix}\text{计划物流作业量}\\\text{标准工时}\end{matrix} - \begin{matrix}\text{实际物流作业量}\\\text{实际工时}\end{matrix}\right) \times \text{标准费用分配率} \quad (5-33)$$

$$\begin{matrix}\text{固定物流服务费用}\\\text{效率差异}\end{matrix} = \left(\begin{matrix}\text{实际物流作业量}\\\text{实际工时}\end{matrix} - \begin{matrix}\text{实际物流作业量}\\\text{标准工时}\end{matrix}\right) \times \text{标准费用分配率} \quad (5-34)$$

固定服务费用效率差异产生的原因与人工效率差异产生的原因大致相同。导致闲置能量差异的原因往往是开工不足、车辆开动率和仓容利用率低，责任往往在管理部门。耗费差异的原因比较复杂，如标准成本制定不切实际，实际物流量低于计划等，对这类差异要进行深入分析，才能分清责任部门。

通过分析标准成本差异的原因，分清责任部门，采取积极有效的措施，控制不当差异，从而降低物流成本。

例 5-7 某公司标准成本资料见表 5-12，实际成本资料见表 5-13。

表 5-12 物流标准成本资料

成本项目	标准单价或标准分配率	标准用量	标准成本/元
物流直接材料	1（元/kg）	150（kg）	150
物流直接人工	5（元/工时）	10（工时）	50
变动物流服务费用	2（元/工时）	10（工时）	20
物流变动成本合计			220
固定物流服务费用	1（元/工时）	10（工时）	10
单位物流标准成本			230

表 5-13 物流实际成本资料

成本项目	实际单价或实际分配率	实际用量	实际成本/元
物流直接材料	1.10（元/kg）	148（kg）	162.8
物流直接人工	5.20（元/工时）	9.5（工时）	49.4
变动物流服务费用	1.80（元/工时）	9.5（工时）	17.1
物流变动成本合计			229.3
固定物流服务费用	1.20（元/工时）	9.5（工时）	11.4
单位物流实际成本			240.7

该企业预计全月物流作业量标准总工时为 5 000 工时，提供物流服务 500 次，实际提供物流服务 520 次，购入直接材料 80 000 kg，计算该企业的物流成本差异。

解：

1. 计算物流直接材料成本差异

（1）物流直接材料价格差异以采购量为基础计算：

$$物流直接材料价格差异=(1.1-1)\times 80\ 000=8\ 000（元）$$
$$物流直接材料用量差异=(148\times 520-150\times 520)\times 1=-1\ 040（元）$$

由于价格差异以采购量为基础计算，与实际耗用量不同，故无法计算实际成本与标准成本的差异总额。这一计算方法的优点在于能给管理部门及时提供材料采购的差异信息，在责任会计制度下，有利于分清责任。

（2）物流直接材料价格差异以耗用量为基础计算：

$$物流直接材料价格差异=[(1.1-1)\times 148]\times 520=7\ 696（元）$$
$$物流直接材料用量差异=(148\times 520-150\times 520)\times 1=-1\ 040（元）$$
$$物流直接材料成本差异=7\ 696-1\ 040=6\ 656（元）$$

物流直接材料价格差异以耗用量为基础计算，它的优点在于与用量差异以同一耗用量为基础计算，能给管理部门提供物流直接材料成本差异的信息。

2. 计算物流直接人工成本差异

$$物流直接人工工资率差异=(5.2-5)\times 9.5\times 520=988（元）$$
$$物流直接人工效率差异=(9.5-10)\times 520\times 5=-1\ 300（元）$$
$$物流直接人工成本差异=988-1\ 300=-312（元）$$

3. 计算变动物流服务费用成本差异

$$变动物流服务费用耗费差异=(1.8-2)\times 9.5\times 520=-988（元）$$
$$变动物流服务费用效率差异=(9.5-10)\times 520\times 2=-520（元）$$
$$变动物流服务费用成本差异=-988-520=-1\ 508（元）$$

4. 计算固定物流服务费用成本差异

$$\begin{aligned}\text{固定物流服务费用耗费差异}&=\text{固定物流服务费用实际成本}-\text{固定物流服务费用标准成本}\\&=\text{实际工时}\times\text{实际分配率}-\text{标准工时}\times\text{标准分配率}\\&=1.2\times 9.5\times 520-1\times 10\times 500=928（元）\end{aligned}$$

$$\begin{aligned}\text{固定物流服务费用闲置能量差异}&=\left(\frac{\text{计划物流作业量}}{\text{标准工时}}-\frac{\text{实际物流作业量}}{\text{实际工时}}\right)\times\text{标准费用分配率}\\&=(10\times 500-9.5\times 520)\times 1=60（元）\end{aligned}$$

$$\begin{aligned}\text{固定物流服务费用效率差异}&=\left(\frac{\text{实际物流作业量}}{\text{实际工时}}-\frac{\text{实际物流作业量}}{\text{标准工时}}\right)\times\text{标准费用分配率}\\&=(9.5\times 520-10\times 520)\times 1=-260（元）\end{aligned}$$

$$固定物流服务费用成本差异=928+60-260=728（元）$$

5.4.3 责任成本法

1. 责任成本法的含义

责任成本是指责任单位对其能够进行预测、计量和控制的各项可控成本之和。责任成本按照责任部门承担责任的原则，以责任单位作为计算对象来归集成本，它反映了责任单位与成本费用之间的关系。

责任成本法在企业中得到广泛的运用，它对于合理明确划分各部门的责任成本，明确各自的成本控制范围，从总体上有效控制物流成本具有十分重要的意义。

2. 责任成本法的应用步骤

（1）划分物流责任中心。根据企业战略以及经营的需要，划分物流责任中心，负责各自的物流成本，明确相应的职责、权利和义务。企业物流责任中心通常可以分为物流成本中心、物流利润中心和物流投资中心。

（2）确定物流责任目标。将物流目标成本分解到每个责任中心，确定其责任目标，各中心明确自己的工作任务以及绩效考核标准。

（3）建立物流责任计算系统。为了考核物流成本的控制情况，要建立一套完整的日常记录，考核有关责任目标的完成情况，评价工作，及时解决存在的问题。

（4）建立内部协调机制。由于各个责任中心的部门利益，会形成冲突，影响总体成本目标的实现，因此必须建立内部协调机制来解决这些冲突。

（5）编制物流业绩报告。为了反映一定时期内物流成本经营的情况，必须及时编制物流业绩报告。

（6）物流成本绩效考核。通过物流成本绩效考核，了解物流成本节约额和节约率，考核责任中心的工作效果。

3. 责任成本法的计算方法

责任成本法的计算方法包括直接计算法和间接计算法。

（1）直接计算法。直接计算法是将责任单位的各项责任成本直接归集汇总，以求得该单位责任成本总额的计算方法。其计算公式为

$$某单位责任成本 = 该单位各项责任成本之和$$

用这种方法计算，结果较为准确，但计算量较大。

（2）间接计算法。间接计算法是以责任单位的物流成本为基础，扣除该责任单位的不可控成本，再加上从其他责任单位转来的责任成本的计算方法。其计算公式为

$$某单位责任成本 = 该责任单位发生的全部成本 - 该单位不可控成本 + 其他责任单位转来的责任成本$$

这种方法的计算量比直接计算法小。但在运用间接计算法时，应当首先确认该单位的不可控成本和其他责任单位转来的责任成本。

4. 责任单位责任成本的计算与考核

在实际工作中，对责任单位的责任成本评价考核的依据是责任预算和业绩报告。

责任成本的业绩报告是按各责任单位责任成本项目，综合反映其责任预算数、实际数和差异数的报告文件。业绩报告中的"差异"是按"实际"减去"预算"后的差额，负值为节约，也称为有利差异；正值为超支，也称为不利差异。成本差异是评价与考核各责任单位成本管理业绩好坏的重要标志，也是奖惩的重要依据。

业绩报告应按责任单位层次进行编制。在进行责任预算指标分解时，是从上级向下级层层分解下达，从而形成各责任单位的责任预算；在编制业绩报告时，是从最基层责任单位开始，将责任成本实际数逐级向上汇总，直至企业高层。

每一级责任单位的责任预算和业绩报告，除了最基层只编制本级的责任成本之外，其余各级都应包括所属单位的责任成本和本级责任成本。

(1) 班组责任成本的计算和考核。班组责任成本由班组长负责，各班组应在每月月末编制班组责任成本业绩报告并送交车间。在业绩报告中，应列出班组各项责任成本的实际数、预算数和差异数，以便进行对比分析。

例 5-8　甲生产车间下设 A、B、C 三个生产班组，各班组均采取间接计算法计算其责任成本业绩报告。其中 A 班组业绩报告见表 5-14。

表 5-14　责任成本业绩报告

责任单位：甲车间 A 班组　　　　　××××年×月　　　　　　　　　　　单位：元

	项　　目	实　　际	预　　算	差　　异
生产成本	直接材料 原料及主要材料	12 080	12 200	-120
	辅助材料	11 400	11 300	+100
	燃料	11 560	11 500	+60
	其他材料	1 450	1 460	-10
	小计	36 490	36 460	+30
	直接人工 生产人员工资	16 300	15 200	+1 100
	生产人员福利费	2 120	2 100	+20
	小计	18 420	17 300	+1 120
	制造费用 管理人员工资及福利费	11 140	11 000	+140
	折旧费	11 450	10 660	+790
	水电费	1 680	2 000	-320
	其他制造费用	11 350	11 500	-150
	小计	35 620	35 160	+460
	合计	90 530	88 920	+1 610
其他费用	减：折旧费	11 450	10 660	+790
	废料损失	150	—	+150
	加：修理费	5 300	5 000	+300
	责任成本	84 230	83 260	+970

表 5-14 表明，甲车间 A 班组本月归集的实际生产成本 90 530 元减去不该由该班组承担的折旧费 11 450 元，并减去废品损失（因采购部门采购的材料质量问题而发生的工料损失 150 元），再加上从修理车间转来的应由该班组承担的修理费，即为 A 班组的责任成本 84 230 元。

从总体上看，A 班组当月的责任成本预算执行情况较差，超支 970 元。但从各成本项目来看，"直接材料"中的"原料及主要材料"和"其他材料"共节约 130 元；"制造费用"中的"水电费"和"其他制造费用"共节约 470 元。"直接人工"实际比预算超支 1 120 元，经查明，这主要是企业提高计件工资单价所致；对于由企业机修车间转来的修理费 5 300 元（比预算超支 300 元），还应进一步加以分析，看其是否因本班组对设备操作不当导致维修费用增大，还是机修车间提高了修理费用（如认为多计修理工时等）。

对节约的费用项目应进一步加以分析，找出原因，以巩固取得的成绩。

(2) 车间责任成本的计算和考核。车间责任成本也是定期（一般以月为周期）以业绩报告形式汇总上报企业总部。以例 5-8 为例，甲车间在编制业绩报告时，除归集本车间的责任成本外，还应加上三个班组的责任成本。其业绩报告见表 5-15。

表 5-15 责任成本业绩报告

责任单位：甲车间　　　　　　　××××年×月　　　　　　　　　　单位：元

项 目	实 际	预 算	差 异
A 班组责任成本	84 230	83 260	+970
B 班组责任成本	68 930	67 890	+1 040
C 班组责任成本	76 890	77 880	-990
合计	23 005	22 903	+1 020
甲车间可控成本：			
管理人员工资	24 500	24 300	+200
设备折旧费	22 960	23 000	-40
设备维修费	22 430	22 500	-70
水电费	5 600	5 200	+400
办公费	3 000	2 500	+500
低值易耗品摊销	6 980	6 800	+180
合计	85 470	84 300	+1 170
本车间责任成本合计	315 520	313 330	+2 190

从表 5-15 可以看出，甲车间 A、B、C 三个班组中，C 班组的成本业绩是最好的，甲车间当月责任成本超支 2 190 元，其中下属三个班组共超支 1 020 元，本车间可控成本超支 1 170 元；A、B 两班组超支合计为 2 010 元（970 元+1 040 元），是成本控制的重点。

对于甲车间可控成本的超支项目，还应进一步进行详细分析，查找原因，采取措施加以控制。

(3) 企业总部责任成本的计算和考核。企业总部责任成本应包括所属各管理部门的责任成本，所以当企业总部财会部门收到各部门报送的业绩报告后，应汇总编制成公司的责任成本业绩报告。其格式见表 5-16。

表 5-16 ××公司责任成本业绩汇总表

××××年×月　　　　　　　　　　　　　　　　　　　　　　单位：元

业绩报告	实 际	预 算	差 异
甲车间业绩报告			
A 班组责任成本	84 230	83 260	+970
B 班组责任成本	68 930	67 890	+1 040
C 班组责任成本	76 890	77 880	-990
车间可控成本	85 470	84 300	+1 170
甲车间责任成本合计	315 520	313 330	+2 190
乙车间业绩报告			
…	…	…	…

续表

业绩报告	实　际	预　算	差　异
供应科业绩报告 …	… …	… …	… …
总部责任成本业绩报告	131 500	132 000	-500
责任成本总计	1 223 450	1 221 400	+2 050
销售收入总额	14 55 450	1 445 300	+10 150
盈利及盈利净增额	232 000	223 900	+8 100

表 5-16 表明，该公司销售收入实际数超出预算数 10 150 元，在抵减责任成本超支数 2 050 元后，其盈利额实际数比预算数净增 8 100 元。对销售收入增加 10 150 元的原因，还需进一步加以分析，比如看其是否与成本增加有关等。

5.5　物流成本控制的途径

物流成本控制不仅仅要以物流成本为研究对象，而且要把物流成本、客户服务水平、企业利润等要素作为一个动态系统来研究。使用信息系统及时准确地进行物流成本信息的获取、处理、输出和反馈是实现物流成本控制的重要基础。控制同系统、信息是紧密联系的，控制是系统管理的基础，依靠信息是系统控制的手段。因此，物流成本控制必须以信息论、系统论和控制论为基础。

5.5.1　物流成本控制系统的特征

用系统的观点进行物流成本控制，就是把企业的物流成本控制看成是一个开放式的动态系统，通过各种成本控制组织管理体系，使整体控制和局部控制相互协调，达到全员、全面、全过程控制，形成一个由相互联系的子系统所组成的物流成本控制网络体系，实现总体上最优的控制目标。

要建立成本控制的物流系统结构，即垂直系统结构和水平系统结构：垂直系统结构要按照物流职能部门建立，归口分管各职能部门的成本指标；水平系统结构要按照物流组织层次建立，管理层着重于成本决策，执行层着重于成本控制，操作层着重于具体操作。物流成本控制系统具有以下特征。

1. 物流成本控制系统是一个大跨度复杂系统

大跨度复杂系统体现在物流地域的跨越、物流时间的跨越、物流信息的跨越和物流组织的跨越。这就加大了物流成本控制的难度。

2. 物流成本控制系统是一个多目标函数系统

由于物流系统中存在的"效益背反"现象，因此在物流系统中总是存在着目标冲突，系统内部的各个部分都有各自的目标，但是必须服从系统整体的总目标，这时系统优化的总目标就是最优的决策成本。

首先表现在物流成本控制系统的要素之间的目标冲突上，见表 5-17。

表 5-17 物流系统要素成本目标之间的冲突

要素	成本目标	采取的方法	可能导致的结果	可能对其他要素的影响
运输	运费最少	批量运输、集装整车运输、铁路干线运输	交货期集中，交货批量大，待运期长，运费降低	在途库存增加，平均库存增加，末端加工费用高，包装费用高
储存	储存费最少	缩短进货周期，降低每次进货量，增加进货次数，在接近消费者的地方建仓库，增加信息沟通	紧急进货增加，送货更加零星，储存地点分散，库存量降低甚至达到零库存，库存费用降低	无计划配送增加，配送规模更小，配送地点更分散，配送成本增加
包装	破损最小，包装成本最低	物流包装材料强度高，扩大内装容量，按照特定商品要求确定包装材料和方式	包装容器占用过多空间和重量，包装材料费增加，包装容器的回收费用增加，包装容器不通用，商品破损降低但包装费增加	包装容器耗用的运费和仓储费用增加，运输车辆和仓库的利用率下降，装卸搬运费用增加
装卸搬运	降低装卸搬运费，加快装卸速度	使用人力节约装卸搬运成本，招聘农民工进行装卸搬运，提高装卸搬运速度	装卸搬运效率低，商品破损率高，不按要求堆放，节省装卸搬运费用	待运期延长，运输工具和仓库的利用率降低，商品在途和在库损耗增加，包装费用增加，流通加工成本增加
流通加工	满足销售要求，降低流通加工费用	流通加工作业越来越多，为节省加工成本而采用简陋设备	在途储存和在库储存增加，增加装卸环节，商品重复包装	商品库存费增加，装卸搬运费增加，商品包装费增加
物流信息	降低物流信息交换成本，简化业务，提高透明度	建立计算机网络，增加信息处理设备如手持终端，采用条形码来增加信息采集	增加物流信息费，方便业务运作，提高客户服务水平，信息安全性和可靠性影响到系统运作安全	与其他要素的目标没有冲突

资料来源：何明珂. 物流系统论［M］. 北京：中国审计出版社，2001：167.

其次表现在要素内部的目标冲突上，不同运输方式对库存、反应时间、物流成本的影响见表 5-18。其中 1 表示影响最小，7 表示影响最大。

表 5-18　各种运输方式对物流成本的影响

营运特征	铁路	公路	海运	河运	包裹	航空	管道
运输批量	4	3	6	5	1	2	7
运输成本	4	5	1	2	7	6	3
运输时间	4	3	6	5	1	2	7
安全库存	5	4	7	6	2	3	1
灵活性	3	1	5	4	7	2	6
可行性	3	2	5	6	1	4	7
频率	4	2	6	5	7	3	1
污染成本	5	6	2	3	7	4	1

3. 物流成本控制系统是一个动态系统

随着需求、供应、渠道、价格的变化，系统的要素和运行也发生变化，物流系统是一个具有满足社会需要和适应环境能力的动态成本系统，为适应变化的社会环境，必须及时采取不同的物流成本控制措施。

5.5.2　企业物流成本控制的目标

由于企业物流成本控制是一个系统，这就需要：

1. 从物流系统的角度来控制物流成本

企业物流成本控制要从物流全过程的角度来控制物流成本，考虑各功能之间的相关性，实现物流总成本的降低及物流系统的合理化。不仅要从本企业的角度出发，还要考虑从原材料采购、生产制造到产品销售整个供应链的物流成本效益。

利润是物流成本控制的最终目的，但是，企业不能仅考虑物流系统或相关企业的利益，还要从追求小系统优化转向大系统优化，从全社会的宏观效益来认识。

2. 建立顾客驱动观念的物流成本控制

物流系统的服务性是其本质特征，这种特征表现为要以顾客为中心，树立顾客第一的观念。物流成本控制系统要向顾客驱动转变，要树立全面质量管理的观念，只有对物流所有环节进行全过程的质量管理，才能保证最终的物流服务质量，这也是确保企业利益的重要手段。

5.5.3　企业物流成本控制的途径

企业控制物流成本就是要降低物流成本，就是通过各种手段影响物流活动，如减少运输次数、提高装载率以及合理安排配车计划、选择最佳的运送手段等，从而降低物流成本。

知识拓展

企业物流成本控制的整体观

要进行物流成本控制，就要树立物流成本的整体概念，即物流总成本。物流总成本是指实现物流总需求的全部开支，除了通常所指的运输、仓储等传统物流费用外，还包括基础建设投资（如配送中心建设、信息系统建设等）以及商品的库存保管等费用。由物流总成本还衍生出物流成本管理的核心概念——物流成本的权衡，以尽可能低的物流成本向客户提供尽可能好的客户服务，因此，我们经常需要在物流的各个活动中进行成本权衡，尤其是在各个活动成本存在冲突的时候，就要以物流总成本的思想为基础，合理地对其作出权衡。

在树立物流成本的整体概念之后，就要将其应用于企业物流成本的控制。从企业的管理实践来看，对物流成本管理的总体思路是：不仅要掌握企业对外支出的物流费用，更要掌握企业内部发生的物流费用。因此，应当从现代物流管理的整体观念来控制物流成本。

物流成本控制途径主要包括：

1. 利用物流外包降低企业物流成本

企业把物流外包给专业化的第三方物流公司，可以缩短商品在途时间，减少商品周转过程的费用和损失。有条件的企业可以采用第三方物流公司直供上线，实现零库存，降低成本。

2. 借助现代化的信息管理系统控制和降低物流成本

在传统的人工管理模式下，企业的物流成本控制受到诸多因素的影响，往往不易也不可能实现各个环节的最优控制。企业采用信息系统，一方面可使各种物流作业或业务处理准确、迅速地进行；另一方面通过信息系统的数据汇总，进行预测分析，可以达到控制物流成本的目的。

3. 加强企业员工的物流成本管理意识

把降低物流成本的工作从物流管理部门扩展到企业的各个部门，并对从产品开发、生产到销售的全过程进行物流成本管理，使企业员工具有长期发展的"战略性成本意识"。

4. 对商品流通的全过程实行供应链管理

通过对商品流通的全过程实行供应链管理，使生产企业、第三方物流企业、销售企业、消费者组成的供应链形成一个整体系统，实现物流的一体化，使整个供应链利益最大化，从而有效降低企业物流成本。

本章小结

物流成本预算作为物流系统成本计划的数量反映，是物流成本控制的重要依据和考核物流部门绩效的标准，物流成本预算的编制内容与物流成本核算的内容基本类似。弹性预算是在编制物流成本预算时，预先估计到计划期内业务量的可能变动，编制出能适应多种业务量的成本预算；零基预算是在编制物流成本预算时，不考虑以往会计期间所发生的费用项目和数额，所有的预算支出均以零为起点，规划预算期内各项费用的内容和开支标准；滚动预算符合企业持续经营的一般假设，使预算具有连续性和完整性，使企业管理者通过动态的预算过程对企业今后一段时间的经营活动作出详细全面的安排。

物流成本控制是企业全员、全过程、全方位的控制，按成本发生的时间先后可分为事前控制、事中控制和事后控制。物流成本控制的方法主要包括目标成本法、标准成本法和责任成本法。目标成本法是为了有效地实现企业的经营目标，从战略高度进行分析，通过与企业战略目标的结合，使成本控制与企业经营管理过程的资源消耗和配置相协调的成本控制方法；标准成本法是一个由制定标准成本、计算和分析成本差异、处理成本差异三个步骤组成的系统；责任成本法是根据不同层次的物流管理部门和人员应负的责任，收集、汇总和报告有关的会计资料，对企业物流成本进行有效控制的方法。企业要建立物流成本控制系统，有效控制企业内部的物流成本，并通过供应链物流成本控制提高供应链的效率，促进社会经济的发展。

同步测试

思考与练习

1. 什么是预算？物流预算成本控制方法有哪些？
2. 物流成本控制的目标是什么？
3. 简述物流成本控制的内容、原则和方法。
4. 什么是物流目标成本法？如何制定物流目标成本？如何进行物流目标成本的评价？
5. 什么是物流标准成本法？如何制定物流标准成本？
6. 什么是物流责任成本法？如何制定物流责任成本？
7. 某流通加工中心要编制弹性预算，资料如下：

（1）直接人工：基本工资为3 000元，另加每小时津贴0.10元；

（2）材料费：每工时负担0.15元；

（3）折旧费：5 000元；

（4）维护费：生产能力在3 000~6 000工时范围内，基数为2 000元，另加每工时应负担的0.08元；

（5）水电费：基数为1 000元，另加每工时应负担的0.20元。

根据上述资料，为公司在3 000~6 000工时范围内，采用列表法编制一套能适应多种业务量的弹性预算（间隔为1 000工时）。

8. 设某企业下年度可用于行政管理和产品推销的资金额为30 000元，根据各部门讨论协商提出的预算项目和所需资金如下：

房屋租金	5 000元；	办公费	3 000元；
职工薪金	5 000元；	广告费	8 000元；
差旅费	2 000元；	培训费	10 000元。

广告费和培训费的成本收益率分别为1:20和1:30。请为该企业编制推销管理费用的零基预算。

9. 某项物流服务变动费用的标准成本为：工时为3 h，变动服务费用分配率为5元/h。本月实际提供服务500次，实际使用工时1 400 h，实际发生变动物流服务费用7 700元。试分析变动物流服务费用的耗费差异和效率差异。

实训项目

1. 调查一家企业的成本预算情况，结合学习内容，分析该企业的成本预算管理存在哪些问题，并提出对策建议。

2. 调查一家企业的物流成本控制情况，结合学习内容，针对该企业的物流成本控制提出建议,并完成一份调研报告。

综合案例

上海通用汽车物流成本控制

企业降低物流成本可以从以下四个方面来进行:树立现代物流理念,健全企业物流管理体制;树立物流总成本观念,增强全员的物流成本意识;加强物流成本的核算,建立成本考核制度;优化企业物流系统,寻找降低成本的切入点。就制造业中最具有代表性的汽车行业对物流成本的管理而言,我们以上海通用公司为例,来看看它们是如何控制物流成本的。

秘笈一:精益生产及时供货

随着汽车市场竞争越来越激烈,很多汽车制造厂商采取了价格竞争的方式来应战。在这个背景下,大家都不得不降低成本。而要降低成本,很多厂家都从物流这个被视作"第三大利润"的源泉入手。有资料显示,我国汽车工业企业,一般的物流成本起码占整个生产成本的20%以上,差的公司基本占30%~40%,而国际上物流做得比较好的公司,物流的成本都控制在15%以内。

上海通用在合资当初就决定,要用一种新的模式,建立一个在"精益生产"方式指导下的全新理念的工厂,而不想再重复建造一个中国式的汽车厂,也不想重复建造一个美国式的汽车厂。精益生产的思想内涵很丰富,最重要的一条就是像丰田一样——即时供货(Just In Time,JIT),即时供货的外延就是缩短交货期。所以上海通用在成立初期,就在现代信息技术的平台支撑下,运用现代的物流观念做到了交货期短、柔性化和敏捷化。

从这些年的生产实践来说,上海通用每年都有一个或一个以上新产品下线上市,这是敏捷化的一个反映。而物流最根本的思想就是怎样缩短供货周期来达到低成本、高效率,这个交货周期包括从原材料到零部件,再从零部件到整车,每一段都有一个交货期,这是敏捷化至关重要的一个方面。

秘笈二:循环取货驱除库存"魔鬼"

上海通用目前有四种车型,除刚刚上市的一种车型外,另外三种车型零部件总量有5 400多种。上海通用在国内外还拥有180家供应商,拥有北美和巴西两大进口零部件基地。那么,上海通用是怎么提高供应链效率、缩短新产品的导入和上市时间并降低库存成本的呢?

为了把库存这个"魔鬼"赶出自己的供应链,通用的部分零件有些是本地供应商所生产的,会根据生产的要求在指定的时间直接送到生产线上去生产。这样,因为不进入原材料库,所以保持了很低或接近于"零"的库存,省去大量的资金占用。

有些用量很少的零部件,为了不浪费运输车辆的运能,充分节约运输成本,上海通用使用了叫做"牛奶圈"的小技巧:每天早晨,上海通用的汽车从厂家出发,到第一个供应商那里装上准备好的原材料,然后到第二家、第三家,依次类推,直到装上所有的材料,然后再返回。这样做的好处是,消除了所有供应商空车返回的浪费。前两年还很少有人关注汽车物流,可现在它俨然成了汽车业的香饽饽,很多公司都希望通过降低物流成本来提高竞争力。而且,不同供应商的送货缺乏统一的标准化管理,在信息交流、运输安全等方面,都会带来各种各样的问题。如果要想管好它,必须花费很多的时间和很大的人力资源,所以上海通用改变了这种做法。上海通用聘请一家第三方物流供应商,由他们来设计配送路线,然后到不同的供应商处取货,再直接送到上海通用,利用"牛奶取货"或者叫"循环取货"的方式解决了这些难题。通过循环取货,上海通用的零部件运输成本下降了30%以上。这种做法体现了上海通用的一贯思想:把低附加价值的东西外包出去,集中精力做好制造、销售汽车的主营业务,即精干主业。

秘笈三:建立供应链预警机制追求共赢

上海通用所有的车型国产化都达到了40%以上,有些车型已达到60%甚至更高。这样可以充分利用国际国内的资源优势,在短时间内形成自己的核心竞争力。上海通用也因此非常注意协调与供应商之间的关系。

上海通用采取的是"柔性化生产",即一条生产流水线可以生产不同平台多个型号的产品,如同时生产别克标准型、较大的别克商务旅行型和较小的赛欧。这种生产方式对供应商的要求极高,即供应商必须处于"时刻供货"的状态,会产生很高的存货成本。而供应商一般不愿意独自承担这些成本,就会把部分成本打在给通用供货的价格中。如此一来,最多也就是把这部分成本转嫁到了上游供应商那里,并没有真正降低整条供应链的成本。

为克服这个问题,上海通用与供应商时刻保持着信息沟通。公司有一年的生产预测,也有半年的生产预测,生产计划是滚动式的,基本上每星期都有一次滚动,在此前提下不断调整产能。这个运行机制的核心是要让供应商也看到公司的计划,让他们能根据通用的生产计划来安排自己的存货和生产计划,减少对存货资金的占用。

如果供应商在原材料、零部件方面出现问题,也要给上海通用提供预警,这是一种双向的信息沟通。万一某个零件预测出现了问题,在什么时候跟不上需求了,公司就会利用上海通用的资源甚至全球的资源来作出响应。新产品的推出涉及整个供应链,需要国内所涉及的零部件供应商能同时提供新的零部件,而不仅仅是整车厂家推出一个产品这么简单。作为整车生产的龙头企业,上海通用建立了供应商联合发展中心,在物流方面也制作了很多标准流程,使供应商随着上海通用产量的调整来调整他们的产品。

目前市场上的产品变化很大,某一产品现在很热销,但几个月后需求量可能就不大了。上海通用敏捷化的要求就是在柔性化共线生产前提下能够及时进行调整,但这种调整不是整车厂自己调整,而是让零部件供应商一起来做调整。

市场千变万化,供应链也是千变万化的,对突发事件的应变也是如此。某段时间上海通用在北美的进口零部件出现了问题,就启动了"应急计划",不用海运而改用空运。再比如考虑到世界某个地区存在战争爆发的可能性,将对供应链产生影响,上海通用就尽可能增加零部件的库存,而且也预警所有的供应商,让他们对有可能受影响的原材料进行库存。供应链归根结底就是要贯彻一个共赢的概念。

资料来源:分析上海通用汽车物流成本管理,www.jctrans.com(整理)

案例讨论

结合上述案例,讨论企业如何做好物流成本控制工作。

阅读建议

[1] 何开伦. 物流成本管理 [M]. 武汉：武汉理工大学出版社，2007.

[2] 杜学森. 物流成本管理实务 [M]. 北京：中国劳动社会保障出版社，2006.

[3] 汪晓娟. 物流成本管理 [M]. 北京：机械工业出版社，2007.

[4] 取消年票如何真正达成降低物流成本 [EB/OL]. [2016-12-28]. http://www.chinawuliu.com.cn/zixun/201612/28/318066.shtml

取消年票如何真正达成降低物流成本

第6章 运输成本管理

知识目标

1. 掌握运输成本的含义。
2. 明确运输成本核算的相关知识。
3. 了解运输成本分析的相关内容。
4. 掌握运输成本预测的具体内容。
5. 明确有关运输成本决策的方法。
6. 了解运输成本的优化措施。

技能目标

1. 进行运输成本核算。
2. 进行运输成本预测。
3. 运用成本比较法进行运输成本决策。
4. 运用竞争因素法进行运输成本决策。

素质目标

1. 培养学生具备运输成本管理意识的职业素质。
2. 培养学生具备运输成本核算、分析、预测、决策、优化的职业要求。

先导案例

帮助学生了解社会实际，关心我国物流公路运输产业的发展现状；正确认识基本国情、国家利益、国家战略和政策，增强他们投身物流行业、振兴物流产业的决心。

本案例基于我国公路运输减负基本政策，阐明国家推进供给侧结构性改革促进物流业降本增效决心、成效及发展趋势，培养学生的爱国意识和社会责任感。

2021 年中国收费公路差异化收费成为必然趋势

2021 年 3 月 5 日,第十三届全国人民代表大会第四次会议中的政府工作报告指出,要用改革办法推动降低企业生产经营成本,全面推广高速公路差异化收费,坚决整治妨碍货车通行的道路限高限宽设施和检查卡点。

高速公路差异化收费政策既降低了货运物流成本,也达到了促进物流业降本增效、不扩大收费公路项目债务负担的效果。近几年,国内政策层面持续推动公路运输减负政策全面落实,公路收费差异化已成为必然趋势。

1. 公路运输减负政策汇总

交通运输部于 2016 年在《交通运输部关于推进供给侧结构性改革促进物流业"降本增效"的若干意见》中首次提出了探索高速公路分时段差异化收费的政策,之后陆续出台一系列政策完善具体实施方案,也为降低物流运输成本起到极大的促进作用。

截至 2021 年 3 月中国公路收费相关政策汇总

时间	相关政策
2016.8	《交通运输部关于推进供给侧结构性改革促进物流业"降本增效"的若干意见》
2018.7	《交通运输部办公厅关于扩大高速公路差异化收费试点工作的指导意见》
2019.5	《国务院办公厅关于印发的深化收费公路制度改革取消高速公路省界收费站实施方案的通知》
2019.7	《交通运输部 国家发展改革委 财政部关于全面清理规范地方性车辆通行费减免政策的通知》
2020.1	《关于优化高速公路差异化收费试点工作的通知》
2020.6	《国务院办公厅转发国家发展改革委交通运输部关于进一步降低物流成本实施意见的通知》
2021.3	《政府工作报告》再次提到"全面推广高速公路差异化收费"

资料来源:前瞻产业研究院整理

2020 年 1 月交通运输部发布《关于优化高速公路差异化收费试点工作的通知》,提出优化高速公路差异化收费试点工作的意见。

2. 试点城市落实情况

2016 年,为响应落实党中央、国务院"降本增效"号召,河南省率先进行高速公路分时段差异化收费尝试;2017 年,交通运输部指导山西、浙江、河南、湖南等 4 省在全国率先开展高速公路分时段差异化收费试点工作,之后在福建、浙江等其他省份逐步开展试点。

目前,全国范围还没有统一高速公路差异化收费政策。从各地试点情况来看,通过采取分时段(低峰时段优惠)、分路段(交通量低路段降低费率)、分区域(欠发达区域降低费率)、分车型(对集装箱车辆费率打折)、分支付方式(是否使用 ETC)等多种形式的差异化收费,有效地引导了交通参与人的出行行为,发挥了错峰调流、降低物流成本等方面的积极作用。

以国务院通报表扬的"山西试点"经验为例。早期实施的一轮差异化收费优惠政策主要有 6 个方面。

山西省高速公路差异化收费优惠政策主要内容

1. 集中连片贫困地区精准优惠
   - 对办理并持有山西省ETC卡交费的货车,在通行集中连片贫困地区13条高速公路路段时,车辆通行费可优惠50%。

2. 递远递减阶梯优惠
   - 鼓励重载货车行驶高速公路,对行经与相邻平行普通公路流量差异较大的13条高速公路路段的25 t以上货车,实行"递远递减"按里程阶梯收费方式。

3. 集装箱及厢式货车优惠
   - 国际标准集装箱车辆和车型分类为2类及以上的厢式货车在全省政府还贷高速公路享受上述各项优惠政策的同时,再优惠10%。

4. 对山西省货车ETC卡再优惠
   - 对持有山西省ETC卡交费的货车,在全省政府还贷高速公路享受上述优惠政策的同时,再优惠5%。

5. 分时段优惠
   - 在天镇至大同等5条路段试行分时段差异化收费政策,在8时至20时给予货车50%的通行费优惠,20时至次日8时给予货车70%的优惠。

6. 客运班车包缴优惠
   - 对办理ETC卡的客运班车,按照通行次数或通行公里数分档按月包缴,最高给予通行费50%的优惠。

资料来源:前瞻产业研究院整理

3. 收费公路发展现状

(1) 收费公路里程变化。2015—2019年我国收费公路总里程整体呈现波动变化趋势,截至2019年末我国收费公路里程达到17.11万km,同比增长1.8%;从收费公路占公路总里程的比重来看,2015—2019年整体呈现下降趋势,到2019年收费公路总里程占比下降至3.41%。

根据交通运输部数据显示,2015—2019年我国收费高速公路里程逐年增加,截至2019年末我国收费高速公路里程达到14.28万km,较2018年增长3.6%,但增速逐年放缓。国内"71118"(即7条首都放射线、11条北南纵线、18条东西横线等)高速公路网即将建成,行业整体进入平稳发展阶段。

(2) 公路收费站数量变化。从公路收费站数量来看,根据交通运输部数据,2015—2019年中国收费公路主线收费站数量逐年下降,截至2019年末,我国收费公路主线收费站共有1 267个,较2018年减少3.7%。

(3) 公路收费减免情况。从公路通行费减免金额来看,2015—2019年我国公路通行费减免金额逐年增长,持续保持在10%以上的增长水平,2019年我国公路通行费减免规模达到1 009.7亿元,较2018年增加10.0%。

其中,鲜活农产品运输"绿色通道"减免350.8亿元,重大节假日免收小型客车通行费343.7亿元,高速公路差异化收费、ETC通行费优惠、抢险救灾车辆免费通行等其他政策性减免315.3亿元,占比分别为34.7%、34%和31.2%。

4. 行业发展趋势分析

通过实施高速公路差异化收费,从政府角度,可以深化供给侧结构性改革,发挥价格调节作用,引导车辆更加科学合理地使用公路,提高公路网(不仅仅是高速公路)通行效率,促进物流业降本增效。预计国内公路差异化收费政策将在全国范围内陆续展开并逐渐积累经验，政策的制定将更加规范化、合理化。

资料来源：https://www.qianzhan.com/analyst/detail/220/210319-5b334894.html

6.1 运输成本概述

1. 运输的概念

运输是物流作业中最直观的要素之一，是人和物的载运及输送。本书中专指"物"的载运及输送，是在不同地域范围间（如两个城市、两个工厂之间，或一个大企业内相距较远的两车间之间），以改变"物"的空间位置为目的的活动。运输与搬运的区别在于，运输是较大范围的活动，而搬运是在同一地域之内的活动。运输是物流的基本功能之一；运输工作是物流工作中一个十分重要的环节，在整个物流过程中具有举足轻重的特殊地位。在现代生产中，生产越来越专门化、集中化，生产与消费被分割的状态越来越严重，被分割的距离亦越来越大。因而，运输的地位也越来越高。

知识拓展

我国国家标准《物流术语》中对运输的定义是："用设备和工具，将物品从一地点向另一地点运送的物流活动。其中包括集货、分配、搬运、中转、装入、卸下和分散等一系列操作。"

2. 运输成本的概念

运输成本是指企业在对原材料、在制品及成品的运输活动中所产生的费用。它包括直接费用和间接费用。运输成本在物流成本中占有很大的比重。运输成本与运输量和运输里程都成正比，运输里程越长，运输量越大，运输的成本也就越高，在整个物流成本中所占的比例也就越大。由于运输总里程长，运输总量是巨大的。从运费方面来看，运费在全部物流费中占最高的比例，有些产品的运费甚至高于产品的生产费。

运输成本

知识拓展

美国的运输成本

由基于伊诺运输基金会出版的年度运输丛书得到的货运数据，美国的运输成本包括公路运输成本、其他运输方式成本与货主费用。公路运输成本包括城市内运送费用与区域间卡车运输费用，其他运输方式成本包括铁路运输费用、国际国内空运费用、货代费用、油气管道运输费用。货主方面的费用包括运输部门运作及装卸费用。近10年来，美国的运输费用占国民生产总值的比重大体为6%，而且一直保持着这一比例，说明运输费用与经济的增长是同步的。

6.2 运输成本核算

6.2.1 运输成本的分类和核算——以汽车运输为例

1. 汽车运输成本的分类

(1) 按运输成本性质分类。运输成本的消耗，主要取决于运输距离的长短，即在运输成本中相当一部分是随车辆行驶里程的变动而变动的，有一部分是随运输周转量的变动而变动的，这两部分成本，称为相对变动成本。还有一部分成本，在一定的产量和行驶里程内不受其影响，则称为固定成本。所以，运输成本可分为以下三类。

① 固定成本（甲类变动成本）。固定成本（甲类变动成本）是指在一定的运输周转量范围内，与行驶里程和运输周转量基本无关的那一部分相对固定的成本支出，如管理人员的工资及其提取的职工福利费、营运间接费用、管理费用、按规定比例计提的工会经费和其他费用。

② 车千米变动成本（乙类变动费用）。车千米变动成本（乙类变动费用）是指随行驶里程变动的成本，包括营运车辆耗用燃料、营运车辆耗用轮胎、营运车辆维修费、按行驶里程计提的营运车辆折旧费等。这些成本费用，无论车辆是空驶或重载均会发生，而且随行驶里程的变动而变动。

③ 吨千米变动成本（丙类变动费用）。吨千米变动成本（丙类变动费用）是指随运输周转量的变动而变动的成本。如吨千米燃料附加、按营运收入和规定比例计算交纳的养路费、运输管理费（由于营运收入是周转量的正比函数，所以养路费与运输管理费是周转量的间接正比函数）以及按周转量计算的行车补贴等。某项费用属于固定成本还是变动成本，与采用的费用核算方法有关。例如，营运车辆按生产法计提折旧时，其折旧费是变动成本；但按使用年限法计提折旧时，则属于固定成本。汽车运输成本构成内容按成本形态进行分类，便于分析汽车运输成本升降的原因，并有助于进行量本利决策分析。

(2) 按生产要素分类。按生产要素分类，可以反映企业在一定时期内同类性质费用的全部支出，便于按费用性质归口管理。可以将运输成本分成：① 材料费；② 燃料费；③ 动力费；④ 低值易耗品；⑤ 工资；⑥ 福利费；⑦ 固定资产折旧；⑧ 固定资产修理费；⑨ 其他费用。

2. 汽车运输成本项目的核算内容

(1) 核算对象。如果企业车辆的车型较多，可以按不同的燃料和类型进行分类，作为成本核算对象；如果企业的车型较少，可以不进行分类，直接一并作为成本核算对象。

(2) 计算单位。汽车运输成本的计算单位，是以汽车运输工作量的计量单位为依据的，即实际运送的货物吨数乘以运距，通常称为货物周转量，计量单位为"吨千米"。为方便起见，通常以"千吨千米"作为成本的计算单位。

大型车组的成本计算单位可以为"千吨位小时"，集装箱车辆的成本计算单位为"千标准箱千米"。集装箱以 20 英尺①为一个标准箱；小于 20 英尺的，每箱按一标准箱计算；大

---

① 1 英尺 = 0.304 8 米。

于 20 英尺小于 40 英尺的集装箱，每箱按 1.5 标准箱计算。

其他特种车辆，如冷藏车、油罐车等的运输业务，其运输工作量仍以"千吨千米"为成本计算单位。

（3）运输成本项目的设置。汽车运输成本项目分为车辆直接费用和营运间接费用两部分。

其中车辆直接费用包括以下内容：

① 工资：指按规定支付给营运车辆司机的基本工资、工资性津贴和生产性奖励金，随车售票乘务员工资和工资性津贴，以及实行承包经营企业的司乘人员个人所得的承包收入。

② 职工福利费：指按规定的工资总额和比例计提的职工福利费。

③ 燃料费：指营运车辆运行中所耗用的各种燃料，如汽油和柴油等的费用支出。自动倾卸车时所耗用的燃料也在本项目内核算。

④ 轮胎费：指营运车辆耗用的外胎、内胎和垫带的费用支出，以及轮胎翻新费和零星修补费。

⑤ 修理费：指营运车辆进行各级维护和小修所发生的工料费、修复旧件费用，以及车辆大修费用。采用总成互换维修法的企业，维修部门领取的周转总成的价值和卸下总成的维修费用，也在本项目内核算。

⑥ 车辆折旧费：指营运车辆按规定方法计提的折旧费。

⑦ 养路费：指按规定向公路管理部门缴纳的养路费。

⑧ 公路运输管理费：指按规定向公路运输管理部门缴纳的运输管理费。

⑨ 车辆保险费用指向保险公司缴纳的营运车辆保险费用。

⑩ 事故费：指营运车辆在运行过程中，因行车肇事所发生的事故损失，扣除保险公司赔偿后的事故费用。但因车站责任发生的货损、货差损失，以及由不可抗拒的原因而造成的非常损失等，均不在本项目内核算。

⑪ 税金：指规定交纳的车船使用税。

⑫ 其他费用：指不属于以上各项的车辆营运费用，如行车杂支、随车工具费、篷布绳索费、防滑链条费、中途故障救济费、车辆牌照和检验费、洗车费、停车住宿费、过桥费、过渡费和高速公路建设费等。

其中营运间接费用是指运输企业以下的基层分公司、车队和车站发生的营运管理费用，但不包括企业行政管理部门（总公司或公司）的管理费用。

6.2.2 运输实际费用的计算——以远洋运输成本计算为例

1. 核算资料

（1）某远洋运输公司，其甲货船第 5 航次航行于国外某航线，自 6 月开航至 7 月 20 日结束。甲船于 6 月月末为未完航次，当时的"航次成本计算单"所列费用见表 6-1。

表 6-1 6 月份甲船航次成本计算单　　　　　　　　　　　　　单位：元

航次运行费用	532 000
燃料	400 000
港口费	30 000

续表

货物费	100 000
航次其他费用	2 000
6月份分配该船舶固定费用	600 000
6月份分配该船舶集装箱固定费用	20 000

甲船第5航次尚未结束，计未完成航次成本1 684 000元，由于该航次尚未结束，不分配营运间接费用。

（2）甲船于7月份航次结束，当月甲船第5航次的运行费用以及7月份船舶固定费用、集装箱固定费用、营运间接费用见表6-2。

表6-2　7月份甲船航次运行费、船舶固定费及集装箱固定费　　　　单位：元

航次运行费用	528 000
燃料	350 000
港口费	25 000
货物费	150 000
航次其他费用	3 000
7月份甲船舶固定费用	682 000
7月份集装箱固定费用	372 000

2. 核算过程

（1）甲船7月份船舶固定费用682 000元，按航次营运天数分配，由该月第5航次和第6航次负担（第5航次为已完航次，第6航次为未完航次）。其计算如下：

$$甲船7月份每天船舶固定费用 = \frac{682\ 000}{31} = 22\ 000（元）$$

甲船第6航次负担固定费用：22 000元/天×11天＝242 000（元）。

（2）该公司7月份的集装箱固定费用为372 000元，按重量标准箱天3 100箱天计算分配由甲船第5航次和第6航次负担（其中，第5航次使用集装箱2 000箱天；第6航次使用集装箱1 100箱天）。其计算如下：

$$每箱天固定集装箱费用 = \frac{372\ 000}{3\ 100} = 120（元）$$

甲船第5航次7月份使用集装箱应负担的费用＝120×2 000＝240 000（元）

甲船第6航次7月份使用集装箱应负担的费用＝120×1 100＝132 000（元）

（3）甲船第5航次已完航次成本见表6-3。

表6-3　甲船第5航次已完航次成本　　　　单位：元

项　　目	6月份	7月份	合计
航行费用	532 000	528 000	1 060 000
燃料	400 000	350 000	750 000

续表

项　　目	6月份	7月份	合计
港口费	30 000	25 000	55 000
货物费	100 000	150 000	250 000
航次其他费用	2 000	3 000	5 000
分配船舶固定费用	600 000	440 000	1 040 000
分配集装箱固定费用	20 000	240 000	260 000
甲船第5航次直接费用合计	1 684 000	1 736 000	3 420 000

（4）该公司7月份的营运间接费用共为1 000 000元，7月份各船已完航次运行费用合计10 000 000元。营运间接费用按月份已完航次直接费用比例计算分配。计算如下：

$$7月份营运间接费用分配率 = \frac{1\ 000\ 000}{10\ 000\ 000} \times 100\% = 10\%$$

甲船第5航次应分配营运间接费用为

$$3\ 420\ 000 \times 10\% = 342\ 000（元）$$

甲船第5航次总成本为

$$3\ 420\ 000 + 342\ 000\ 元 = 3\ 762\ 000（元）$$

（5）设甲船第5航次完成运输周转量313 500千吨千米，则其单位成本可计算如下：

$$单位运输成本 = \frac{3\ 762\ 000\ 元}{313\ 500\ 千吨千米} = 12（元每千吨千米）$$

（6）根据上述结果，可按船名或航线编制"船舶已完航次成本汇总表"（本例略）。

以上是从财务成本核算规定与要求的角度，介绍了海运企业财务成本的核算方法和成本报告的编制方法。在实际工作中，海运企业的成本核算除财务成本核算方法外，还有许多计算方法，这些方法没有统一的规定，完全是根据企业内部经营管理的需要计算的成本，因此可称之为管理成本。

6.3　运输费用预算编制

企业的运输费用包括营业运输费用和自营运输费用两个组成部分。营业运输费用是指利用营业性运输工具进行运输所支付的费用。自营运输费用则是用自备运输工具进行运输所发生的费用。这两种费用的支付对象、支付形式及项目构成都有较大的差别，因而必须区别对待，分别编制预算。

1. 营业运输费用预算的编制

企业进行营业运输时，其运输费用是直接以劳务费的形式支付给承运单位（运输企业）的，营业运输费实质上是一种完全的变动费用，这种运输费的计算和预算比较简单。如果企业采用汽车运输，运输费用可按汽车标准运费率乘以运输吨千米计算确定；如果采用火车运输，其运费可按铁路标准运费乘以运输吨千米数计算确定；水路、航空运输，以此类推。

例6-1　假定某公司计划年度共需完成7 000吨千米的运输任务。已知采用公路运输1 000吨千米，铁路运输4 000吨千米，水路运输2 000吨千米，可使该批商品的运输效益最佳。又知公路运输的平均运费率为 0.30 元每吨千米，铁路运输的运费率为 0.20 元每吨千米，水路运输的运费率为 0.15 元每吨千米。

根据上述资料编制该批商品营业运输的运输费用预算见表 6-4。

表 6-4　某商品营业运输费用预算表（2020 年）

项　　目	运费率/元每吨千米	运输量/吨千米	运输费用/元
公路运输费用	0.30	1 000	300
铁路运输费用	0.20	4 000	800
水路运输费用	0.15	2 000	300
合　　计			1 400

2. 自营运输费用预算的编制

自营运输费用的发生情况比较复杂，既有随运输业务量增减而成比例增减的变动运输费用如燃料费、维修费、轮胎费等，也有不随运输业务量成比例变化的固定运输费用如运输工具的折旧费、保险费、养路费等。因此，为了有效地实施预算控制，需要在编制运输费用预算之前，首先区分变动运输费和固定运输费。计算预算期各项变动运输费，可以先以上年该项变动运输费总额除以运输业务量，求出上年的变动费用率。在此基础上考虑预算期可能发生的各种变动，适当调整变动费用率，再以调整后的变动费用率乘以预算期的运输业务量，即可得到预算期该项变动运输费用的数额。在确定各项变动运输费用之后，再根据上期各项固定费用的分配数，并考虑预算期可能变化的因素，求出预算期的各项固定运输费用。最后，便可得出自营运输费用的预算。

例 6-2　假定 A 公司 2020 年度需完成某种商品的运输任务为 2 000 000 吨千米。上年各项变动运输成本的变动费用率经计算为：燃料费 0.8 元每吨千米，维修费 0.5 元每吨千米，轮胎费 0.7 元每吨千米，其他为 0.4 元每吨千米。预算期的各项变动费用率不变。根据上期的实际情况，并考虑预算期的变化因素，确定预算期支付各项固定运输费用的数额如下：运输设备折旧费 50 000 元，养路费 20 000 元，交通管理费 30 000 元，其他固定费 10 000 元。

根据上述资料，编制自营运输费用预算见表 6-5。

表 6-5　自营运输费用预算表

项　　目	变动费用率	计划运输量/吨千米	费用预算/元
变动运输费			
燃料费	0.8	2 000 000	1 600 000
维修费	0.5	2 000 000	1 000 000
轮胎费	0.7	2 000 000	1 400 000
其他	0.4	2 000 000	800 000
小计			4 800 000
固定运输费			
折旧费			50 000

续表

项 目	变动费用率	计划运输量/吨千米	费用预算/元
养路费			20 000
管理费			30 000
其他			10 000
小计			110 000
合计			4 910 000

6.4 运输成本决策

6.4.1 影响运输成本决策的基本因素

要想进行科学的运输成本决策,首先应了解影响运输成本的因素。虽然在运输市场中存在着多种不同的运输方式以及不同的运输价格,但在实践中可以分析影响运输成本的因素,从而进行合理的运输成本决策。一般来讲,影响运输成本的因素有输送物品的种类、运输距离、运送量、产品密度、送达时间要求等方面。企业在进行物流运输成本决策时,都必须对这些因素加以综合考虑。

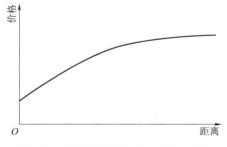

图 6-1 距离和运输成本之间的一般关系

1. 运输距离

运输距离是影响运输成本的主要因素,因为它直接对劳动、燃料和维修保养等变动成本发生作用。图 6-1 显示了距离和成本的一般关系,并说明了以下两个要点。

(1) 成本曲线不是从原点开始的,因为它与距离无关,但与货物的提取和交付活动所产生的固定费用有关。

(2) 单位运输成本是随距离减少而增长的一个函数,这种特征被称作递远递减,即单位运输成本是随着运输距离的延长而逐渐降低的。

运输支出按三项作业过程可以分为发到作业支出、运行作业支出和中转作业支出。运输距离增加,虽然运输总支出会随着增加,但是其中成比例增加的只是与运行作业有关的支出和中转作业支出,而始发和终到作业支出是不变的。因此,运输距离长时,分摊到单位运输成本中的始发和终到作业费用较少,因而运输成本低;相反,如果运输距离短,分摊到单位运输成本中的始发和终到作业费用较多,成本就高。运输成本结构的这种变化是实行运价递远递减的基础,而市内运输通常会频繁地停车,因此要增加额外的装卸成本。

2. 运输量

影响运输成本的第二个因素是运输量。它之所以会影响运输成本,是因为大多数运输活动中存在着规模经济,这种关系如图 6-2 所示,它说明了单位重量的运输成本随运输量的增加而减少。之所以会产生这种现象,是因为提取和交付活动的固定费用以及行政管理费用可以随装载量的增加而被分摊。但这种关系受到运输工具（如卡车）最大尺寸的限制，一旦该车辆满载，对下一辆车会重复这种关系。这种关系对企业物流管理部门的启示是，小批量的物品应整合成更大的运输量，以期利用规模经济性。

3. 运输时间要求

在上述选择条件中，输送物品的种类、运输量和运输距离三个条件是由货物自身的性质和存放地点决定的，因而属于不可变量。事实上，对这几个条件进行大幅度变更，从而改变运输服务方式的可能性很小。与此相反，运输时间和运输

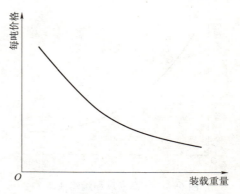

图 6-2 运输量与运输成本之间的一般关系

成本是不同运输方式相互竞争的重要条件，运输时间与运输成本的变化必然会带来所选择的运输方式的改变。换句话说，这两个因素作为运输方式比较选择要素的重要性日益增强。

运输时间和运输成本之所以如此重要，在于企业物流需求发生了改变。运输服务的需求者一般是企业，目前企业对缩短运输时间、降低运输成本的要求越来越强烈，这主要是因为在当今经营环境较复杂、困难的情况下，只有不断降低各方面的成本，加快商品周转速度，才能提高企业经营效率，实现竞争优势。所以，在企业的物流运输体系中，准时制（JIT）运输在急速普及。这种运输方式要求为了实现企业库存的最小化，对其所需的商品，在必要的时间、以必要的量进行运输。JIT 运输方式要求必须缩短从订货到进货的时间。正因为如此，从进货方来讲，为了实现迅速地进货，必然会在各种运输服务方式中选择最为有效的手段来从事物流活动。例如，日本以缩短运输时间为主要特征的"宅急便"就是一个很典型的例子，正因为"宅急便"能实现第二天在全国范围内进行商品配送的服务，所以它在全球范围内迅速普及，而且目前客户群体的范围不仅包括一般消费者，也包括很多要求实现迅速配送服务的企业。

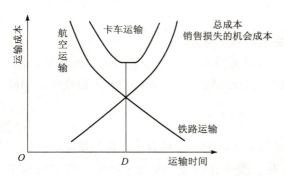

图 6-3 总物流运输成本是运输时间的函数

缩短运输时间与降低运输成本是一种此长彼消的关系，如果要利用快速的运输服务方式，就有可能增加运输成本；同样，运输成本下降有可能导致运输速度减缓。所以，如何有效地协调这两者间的关系，使其保持一种均衡状态，是企业选择运输服务方式时必须考虑的重要因素。图 6-3 表明了运输时间与物流运输综合成本之间的函数关系。

图 6-3 中的销售成本曲线加上运送成本曲线即为总成本曲线。这条总成本曲线呈 U 字形，从它的最低点作垂直于代表运送时间的横轴的垂线，可知最佳延误送达时间为 D 点，其含义是指较长的运送时间所获得的边际收益，正好与丧失顾客惠顾的边际成本相等。

上述分析表明，企业必须对物流运输系统决策进行系统的检核与评价，企业物流管理人员还应该考虑不同运输方式所带来的在途存货及以货币时间价值计算的资金成本。

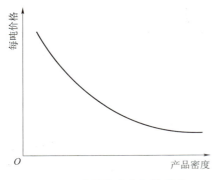

图6-4 产品密度和运输成本之间的一般关系

4. 产品密度

影响运输成本的第四个因素是产品密度，它把重量和空间方面的因素结合起来考虑。这类因素之所以重要，是因为运输成本通常表示为单位重量所花费的金额，如每吨千米金额数或每担金额数等。在重量和空间方面，单独的一辆运货卡车更多的是受到空间限制，而不是受重量限制。即使该产品的重量很轻，车辆一旦装满，就不可能再增加装运数量。既然运输车辆实际消耗的劳动成本和燃料成本主要受重量的影响，那么产品密度越高，相对地可以把固定运输成本分摊到增加的重量上去，使这些产品所承担的单位重量的运输成本相对较低。图6-4说明了单位重量的运输成本随产品密度的增加而下降的关系。

一般说来，企业物流运输作业人员应设法增加产品密度，以便能更好地利用装载车辆的容积，使车辆能装载更多数量的货物。增加货物包装密度，可以将更多单位的产品装载进具有固定体积的车辆中去。当然，在某种情况下，由于车辆已经满载，即使再增加产品的密度也无法再增加利益。例如，从容积的角度来看，像啤酒或纯净水之类的液体货物在装入公路拖车容量的一半时，重量就会达到满载程度。显然，这类货物在还没有充分利用容量时，就有可能受到重量的限制。尽管如此，努力增加产品密度通常会使运输成本降低。

总之，降低成本是企业在任何时期都强调的战略，尤其是在企业经营处于微利的环境条件下，运输成本的下降是企业生存、发展的重要手段之一。只有真正高度重视运输成本的削减，选择合适的运输方式，才能使物流成为企业利润的第三源泉。

6.4.2 运输成本决策举例

现以运输方式的选择来说明物流运输成本决策的具体方法。

各种运输方式和运输工具都有各自的特点，不同类型的物品对运输的要求也不尽相同。因此，合理选择运输方式，是合理组织物流运输、保证运输质量、降低物流运输成本、提高物流运输效益的一项重要内容。

1. 物流运输服务方式选择的原则

物流运输是实现物品空间位移的手段，也是物流活动的核心环节。无论是物流企业，还是企业物流，对物流运输方式的选择应贯彻及时、准确、经济、安全、增值、优化的基本原则。

（1）及时，是指按照产、供、运、销等实际需要，能够及时将物品送达指定地点，尽量缩短物品在途时间。

（2）准确，是指在运输过程中，能够防止各种差错事故的发生，准确无误地将物品送交指定的收货人。

（3）经济，是指通过合理地选择运输方式和运输路线，有效地利用各种运输工具和设备，运用规模经济的原理实施配货方案，节约人力、物力和运力，提高运输经济效益，合理地降低运输费用。

（4）**安全**，是指在运输过程中，能够防止霉烂、残损及危险事故的发生，保证物品的完整无损。

（5）**增值**，是指物流企业的专业化和规模化导致了低成本，节省物流运输作业成本，同时又提供了其他增值服务。这是物流企业生存的基本点，也是赢取客户的出发点。物流企业在提供基本业务服务的基础上，可以利用自身优势，结合客户的需要开展增值创造。只有这种增值创造才可能保证企业的利润空间，才可能增强物流企业不可复制的核心竞争力，与客户建立战略伙伴关系。

（6）**优化**，是指按照客观经济规律，以一定的原则、程序和方法，对人力、物力和财力进行有效的组织、指挥、协调和监督，达到以最少的资源耗费取得最佳经济效益的目的。运输作业优化，就是按照运输的规律和规则，对整个运输过程所涉及的运输市场竞争结构、物品发送、物品接运甚至物品中转，对人力、运力、财力和运输工具，进行合理组织和平衡调整，达到提高运输效率、降低运输成本的目的。

物流运输方式的选择或某运输方式内服务内容的选择取决于物流运输服务的众多特性，从速度到对解决问题有否帮助等。但并非所有的运输服务特性都同样重要，在物流运输作业人员心目中，只有某些特性是头等重要的。研究表明，运输成本、时间要求和安全可靠性最为重要，其他特征在物流管理人员眼里都不十分重要。因此，运输服务的成本、平均运输时间（速度）和运输时间的波动性（可靠性）是选择运输方式的最重要的依据。物流运输方式的比较、选择及优化最终应该完全结合进整个物流运营管理中去。在评估潜在的方式和承运商时，对具体的运输组合所提供的服务价值，应按照相应的成本来衡量。

2. 运输方式的选择

物流运输方式的选择，一般要考虑两个基本因素：即运输方式的速度问题和运输费用问题。从物流运输功能来看，速度快是物流运输服务的基本要求。但是，速度快的运输方式，其运输费用往往较高。同时，在考虑运输的经济性时，不能只从运输费用本身来判断，还要考虑因运输速度加快，缩短了物品的备运时间，使物品的必要库存减少，从而减少了物品的保管费的因素等。因此，运输方式或运输工具的选择，应该是在综合考虑上述各种因素后，寻求运输费用与保管费用最低的运输方式或运输工具。这种关系如图 6-5 所示。

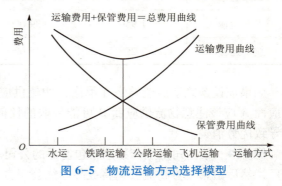

图 6-5　物流运输方式选择模型

为了对运输方式或运输工具进行选择，还可以从物流运输的功能来研究，采用综合评价的方法来选择运输方式或运输工具。

物流运输系统的目标是实现物品迅速安全和低成本的运输。但是，运输的速度性、准确性、安全性和经济性，是相互制约的。若重视运输的速度性、准确性、安全性，则运输成本就会增大；反之，若运输成本降低，运输其他目标就不可能全面实现。因此，在选择运输方式或运输工具时，应综合考虑运输的各种目标要求，采取定性分析与定量分析相结合的方法，选择出合理的运输方式或运输工具。

6.4.3 不同运输方式的成本比较

例 6-3 位于天宝的某一家设备制造商需要从两个供应商那里购买 3 000 箱塑料配件，每箱配件的价格是 100 元。目前，从两个供应商处采购的数量是一样的；两个供应商都采用铁路运输，平均运送时间也相同。但如果其中一个供应商能将平均交付时间缩短，那么每缩短一天，制造商会将采纳订单的 5%（即 150 箱）转给这个供应商。如果不考虑物流运输成本，供应商每卖出一箱配件可以获得 20% 的利润。

供应商 A 正在考虑如果将铁路运输方式改为航空或卡车运输，是否可以获得更多的收益。各种物流运输方式下每箱配件的运输费率和平均运送时间见表 6-6。

表 6-6 运输费率和时间表

运输方式	运输费率/（元·箱$^{-1}$）	运送时间/天
铁路运输	2.50	7
卡车运输	6.00	4
航空运输	10.35	2

供应商 A 仅根据可能得到的潜在利润进行选择。表 6-7 从供应商 A 的角度列出了在不同运输方式下可获得的利润。

表 6-7 不同运输方式利润表

运输方式	销售量/箱	毛利/元	运输成本/元	净利润/元
铁路运输	1 500	30 000	3 750	26 250
卡车运输	1 950	39 000	11 700	27 300
航空运输	2 250	45 000	23 287.5	21 712.5

如果该设备制造商能够恪守承诺，物流供应商 A 应该转而采用卡车运输。当然，物流供应商 A 应该注意物流供应商 B 可能采取的任何反击手段，一旦对手采取相应措施，可能会导致优势消失。

例 6-4 某公司是生产系列箱包产品的公司。公司的配送计划是将生产的成品先存放在工厂，然后由第三方物流公司将成品运往公司自有的基层仓库。目前，公司使用铁路运输将位于北方工厂的成品运往位于南方的仓库。铁路运输的平均时间为 21 天，箱包的平均价值为 30 元，箱包的年库存成本为其价值的 30%。

公司希望选择使总成本最小的物流运输方式。据估计，运输时间从目前的 21 天每减少一天，平均库存水平可以减少 1%。每年位于南方的仓库卖出 700 000 件箱包。公司可以选择以下运输服务方式，见表 6-8。

表 6-8　不同运输方式数据表

运输服务方式	运输费率/（元·件$^{-1}$）	运送时间/天	每年运输批次
铁路运输	0.10	21	10
整车运输	0.15	14	20
零担运输	0.20	5	20
航空运输	1.40	2	40

根据上述资料可知，企业选择不同运输方式将影响货物的在途时间，从而影响在途商品的持有成本，在途商品的持有成本计算公式如下：

$$\frac{\text{在途商品}}{\text{持有成本}}=\frac{\text{商品全年}}{\text{配送总量}}\times\frac{\text{单位商品}}{\text{平均价值}}\times\frac{\text{年库存}}{\text{成本率}}\times\frac{\text{平均运送时间}}{365} \tag{6-1}$$

此外，企业选择不同运输方式还会影响工厂库存持有成本和仓库库存持有成本，其计算公式如下：

$$\frac{\text{工厂库存}}{\text{持有成本}}=\frac{\text{运输批量}}{2}\times\frac{\text{单位商品}}{\text{平均价值}}\times\frac{\text{年库存}}{\text{成本率}} \tag{6-2}$$

$$\frac{\text{仓库库存}}{\text{持有成本}}=\frac{\text{运输批量}}{2}\times\left(\frac{\text{单位商品}}{\text{平均价值}}+\frac{\text{运输}}{\text{费率}}\right)\times\frac{\text{年库存}}{\text{成本率}} \tag{6-3}$$

由此可计算各种运输方式决策相关总成本如下。

（1）铁路运输方式：

运输成本 = 700 000×0.1 = 70 000（元）

在途商品持有成本 = 700 000×30×30%×21/365 = 362 466（元）

工厂库存持有成本 = 30×30%×70 000/2 = 315 000（元）

仓库库存持有成本 = 30.1×30%×70 000/2 = 316 050（元）

决策相关总成本 = 70 000+362 466+315 000+316 050 = 1 063 516（元）

（2）整车运输方式：

运输成本 = 700 000×0.15 = 105 000（元）

在途商品持有成本 = 700 000×30×30%×14/365 = 241 644（元）

工厂库存持有成本 = 30×30%×93%×35 000/2 = 146 475（元）

仓库库存持有成本 = 30.15×30%×93%×35 000/2 = 147 207（元）

决策相关总成本 = 105 000+241 644+146 475+147 207 = 640 326（元）

（3）零担运输方式：

运输成本 = 700 000×0.2 = 140 000（元）

在途商品持有成本 = 700 000×30×30%×5/365 = 86 301（元）

工厂库存持有成本 = 30×30%×84%×35 000/2 = 132 300（元）

仓库库存持有成本 = 30.2×30%×84%×35 000/2 = 133 182（元）

决策相关总成本 = 140 000+86 301+132 300+133 182 = 491 783（元）

（4）航空运输方式：

运输成本 = 700 000×1.4 = 980 000（元）

在途商品持有成本 = 700 000×30×30%×2/365 = 34 520（元）
工厂库存持有成本 = 30×30%×81%×17 500/2 = 63 788（元）
仓库库存持有成本 = 31.4×30%×81%×17 500/2 = 66 764（元）
决策相关总成本 = 980 000+34 520+63 788+66 764 = 1 145 072（元）

从上述计算结果可以看出，采用铁路运输时的运输成本最低，采用航空运物时的库存持有成本最低，但采用零担运输时的总成本最低。因此企业应改为采用零担运输方式，运输时间减少到5天，两个端点的库存水平将减少50%。

6.4.4 运输组织成本计算的决策

在物流过程中，运输组织成本计算的决策是一个很重要的问题。下面介绍两种比较常用的方法。

1. 成本比较法

例 6-5 公司运输方案决策问题。

YT公司欲将产品从A工厂运往公司仓库B地，年运量D为1 000 000件，每件产品的价格C为40元，每年的库存成本I为产品价格的30%。公司希望选择使总成本最小的运输方式。据估计，运输时间每减少一天，平均库存成本可以降低1%。各种运输方式的有关参数见表6-9。

表6-9 YT公司运输方式参数

运输方式	运输费率R/（元·件$^{-1}$）	运达时间T/天	每年运送批次	平均存货量$Q/2$/件
铁路	0.1	21	10	150 000
水路	0.2	14	20	48 000
公路	0.5	5	20	40 000
航空	1.8	2	40	20 000

在途运输的年存货成本为$ICDT/365$，两端储存点的库存成本各为$ICQ/2$，其中，工厂的储存点C为产品的价格，购买者储存点的C为产品价格和运输成本之和。求：在这四个运输方案中，哪个方案是最优的。计算结果见表6-10。

表6-10 对各种运输方式的相关成本的计算结果   单位：元

成本类型	计算方法	铁路	水路	公路	航空
运输费用	$R×D$	0.1×1 000 000=100 000	0.2×1 000 000=200 000	0.5×1 000 000=500 000	1.8×1 000 000=1 800 000
在途运输	$ICDT/365$	0.3×40×1 000 000×21/365=690 410	0.3×40×1 000 000×14/365=460 273	0.3×40×1 000 000×5/365=164 383	0.3×40×1 000 000×2/365=65 753
工厂库存	$ICQ/2$	0.3×40×150 000=1 800 000	0.3×40×48 000=576 000	0.3×40×40 000=480 000	0.3×40×20 000=240 000

续表

成本类型	计算方法	铁路	水路	公路	航空
仓库库存	ICQ/2	0.3×40.1×150 000 = 1 804 500	0.3×40.2×48 000 = 578 880	0.3×40.5×40 000 = 486 000	0.3×41.8×20 000 = 250 800
总成本		4 394 910	1 815 153	1 630 384	2 356 553

由表 6-10 可见，运输方式总成本最小的是公路运输，因此公路运输是合理的选择。

2. 竞争因素法

运输方式的选择如直接涉及竞争优势，则有必要考虑竞争因素。当制造商通过供应渠道从不同的供应商处购入商品时，物流服务和价格都将对供应商的选择产生一定的影响。同时，供应商也可通过对供应渠道中运输方式的选择来控制物流成本。

对制造商来说，良好的运输服务（较短的运达时间和较少的运达时间变动）可得到较低的库存水平和较合理的运作时间。为了得到这些服务，制造商会给供应商以惠顾，它们会把更大的购买份额转向能提供较好运输服务的供应商。扩大了的交易额将给供应商带来更多的利润，供应商由此可选择提供更好服务的运输方式，而不是单纯地去追求降低成本。当然，在这种情况下，其他供应商也会作出相应的竞争反应。下面的问题是在不考虑竞争对手反应的情况下，供应商将如何选择运输方式。

例 6-10 供应商选择运输方式问题。

某制造商分别从三个供应商（A、B 和 C）购买了共 4 500 个配件，每个配件单价 100 元。目前这些配件是由三个供应商平均提供的，如供应商缩短运达时间，则将得到更多的交易份额，每缩短一天，可从总交易量中多得 6% 的份额，即 270 个配件。供应商在每个配件上可赚得占配件价格 25% 的利润。各种运输方式的运费率和运达时间见表 6-11。

表 6-11 各种运输方式的运费率和运达时间

运输方式	运输费率/（元·件$^{-1}$）	运达时间/天
铁路	2.5	10
水路	4.0	7
公路	6.0	4
航空	10.8	2

供应商 A 考虑若将原先运输成本最低的铁路转到其他方式是否有利可图。当然，供应商 A 只是根据它可能获得的潜在利润来对运输方式进行选择。表 6-12 是供应商 A 使用不同的运输方式可能获得的预期利润。

表 6-12 供应商 A 使用不同的运输方式的利润比较表

运输方式	配件销售量/个	收入/元	运输成本/元	净利润/元
铁路	1 500	37 500	−3 750	33 750

续表

运输方式	配件销售量/个	收入/元	运输成本/元	净利润/元
水路	2 310	57 750	−9 240	48 510
公路	3 120	78 000	−18 720	59 280
航空	3 660	91 500	−39 528	51 972

在这种情况下，供应商将会选择公路运输，既可为自己赚取更高的利润，同时又可提供良好的运输服务质量。当然在实际情况中供应商 A 必须要考虑供应商 B 和 C 将作出的竞争反应行为，若处理不当，而可能削弱供应商 A 的既有利益。

6.5　运输成本优化

6.5.1　运输合理化的影响因素

所谓运输合理化，是指在实现社会产销联系的过程中，选取达到运距短、运力省、运费低、速度快的最佳运输路线和运输方式所组织的货物运输。由于运输是物流中最重要的功能要素之一，物流合理化在很大程度上依赖于运输合理化。运输合理化的影响因素很多，起决定性作用的有以下五个方面，称作合理运输的"五要素"。

1. 运输距离

在运输时，运输时间、运输货损、运费、车辆或船舶周转等运输的若干技术经济指标，都与运距有一定比例关系，运距长短是判断运输是否合理的一个最基本的因素。缩短运输距离从宏观、微观角度都会带来好处。

2. 运输环节

每增加一次运输，不但会增加起运的运费和总运费，而且必须要增加运输的附带活动，如装卸、包装等，各项技术经济指标也会因此下降。所以，减少运输环节，尤其是同类运输工具的环节，对合理运输有促进作用。

3. 运输工具

各种运输工具都有其优势领域，对运输工具进行优化选择，按运输工具特点进行装卸运输作业，发挥所用运输工具的最大作用，是运输合理化的重要一环。

4. 运输时间

运输是物流过程中需要花费较多时间的环节，尤其是远程运输，运输时间占全部物流时间的绝大部分，所以，运输时间的缩短对整个流通时间的缩短有决定性的影响。此外，运输时间短，有利于运输工具的加速周转，充分发挥运力的作用，有利于货主资金的周转，有利于运输线路通过能力的提高，这些都对运输合理化有很大贡献。

5. 运输费用

运费在全部物流费用中占很大比例，运费高低在很大程度上决定整个物流系统的竞争能力。实际上，运输费用的降低，无论对货主企业来说还是对物流经营业来说，都是运输合理化的一个重要目标。最大限度地降低运费，也是各种合理化运输实施是否行之有效的最终判断依据之一。

6.5.2 控制运输成本的重要性

表6-13是各国或地区物流成本构成比较表(中国因为无这方面的统计资料,所以以中国台湾地区的侨泰物流公司统计数字为例)。由表6-13中可发现,运输成本为各国比重最高的成本项目,更以美国的46%为最高,这是由其幅员广阔、配送范围较广、距离较远所致(中国很显然可以参照美国的指标),可见物流业的经营重心应在运输作业,应将其视为控制成本的首要对象。

表6-13 各国或地区物流成本构成比较表

成本项目	中国台湾侨泰物流	美国物流业	欧盟物流业	英国物流业
运输成本/%	50	46	41	42
仓储作业成本/%	15	22	31	24
存货成本/%	15	22	23	14
管理成本/%	20	10	15	20

目前,我国社会闲散运输能力出现过剩趋势,货源不足、超载和压价现象十分普遍。在这种情况下,国内物流界对运输成本的控制容易产生一种错觉,认为货物运输成本压缩空间不大。但实际上,国内的绝大部分企业在货物运输的过程中都存在着十分巨大的浪费现象。缩短及理顺运输中的各个环节仍大有文章可作。在国内的运输领域中,低价运输比例过大;"门到门"运输服务不仅有限而且覆盖范围不广;运输服务在时间的保证性上较差;货物运输的集货、分拣、组配等的水平有限;不同运输模式的联运效率较低。种种现象显示物流运输成本控制还没有得到切实有效的控制,应作为物流成本控制的重点内容加以研究。

6.5.3 物流运输成本的优化措施——开展合理运输

1. 充分发挥运输各要素的能力

(1) 提高运输工具实载率。提高实载率的意义在于充分利用、控制运输工具的额定能力,减少空驶和不满载行驶的时间。提高装载效率,是组织合理运输、提高运输效率和降低运输成本的重要内容。一方面,是最大限度地利用车辆载重吨位;另一方面,是充分使用车辆装载容积。其主要做法有以下三种。

① 组织轻重配装。即把实重货物和轻泡货物组装在一起,既可充分利用车船装载容积,又能充分利用载重吨位,以提高运输工具的使用效率,降低运输成本。

② 实行解体运输。对一些体积大、笨重、不易装卸又容易碰撞致损的货物,如自行车、缝纫机和科学仪器、机械等,可将其拆卸装车,分别包装,以缩小所占空间,并易于装卸和搬运,以提高运输装载效率,降低单位运输成本。

③ 高效的堆码方法。根据车船的货位情况和不同货物的包装形状,采取各种有效的堆码方法,如多层装载、骑缝装载、紧密装载等,以提高运输效率。当然,推进物品包装的标准化,逐步实行单元化、托盘化,是提高车船装载技术的一个重要条件。

(2) 减少劳动力投入,增加运输能力。在运输设施建设已定型和完成的情况下,尽量减少能源投入,提高产出能力,降低运输成本。

(3) **选择合理的运输方式，降低运输成本**，包括以下四点。

① **选择合适的运输工具**。在交通运输事业日益发展、各种运输工具并存的情况下，必须注意选择运输工具和运输路线。要根据不同货物的特点，分别利用铁路、水运或汽车运输，选择最佳的运输路线。应该走水运的不要走铁路，应该用火车的不要用汽车；同时，积极改进车辆的装载技术和装载方法，提高装载量，运输更多的货物，提高运输生产效率。

② **实行联合运输**。实行综合一贯制运输，即卡车承担末端输送的复合一贯制运输，是复合一贯制运输的主要形式，在一般情况下两者是等同的。综合一贯制运输是把卡车的机动灵活和铁路、海运的成本低廉（即便利和经济）及飞机的快速特点组合起来，完成"门到门"的运输；是通过优势互补，实现运输效率化、低廉化、缩短运输时间的一贯运输方式，如卡车—铁路—卡车、卡车—船舶—卡车、卡车—飞机—卡车、卡车—船舶—铁路—船舶—卡车、卡车—船舶—卡车—飞机—卡车等。交通运输部门的制度规定，凡交通部门直属运输企业，对复合一贯制运输的运费一律核减15%；地方经营船舶运输时，运费一律核减15%。复合运输中发货单位在发货时，只要在起始地一次办理好运输手续，收货方在指定到达站即可提取运达的商品。它具有一次起运、手续简便、全程负责的好处。

因此，综合一贯制运输，是指充分利用铁路、汽车、船舶和飞机等各自的特点，并组合其中两种以上的运输方式的运输。

③ **开展国际多式联运**。国际多式联运是一种高效的运输组织方式，它集中了各种运输方式的特点，扬长避短，融汇一体，组成连贯运输，达到简化货运环节、加速货运周转、减少货损货差、降低运输成本、实现合理运输的目的，比传统单一运输方式具有不可比拟的优越性。在多式联运方式下，不论全程运输距离多远，不论需要使用多少种不同运输工具，也不论中途需要经多少次装卸转换，一切运输事宜由多式联运经营人统一负责办理。对货主来说，只办理一次托运，签订一个合同，支付一笔全程单一运费，取得一份联运单据，就履行全部责任，可以节约大量的手续费用及中转费用等。

多式联运是直达、连贯的运输，各个运输环节配合密切，衔接紧凑，中转迅速而及时，中途停留时间短。此外，多式联运以集装箱为主体，货物封闭在集装箱内，虽经长途运输，无须拆箱和搬动，这样既减少了货损货差，还可以防止污染和被盗，能够较好地保证货物安全、迅速、准确、及时地运到目的地。

货物在启运地被装上第一程运输工具后，货主就可以凭承运人签发的联运提单到银行结汇，这样就可以加快资金周转，节省利息支出。由于使用集装箱运输，可以节省货物包装费用和保险费用；此外，多式联运全程使用一份联运单据，简化了制单手续，可节省大量时间人力和物力，而且由于多式联运经营人以包干方式收取全程单一运价，使货主能事先核算运输成本，为贸易的开展提供了有利条件。

④ **分区产销平衡合理运输**。在物流活动中，对某一货物使其一定的生产区固定于一定的消费区。根据产销的分布情况和交通运输条件，在产销平衡的基础上，按照近产近销原则，使运输里程最短而组织运输活动。它加强了产、供、运、销等的计划性，消除了过远、迂回、对流等不合理运输，在节约运输成本及费用后，降低了物流成本。实践中，它适用于品种单一、规格简单、生产集中、消费分散或者生产分散、消费集中且调运量大的货物，如煤炭、水泥、木材等。

2. 设计合理的运输方案

根据不同的运输内容设计合理的运输方案，可以有效地降低物流运输成本。

(1) 直达运输。直达运输是追求运输合理化的重要形式。其对合理化的追求要点是通过减少中转过载换载次数，来加快运输速度，节省装卸费用，降低中转货损。直达的优势，尤其是在一次运输批量和客户一次需求量达到了一整车时表现最为突出。此外，在生产资料、生活资料运输中，通过直达，建立稳定的产销关系和运输系统，也有利于提高运输的计划水平，考虑用最有效的技术来实现这种稳定运输，从而大大提高运输效率。特别值得一提的是，如同其他合理化措施一样，直达运输的合理性也是在一定条件下才会有所表现，不能绝对认为直达一定优于中转，要根据客户的要求，从物流总体出发做综合判断。从客户需要量看，批量大到一定程度时，直达是合理的；批量较小时，中转是合理的。

(2) 配载运输。配载运输是充分利用运输工具载重量和容积，合理安排装载的货物及载运方法以求得合理化的一种运输方式。配载运输也是提高运输工具实载率的一种有效形式。配载运输往往是轻重货物的混合配载，在以重质货物运输为主的情况下，同时搭载一些轻泡货物，如海运矿石、黄沙等重质货物，在舱面搭运木材、毛竹等，铁路运矿石、钢材等重物上面搭运轻泡农、副产品等，在基本不增加运力投入、不减少重质货物运输的情况下，实现了轻泡货的搭运，因而效果显著。实行解体运输，即将体大笨重、且不易装卸又易致损的货物拆卸后分别包装，使其便于装卸和搬运，提高运输装载效率；提高堆码技术，即根据运输工具的特点和物品的包装形状，采取有效堆码方法，提高运输工具的装载量等。

(3) 直拨运输。这是指商业、物资批发等企业在组织货物调运过程中，对于当地生产或由外地到达的货物，不运进批发站仓库，而是采取直拨的方式，将货物直接分拨给基层批发、零售中间环节甚至直接分拨给用户，以减少中间环节，并在运输时间与运输成本方面收到双重的经济效益。在实际工作中，通常采用就厂直拨、就车站直拨、就仓库直拨、就车船过载等具体运作方式，即"四就"直拨运输。与直达运输里程远、批量大相比，直拨运输的里程较近、批量较小。

(4) 合整装载运输。这主要是指商业、供销等部门的杂货运输中，由同一个发货人将不同品种发往同一到站、同一个收货人的少量货物组配在一起，以整车方式运输至目的地；或将同一方向不同到站的少量货物集中配在一起，以整车方式运输到适当的中转站，然后分运至目的地。采取合整装车运输，可以降低运输成本和节约劳动力。实际工作中，通常采用零担拼整直达、零担拼整接力直达或中转分运、整车分卸、整装零担等运作方式。实现物流运输方案的合理化有许多问题有待研究。在研究不同物流运输服务方案时应考虑以下几个方面：运输方式的选择；运输路线的确定；运输工具的配备；运输计划的制订；运输环节的减少；运输时间的节省；运输质量的提高；运输费用的节约；运输作业流程的连续性；等等。

6.5.4 物流运输成本的优化措施——运输成本控制策略

1. 压缩单位商品的运输成本

压缩单位商品运输成本的能力取决于物流活动过程中由谁控制商品运输和对商品运输过程的控制力度。供应商、购货商、运输服务商决策管理过程相互独立，小型生产企业自营运输，都不利于对运输成本的控制。

下面从单位商品（或单位物品）运输成本的角度，分析一下在运输过程中成本压缩空间的大小。影响单位货物运输成本的因素很多，为简化起见，只从运输距离和单车运载的货物数量两个重要因素展开分析。在通常情况下，单位货物的运输成本与运输距离成正比，与运输商品的数量成反比。也就是说，运输距离越长，单位货物的运输成本越高；单车运载的货物数量越大，运输成本就越低。所以理想的运输服务系统应该是在运输距离固定的情况下，追求运输货物数量的最大化。而在运输货物数量不足的情况下，追求运输距离的最小化。理想的运输服务系统的解决方案是将长距离、小批量、多品种的货物运输整合起来，统一实施调度分配，并按货物的密度分布情况和时间要求在运输过程的中间环节适当安排一些货物集散地，用以进行货运的集中、分拣、组配。实行小批量、近距离运输和大批量、长距离干线运输相结合的联合运输模式。

货物运输中可以压缩成本空间的情况有：

（1）如果长途货物运输回程实现有效配载，则单位货物的运输距离由往返减为单程。距离减半，成本降低约50%。

（2）如果供货商到购货商的货物采购运输由一对一独立完成的运输模式改为一次集中提货、多点投递的配送模式，并对配送路径进行优化，可以将单位货物的运输距离成倍降低，运输成本也将大幅度地下降。比如说，由供货商到购货商的距离为 10 km。如果有三家购货商相距很近，那么三次单独运输的往返距离为 60 km；而配送的运输距离为 20 km。运输成本可以降低为30%。

2. 适当设立配送中心

当供货商与一批具有较强购买能力、彼此之间较近的购货商群体的距离超过一定极限时，小型车辆的长距离运输成本将显著增加。由此便产生了对配送中心的需求。比如说，在10家购货商群体距离不到 20 km 的位置设置一个配送中心，配送中心距离供货商的距离为 200 km。每家购货商需一小型配送车满载的货物，那么在没有配送中心的情况下，完成10家购货商的运输总往返距离为 4 000 km。而设立配送中心后，这批货物可以由干线运输工具一次运到配送中心，运输距离为 400 km。又从配送中心到各个购货商的往返运输距离总和小于 400 km，所以总往返运输距离压缩为 800 km，总成本降低为20%。

3. 利用小型运输工具控制运输成本

在城市的快递服务中，如果能够对司机的具体位置进行有效的追踪（GIS+GPS）和准确的预测，则呼叫中心的调度人员可以对司机进行实时监控调度，实现边捡边送。如果司机的车上有两个投递包裹，则运输成本降低为50%。

在城市的包裹投递服务中，如果事先对司机的运行线路进行规划，则运输成本也可以有10%～50%的压缩空间。利用小型运输工具将货物从分散的货主手中集中起来，组配后形成批量的长距离干线运输，到达异地后分拣投递。对于长距离的"门到门"大货物运物服务，成本可以大幅度下降。

4. 采取集运方式控制物流成本

在物品运输中，运输批量越大，费率越低，这样促使企业采用大批量运输方式。将小批量货物合并成大批量进行运输是降低单位重量运输成本的主要方法。集运一般有四种途径。

（1）库存合并。即形成库存以满足服务需求。这样做可以对大批量货物，甚至整车货物进行运输，并转化为库存。这就是库存控制的根本效果。

（2）运输车辆合并。在拣取和送出的货物都达不到整车载重量的情况下，为提高运载效率可以安排同一辆车到多个地点取货。为实现这种形式的规模经济就需要对行车路线和时间表进行整体规划。

(3) 仓库合并。进行仓储的根本原因是可以远距离运送大批量货物，近距离运送小批量货物。例如，用于拆装作业的仓库。

(4) 时间合并。在这种情况下，企业将在一定时间内累积客户的订单，这样可以一次性发运较大批量的货物，而不是多次小批量送货。通过对大批量货物的运输路径进行规划和降低单位运输费率，企业可以获得运输中的规模经济效益。当然，由于没能在收到订单和履行订单之后及时发货会造成服务水平的下降，因此要在运输成本与对服务的影响之间寻求平衡。运输成本的节约是显见的，但服务水平下降的影响却是很难估计的。

5. 推进信息化

政府应建设公共的网络信息平台，支持工商企业和物流企业采用互联网等先进技术，实现资源共享、数据共用、信息互通。推广应用智能化运输系统，加快构筑全国和区域性物流信息平台，优化供应链管理。

6. 减少运输事故损失

在运输途中，有可能发生货物丢失、货物变质，甚至出现事故，这些都将造成运输成本不必要的增加，因此对运输事故的关注十分必要。可以采取以下措施减少事故带来的损失：

（1）日常防范；

（2）购买保险；

（3）积极理赔；

（4）机动车辆的车辆损失险和第三者责任险。

7. 运输成本控制的数量方法

(1) 里程节约法。若由配送中心 P_o 向两个用户 P_i、P_j 各派一辆车，则总里程为 $2\times(d_{oi}+d_{oj})$。如果装载量及总里程允许，则只可派一辆车按 $P_o—P_i—P_j—P_o$ 的巡回路线安排。两种方案相比，可得：节约量=$d_{oi}+d_{oj}-d_{ij}$，这就是节约量公式。根据该公式及装载量和里程限制尽量满载，按节约量的大小，将各用户依次接入巡回路线，可以不断改进初始方案。该方法是一种启发式算法，可以得到满意解，不一定保证为最优解。但由于其实用且易于调整，所以被广泛采用；并且在各用户的需求量差别较小的情况下，对降低运输费用非常有效。但是，当各用户需求量有较大的差别时，该方法的有效性会有所减弱。

(2) 图上作业法。在运输图上求解线性规划运输模型的方法。交通运输以及类似的线性规划问题，都可以先画出流向图，然后根据有关规则进行必要调整，直至求出最小运输费用或最大运输效率的解，这种求解方法，就是图上作业法。图上作业法的内外圈流向箭头，要求达到重叠且各自之和都小于或等于全圈总程度的一半，这时的流向图就是最佳调运方案。

(3) 表上作业法。用列表的方法求解线性规划问题中运输模型的计算方法，是线性规划问题的一种求解方法。当某些线性规划问题采用图上作业法难以进行直观求解时，就可以将各元素列成相关表，作为初始方案；然后采用检验数来验证这个方案，否则就要采用闭回路法、位势法或矩形法等方法进行调整，直至得到满意的结果。这种列表求解方法就是表上作业法。

本章小结

运输成本包括公路运输成本、铁路运输成本、航空运输成本、水路运输成本、管道运输成本。本章以汽车运输成本核算和远洋运输成本的计算为例，详细讲述了运输成本性质的分类和运输成本的具体内容以及具体数据的计算。

影响运输成本决策的有许多因素，本章通过不同运输方式的成本比较；对海运、陆运两种不同运输方式的成本核算进行详细的介绍，通过运输组织成本计算中决策的成本比较法、竞争因素法，在不同的运输方式、费率和运输时间的情况下做出最优的运输成本决策。

本章介绍了各种运输成本的优化方法，通过开展合理运输，使用压缩单位商品的运输成本、适当设立配送中心、利用小型运输工具控制运输成本、采取集运方式控制物流成本、推进信息化、减少运输事故损失、控制运输成本的数量等措施有效地降低运输成本。

同步测试

思考与练习

1. 什么是运输成本？影响运输成本的因素是什么？
2. 如何有效地降低运输成本？
3. 怎样进行运输成本决策？
4. 如何进行运输成本的优化？
5. 某公司 4 月份计划运输收入为 100 万元，营业税率为 5%，计划周转量为 5 000 千吨千米，单位运价为 200 元每千吨千米，单位变动成本 150 元每千吨千米，变动成本总额 75 万元，固定成本 20 万元。试预测保本点运输周转量。
6. 运输商戴某承运生产商俊某的玉石，从天宝的生产基地运往蓝田的吉马仓储中心，年运输量 D 为 700 000 件，每件产品的价格 C 为 30 元，每年的存货成本为产品价格的 30%。运输商戴某希望选择使总成本最小的运输方式。据估计，运输时间每减少一天，平均库存成本可以减少 1%。各种运输服务方法的有关参数见表 6-14。

表 6-14　各种运输服务的有关参数

运输方式	运输费效 R /（元·件$^{-1}$）	运达时间 T /天	每年运送批量	平均存货量 $Q/2$ /件
铁路	0.1	21	10	100 000
水路	0.15	14	20	50 000×0.93
公路	0.20	5	20	50 000×0.84
航空	1.40	2	40	25 000×0.81

在途运输的年存货成本为 $ICDT/365$，两端存储点的存货成本各为 $ICQ/2$，但其中 C 值有差别，工厂的储存点 C 为产品的价格，购买者存储点的 C 为产品价格和运费之和。

问题：现在有四个运输方案，铁路运输、水路运输、公路运输和航空运输，哪个方案是最优方案？

7. 某制造商分别从两个供应商处购买了共 3 000 个配件，每个配件单价 100 元。目前这些配件是由两个供应商平均提供的，用铁路、公路、航空三种运输方式，若以铁路运输方式为基准方式，规定若供应商缩短运达时间，则可以多得交易份额，每缩短一天，可以从交易量中多赚取5%的份额,即150个配件。供应商从每个配件中可赚得占配件(不包括运输费用)20%的利润。在不考虑竞争对手应对措施的条件下,讨论供应商应如何选择。

各种运输方式的运费率和运达时间见表6-15。

表6-15 各种运输方式的有关参数

运输方式	运输费率/(元·件$^{-1}$)	运达时间/天
铁路	2.5	7
公路	6.0	4
航空	10.35	2

实训项目

1. 调查一家运输企业,了解其如何进行运输成本分析,写一份分析报告并由老师作出评价。
2. 调查本地区的一家运输公司,调查该企业的运输成本优化方法,并提出建议,完成一份调研报告。

综合案例

百胜物流降低连锁餐饮企业运输成本之道

对于连锁餐饮这个锱铢必较的行业来说,靠物流手段节省成本并不容易。然而,作为肯德基、必胜客等业内巨头的指定物流提供商,百胜物流公司抓住运输环节大做文章,通过合理地运输安排、降低配送频率、实施歇业时间送货等优化管理方法,有效地实现了物流成本的"缩水",给业内管理者指出了一条细致而周密的降低物流成本之路。对于连锁餐饮业(QSR)来说,由于原料价格相差不大,物流成本始终是企业成本竞争的焦点。

据有关资料显示,在一家连锁餐饮企业的总体配送成本中,运输成本占到60%左右,而运输成本中的55%~60%又是可以控制的。因此,降低物流成本应当紧紧围绕运输这个核心环节。

1. 合理安排运输排程

运输排程的意义在于,尽量使车辆满载,只要货量许可,就应该做相应的调整,以减少总行驶里程。

由于连锁餐饮业餐厅的进货时间是事先约好的,这就需要配送中心根据餐厅的需要制作一个类似列车时刻表的主班表,此表是针对连锁餐饮餐厅的进货时间和路线详细规划制定的。

安排主班表的基本思路是,首先计算每家餐厅的平均订货量,设计出若干条送货路线,覆盖所有的连锁餐厅,最终达到总行驶里程最短、所需司机人数和车辆数最少的目的。

在主班表确定以后,就要进入每日运输排程,根据实际货量对配送路线进行调整,通过对所有路线逐一进行安排，可以去除几条送货路线，至少可以减少某些路线的行驶里程，最终达到增加车辆利用率、增加司机工作效率和降低总行驶里程的目的。

2. 减少不必要的配送

对于产品保鲜要求很高的连锁餐饮业来说，减少不必要的配送，可以有效地降低物流配送成本。

在运输方面，餐厅所在路线的总货量不会发生变化，但配送频率上升导致运输里程上升，相应的油耗、过路桥费、维护保养费和司机人工时都要上升。

3. 提高车辆的利用率

车辆利用率也是值得关注的，提高卡车的时间利用率可以从增大卡车尺寸、改变作业班次、二次出车和增加每周运行天数四个方面着手。由于大型卡车每次可以装载更多的货物，一次出车可以配送更多的餐厅，由此延长了卡车的在途时间，从而增加了其有效作业的时间。这样做还能减少干路运输里程和总运输里程。虽然大型卡车单次的过路桥费、油耗和维修保养费高于小型卡车，但其总体上的使用费用绝对低于小型卡车。运输成本是最大项的物流成本，所有别的职能都应该配合运输作业的需求。所谓改变作业班次就是指改变仓库和别的职能的作业时间，适应实际的运输需求，提高运输资产的利用率。否则朝九晚五的作业时间表只会限制发车和收货时间，从而限制卡车的使用。如果配送中心实行24小时作业，卡车就可以利用晚间二次出车配送，大大提高车辆的时间利用率。在实际物流作业中，一般会将餐厅分成可以在上午、下午、上半夜、下半夜4个时间段收货，据此制定仓储作业的配套时间表，从而将卡车利用率最大化。

4. 尝试歇业时间送货

目前我国城市的交通限制越来越严，卡车只能在夜间时段进入市区。由于连锁餐厅一般到夜间24点结束营业，如果赶在餐厅下班前送货，车辆的利用率势必非常有限。随之而来的解决办法就是利用餐厅的歇业时间送货。

歇业时间送货避开了城市交通高峰时间，既没有顾客的打扰，也没有餐厅运营的打扰。由于餐厅一般处在繁华路段，夜间停车也不用像白天那样有许多顾忌，可以有充裕的时间进行配送。由于送货窗口拓宽到了下半夜，使卡车可以二次出车，提高了车辆利用率。

在餐厅歇业时段送货的最大顾虑在于安全。餐厅没有员工留守，司机必须拥有餐厅钥匙，掌握防盗锁的密码，餐厅安全相对多了一层隐患。卡车送货到餐厅，餐厅没有人员当场验收货物，一旦发生差错，很难分清到底是谁的责任，双方只有按诚信的原则妥善处理纠纷。歇业时间送货要求配送中心和餐厅之间有很高的互信度，如此才能将系统成本降低，所以，这种方式并非在所有地方都可行。

案例讨论

结合案例，讨论百胜物流公司是如何降低企业运输成本的。

阅读建议

[1] 计国君. 生产物流运作及模型（国外制造和物流模拟游戏）[M]. 北京：中国物资

出版社，2006.

［2］朱伟生．物流成本管理［M］．北京：机械工业出版社，2005.

［3］易华主．物流成本管理［M］．北京：清华大学出版社，2006.

［4］傅桂林．物流成本管理［M］．北京：中国物资出版社，2004.

第 7 章

仓储成本管理

知识目标

1. 了解仓储成本的含义和构成。
2. 掌握仓储成本的核算过程和方法。
3. 掌握仓储成本的分析方法。
4. 明确仓储成本的优化途径。

技能目标

1. 进行仓储成本的核算。
2. 进行仓储成本的指标分析。

素质目标

1. 培养学生具备仓储成本管理意识的职业素质。
2. 培养学生具备仓储成本核算、分析、优化的职业要求。

先导案例

仓储成本管理的启示

目前一些大型流通零售企业在近些年的发展过程中形成了很好的物流管理经验,特别是沃尔玛、家乐福等国际零售企业在发展中形成了良好的存货控制、仓储管理、信息管理系统。这些经验为我国企业仓储成本管理提供了良好的借鉴。

1. 仓储作业

将仓库、财务、OP、营业部门的功能和供应商的数据整合在一起,从统一的视角来考虑订货、收货、销售过程中的各种影响因素。因此,看家乐福仓储作业的管理就必须联系它的 OP、财务、营业部门来看,这是一个严密的有机体。仓库在每日的收货、发货之外会根据每日存货异动的资料，将存量资料的数据传输给 OP 部门，OP 则根据累计和新传输的资料生成各类分析报表。同时，逐步用周期盘点代替传统一年两次的"实地盘点"。在实行了周期盘点后，最大的功效是节省一定的人力、物力、财力，没有必要在两次实地盘点的时候大规模地兴师动众了；同时，盘点的效率得到了提高。

2. 启示

（1）加强仓库的控制作用。根据"战略储存"的观念，仓库在单纯的存储功能以外还有更重要的管理控制的功能。第一，加强成品管理，有效维护库存各物料的品质与数量。第二，强化料、账管理，依据永续盘存的会计理念进行登账管理。第三，要及时提供库存资讯情报，要具备稽核功能（统计功能），以料、账和盘点的数据为基准，制定出有关资讯报表。第四，注重呆废料管理，通过制定呆废料分析表，利用检查及分析等手段使仓库中的呆废料突显出来，并及早活用，最大限度地减少损失。

（2）推行周期盘点。利用周期盘点代替一年两次的实地盘点的做法在一定程度上也是值得制造业企业学习的。"周期盘点"以一个月或几星期为一个周期，根据品类管理对物料的分类，同样也对所储存的物料进行盘点周期的分类。每一次盘点若干个储位或料项，根据盘点的结果进行调整，并生成周期盘点的相关报表。采用"周期盘点"可以缩短盘点周期、及早发现"人"的问题以及仓储中存在的问题。但周期盘点的实施需要企业财务、采购、仓库各个部门有更强的控制能力和相互间联系反应的能力。

资料来源：中国物流设备网

7.1　仓储成本管理概述

物流过程需要经过各个环节的运作才能完成，其中仓储过程是物流必不可少的环节之一，也是最重要的环节。从传统的货物仓储发展到现代物流的节点，仓储成为物流的核心环节，正在发挥着协调整体物流的作用。在物流企业中，仓储成本是物流总成本的一个重要组成部分；在企业物流中，库存水平对物流系统的成本以及客户服务水平起着重要的作用。仓储成本管理是物流成本管理的主要领域之一。

7.1.1　仓储的含义

仓储是指在特定的场所储存物品的行为。 仓储是物质产品生产过程的继续，物质仓储也创造产品的价值；仓储活动发生在仓库等特定的场所；仓储的对象既可以是生产资料，也可以是生活资料，但必须是实物动产。当产品不能被即时消耗掉，需要专门的场所存放时，就产生了静态的仓储；将物品存入仓库并对物品进行保管、控制和使用，便形成了动态仓储。仓储是物流的主要功能要素之一。仓储的概念和运输概念相对应。运输改变物品的空间状态，而仓储改变物品的时间状态，它通过克服工序之间的时间差异使产品获得更好的效用。所以，在物流系统中，运输和仓储是物流的两个主要的功能要素，是物流的两大支柱。

仓库储存的物资叫存货，是储存作为今后按预定的目的使用而处于闲置或非生产状态的物料。 存货包括消耗品、原材料、在制品和成品。库存表示某段时间内持有的存货（可见、可称量和可计算的有形资产）。

储备是一种有目的的储存物资的行为，是一种能动的储存形式，是有目的地、能动地使生产领域和流通领域物资的暂时停滞，是储存起来以备急需的物品。

储存是物流中一个广泛的概念，是包含库存和储备在内的一种广泛的经济现象，储存可以在任何位置，不一定在仓库，也不一定具有储备的要素。但在一般情况下，储存和储备两个概念是不作区分的。

7.1.2 仓储在物流操作和物流成本管理中的作用

1. 仓储在物流操作中的作用

仓储在物流操作中的作用包括以下四个方面：

（1）运输整合和配装。由于运输所具有的规模经济特征，即大批量运输是降低运输成本和节省运费的有效手段。因此，通过在仓储过程中整合众多小批量的货物，实行轻重搭配，合并运输，通过成组、托盘化作业，可充分利用运输工具，降低运输成本。

（2）分拣和产品组合。通过整合运达消费地的物品，根据仓库货物流向、时间的不同进行分类分拣，分别配载，将小批量的货物在仓库组合成大的运输单元，从而降低运输成本。

（3）流通加工。通过仓储与流通加工的结合，既不影响流通速度，又能满足市场消费变化的需要和不同客户的需要。

（4）存货控制。存货意味着资金成本、保管费用的增加，并产生损耗和浪费。存货控制是物流管理的重要内容，存货控制就是对仓储中的货物存量进行控制，包括存量控制、仓储点安排、补充控制和出货安排等工作。

2. 仓储在物流成本管理中的作用

仓储在物流成本管理中的作用包括以下两个方面：

（1）仓储是物流成本实施管理的控制环节。仓储是物流成本实施管理的控制环节，仓储成本的控制和降低直接影响物流成本的降低。物品在物流过程中有相当一部分时间在仓储过程，仓储成本是物流成本最重要的组成部分。只有进行有效的仓储成本管理才能降低物流成本。

（2）仓储是物流增值服务功能的实现环节。众多的物流增值服务功能在仓储过程中进行，流通加工与仓储作业的合并进行，开展个性化的服务和近距离仓储，对客户提供更快、更及时的服务，从而获得更多的利益。

7.1.3 仓储成本的含义及特点

仓储成本是指在储存、管理、保养、维护物品的相关物流活动中发生的各种费用，即伴随着物流仓储活动消耗的物化劳动和活劳动的货币表现。大多数仓储成本不随存货水平的变动而变动，而是随着存货地点多少而变动。仓储成本包括仓库折旧、设备折旧、装卸费用、货物包装材料费用等。

仓储成本具有以下特点：

1. 重要性

仓储成本是物流总成本的重要组成部分，而物流成本又占国民经济生产总值的很大部分。因此，降低仓储成本成为"第三利润源"的重要源泉之一。

2. 效益背反性

要提高客户服务水平，就意味着要加强仓库建设、管理，仓库工作人员的工资、存货费用相应增加，从而加大了仓储成本。为了降低仓储成本而减少物流网络的仓库数量并减少存货，就会增加运输成本。因此，要将仓储成本管理纳入物流系统，以降低物流总成本为目标，实现物流系统的优化。

3. 复杂性

在现行的会计制度下，对物流成本的核算缺乏统一的标准。如仓储成本中的仓储保管费用、仓储办公费用、仓储物资的合理损耗等一般计入企业的经营管理费用，而不是仓储成本。此外，对于内部所发生的仓储成本有时因涉及面广、环节多而无法划归相应科目，因此，增加了仓储成本的复杂性。

7.1.4 仓储成本管理的含义、内容和意义

1. 仓储成本管理的含义

仓储成本管理就是用最经济的办法实现储存的功能，即在保证实现存储功能的前提下，如何尽量减少投入。仓储成本管理的任务是用最低的费用在合适的时间和合适的地点取得适当数量的存货。在企业的物流总成本中，仓储成本是一个重要组成部分，对各种仓储成本的合理控制能增加企业的利润，反之就会增加物流总成本，降低企业利润。

在某些领域，仓储成本合理化是利用 JIT 管理思想实现"零库存"。现代仓储技术发展的一个方向是利用有效的信息技术、现代物流技术、现代管理技术，通过配送方式来满足产品需要。

2. 仓储成本管理的内容

仓储成本管理包括以下五方面的内容。

（1）仓储时间。仓储时间是从两个方面影响储存这一功能要素的。一方面是经过一定的时间，被储存物料可以获得"时间效用"，这是储存的主要物流功能；另一方面是随着储存时间的增加，有形及无形的消耗相应加大，这是"时间效用"的一个逆反因素，也是一个"效益背反"问题。因而仓储的总效用是确定最优仓储时间的依据。

（2）仓储数量。仓储数量也主要从以下两方面影响仓储这一功能，仓储数量过高或过低都是不合理的仓储。

① 库存一定数量的存货，可以使企业具有保证供应、生产、消费的能力。然而，保证能力的提高不是与数量成正比，而是遵从边际效用的原理，每增加一个单位的仓储数量，总保障能力虽会随之增加，但边际效用却会逐渐降低。

② 仓储的损失是随着仓储数量的增加而成正比例增加的。仓储数量增加，仓储的持有成本就相应增加；而且如果仓储管理能力不能按正比例增加，仓储损失的数量也会增加。仓储数量过低，会严重降低仓储对供应、生产、销售等环节的保障能力，其损失可能远远超过减少仓储量、防止仓储损失、减少利息支出等方面带来的收益。

（3）仓储条件。仓储条件不足或过剩也会影响储存这一功能要素。仓储条件不足主要是指仓储条件不能满足被仓储物料所要求的良好的仓储环境和必要的管理措施，因而往往造成储存物料的损失。如仓储设施简陋、仓储设施不足、维护保养手段及措施不力等。仓储条件过剩主要是指仓储条件大大超过需求，从而使仓储物料过多负担仓储成本，造成不合理的费用。

（4）仓储结构。仓储结构失衡也会影响储存这一功能要素。仓储结构失衡主要是指仓

储物料的品种、规格等失调，以及仓储物料的各个品种之间仓储期限、仓储数量失调。

(5) 仓储地点。由于土地价格的差异，仓储地点选择的不合理也会导致仓储成本上升。

3. 仓储成本管理的意义

(1) 通过仓储控制降低存货风险。在一般商品的生产过程中，需要进行适量的安全储备，这是保证生产稳定的重要手段，也是应付交通堵塞、不可抗力、意外事故的应急手段。但存货就意味着资金成本、保管费用增加，并产生损耗、浪费等风险。通过包括存量控制、仓储点安排、出货安排等存货控制工作，就可以降低风险。

(2) 有利于降低物流系统成本。仓储成本的降低有利于系统物流成本的降低。合理的仓储会减少物品的换装，减少作业次数；机械化和自动化的仓储作业会降低仓储成本；对物品实施有效的保管和养护，大大降低了风险成本。

(3) 有利于实现增值服务。众多的物流增值服务在仓储环节进行，通过流通加工提高质量，实现产品个性化；通过仓储的时间控制实现商品的时间效用价值，从而有利于实现增值服务。

(4) 有利于平衡企业流动资金占用。库存控制实际上是对流动资金的控制，通过加大订货批量可以降低订货费用和运输费用，保持一定的存货会减少经营风险，提高工作效率。

因此，进行仓储成本管理的目的是降低物流系统成本，从而提高企业的经济效益。

7.2 仓储成本核算

仓储成本的高低直接影响着企业的利润水平。从企业经营的总体来看，仓储成本的核算数据可以为企业各个层次经营管理者提供物流管理所需的成本资料；为编制物流预算、预算控制以及制订物流计划提供依据。在核算仓储成本之前，首先需要明确仓储成本的核算范围和具体的仓储成本项目。

7.2.1 仓储成本核算范围

在核算仓储成本之前，需要明确仓储成本的核算范围。核算范围取决于成本核算的目的，目的不同，核算范围也不同，结果也不同。在核算仓储成本时，原始数据主要来自财务部门提供的数据，因此首先要掌握按支付形态分类的成本。由于仓储成本在财务会计中没有直接对应的科目，而是与其他部门发生的费用混合在一起。因此，计算仓储成本既要分析其构成，也要考虑仓储成本与其他费用分离的方式。计算仓储成本可从以下几方面着手。

1. 材料费

仓储成本中的材料主要是仓储过程中使用的衬垫、毡盖材料等。材料费根据材料出入库记录中各种材料的领用数量乘以单价后的数额计入仓储成本。

2. 人工费

仓储成本中人工费包括仓库管理人员和仓库作业上工人的工资、奖金和福利费等。人工费根据工资和福利费分配表中有关仓储人员的部分计入仓储成本。

3. 物业管理费

物业管理费包括水、电、气等费用，可以从安装在仓库设施上的用量记录装置获得相关数据，也可以按其他比例推算，如仓库建筑设施的比例、仓库工作人员的比例等。

4. 管理费

管理费无法从财务会计方面直接得到相关数据，可按仓库工作人员比例推算。

5. 营业外费用

仓储成本营业外费用包括折旧费、利息等。折旧费根据仓库中设施设备确定的折旧方法计算，利息根据购置相关资产的贷款利率计算。

6. 对外支付的保管费用

对外支付的保管费用应全额计入仓储成本。

总之，仓储成本主要包括上述六个方面的内容。此外还包括仓库内的装卸搬运成本，这部分内容因为第9章将重点介绍，这里不再赘述。计算仓储成本时，将各项成本分离出来，汇总就可得到总仓储成本。如果采取一定的分配方法，还可计算出单位仓储成本。

知识拓展

美国仓储成本的核算方法

美国仓储成本的核算方法是将仓储成本分成两部分，即固定成本和变动成本。

（1）固定成本核算。仓储成本中的固定成本是相对固定的，与库存数量无直接关系，其成本项目主要包括租赁费、照明费、设备折旧费等。

（2）变动成本核算。计算一种单一库存商品的仓储变动成本的步骤如下：

① 确定库存商品的成本。

② 估算每一项仓储成本占库存商品价值的比例。其中，仓库租金、仓库折旧和税金、保险费的比例是3%~10%；搬运装卸费、设备折旧费、能源消耗和人工费的比例是1%~5%；资金占用成本、库存商品损坏变质损失的比例为5%~25%。

③ 用全部存储成本占库存商品价值的比例乘以商品价值，就可估算出保管一定数量商品的年仓储成本。

7.2.2 仓储成本核算项目

具体来讲，仓储成本是由投入仓储生产中的各种要素的成本和费用所构成的，这些要素包括以下方面：

1. 固定资产折旧

固定资产折旧主要指库房、堆场和道路等基础设施建设的投资，以及仓储机械设备的投入。这些投资在仓库建设时一次性投入，通过逐年折旧的方式回收。由于项目和企业经营策略的不同，固定资产折旧年限也不相同，可以是5~30年。很多企业目前都采取快速折旧法，以加快投资的回收。

2. 工资和福利费

工资和福利费是指仓储企业内各类人员的工资、奖金和各种补贴，以及由企业缴纳的住房公积金、医疗保险和退休基金等。

3. 能源费、水费、耗损材料费

能源费、水费、耗损材料费包括动力、电力、燃料、生产设备原料等，仓库用水，装卸搬运生产使用的工具，绑扎、衬垫、毡盖材料的耗损等。

4. 设备维修费

大型设备的修理费通过设备修理基金每年从经营收入中提取，提取额度一般为设备投资额的 3%～5%，专项用于设备大修。

5. 管理费用

管理费用是仓储企业为组织和管理仓储生产经营所发生的费用，包括行政办公费用、公司经费、工会经费、职工教育费、排污费、绿化费、咨询审计费、土地使用费、业务费、劳动保护安全费和坏账准备等。

6. 资金利息

仓储经营中所占用资金的利息。资金利息是企业使用投资资金所要承担的利息，即资金成本。当资金为借款时，直接支付利息；如果使用自有资金，也应当支付利息。

7. 保险费用

保险费用用于避免发生货物灭损时承担的经济损失。保险费是仓储企业对储存的货物按其价值和储存期限进行投保，对于意外事故或者自然灾害造成仓储货物损害，所要承担的赔偿责任进行保险所支付的费用。一般来讲，如果没有约定，仓储物的财产保险由存货人承担，仓储保管人仅承担责任险。

8. 外部协作费

仓储企业在提供仓储服务时使用外部服务所支付的费用，包括业务外包，与其他相关单位合作发生的成本，如铁路线、码头、汽车等设施和设备的租用费。

9. 税费

经营过程中仓储企业承担的各种税金。

10. 营销费用

营销费用包括企业宣传、业务广告和仓储促销活动的费用支出。

11. 保管成本

保管成本指存储货物支出的货物养护和保管等费用，包括用于货物保管的货架和托盘等费用的分摊、为保管货物所消耗的相应耗材的费用、仓库堆场的房地产税等。

12. 货物搬运成本

货物在库内移动产生的成本。

13. 流通加工成本

货物包装、选择、整理和成组等业务所发生的费用。

仓储成本是以上仓储经营过程中各项成本的总和。仓储企业必须通过仓储成本核算，为制订合理的仓储计划、合理的仓储费率和控制仓储成本提供依据。

7.2.3 仓储成本核算方法

一般来讲，仓储成本的核算可以采用以下三种方法：

1. 按支付形态核算仓储成本

把仓储成本分别按仓储搬运费、仓储保管费、材料费、人工费、仓储管理费、仓储占用资金利息等支付形态分类，就可以计算出仓储成本的总额。这种计算方法是从月度损益表中"管理费用、财务费用、营业费用"等各个科目中，取出一定数值乘以一定的比率（指物流部门比率，分别按人数平均、台数平均、面积平均、时间平均等计算出来），算出仓储部门的费用，再将算出的成本总额与上一年度的数值作比较，分析增减的原因，最后制定修改方案。

例 7-1 远航物流公司 2020 年 12 月份的按支付形态划分的仓储成本核算见表 7-1。

表 7-1　远航物流公司 2020 年 12 月份的仓储成本核算表

项　目	管理等费用/元	仓储成本/元	计算基础/%	备　注
1. 仓库租赁费	50 040	50 040	100	金额
2. 材料消耗费	15 092	15 092	100	金额
3. 工资津贴费	315 668	94 700	30	人数比率
4. 燃料动力费	6 322	3 288	52	面积比率
5. 保险费	5 124	2 664.48	52	面积比率
6. 修缮维护费	9 798	5 094.96	52	面积比率
7. 仓储搬运费	14 057	7 309.64	52	面积比率
8. 仓储保管费	19 902	10 349.04	52	面积比率
9. 仓储管理费	9 638	4 047.96	42	仓储费比率
10. 易耗品费	10 658	4 476.36	42	仓储费比率
11. 资金占用利息	11 930	5 010.60	42	仓储费比率
12. 税金等	16 553	6 952.26	42	仓储费比率
仓储成本合计	434 742	199 981.32	46	仓储费占费用总额比率

核算基准的计算公式如下：

人数比率 =（物流工作人员数÷全公司人数）×100% =（21 人/70 人）×100% = 30%

面积比率 =（物流设施面积÷全公司面积）×100% =（1 600 m^2/3 077 m^2）×100% = 52%

仓储费用比率 =（用 1～8 项的仓储费之和/1～8 项的管理等费用之和）×100%

　　　　　　 =（50 040 + 15 092 + 94 700 + 3 288 + 2 664.48 + 5 094.96 + 7 309.64 + 10 349.04）/（50 040+15 092+315 668+6 322+5 124+9 798+14 057+19 902）×100%

　　　　　　 = 42%

2. 按仓储项目核算仓储成本

按上述的支付形态进行仓储成本分析，虽然可以得出总额，但是不能充分说明仓储的重要性。若要了解仓储的实际状态，了解哪些功能环节上有浪费，降低仓储成本，就应按仓储项目核算仓储成本。

与按支付形态计算仓储成本相比，这种方法更能进一步找出妨碍实现仓储合理化的症结。而且可以核算出标准仓储成本（单位个数、重量、容器的成本），以便确定合理化目标。

例 7-2 远航物流公司 2020 年 12 月按功能划分的仓储成本核算见表 7-2。

表 7-2　远航物流公司 2020 年 12 月仓储成本核算表　　　　　　单位：元

项　　目	管理等费用	仓储租赁费	仓储保管费	仓储管理费	材料消耗费	搬运费等
1. 仓库租赁费	50 040	50 040				
2. 材料消耗费	15 092	4 037	6 202	2 445	2 408	
3. 工资津贴费	315 668	1 652	219 015	45 000		50 000
4. 燃料动力费	6 322	1 350		3 622	1 350	
5. 保险费	5 124	2 567	2 582	25		
6. 修缮维护费	9 798	3 704		2 390	3 704	
7. 仓储搬运费	14 057				3 558	10 498
8. 仓储保管费	19 902		19 902			
9. 仓储管理费	9 638	1 496	1 496	1 496	5 152	
10. 易耗品费	10 658				10 658	
11. 资金占用利息	11 930	5 022	6 908			
12. 税金等	16 553	1 666	6 908			
合　　计	434 742	71 534	263 013	54 978	26 830	60 498
物流成本构成/%	100	16.45	60.49	12.64	6.17	13.91

3. 按适用对象核算仓储成本

按适用对象核算仓储成本，即分别按商品、地区、客户等不同来计算成本，由此可以分析不同的对象对仓储成本的影响。如按商品核算仓储成本就是指把按项目计算出来的仓储费，以不同的基准，分配给各类商品，以此计算仓储成本，并可以分析各类商品的盈亏。

4. 平均成本的仓储费核算

仓储成本需要在每单位仓储货物的仓储收费中得到补偿，要将总成本分摊到每一单位仓储货物上，只需要确定每项货物在某一时期内的平均成本，就可以确定所收取的仓储费用。仓储总成本是指发生在仓储期间整体成本的总和。

仓储总成本由一定时期内的固定资产折旧、资本费用、能源费、水费、工资、管理业务费、仓储经营的耗损费、保险费、税费等构成。其中资本费用表现为所使用资本的利息，包括自有资本的利息。

$$仓储总成本 = \frac{固定资产折旧+资本费用+能源水费+工资+}{管理业务费+耗损费+保险费+税费} \tag{7-1}$$

将仓储总成本分摊到同期的仓储量中，就可以确定每一仓储量的仓储成本。

$$单位仓储成本 = 仓储总成本/库存总量 \tag{7-2}$$

其中库存总量可以采取库存吨天量计算，则所确定的单位仓储成本为日成本，所确定的价格则为日价；如果采用月存量计算，则可得到月价。一般来讲，仓储成本主要发生在出入库过程中，因而定价期的确定需要考虑货物存期。存期短、周转快的仓库应以日价确定价格；存期长的仓库可以选用较长期的价格。

7.3 仓储成本分析

仓储成本是因一段时间内储存或持有物品而导致的，与所持有的平均库存量大致呈正比。通过仓储成本分析，把库存控制到最佳数量，尽量少用人力、物力、财力把库存管理好，从而获取最大的供给保障。

7.3.1 仓储成本分析的作用

仓储成本分析具有以下作用：

1. 提高供给程度

通过供给对企业生产经营活动的保障，会给企业带来更多的销售机会，带来经济效益。

2. 降低库存成本

企业往往需要通过库存成本分析来降低库存成本，增加盈利和提高竞争力。

3. 控制存货资金

由于企业的资金是有限的，而企业必须在有限的资金里完成存货的供应，就必须控制存货资金。

4. 快速响应

通过快速响应为客户提供良好的服务，同时获得更多的收益。

5. 定价仓储费用

作为为社会服务的仓储企业，需要准确地制定仓储产品的价格及仓储费。仓储成本分析为定价仓储费用提供了依据。

专门的物流仓储企业和持有库存的生产型及销售型企业对仓储成本分析的角度是不同的，分别阐述如下。

7.3.2 物流仓储企业的仓储成本

对于物流仓储企业来说，仓储成本（C）是因储存货物而产生的成本，可以分为固定成本（C_f）和变动成本（C_v）两大类，即

$$C = C_f + C_v \tag{7-3}$$

1. 固定成本 C_f

固定成本是不随储存货物的数量变化而变化的成本，主要包括以下四个方面：

（1）仓库、料场的折旧及仓储机械、设备折旧。对固定资产的折旧一般按年度提取，不同的设施及设备折旧年限不同，如基础设施的折旧一般为 30 年，设备的折旧期一般为 5～20 年。在竞争日益激烈的今天，许多仓库为了保持市场竞争力，采用加速折旧等方法，以求尽快收回投资，进行仓储设施的更新创造。

（2）工资与福利。从业人员的工资主要包括固定工资、各种补贴等。福利主要包括国家规定的各种保险、住房基金等。

（3）仓储设施、设备的大修基金一般按其投资额的 3%～5% 提取。

（4）外协成本。与其他相关单位合作发生的成本，如铁路专线、码头、汽车等设施和设备的租用费等。

2. 变动成本 C_v

变动成本主要包括以下十项：

(1) 保管成本。为储存货物支出的货物养护、保管等费用。包括用于货物保管的货架、托盘等费用的分摊，为保管货物消耗的相应耗材的费用，仓库的房地产税等。

(2) 货物搬运成本。货物在仓库内移动产生的成本。

(3) 流通加工成本。货物包装、加工、整理、成组等业务发生的费用。

(4) 电力、燃料成本。仓库、料场的照明及机械设备电力、燃料、油料消耗而产生的费用。

(5) 机械设备的修理费。除大修之外的修理费用。

(6) 货物仓储保险费。为了避免由于货物灭损承担经济损失，仓库对储存的物料按其价值和储存期限进行投保是十分必要的，它是仓储成本的一个组成部分。

(7) 资金利息。仓储经营中占用资金而产生的利息。

(8) 劳动保护成本。为从业人员提供的保护用品的成本。

(9) 员工的奖金。

(10) 营业税金。经营过程中企业上缴的各种税金。

仓储成本是仓储经营过程中以上各项成本的总和，对物流仓储企业来说，必须了解企业的成本构成，重视仓储成本的核算，为制订合理的仓储计划、合理的仓储费率及控制企业的经营成本提供依据。

7.3.3 生产型和销售型企业仓储成本

对于持有库存的生产型及销售型企业，仓储成本主要包括仓储持有成本（C_1）、订货或生产准备成本（C_2）、缺货成本（C_3）和在途库存持有成本（C_4），即

$$C = C_1 + C_2 + C_3 + C_4 \tag{7-4}$$

1. 仓储持有成本 C_1

仓储持有成本是指为保持适当的库存而发生的成本，分为固定成本和变动成本。随着库存水平的提高，年储存成本将随之增加。储存成本是可变动成本，与平均存货数量或存货平均值成正比。

固定成本与一定限度内的仓储数量无关，如仓储设备折旧、仓储设备的维护费用、仓库职工工资等。

变动成本与仓储数量的多少有关，如库存占用资金的利息费用、仓储物料的毁损和变质损失、保险费用、搬运装卸费用、挑选整理费用等。变动成本主要包括四项成本：资金占用成本、仓储空间成本、仓储服务成本和仓储风险成本。

(1) 资金占用成本。资金占用成本也称为利息费用或机会成本，是仓储成本的隐含费用。资金占用成本反映失去的盈利能力，如果资金投入到其他方面，就会要求取得投资回报，因此资金占用成本就是这种尚未获得回报的费用。资金占用成本通常用持有库存的货币价值的百分比表示，也有用确定企业新投资最低回报率来计算资金占用成本的。因为，从投资的角度来讲，库存决策与做广告、建新厂、增加机器设备等投资决策是一样的。为了核算上的方便，一般情况下，资金占用成本指占用资金能够获得的银行利息。

(2) 仓储空间成本。这项成本包括与物品出入库有关的搬运装卸成本，主要包括与仓库

有关的租赁、取暖、照明、设备折旧等的成本。仓储空间成本随企业采取的仓储方式不同而有不同的变化。如果企业利用自用的仓库，大部分仓储空间成本是固定的，而物品的性质不同，需要的搬运设备不同，成本就不同；如果企业利用公共的仓库，则有关储存的所有成本将直接随库存数量的变化而变化。因而仓储空间成本应考虑其固定成本及变动成本。固定成本包括所有间接费用，如建筑物、电力及一般管理费用等；变动成本包括任何随库存水平变动的成本，如仓库劳动力、设备成本等。在作仓储决策时，这些成本都要考虑。

(3) 仓储服务成本。这项成本主要指保险和税金。根据产品的价值和类型，产品丢失或损坏的风险高，就需要较高的保险费用，保险费用将随着产品不同而有很大变化，在计算仓储维护成本时，必须考虑这些因素。另外，许多国家将存货列入应税的财产，高存货导致高税费。随着物品的不同，保险费用和税金将有很大的变化，在计算仓储持有成本时，必须考虑它们。

(4) 仓储风险成本。作为仓储持有成本最后一个主要组成部分的仓储风险成本，反映了一个非常的可能性，即由于企业无法控制的原因，造成的库存物料贬值、损坏、丢失、变质等损失。

由于仓储持有成本中的固定成本是相对固定的，与存货数量无直接关系，所以直接核算即可。计算单一库存商品的仓储持有变动成本分三步：第一步，确定库存商品的价值，可以用先进先出法、后进先出法或平均成本法；第二步，估算每一项仓储成本占库存商品价值的百分比，然后将各百分比数相加，得到仓储持有成本占产品价值的百分比；第三步，全部储存成本（产品价值的百分比）乘以产品价值，就估算出保管一定数量商品的年库存成本。

随着库存水平的增加，年储存成本将随之增加，即储存成本是可变动成本，与平均存货数量或平均存货值成正比。

2. 订货或生产准备成本 C_2

订货成本或生产准备成本是指企业向外部的供应商发出采购订单的成本或指企业内部自己生产加工而产生的生产准备成本。

(1) 订货成本。订货成本是指企业为了实现一次订货而进行的各种活动的费用，包括处理订货的差旅费、办公费等支出。订货成本中有一部分与订货次数无关，如常设机构的基本开支等，称为订货的固定成本；另一部分与订货的次数有关，如差旅费、通信费等，称为订货的变动成本。具体来讲，订货成本包括与下列活动相关的费用：检查和清点存货；编制并提出订货申请；对多个供应商进行调查比较，选择最合适的供应商；填写并发出订单；填写并核对收货单；验收发来的货物；筹集资金并进行付款。这些成本很容易被忽视，但在研究订货、收货的全部活动时，这些成本很重要。

(2) 生产准备成本。生产准备成本是指当某些产品不由外部供应而由企业自己生产时，企业为生产一批货物而准备的成本。其中，更换模具、增添某些专用设备等属于固定成本，与生产产品的数量有关的费用（如材料费、人工费等）属于变动成本。

(3) 仓储持有成本与订货成本的关系。仓储持有成本与订货成本随着订货次数或订货规模的变化呈反方向变化。起初随着订货批量的增加，订货成本的下降比仓储持有成本的增加更快，而当订货批量增加到某一点时，即订货成本的边际节约额等于仓储持有成本的边际增加额时，总成本最小。此后，随着订货批量的不断增加，订货成本的边际节约额比仓储持有成本的边际增加额要小，总成本不断增加。由此可见，总成本呈 U 形变化，如图 7-1 所示。

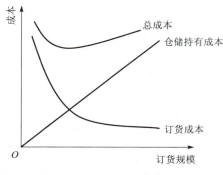

图 7-1　订货规模与成本的关系

3. 缺货成本 C_3

库存决策中另一项主要成本是缺货成本,是指由于库存供应中断而造成的损失。缺货成本主要包括以下两个方面。

(1) 保险库存的持有成本。许多企业都会考虑保持一定数量的保险库存（或称安全库存），以防需求方面的不确定造成的供应中断,但安全库存的存在自然会产生一定的库存成本,同时应该注意到安全库存每追加增量都将造成效益的递减;超过期望需求量的第一个单位的保险库存所提供的防止缺货的预防效能增值最大,第二个单位所提供的预防效能比第一个单位稍小,以此类推。在某一保险存货水平,储存额外数量的存货成本加期望缺货成本会有一个最小值,这个水平就是最优水平。高于或低于这个水平,都将产生净损失。

(2) 缺货成本。缺货成本是由于外部或内部中断供应所产生的。当企业的客户得不到全部订货时,为外部缺货;而当企业内部某个部门得不到全部订货时,为内部缺货。

如果发生外部缺货,利用速度快、收费较高的运输方式运送缺货商品,就会发生特殊订单处理和额外运输费用,从而提高仓储成本。此外,当一个供应商没有客户所需的商品时,客户就会从其他供应商那里订货,在这些情况下,缺货导致脱销。企业的直接损失就是这种商品的利润损失。这样,可以通过计算这批商品的利润来确定其直接损失。当然,除了利润的损失,还包括当初负责这批销售业务的销售人员的精力损失;其次,很难估计一次缺货对未来销售的影响。最后,由于缺货造成的商誉损失。商誉对未来销售及企业经营活动非常重要,特别在目前竞争十分激烈的情况下。

如果发生外部缺货,将会发生:

① 延期交货。延期交货可以有两种形式,缺货商品在下次规划订货中得到补充,或是利用快速延期交货。如客户愿意等到下一次规划订货,则企业没有什么实际损失,但如果经常发生缺货,就可能会丧失客户。如果缺货商品延期交货,则会发生特殊订单处理和运输费用,而通常情况下对于延期交货的特殊订单处理费用相对于规划补充的普遍处理费用要高,如利用快速、昂贵的运输方式运送延期交货商品,或从其他地区的仓库调入缺货商品等。因此延期交货成本可根据额外订单处理费用和额外运费来计算。

② 失销。在企业缺货的情况下,一般会有一些客户转向其他供应商,在这种情况下缺货就造成了失销。对于企业来说直接损失就是这种产品的利润损失,可以用这种商品的利润率乘以客户的订货量来确定。除此之外对于失销,还应明确三点:首先,除了直接利润损失还包括机会损失,即负责这笔业务的相关人员的精力浪费。其次,有时很难确认失销总量。例如,许多客户习惯于电话订货,在这种情况下,客户只是询问是否有货,而未告知要订多少,如果这种产品缺货,则客户就不会说明需要多少,企业从而也不会确切地知道这一次由于失销损失的总量。最后,由于这次缺货,企业也很难估计对未来销售究竟会产生什么影响。

③ 失去客户。由于缺货给企业带来的最大损失是企业永远失去了客户,从而失去了未来的一系列收入,而这种损失是很难估计的,需要用管理科学的技术以及市场营销学的研究

方法来分析计算。除了利润损失，缺货还会造成商誉的损失，而商誉很难估量，在仓储决策中常被忽视，但它对未来销售和企业的运作非常重要。

为了确定需要保持多少库存，有必要估算发生缺货所造成的期望损失。首先，分析发生缺货可能产生的后果，即延期交货、失销和失去客户。其次，计算与可能结果相关的成本，即利润损失。最后，计算一次缺货的损失。

例 7-3 假设 80% 的缺货导致延期交货，延期交货的成本是 30 元；10% 导致失销，失销成本是 50 元；10% 导致失去客户，成本是 100 元。计算总的缺货损失。

解：延期交货损失：30×80% = 24（元）

失销损失：50×10% = 5（元）

失去客户损失：100×10% = 10（元）

合计每次缺货的期望损失：24+5+10 = 39（元）

由于一次缺货造成的损失是 39 元，所以公司只要增加库存的成本少于 39 元，就应该增加库存避免缺货。

如果发生内部短缺，则可能导致生产损失（机器设备和人员闲置）和交货期的延误。如果由于某项物品短缺而引起整个生产线停工，这时的缺货成本可能非常高。尤其对于 JIT 管理方式生产的企业来说更是灾难性的。

4. 在途库存持有成本 C_4

如果企业以目的地交货价销售商品，就意味着企业要负责将商品运达客户，当客户收到订货商品时，商品的所有权才转移，在途运输商品仍是销售方的库存，这种在途商品的运货方式及所需的时间应该是储存成本的一部分。

计算在途库存持有成本可以考虑以下四个因素：

（1）在途存货的资金占用成本一般等于仓库中存货的资金占用成本，假定在运输过程中对所讨论的库存具有所有权，那么资金占用成本就要考虑。

（2）存储空间成本一般与在途库存不相关，因为运输服务部门提供设备及必要的装载及搬运活动，其费用已计入运价。

（3）对于存货服务成本，一般不对在途存货征税，但对保险的要求还要认真分析。例如，当使用承运人时，承担的责任相当明确，没有必要考虑附加保险；当使用自有车队或使用出租运输工具时，那么就需要上保险。

（4）对于存货风险成本，由于运输服务具有短暂性，货物过时或变质的风险要小一些，因此这项成本可以认为不存在。

一般来讲，在途存货储存成本要比仓库中的存货储存成本小。在实际工作中，需要对每一项成本进行仔细分析，才能准确计算出实际成本。

7.4 仓储成本决策

根据有关研究，仓储与仓储中的物料搬运成本占物流总成本的 30% 左右，因此，仓储成本决策对降低物流系统成本、提高物流效益意义重大。仓储在企业物流系统中的重要作用主要表现在以下几个方面：降低运输成本、提高运输效率、进行产品整合、支持企业的销售服务、调节供应和需求等。

7.4.1 仓储成本决策应考虑的主要因素

影响仓储成本的因素可以总结出很多,但仓储数量和仓储方式无疑是最重要也是对仓储成本大小最具决定性的因素。

1. 仓储货物数量

仓储货物数量对企业物流系统的各项成本都有重要影响。一般来讲,随着物流系统中仓储货物数量的增加,运输成本就会降低,仓储成本将会增加。由于仓储货物数量的增加,企业可以进行原材料或产成品大批量运输,所以单位运输成本会下降;另外,在销售物流方面,仓库数量的增加使仓库更靠近客户和市场,因此减少了商品的运输里程,这不仅会降低运输成本,而且由于能及时地满足客户需求,提高了客户服务水平,减少了失销机会,从而降低失销成本。

由于仓储货物数量的增加,总的存储空间也会相应地扩大,因此仓储成本会上升;由于在仓库的设计中,需要一定比例的空间用于维护、办公、摆放存储设备等,而且通道也会占用一定空间,因此小仓库比大仓库的利用率要低得多。当仓储货物数量增加时,总存货量就会增加,相应的存货成本就会增加。存货数量的增加,意味着需要更多的存储空间。

由此可见,随着仓储货物数量的增加,运输成本和失销成本迅速下降,导致总成本下降。但是,当仓储货物数量增加到一定规模时,仓储成本的增加额超过运输成本和失销成本的减少额,于是总成本开始上升。

2. 企业仓储活动的类型

如何为库存的物料、商品规划仓储空间,企业可以有三种选择,即自建仓库、租赁公共仓库或采用合同制仓储。从成本和客户服务的角度看,选择其中之一或结合使用是仓储管理的一项重要决策。某些企业适合自建仓库,而有的企业更适合租赁仓库,但大多数企业则由于不同地区的市场条件及其他因素而结合使用自有仓库与公共仓库。企业需要根据自身特点和条件,在对成本和客户服务进行对比分析的基础上作出合理选择。

(1) 自有仓库仓储。相对于公共仓储而言,企业利用自有仓库进行仓储活动具有可以更大程度地控制仓储、管理更具灵活性等优点。如果自有仓库得到长期的充分利用,自有仓储的成本将低于公共仓储的成本,这是由于长期使用自有仓库保管大量货物会降低单位货物的仓储成本,在某种程度上说这也是一种规模经济。如果企业自有仓库的利用率较低,说明自有仓储产生的规模经济不足以补偿自有仓储的成本,则应转向公共仓储。当然,降低自有仓储成本的前提是有效的管理与控制,否则将影响整个物流系统的运行。自有仓库固定的容量和成本使得企业的一部分资金被长期占用。不管企业对仓储空间的需求如何,自有仓库的容量是固定的,不能随着需求的增加或减少而扩大或缩小。当企业对仓储空间的需求减少时,仍须承担自有仓库中未利用部分的成本;自有仓库的建设投资和运营成本高,所以许多企业因资金问题而难以修建自有仓库。自有仓库是一项长期、有风险的投资,并且因其专业性强而难以出售。而企业将资金投资于其他项目可能会得到更高的投资回报。因此,投资建造自有仓库的决策一般都非常慎重。

(2) 租赁公共仓库仓储。企业通常租赁提供营业性服务的公共仓库进行储存。利用公共仓库进行仓储具有以下优点:从财务角度看,企业不需要自建仓库的资本投资。任何一项资本投资都要在详细的可行性研究基础上才能实施,但利用公共仓储,企业可以避免仓库资本投资和财务风险。公共仓储不要求企业对其设施和设备作任何投资，企业只需支付相对较少的租金即可得到仓储服务。

公共仓储的规模经济可以降低企业的仓储、运输成本。公共仓储会产生自有仓储难以达到的规模经济。由于公共仓储为众多企业保管大量库存，因此，与自有仓储相比，大大提高了仓库的利用率，降低存货的单位储存成本；另外，规模经济还使公共仓储能够采用更加有效的物料搬运设备，从而提供更好的服务；最后，公共仓储的规模经济还有利于拼箱作业和大批量运输，降低企业的运输成本。

当企业使用公共仓储时，由于每月可以得到仓储费用单据，所以可以清楚地掌握保管和搬运的成本，有助于企业预测和控制不同仓储水平的成本，而企业自己拥有仓库时，就很难确定其可变成本和固定成本的变化情况。

使用公共仓库进行仓储增加了企业的包装成本。公共仓库中存储了各种不同种类的商品，而各种不同性质的商品有可能互相影响，因此，企业使用公共仓储时必须对商品进行保护性包装，从而增加包装成本。

(3) 合同制仓储。合同制仓储不同于一般公共仓储。合同制仓储公司能够提供专业化的高效、经济和准确的分销服务。企业若想得到高质量的物流服务，则可利用合同制仓储，因为合同制仓储的设计水平更高，并且符合特殊货物的高标准、专业化的搬运要求。而如果企业只需要一般水平的搬运服务，则应利用公共仓储。从本质上讲，合同制仓储是生产企业和仓储企业之间建立的一种伙伴关系。正是由于这种伙伴关系，合同制仓储公司与传统仓储公司相比，能为货主提供特殊要求的空间、人力、设备和特殊服务。

合同制仓储有利于企业有效利用资源。合同制仓储比自有仓储更能有效处理季节性产品生产经营中普遍存在的淡、旺季存储问题。例如，合同制仓储企业能够在不同商品的销售旺季分别为企业进行合同制仓储，如羽绒服与空调器。这种高峰需求交替出现的模式，使得合同制仓储比只处理一季产品的自有仓储更有效地利用设备与空间。另外，由于合同制仓储的管理具有专业性，物流营运管理专家更具有创新性的分销理念和降低成本的方法，因此有利于物流系统发挥功能、提高效率。

合同制仓储能通过设施的网络系统扩大企业的市场覆盖范围。由于合同制仓储企业具有战略性选址的设施与服务，因此，货主在不同位置的仓库得到的仓储管理和一系列物流服务都是相同的。由于越来越多的企业利用合同制仓储，自有仓库的数量在不断下降。许多企业将其自有仓库数量减少到有限几个，而将各地区的物流转包给合同制仓储公司。通过这种自有仓储和合同制仓储相结合的网络，企业在保持对集中仓储设施直接控制的同时，利用合同制仓储来降低直接人工成本，扩大市场的地域范围。

合同制仓储也存在一些不利因素，其中对物流活动失去直接控制是企业最担心的问题。由于企业对合同制仓储的运作过程和外部员工等缺乏控制，因此，这一因素成为产品价值较高的企业利用合同制仓储的最大障碍。

7.4.2 仓储类型决策——仓储成本决策的依据

任何企业都必须支付仓储系统的费用，该费用或者是由外部提供仓储服务的企业按费率收取，或者是由公司自营仓库的特定物料搬运系统产生的内部成本。企业对不同仓储系统的成本应总体进行分析，从而作出合理的决策。

自建仓库仓储、租赁公共仓库仓储和合同制仓储各有优势，仓储类型的选择实际上就是对物流仓储成本的决策，选择的标准是使物流的总成本最低。

租赁公共仓库和合同制仓储的成本只包含可变成本，随着存储总量的增加，租赁的空间就会增加，由于公共仓库一般按所占用空间来收费，这样成本就与总周转量成正比，其成本函数是线性的。而自有仓储的成本结构中存在固定成本。由于公共仓库的经营具有盈利性质，因此自有仓储的可变成本的增长速率通常低于公共仓储成本的增长速率。当总周转量达到一定规模时，两条成本线相交，即成本相等。这表明在周转量较低时，公共仓储是最佳选择；随着周转量的增加，由于可以把固定成本均摊到大量存货中，因此使用自有仓库更经济。

一个企业是自建仓库还是租赁公共仓库，或采用合同制仓储，需要考虑以下因素。

（1）周转总量。由于自有仓库的固定成本相对较高，而且与使用程度无关，因此必须有大量存货来分摊这些成本，使自有仓储的平均成本低于公共仓储的平均成本。因此，如果存货周转量较高，自有仓储更经济；相反，当周转量相对较低时，选择公共仓储更为明智。

（2）需求的稳定性。需求的稳定性是自建仓库的一个关键因素。许多厂商具有多种产品线，使仓库具有稳定的周转量，因此自有仓储的运作更为经济。

（3）市场密度。市场密度较大或许多供应商相对集中，有利于修建自有仓库。这是因为零担运输费率相对较高，经自有仓库拼箱后，整车装运的运费率会大大降低。相反，市场密度较低，则在不同地方使用几个公共仓库要比一个自有仓库服务一个很大市场区域更经济。

7.5　仓储成本优化

7.5.1　仓储成本优化的含义

仓储成本优化指的是用最经济的办法实现储存的功能。储存的功能是对需要的满足，实现存货的"时间价值"，这就必须要有一定的仓储量。这是仓储优化的前提与本质，如果不能保证储存功能的实现，其他问题就无从谈起。

但是仓储的不合理又表现为对储存功能的过分强调，过分投入储存力量和劳动。所以仓储成本优化的实质是在保证储存功能实现的前提下，尽量减少投入，这是一个投入与产出的关系问题。

素养提高

中国仓储行业主营业务成本及发展趋势分析

1. 产业简介：国内进入自动化仓储发展时期

仓储产业链主要分为上、中、下游三个部分。上游为设备提供商和软件提供商，分别提供硬件设备（输送机、分拣机、AGV、堆垛机、穿梭车、叉车等）和相应的软件系统（WMS、WCS系统等）。中游是仓储服务提供商，包括仓储地产企业和第三方仓储服务业。第三方仓储服务业就是利用自建或租赁的仓库为货主企业提供专业化的仓储服务，核心是提高服务质量和增值服务的水平。仓储地产企业主要定位于建设与租赁仓库,并不提供仓储服务,核心业务是建设和租赁仓库,并提供相应的技术服务和设施维护服务等。下游是应用智能仓储系统的各个行业,包括烟草、医药、汽车、零售、电商等诸多行业。

2. 发展现状:2020 年市场需求减弱且企业成本压力较大

近几年国内物流行业整体的稳健增长,相应带动物流流程的主要环节——仓储市场需求的快速增长,根据中国物流与采购联合会资料显示,2015—2019 年中国物流保管费用(即仓储费用)逐年提升,到 2019 年中国物流保管费用(即仓储费用)达到 5.0 万亿元,按照可比口径,同比增长 7.4%。

2019 年中国仓储行业主营业务成本指数为 55.8%,较 2018 年上升 2.3%,显示 2019 年仓储行业成本支出增速在增强,行业降成本压力明显。2020 年受新冠疫情影响,仓储行业业务成本从三月份开始处于行业枯荣线以上水平,反映出企业运营成本不断上升,到 2020 年 10 月企业主营业务成本指数为 53.7%,达到七个月以来高点,反映出企业成本支出压力较大。

从行业指数整体情况来看,业务成本指数整体高于业务利润指数水平,虽然行业利润有所增长,但成本不断增高对企业经济效益产生不利影响,2020 年中国仓储行业仍然是依靠规模的低盈利发展模式,转变发展方式、降本增效仍需进一步落实。

3. 发展趋势:智能仓储大势所趋

目前我国仓储物流行业正处在自动化和集成自动化阶段,未来随着信息技能的发展,仓储物流行业的发展将会联合工业互联网的技术不断向智能化升级。因此,智能仓储大势所趋,成为诸多企业和资本的布局重点。与此同时,电商巨头们纷纷推进智慧仓储物流体系建设。例如,包括阿里、京东、苏宁以及唯品会在内的企业,就已明确提出了仓储物流体系定位与建设规划。从长远角度来看,预计未来国内仓储行业在技术和协同大升级的影响下,将进一步加速仓储智能化和数字化的转型升级,朝向龙头化、差异化、国际化、服务化和智慧化发展,从而实现仓储乃至整体物流行业的降本提效。

在国家规划及政策的保障和促进下,根据《"互联网+"高效物流实施意见》有关工作部署,国家发展改革委、商务部联合委托第三方机构组织确定京东上海亚洲一号物流基地、南京苏宁云仓物流基地、顺丰华北航空枢纽(北京)中心、九州通武汉东西湖现代医药物流中心、长春一汽国际物流有限公司物流园区、日日顺物流青岛仓、菜鸟网络广州增城物流园区、招商物流北京分发中心、怡亚通供应链深圳物流基地、荣庆上海嘉定冷链物流园区等 10 家单位获得智能化仓储物流示范基地建设的称号。

资料来源:https://www.qianzhan.com/analyst/detail/220/201110-6e862dff.html
点评

激发学生投身智能仓储物流业的热情

帮助学生明晰国家智能化仓储物流示范基地;关心我国物流仓储产业当前的成本压力及未来发展趋势。

本案例基于我国物流仓储产业链发展全景,阐明当前我国仓储市场需求减弱,行业企业成本压力较大,未来发展趋势为智能仓储;激发学生的学习热情和投身物流事业的雄心壮志,树立为国家进步和民族振兴而学习的远大理想和人生目标。

7.5.2 仓储成本过高的主要原因

仓储成本过高的主要原因是来自于不合理仓储。不合理仓储主要表现在两个方面：一方面是由于储存技术不合理，造成了物资的损失；另一方面是仓储管理、组织不合理，不能充分发挥仓储的作用。不合理仓储表现主要为以下五种形式。

1. 储存时间过长

通过仓储，被储存的物资可以获得"时间效用"。但是储存时间过长，有形和无形损耗就会加大，这是仓储"时间效用"的逆反因素。储存的总效果是确定储存最优时间的依据。

2. 储存数量过高

通过仓储可以保证供应、生产和消费的正常进行，但随着储存数量过高，过量储存物资的有形和无形损耗损失也越来越大。

3. 储存数量过低

一方面较低的储存数量会减少储存物资的有形和无形损耗损失，而另一方面储存数量过低会严重影响供应、生产和消费的正常进行，其损失远远大于减少库存量所带来的收益。所以，储存数量过低会大大损害总效果。

4. 储存条件不足或过剩

储存条件不足，指的是由于不能为被储存的物资提供良好的储存环境和必要的管理措施，造成储存物的损坏和工作的混乱，往往表现在储存场所简陋，不足以保护储存物。储存条件过剩指的是储存条件大大超出需要，使被储存物负担过高的储存成本，从而造成货主承担不合理的费用。

5. 储存结构失衡

储存结构指的是被储存物的比例关系，例如，由于储存物的品种、规格、储存期、储存量、储存位置的失调，造成储存成本的上升。

7.5.3 仓储物流的合理化

仓储物流的合理化的主要标志如下。

1. 质量标志

保证被储物的质量是完成储存功能的根本要求，只有这样，商品的使用价值才能通过物流得以最终实现，在仓储过程中增加的时间都要以保证质量为前提。

2. 数量标志

在保证仓储功能的前提下，要合理确定仓储数量，提高供应的保证程度。

3. 时间标志

在保证仓储功能的前提下，要寻求一个合理的储存时间，储存量越大，储存的时间就越长，相反就越短。在具体衡量时往往通过有关周转速度来反映。

4. 结构标志

结构标志是指从被储物的不同品种、规格、花色的储存数量比例关系对仓储的合理性作出判断。

5. 分布标志

指不同地区仓储的数量比例关系，以此判断对需求的保障情况，也可以判断对整个物流影响。

7.5.4 仓储成本优化的途径

1. 优化仓库布局,适度集中库存

集中库存是指利用储存规模优势,以适度集中库存代替分散的小规模储存来实现仓储成本优化。通过集中库存,有利于采用机械化、自动化的操作方式;有利于形成批量的干线运输;有利于形成支线运输的起始点。但是在仓库布局时要注意仓库的减少和库存的集中可能会增加运输成本,因此要从物流总成本的角度综合考虑,选择最优方案。

美国联合慈善事业公司(Combined Charities Inc.)的分拨问题

美国联合慈善事业公司的全国办公室为许多美国著名的慈善机构、政治组织的筹款活动准备资料。公司将材料印好,然后由 UPS 直接将资料由印刷厂送往各地的分拨点。公司考虑到如果在全美各地租用仓库可能会降低总成本,资料送往各个仓库后,由 UPS 从大约 35 个仓库做短距离运输,送到当地分拨点,这样当地分拨点可以直接从仓库提货,而不必向印刷厂订货。该公司做出的成本核算见表 7-3。

表 7-3 联合慈善事业公司的成本核算   单位:美元

成本项目		从工厂直接运输	通过35个仓库运输	成本变化
生产成本		500 000	425 000	-75 000
运输成本	至仓库	0	50 000	+50 000
	至当地	250 000	100 000	-150 000
仓储成本		0	75 000	+75 000
总计		750 000	650 000	-100 000

[分析]

运输费用的降低在抵消增加的仓储费用后还有节余,因此利用仓库来节约成本是一种非常有效的办法。

2. 运用 ABC 和 CVA 管理法分析库存,抓住重点,优化库存结构

要应用 ABC 和 CVA 管理法分析库存结构,抓住重点,优化库存。ABC 库存管理法是根据库存种类数量与所占资金比重之间的关系,将库存物资分为 A、B、C 三类,该方法是根据帕累托曲线规律解释的"关键的少数和次要的多数"在库存管理中的应用。对占资金总量的主要部分的 A 类物资进行重点控制管理,对介于 A 类和 C 类物资之间的 B 类物资采用常规管理,对占资金总量少部分的 C 类物资进行简单管理。这就有利于对每一类的库存物资制定不同的管理策略,有利于降低库存物资的资金占用,也有利于减轻库存管理人员的工作量,见表 7-4。

表 7-4　ABC 管理策略

库存类型	特　点	库存控制策略
A	品种种类占总品种数的比例约为 10%，价值占存货总价值的比例约为 70%	严密控制，现场管理更加严格，经常进行检查和盘点，预测更加仔细
B	品种种类占总品种数的比例约为 20%，价值占存货总价值的比例约为 20%	次重点管理，现场管理不必投入比 A 类更多的精力，库存检查和盘点的周期可以比 A 类长一些
C	品种种类占总品种数的比例约为 70%，价值占存货总价值的比例约为 10%	一般管理，由于品种多，定期检查库存和盘点，周期可以较长

由于 ABC 库存管理法有不足之处，通常表现为 C 类物资得不到重视，由此也会给企业运行带来问题，例如，经销鞋的企业会把鞋带列为 C 类物资，但是鞋带缺货将会严重影响鞋的销售。一个汽车制造厂把螺钉列为 C 类物资，但缺少一个螺钉可能导致整个装配线的停工。因此，除了在库存数量上要设计合理、经济，更需要在物资的结构上做到合理。如果各种物资之间的关联性很强，只要一种物资耗尽，即使其他物资仍有一定的数量，也都无法投入使用。因此企业在库存管理中引入了关键因素分析法（Critical Value Analysis，CVA），这种方法把存货按照关键性分成四类，每类的特点和管理措施见表 7-5。

表 7-5　CVA 库存类型、特点和管理措施

库存类型	特　点	管理措施
最高优先级	经营管理中的关键物品，或 A 类重点客户的存货	不允许缺货
较高优先级	经营管理中的基础性物品，或 B 类客户的存货	允许偶尔缺货
中等优先级	经营管理中比较重要的物品，或 C 类客户的存货	允许合理范围内缺货
较低优先级	经营管理中需要但可代替的物品	可以缺货

CVA 分析法是在 ABC 分析法基础上的改进，能够做到物资的合理储存。两者结合使用，可以达到分清主次、抓住关键问题的目的。

3. 采用有效的"先进先出"法方式

采用计算机管理系统，根据物资入库时间，按照时间排序，从而实现"先进先出"，加快周转，减少劳动消耗。

在仓储中采用技术流程的办法保证"先进先出"，采用贯通式货架系统，从一端存入货物，从另一端取出货物，货物在通道中按先后次序排队，不会出现越位现象。

采用"双仓法"储存，给每一种货物准备两个仓位或货位，轮换进行存取，必须在一个货位取完后才可以补充，这样可以保证"先进先出"。

4. 加强日常管理，降低日常开支

在保证货物质量和安全的前提下，科学地堆放和储藏物品，节约保管费用，提高仓库和仓储设备的利用率，掌握好储存额的增减变化情况，充分发挥库存的使用效能，提高

保管人员的工作效率，减少临时人员的支出，加强仓储物的保养，降低仓储损耗，优化仓储。

5. 运用现代库存控制技术降低库存成本

可以采用物料需求计划（MRP）、制造资源计划（MRP Ⅱ）以及准时制（JIT）等生产和供应系统，合理确定原材料、在制品、半成品和产成品的最佳库存量，降低库存水平，又能保证生产、消费的准时供应。

6. 运用现代信息技术，实现信息共享，降低库存成本

运用现代信息技术，实现企业内部各部门之间的信息共享，实现企业总部与异地分、子公司和仓库的信息共享，可以加快资金周转，降低货物损失，提高仓储设施的利用率。同时要加强供应链企业的信息共享，可以采用供应商管理库存（VMI）、联合管理库存等手段实现库存量的降低，从而降低库存成本。

7. 虚拟仓库和虚拟仓储

在网络经济时代，采用虚拟仓库和虚拟仓储方式，是信息技术和网络技术在市场经济条件下与买方市场环境相结合的创新，它不仅仅对于解决仓储问题，还对于优化整个物流系统具有重大意义。

本章小结

仓储成本是企业物流成本的重要组成部分，企业需要对仓储成本进行核算和分析，从而找到降低仓储成本的突破点。对于物流仓储企业来说，仓储成本是因储存货物而产生的成本，可以分为固定成本和变动成本两大类；对于保有库存的生产型及销售型企业，仓储成本主要包括仓储持有成本、订货或生产准备成本、缺货成本和在途库存持有成本。

仓储成本决策对降低物流系统成本、提高物流效益具有重要意义。仓储成本优化指的是用最经济的办法实现储存的功能，储存的功能是对需要的满足，实现存货的"时间价值"，这就必须有一定的仓储量，这是仓储优化的前提与本质，只有这样才能保证储存功能的实现。降低仓储成本是物流成本管理的重要内容。

同步测试

思考与练习

1. 什么是仓储、存货、储备和储存？这几个概念有何区别？
2. 仓储成本的含义是什么？什么是仓储成本管理？
3. 仓储成本核算有哪些方法？
4. 仓储成本包括哪些内容？
5. 什么是缺货成本？缺货成本是如何形成的？
6. 什么是仓储成本决策？
7. 仓储成本优化的途径有哪些？
8. 根据表 7-6 中的资料对库存物品进行 ABC 分类。

表 7-6 各种物品的单价和年需求量

物品编号	1	2	3	4	5	6	7	8	9	10
单价/元	0.15	0.05	0.10	0.22	0.08	0.16	0.03	0.12	0.18	0.05
年需求量/t	26	65	220	750	1 100	1 750	85	25	420	20

实训项目

参观一家物流仓储企业，结合学习内容，分析该企业的仓储成本管理存在哪些问题？并提出降低仓储成本的对策建议。

综合案例

英迈公司的仓储成本管理

2000 年英迈公司全部库房只丢了一根电缆。半年一次的盘库，由公证公司做第三方机构检验，前后统计结果只差几分钱，陈仓损坏率为 0.3%，运作成本不到营业总额的 1%……这些都发生在全国拥有 15 个仓储中心、每天库存货品上千种、价值可达 5 亿元人民币的英迈公司身上。他们是如何做到的呢？通过参观英迈公司在上海的储运中心可以发现，英迈公司中国运作部具有强烈的成本概念和服务意识。

1. 几个数字

一毛二分三：英迈公司库存中所有货品在摆放时，货品标签一律向外，而且没有一个倒置，这在进货时就按操作规范统一摆放，目的是出货和清点库存时方便。运作部曾经计算过，如果货品标签向内，以一个熟练的库房管理人员操作，将其恢复至标签向外，需要 8 分钟，这 8 分钟的人工成本就是一毛二分三。

3 kg：英迈公司的每一个仓库中都有一本重达 3 kg 的行为规范指导，细到怎样检查销售单、怎样装货、怎样包装、怎样存档、每一步骤在系统中的页面是怎样的，在这本指导上都有流程图和文字说明，任何受过基础教育的员工都可以从规范指导中查询和了解到每一个物流环节的操作规范，并遵照执行。在英迈的仓库中，只要有动作就有规范，操作流程清晰的观念为每一个员工所熟知。

5 min：统计和打印出英迈上海仓库或全国各个仓库的劳动力生产指标，包括人均收货多少钱，人均收货多少行（即多少单，其中人均每小时收到或发出多少行订单是仓储系统评估的一个重要指标），只需要 5 min。在 Impulse 系统中，劳动力生产指标时时在线，随时可调出。而如果没有系统支持，这样的一个指标统计至少需要一个月时间。

10 cm：仓库空间是经过精确设计和科学规划的，甚至货架之间的过道也是经过精确计算的，为了尽量增大库存实用面积，只给运货叉车留出了 10 cm 的空间，叉车司机的驾驶必须稳而又稳，尤其是在转弯时，因此英迈的叉车司机都要经过此方面的专业训练。

20 min：在日常操作中，仓库员工从接到订单到完成取货，规定时间为 20 min。因为仓库对每一个货位都标注了货号标志，并输入 Impulse 系统中，Impulse 系统会将发货产品自动生成产品货号，货号与仓库中的货位一一对应，所以仓库员工在发货时就像邮递员寻找邮递对象的门牌号码一样方便快捷。

4 h：一次，由于库房经理的网卡出现故障，无法使用 Impulse 系统，结果他在库房中寻找了 4 h，也没有找到他想找的网络工作站。依赖 IT 系统对库房进行高效管理，已经成为库房员工根深蒂固的观念。

1 个月：英迈的库房是根据中国市场的现状和生意的需求而建设的，投入要求恰如其分，目标清楚，能支持现有的经销模式并做好随时扩张的准备。每个地区的仓库经理都要求能够在 1 个月之内完成一个新增仓库的考察、配置与实施，这都是为了飞快地启动物流支持系统。在英迈的观念中，如果人没有准备，有钱也没有用。

2. 几件小事

（1）英迈库房中的很多记事本都是收集的已打印一次的纸张装订而成，即使是各层经理也不例外。

（2）所有进出库房都必须严格按照流程进行，每一个环节的责任人都必须明确，违反操作流程，即使有总经理的签字也不行。

（3）货架上的货品号码标志用的都是磁条，采用的原因同样是节约成本，以往采用的是打印标志纸条，但因为进仓货品经常变化，占据货位的情况也不断改变，用纸条标志灵活性差，而且打印成本也很高，采用磁条后问题得到根本性的解决。

（4）英迈要求与其合作的所有货运公司必须在运输车辆的箱壁上安装薄木板，以避免因为板壁不平而使运输货品的包装出现损伤。

（5）在英迈的物流运作中，厂商的包装和特制胶带都不可再次使用，否则，视为侵害客户利益。因为包装和胶带代表着公司自身的知识产权，这是法律问题。如有装卸损坏，必须运回原厂，出钱请厂商再次包装。而如果是由英迈自己包装的散件产品，全都统一采用其指定国内代理怡通公司标志的胶带进行包装，以分清责任。

3. 仅仅及格

提起英迈，分销渠道都知道其最大优势是运作成本低，而这一优势又往往被归因于其采用了先进的 Impulse 系统。但是从以上描述中可看出，英迈运作优势的获得并非看似那样简单，而是对每一个操作细节不断改进，日积月累而成。从所有的操作流程看，成本概念和以客户需求为中心的服务观念贯彻始终，这才是英迈竞争力的核心所在。英迈中国的系统能力和后勤服务能力在英迈国际的评估体系中仅被打了 62 分，刚刚及格。据介绍，在美国的专业物流市场中，英迈国际能拿到 70～80 分。

作为对市场销售的后勤支持部门，英迈运作部认为，真正的物流应该是一个集中运作体系，一个公司能不能围绕新的业务，通过一个订单把后勤部门全部调度起来，这是一个核心问题。产品的覆盖面不见得是公司物流能力的覆盖面，物流能力覆盖面的衡量标准是应该经得起公司业务模式的转换，换了一种产品仍然能覆盖到原有的区域，解决这个问题的关键是建立一整套物流运作流程和规范体系，这也正是大多数国内企业所欠缺的物流服务观念。

案例讨论

结合上述案例，讨论：
1. 你认为英迈公司是如何做好仓储成本管理工作的？
2. 从英迈公司中国物流的运作可以得到什么启示？

阅读建议

［1］何开伦．物流成本管理［M］．武汉：武汉理工大学出版社，2007．
［2］杜学森．物流成本管理实务［M］．北京：中国劳动社会保障出版社，2006．
［3］汪晓娟．物流成本管理［M］．北京：机械工业出版社，2007．
［4］李永生，郑文岭．仓储与配送管理［M］．北京：机械工业出版社，2007．

配送成本管理

> **知识目标**
>
> 1. 掌握配送成本的概念。
> 2. 明确配送成本控制的概念和意义。
> 3. 掌握配送成本核算的基本方法。
> 4. 明确配送成本优化的途径。

> **技能目标**
>
> 1. 进行配送成本的核算。
> 2. 正确填写、编制各类配送成本计算表。
> 3. 进行配送成本差异分析。

> **素质目标**
>
> 1. 培养学生具备配送成本管理意识的职业素质。
> 2. 培养学生具备配送成本核算、编制、分析、优化的职业要求。

> **先导案例**

易初莲花之配送"心经"

易初莲花先后在上海、广州、北京建立了三个大型干货配送中心及一家生鲜配送中心负责对全国的卖场进行商品配送，目前易初莲花卖场的绝大部分商品是通过这四家配送中心进行配送的。

易初莲花北京配送中心位于北京城南的大兴区，是一座面积为 10 000 m² 的货架式立体仓库，可存放 7 000 个标准托盘的商品，每天进出货量约 20 000 箱，目前只负责干货的配送。另外，易初莲花在上海和广州各设立有一个干货配送中心，面积分别是 48 000 m² 和

18 000 m^2。易初莲花的配送中心为划区域配送，即每个配送中心只负责配送本区域内的易初莲花卖场，但三个配送中心之间也会有商品的配送，是区域间的商品调拨。

1. 低成本与高效率

在比较完善的系统支持下，易初莲花的物流以配送为主，以仓储为辅，呈现出商品周转快的特征。配送的职能就是将商品集中起来，配送给门店，同时可以储存部分促销商品。

易初莲花的配送中心是通过采购和门店订货，有专门的订单管理部门向供应商发出订单，供应商接到订单后，按照订单的要求备货，并将商品直接送到配送中心，不用配送到每个门店，这样既节省了供应商的配送费用，又加强了门店对商品的掌控力度，可以保证商品及时到店，降低商品的缺货概率，这一点是没有配送中心的零售企业无可比拟的。

顾客到易初莲花卖场时，买了一些产品，比如毛巾被，如果物流循环是比较成功的，那么在买了之后，系统就开始自动进行供货。这个系统当中的可变性使得这些卖方和买方（工厂与商场）可以对这些顾客所买的东西和订单及时地补货。

物流业务要求比较复杂，易初莲花面临的真正挑战是能够提供顾客所需要的服务。如有的时候可能会有一些产品出现破损，因此在包装方面就需要有一些对产品特别的运销能力。因此，对易初莲花来说，能够提供的产品种类与质量是非常重要的，寻求到这种高质量与多品种结合，对于商场来说，它的成本也是最低的。

2. 无缝的补货系统

易初莲花物流配送成功，是因为它有一个补货系统，每一个卖场都有这样的系统。这使得易初莲花在任何一个时间点都可以知道，现在商店中有多少货品，有多少货品正在运输过程中，有多少是在配送中心等。

与此同时，易初莲花也可以了解某种货品上周卖了多少、去年卖了多少，而且可以预测易初莲花将来可以卖多少这种货品。

易初莲花所有的货品都有一个统一的产品代码，这是非常重要的。因为可以对它进行扫描，可以对它进行阅读。这个自动补货系统，可以自动向商场经理来订货，这样就可以非常及时地对商场进行帮助。经理们在商场中走一走，选一种商品，对它扫描一下，就知道现在商场中有多少这种货品、有多少订货，而且知道有多少这种产品正在运输到商店的过程当中、会在什么时间到，所有关于这种商品的信息都可以通过扫描这种产品代码得到，不需要下属进行任何复杂的汇报。

另外，作为易初莲花的供货商，他们也可以进入易初莲花的零售链接当中，可以了解他们的商品卖得如何。通过零售链接，供货商们就可以通过了解卖的情况，来决定生产状况，根据易初莲花每天卖的情况，他们可以对将来卖货进行预测，以决定生产情况，这样产品的成本也可以降低，从而使整个过程成为一个无缝的过程。

3. "精准"是硬道理

在易初莲花的物流当中，有一点非常重要，那就是易初莲花必须要确保卖场所得到的产品是与发货单上完全一致的产品，因此易初莲花的整个物流配送过程都要确保是精确的，没有任何错误。

做好这一步，将节省很多时间和成本。卖场把整车的货品卸下来即可了，而不必逐一检查每个产品，因为他们相信配送过来的产品是没有任何问题的。精准的良好传统让易初莲花赢得消费者的心，也为他们赢得了大量的时间和金钱。这些货品可以直接摆上货架，并让消费者满意。

当消费者买了某产品的时候，系统会精准地设定需要补货的情况，所以整个物流配送是个循环的过程，每个环节都是做到精准。易初莲花还追求消费者对产品需求的精准化配送，这是比较难的一件事，因为各地的消费习惯不同导致卖场配送什么样的产品要经过调研。比如，燕京啤酒在北京销售得非常好，但是到了其他城市销售情况可能就不如北京好。易初莲花已经考虑到了这方面的问题，并针对这种问题做了相应的变通，如增加地方采购等。

资料来源：www.jctrans.com

8.1 配送成本管理概述

配送成本

8.1.1 配送成本的概念

配送是现代物流的一个核心内容，通过配送，物流活动才最终得以实现，但完成配送是需要付出代价的，即配送成本。配送成本是指在配送活动的备货、储存、分拣、配货、配装、送货服务及配送加工等环节所发生的各项费用的总和，是配送过程中所消耗的各种活劳动和物化劳动的货币表现。

配送成本是用货币金额来评价配送作业的实际情况，配送成本的大小决定于评价的对象——配送作业的范围和采用的评价方法等。评价范围和使用的方法不同，得出的配送成本的差异是很大的。所以，利用配送成本进行配送管理，必须正确确定配送成本，划分配送成本的范围。配送成本的范围一般是由三方面因素决定的。

1. 配送成本的计算范围如何确定的问题

配送过程中涉及不同的配送对象，如不同的送货对象、不同的配送产品。涉及的单位非常多，牵涉的面也很广，很容易漏掉其中的某一部分。计算哪部分、漏掉哪部分，配送成本的大小相距很大。

2. 选择哪几种活动作为核算对象的问题

在运输、储存、装卸、配货、送货等配送活动中，选择不同的活动进行计算，所计算出来的配送成本自然是有差异的。例如只计算运输和储存费用，不计算其他费用，与运输、储存、装卸、配货、送货等费用全部计算，两者的费用结果差别相当大。

3. 选择哪几种费用列入配送成本的问题

企业向外部支付的运输费、储存费、装卸费等费用一般都容易列入配送成本，可是企业内部发生的配送费用，如与配送活动相关的人工费、物流设施建设费、运送费、折旧费、维修费、电费等是否也列入配送成本中？按多大比例列入才比较科学？这些都是需要考虑的问题。

企业配送成本的大小，无疑取决于上述三个因素。确定不同的前提条件，会得到截然不同的结果。各企业应根据各自不同的情况和管理需要来决定本企业配送成本的计算范围。

8.1.2 配送成本的特征

1. 配送成本的隐蔽性

日本早稻田大学物流成本研究的权威西泽修教授曾提出著名的"物流冰山"说，其含义是人们对物流费用的总体内容并不掌握,提起物流费用大家只看到露出水面的冰山一角,而隐藏在海水里的冰山的其余部分却看不见,事实上海水中的冰山才是物流费的主体部分。就配送成本而言,一般通过"销售费用""管理费用"科目可以看出部分配送费用情况,但这些科目反映的费用仅仅是全部配送成本的一部分,即企业对外支付的配送费用,并且这一部分费用往往是混同在其他有关费用中,而不是设立单独的"配送费用"科目进行独立核算。

2. 配送成本削减具有乘数效应

假定销售额为 1 000 元,配送成本为 100 元。如果配送成本降低 10%,就可以得到 10 元的利润。假如这个企业的销售利润率为 2%,创造 10 元的利润,则需要增加 500 元的销售额,即降低 10% 的配送成本所起的作用相当于销售额增加 50%,这就是配送成本削减的乘数效应。

3. 配送成本的"效益背反"

所谓"效益背反"是指同一资源的两个方面处于互相矛盾的关系之中,一个要素的优化会导致另一要素的损失。这种状态在配送活动中也是存在的。譬如,尽量减少库存据点以及库存,必然引起库存补充频繁,从而增加运输次数,同时,仓库的减少,会导致配送距离变长,运输费用进一步增大。此时一个要素成本的降低,会导致另一个要素成本的增大,产生成本效益背反。

8.1.3 配送成本的分类与构成

配送成本的类别如图 8-1 所示。

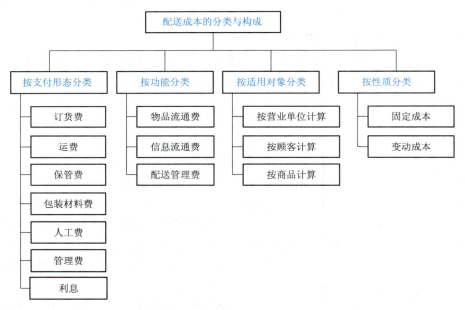

图 8-1 配送成本的类别

在配送成本中,固定成本是指不随经营业务量的变化而变化的成本,即只要开展配送经营,就必须支出的成本,如资本成本分摊、员工工资、行政办公费用等。变动成本则是指随配送量的变化而发生变化的成本,主要由劳动力成本、固定资产的运行成本和社会资源的使用成本确定。变动成本包括商务交易费、设备运行费、租赁费、装卸搬运作业费、保险费等。在没有业务活动时，就没有变动成本支出。

变动成本和固定成本会因为经营方式的不同发生转化。如自购车辆配送时，购车成本为固定成本；而采用租车运输时，使用车辆的租金则成为变动成本。

8.1.4 影响配送成本的因素

1. 时间

配送作业的持续时间影响着配送作业对仓储设施设备的占用时间，影响设施设备的固定资产投入成本；配送业务决定了时间的长短，影响车辆配载效率，也影响配送线路的优化，直接影响配送成本的控制。

2. 距离

距离是构成配送运输成本的重要因素。距离越远，意味着运输成本越高，运输设备与员工配备成本越高。

3. 配送物的数量、重量

数量和重量增加会使配送作业量增大，总成本上升。但是大批量的配送作业也会使作业效率得到提高，单位产品配送成本下降，外包配送可能得到的价格优惠更多。

4. 货物种类及作业过程

不同的货物种类可能造成的配送作业过程不同，技术要求不同，承担的责任也不同。因而不同的货物种类对配送成本会产生较大的影响，如不同包装方式的物品，标准化程度或装卸活性指数不同直接影响配送作业成本。

5. 外部成本

配送作业时可能需要利用企业外的资源，如租用装卸搬运设施设备、不同地区的交通管制状况、基础设施完备情况，这些因素都会影响企业配送成本的大小。

8.2 配送成本核算

配送成本费用的核算是多环节的核算，是各个配送环节或活动的集成，在实际核算时，涉及具体的配送活动，应当对相应的配送环节活动进行核算。配送各个环节的成本费用核算都具有各自的特点，应分别根据其特点采用不同的方法核算费用。

配送成本费用的计算由于涉及多个环节的成本计算，对每个环节应当计算各成本计算对象的总成本。总成本是指成本计算期内成本计算对象的成本总额，即各个成本项目金额之和。

配送成本费用总额是由各个环节的总成本组成的，即集货、分拣、配货、配装、配送运输、送达服务及流通加工等可能存在的各环节成本的总和。

需要指出的是，在进行配送成本费用核算时，要避免配送成本费用重复交叉，夸大或减小费用支出，会造成配送成本费用核算不真实，不利于配送成本费用的管理。不同企业的配送涉及的作业环节有所不同，本节以配送运输成本、分拣成本、配装成本和流通加工成本为重点介绍配送成本的核算方法。

8.2.1 配送运输成本的核算

1. 配送运输成本项目及内容

配送运输成本是指配送车辆在完成配送货物过程中，所发生的各种车辆费用和配送间接费用。

车辆费用是指配送车辆从事配送生产所发生的各项费用，包括下列项目：

（1）工资，指支付给配送车辆司机的基本工资、附加工资及工资性津贴。

（2）职工福利费，指按规定的工资总数及规定比例计提的职工福利费。

（3）燃料，指配送车辆运行所消耗燃料，如汽油、柴油等的费用。

（4）轮胎，指配送车辆耗用的外胎、内胎、垫带的费用支出以及轮胎的翻新费用和修补费。

（5）修理费，指配送车辆进行各级保养和修理所发生的工料费用、修复旧件费用和行车耗用的机油费用。

（6）大修，指配送车辆计提的大修基金，以及车辆大修竣工后调整的费用差异和车辆超、亏大修里程定额差异应调整增减的费用。

（7）折旧，指配送车辆按规定计提的折旧费。

（8）养路费，指按规定向公路管理部门交纳的营运车辆管理费。

（9）公路运输管理费，指按规定向运输管理部门交纳的营运车辆管理费。

（10）车船使用费税，指企业按规定向税务部门交纳的营运车辆使用税。

（11）行车事故损失，指配送车辆在配送过程中，因行车肇事所发生的事故损失。

（12）其他，指不属于以上各项的车辆费用，如行车杂支、随车工具费、防滑链条费、中途故障救济费、司机和助手劳动保护用品费、车辆清洗费、冬季预热费、由配送方负担的过桥费等。

配送间接费用是指配送运输管理部门为管理和组织配送运输生产所发生的各项管理费用和业务费用，包括配送运输管理部门管理人员的工资及福利费，配送运输部门为组织运输生产活动所发生的管理费用及业务费用，如取暖费、水电费、办公费、差旅费和保险费等；配送运输部门使用固定资产的折旧费用、修理费用；直接用于生产活动，构成营运成本但不能直接计入成本项目的其他费用。

上述车辆费用和配送管理费用构成了配送运输成本项目。配送运输成本在配送总成本构成中所占比例很大，应进行重点管理。

2. 配送运输成本计算方法

配送运输成本计算方法，是指配送运输车辆在生产过程所发生的费用。按照规定的成本计算对象和成本项目，计入配送运输成本的方法。其来源如下：

（1）工资及职工福利费。根据"工资分配汇总表"和"职工福利费计算表"中各车型分配的金额计入成本。

（2）燃料。根据"燃料发出凭证汇总表"中各车型耗用的燃料金额计入成本。配送车辆在本企业以外的油库加油，其领发数量不作为企业购入和发出处理的，应在发生时按照配送车辆领用数量和金额计入成本。

（3）轮胎。轮胎外胎采用依次摊销法的，根据"轮胎发出凭证汇总表"中各车型领用的金额计入成本；采用按行驶胎里程提取法的，根据"轮胎摊取费计算表"中各车型应负担的摊提额计入成本。发生轮胎翻新费时，根据付款凭证直接计入各车型成本或通过待摊费用分期摊销。内胎、垫带根据"辅助营运费用分配表"中各车型成本领用金额计入成本。

（4）修理费。辅助生产部门对配送车辆进行保养和修理的费用，根据"辅助营运费用分配表"中分配各车型的金额计入成本。

（5）折旧。根据"固定资产折旧计算表"中按照车辆种类提取的折旧金额计入各分类成本。

（6）养路费及运输管理费。配送车辆应交纳的养路费和运输管理费，应在月终计算成本时，编制"配送营运车辆应交纳养路费及管理费计算表"，据此计入配送成本。

（7）车船使用税、行车事故损失和其他费用。如果是通过银行转账、应付票据、现金支付的，根据付款凭证等直接计入有关的车辆成本；如果是在企业仓库内领用的材料物资，根据"材料发出凭证汇总表""低值易耗品发出的凭证汇总表"中各车型领用的金额计入成本。

（8）营运间接费用。根据"营运间接费用分配表"计入有关配送车辆成本。

3. 配送运输成本计算表

物流配送企业月末应编制配送运输成本计算表，以反映配送总成本和单位成本。

配送运输总成本是指成本计算期内成本计算对象的成本总额，即各个成本项目金额之和。单位成本是指成本计算期内各成本计算对象完成单位周转量的成本额。按各成本计算对象计算的成本降低额，是指用该配送成本的上年度实际单位乘以本期实际周转量计算的总成本，减去本期实际总成本的差额。它是反映该配送运输成本由于成本降低所产生的节约金额的一项指标。

按各成本计算对象计算的成本降低率，是指该配送运输成本的降低额，与上年度实际单位成本乘以本期实际周转量计算的总成本之比的百分比，它是反映该配送运输成本降低幅度的一项指标。

各成本计算对象的降落额和降低率是计算公式如下：

$$成本降低额 = 上年度实际单位成本 \times 本期实际周转量 - 本期实际总成本 \quad (8-1)$$

$$成本降低率 = 成本降低额 / (上年度实际单位成本 \times 本期实际周转量) \times 100\% \quad (8-2)$$

配送运输成本计算表的格式见表8-1。

表8-1　配送运输成本计算

编制单位：　　　　　　　　　　　　年　月　　　　　　　　　　　　单位：元

项　目	计算依据	配送车联合计	配送营运车辆					
			车辆A	车辆B	…	…	…	…
1. 车辆费用								
工资								
职工福利								
燃料								
轮胎								
修理费								
折旧								
养路费								
车船使用税								
行车事故损失								

续表

项　　目	计算依据	配送车联合计	配送营运车辆						
			车辆A	车辆B	…	…	…	…	…
其他									
2. 营运间接费用									
3. 配送运输总成本									
4. 周转量/千吨千米									
5. 单位成本/（元·千吨千米$^{-1}$）									
6. 成本降低率									

8.2.2 分拣成本的核算

分拣成本是指分拣机械及人工在完成货物分拣过程中所发生的各种费用。

1. 分拣成本项目和内容

（1）分拣直接费用，包括下列项目：

① 工资，指按规定支付给分拣作业工人的标准工资、奖金、津贴等。

② 职工福利费，指按规定的工资总额和按标准计提的职工福利费。

③ 修理费，指分拣机械进行保养和修理所发生的工料费用。

④ 折旧，指分拣机械按规定计提的折旧费。

⑤ 其他，指不属于以上各项的费用。

（2）分拣间接费用，是指配送分拣管理部门为管理和组织分拣生产，需要由分拣成本负担的各项管理费用和业务费用。

上述分拣直接费用和间接费用则构成了配送环节的分拣成本。

2. 分拣成本的计算方法

配送环节分拣成本的计算方法，是指分拣过程所发生的费用，按照规定的成本计算对象和成本项目，计入分拣成本的方法。

（1）工资及职工福利。根据"工资分配汇总表"和"职工福利费计算表"中分配的金额计入分拣成本。

（2）修理费。辅助生产部门对分拣机械进行保养和修理的费用，根据"辅助生产费用分配表"中分配的分拣成本金额计入成本。

（3）折旧。根据"固定资产折旧计算表"中按照分拣机械提取的折旧金额计入成本。

（4）其他。根据"低值易耗品发出凭证汇总表"中分拣成本领用的金额计入成本。

（5）分拣间接费用。根据"配送管理费用分配表"计入分拣成本。

3. 分拣成本计算表

物流配送企业月末应编制配送分拣成本计算表，以反映配送分拣总成本。

配送总成本是指成本计算期内成本计算对象的成本总额，即各个成本项目金额之和。分拣成本的计算可按表 8-2 进行计算。

表 8-2　分拣成本计算表

编制单位：　　　　　　　　　　　年　　月　　　　　　　　　　　　　　单位：元

项　目	计算依据	合计	分拣品种			
			货物甲	货物乙	…	…	…
1. 分拣直接费用						
工资						
福利费						
修理费						
折旧						
其他						
2. 分拣间接费用						
分拣总成本						

8.2.3　配装成本的核算

配装成本是指在完成配装货物过程中所发生的各种费用。

1. 配装成本项目和内容

（1）配装直接费用，包括以下项目：

① 工资，指按规定支付的配装作业工人的标准工资、资金、津贴。

② 职工福利费，指按规定的工资总额和提取标准计提的职工福利费。

③ 材料，指配装过程中消耗的各种材料，如包装袋、纸箱等。

④ 辅助材料，指配装过程中耗用的辅助材料，如标志、标签、笔墨等。

⑤ 其他，指不属于以上各项的费用，如配装工人的劳动保护用品费等。

（2）配装间接费用，指配送配装管理部门为管理和组织配装生产所发生的各项费用，由配装成本负担的各项管理费用和业务费用。

上述配装直接费用和配装间接费用则构成配装成本。

2. 配装成本的计算方法

配装成本的计算方法，是指配装过程中所发生的费用，按照规定的成本计算对象和成本项目，进行计算的方法。

（1）工资及福利费。根据"工资分配汇总表"和"职工福利费计算表"中分配的配装成本的金额计入成本。

计入产品成本中的直接人工费用的数额，是根据当期"工资结算汇总表"和"职工福利费计算表"来确定的。

"工资结算汇总表"是进行工资结算和分配的原始依据。它是根据"工资结算单"按人员类别（工资用途）汇总编制的。"工资结算单"应当依据职工工作卡片、考勤记录、工作量记录等工资计算的原始记录编制。

"职工福利费计算表"是依据"工资结算汇总表"确定的各类人员工资总额,按照规定的提取比例计算后编制的。

（2）材料费用。根据"材料发出凭证汇总表""领料单"及"领料登记表"等原始凭证,配装成本耗用的金额计入成本。

在直接材料费用中,材料费用数额是根据全部领料凭证汇总编制"耗用材料汇总表"确定的;在归集直接材料费用时,凡能分清某一成本计算对象的费用,应单独列出,以便直接计入该配装对象的产品成本计算单中;属于几个配装成本对象共同耗用的直接材料费用,应当选择适当的方法,分配计入各配装成本计算对象的成本计算单中。

（3）辅助材料费用。根据"材料发出凭证表""领料单"中的金额计入成本。

（4）其他费用。根据"材料发出凭证汇总表""低值易耗品发出凭证"中配装成本领用的金额计入成本。

（5）配装间接费用。根据"配送间接费用分配表"计入配装成本。

3. 配装成本计算表

物流配送企业月末应编制配送环节配装成本计算表,以反映配装总成本。只有进行有效的配装,才能提高送货水平,降低送货成本。表 8-3 为配装成本计算表。

表 8-3　配装成本计算表

编制单位：　　　　　　　　　　　　　年　　月　　　　　　　　　　　　单位：元

项目	计算依据	合计	配装品种			
			货物甲	货物乙	货物丙	…
1. 配装直接费用						
工资						
职工福利费						
材料费						
辅助材料费						
其他						
2. 配装间接费用						
配装总成本						

8.2.4　流通加工成本的核算

1. 流通加工项目的内容

（1）直接材料费用。流通加工的直接材料费用,是指流通加工产品加工过程中直接消耗的材料、辅助材料、包装材料以及燃料和动力等。与工业企业相比,在流通加工过程的直接材料费用,占流通加工成本的比例不大。

（2）直接人工费用。流通加工成本中的直接人工费用,是指直接进行加工生产的生产工人的工资总额和按工资水平总额提取的职工福利费。生产工人工资总额包括计时工资、计件工资、奖金、津贴和补贴、加班工资、非工作时间的工资等。

（3）制造费用。流通加工制造费用是物流中心设置的生产加工单位,为组织和管理生产加工所发生的各项间接费用,主要包括流通加工生产单位管理人员的工资及提取福利费,生产加工单位房屋、建筑物、机器设备等的折旧等修理费，生产单位固定资产租赁费、机物料消耗、低值易耗品摊销、取暖费、水电费、办公费、差旅费、保险费、检验费、季节性停工和机器设备修理期间的停工损失，以及其他制造费用。

2. 流通加工成本项目的归集

（1）直接材料费用的归集。在直接材料费用中，材料和燃料费用数额是根据全部领料凭证汇总编制"耗用材料汇总表"来确定的；外购动力费用根据有关凭证确定。

在归集直接材料费用时，凡能分清某一成本计算对象的费用，应单独列出，以便直接计入该加工对象的产品成本计算中；属于几个加工成本对象共同耗用的直接材料费用，应当选择适当的方法，分配计入各加工成本计算对象的成本计算单中。

（2）直接人工费用的归集。计入产品成本中的直接人工费用的数额，是根据当期"工资结算汇总表"和"职工福利费计算表"来确定的。

"工资结算汇总表"是进行工资结算和分配的原始依据。它根据"工资结算单"按人员类别（工资用途）汇总编制的。"工资结算单"应当依据职工工资卡片、考勤记录、工作量记录等工资计算的原始记录编制。

"职工福利费计算表"是依据"工资结算汇总表"确定的各类人员工资总额，按规定的提取比例计算后编制的。

（3）制造费用的归集。制造费用是通过设置制造费用明细账，按照费用发生的地点来归集的。制造费用明细账按照加工生产单位开设，并按费用明细账项目设专栏组织核算。流通加工制造费用的格式可以参考工业企业的制作费用一般格式。由于流通加工环节的折旧费用、固定资产修理费用等占成本的比例比较大，其费用归集尤其重要。

3. 流通加工成本计算表

物流配送企业月末应编制流通加工成本计算表，以反映配送总成本和单位成本。

配送环节的流通加工成本是指成本计算期内成本计算对象的成本总额，即各个成本项目金额之和。表8-4为流通加工成本计算表。

表8-4 流通加工成本计算表

编制单位： 　　　　　　　　　　年　月　　　　　　　　　　单位：元

项　目	计算依据	合计	流通加工品种			
			甲产品	乙产品	丙产品	…
直接材料						
直接人工						
制造费用						
合　计						

8.3 配送成本的控制与分析

8.3.1 配送成本控制与分析的概念

配送成本控制与分析是运用一定的方法对配送过程中构成配送成本的一切耗费，进行科学严格地计算、控制和监督，将各项实际耗费限制在预先确定的预算、计划或标准的范围内，并通过分析实际偏离计划或标准的原因，积极采取对策，以实现全面降低配送成本目标的一种管理工作。

8.3.2 配送成本控制的意义

物流成本主要包括仓储成本、运输成本、装卸搬运成本、流通加工成本、包装成本、配送成本、物流信息管理成本七部分。而其中配送成本比例较高，占35%～60%。所以控制配送成本对降低整个物流成本、提高物流效益具有较大的意义。

配送成本控制是指在配送经营过程中，按照规定的标准调节影响成本的各种因素，使配送各环节生产耗费控制在预定的范围内。配送企业所取得的收入是通过降低配送过程中成本费用所得，和客户一起共同分享这一节约的利润。配送成本控制不仅是客户考虑的内容，也是配送企业考虑的内容，因此，进行配送成本控制显得尤为重要。

8.3.3 配送成本控制的方法

配送成本控制方法包括绝对成本控制法和相对成本控制法。

1. 绝对成本控制

绝对成本控制是把成本支出控制在一个绝对金额以内的成本控制方法。绝对成本控制从节约各种费用支出，杜绝浪费的途径进行配送成本控制，要求把营运过程中发生的各环节的一切费用支出，都列入成本控制范围。标准成本和预算控制是绝对成本控制的主要方法。

2. 相对成本控制

相对成本控制是通过成本支出与产值、利润、质量和功能等因素的对比分析，寻求在一定制约因素下取得最优经济效益的一种控制方法。

相对成本控制扩大了配送成本控制领域，要求配送企业在降低配送成本的同时，充分注意与成本关系密切的因素，诸如配送产品结构、项目结构、配送服务水平等方面的工作，目的在于提高控制成本支出的效益，即减少单位产品成本投入，提高整体经济效益。

8.3.4 配送成本控制的基本程序

1. 制定控制标准

成本控制标准是控制成本费用的重要依据，物流配送成本控制标准的制定，应按实际的配送环节分项制定，不同的配送环节，其成本项目是不同的。制定配送作业的成本控制标准时，业务数量标准通常由技术部门研究确定，费用标准由财务部门和有关责任部门研究确定，同时尽可能吸收负责执行标准的职工参加各项标准的制定，从而使所制定的标准符合实际配送活动的要求。

2. 揭示成本差异

成本的控制标准制定后要与实际费用比较，及时揭示成本差异。差异的计算与分析也要与所制定的成本项目进行比较。

3. 成本反馈

在成本控制中，成本差异的情况要及时反馈到有关部门，以便及时控制与纠正。

8.3.5 配送各环节成本控制的选择

配送各环节的成本控制应该在控制配送总成本的基础上分项控制，由于各环节的成本项目差异很大，在选用成本控制标准时应遵循合适的原则，对不同的环节应采用不同的成本控制标准。

配送运输环节的作业主要采用汽车运输方式，受驾驶水平、道路条件、车辆性能的影响较大。尽管配送运输一般按优化的配送路线进行配送，但其不确定因素影响很大，因此，对配送运输成本的控制应选择计划成本控制。对配送运输成本应建立定额管理制度，技术经济定额如行车燃料消耗定额、轮胎使用里程定额、大修和各级保养间隔里程定额以及各种配件材料消耗定额、车辆保修费定额与工时定额等，这些定额是进行成本计划管理的依据。

配送的流通加工环节、分拣环节及配装环节应采用标准成本控制，虽然各环节成本项目具有一定差异，其控制标准可按直接材料费用、直接人工费用和制造费用分别制定。执行每一项控制标准都要考虑数量与单价两个基本因素。

1. 标准成本的类型

标准成本是根据历史成本资料，通过一定的经济技术分析所预先确定的成本水平。

在制定标准成本时，基于不同的角度，可以分为以下两种情况：从标准的高低来看，有"理想成本"与"正常成本"之分；从制定标准的时间来看，有"基本标准"与"当期标准"之分。理想标准和正常标准是针对标准成本的先进性和合理性而言的；基本标准和当期标准是根据生产经营条件的发展变化而言的。在实际执行中常将正常标准与当前标准结合起来，成为一种当期正常标准。

2. 标准成本的制定

物流配送流通加工等环节的标准成本的制定，应按配送的实际环节进行，标准成本、业务数量标准，通常由技术部门研究确定；费用标准由财务部门和有关责任部门研究确定，同时尽可能吸收负责执行标准的职工参加各项标准的制定，从而使所制定的标准符合实际配送活动的要求。

配送各环节标准成本可按直接材料、直接工资、制造费用等项目制定，用"标准消耗量×标准价格"的公式来确定。这样做有两个原因：第一，数量和价格区分开来便于分析"量差"和"价差"对成本的影响，以便分清责任；第二，数量和价格分离开来便于修订标准成本，只要用标准消耗量乘以新的单位标准价格的简便方法即可求得。

标准成本可按直接材料、直接人工和制造费用三个成本项目分别制定。

（1）直接材料标准成本的制定。配送成本构成中的直接材料标准成本的制定，一方面应从技术部门取得各作业过程的技术文件，提供各作业过程所需各种材料的消耗量；另一方面应从种材料的标准单价，主要包括运杂费和购价等，把各种材料的数量乘以其标准单价，就可以求得配送各环节直接材料的标准成本。

直接材料标准成本计算公式如下：

$$配送各环节直接材料标准成本 = 直接材料标准数量 \times 直接材料标准价格 \quad (8-3)$$

（2）直接人工标准成本的制定。计算各环节直接人工的标准成本，其中标准工作时间一般是通过"时间和动作研究"，按产品的加工工序、搬运装卸工序、拣选及配装工序等来制定。这个标准时间，除了包括直接时间，还要考虑工人必要的间歇和停工时间。"标准价格"是确定作业工人工资标准成本的另一因素,它一般是采用预算工资率,即以每标准工时应分配的工资,乘以职工工时标准为基础来确定。各工序消耗的人工由各作业部门和工程技术部门来提供,预算工作人力资源部门来提供。

直接人工标准成本计算公式如下:

$$配送某环节直接人工标准成本 = 直接人工标准数量 \times 直接人工标准价格 \qquad (8-4)$$

(3) 制造费用标准成本的制定。制造费用标准成本的制定,需考虑数量标准与费用率标准两个因素。制造费用的数量标准也是指正常生产条件下生产单位产品所需的标准工作时间;制造费用的费用率标准是指每标准工时所负担的制造费用。制造费用分为固定性制造费用预算和变动性预算两部分。费用率标准的计算公式如下:

$$固定性制造费用标准分配率 = 固定性制造费用预算 / 标准总工时 \qquad (8-5)$$
$$变动性制造费用标准分配率 = 变动性制造费用预算 / 标准总工时 \qquad (8-6)$$

根据制造费用用量和费用分配率标准,制造费用标准成本公式如下:

$$固定性制造费用标准成本 = 固定性制造费用分配率 \times 标准工时 \qquad (8-7)$$
$$变动性制造费用标准成本 = 变动性制造费用分配率 \times 标准工时 \qquad (8-8)$$

8.3.6 标准成本差异分析

标准成本差异是标准成本同实际成本的差额。实际成本低于标准成本的差异为节约差异,实际成本高于标准成本的差异为超支差异。由于标准成本是根据消耗数量与价格两个基本因素计算得出的,因而差异的分析也要从消耗数量与价格两个因素入手。

1. 直接材料成本差异分析

直接材料成本差异分析,分为直接材料数量差异和直接材料价格差异,直接材料数量差异是直接材料实际耗用量同标准用量之间的差异。计算公式为

$$直接材料数量差异 = (实际数量 - 标准数量) \times 标准价格 \qquad (8-9)$$

出现差异之后要进行差异分析,并及时采取纠偏措施。造成数量差异的主要原因,有用料上的浪费和质量事故造成的材损等,同时要考虑采购部门购入材料的质量及仓储保管质量。

直接材料价格差异是指直接材料的实际价格同标准价格之间的差异,计算公式为

$$直接材料价格差异 = (实际价格 - 标准价格) \times 实际数量 \qquad (8-10)$$

材料价格差异由采购部门负责,造成价格差异的原因,一般是市场价格的变化、采购批量的增减、采购费用的升降等。

2. 直接人工差异分析

直接人工差异分析,分为直接人工效率差异和直接人工工资差异率差异分析。直接人工效率差异,是指直接人工实际工作时间数同其标准工作时间数之间的差异。计算公式为

$$直接人工效率差异 = (实际工时 - 标准工时) \times 标准工资率 \qquad (8-11)$$

直接人工工资率差异是指直接人工实际工资率与标准工资率之间的差异。计算公式为

$$直接人工工资率差异 = (实际工资率 - 标准工资率) \times 实际工时 \qquad (8-12)$$

造成直接人工成本差异的原因主要有:工资水平的提高、工艺引起工时的变化、劳动生产率的升降等。

3. 制造费用差异分析

制造费用差异是制造费用的实际发生额与标准发生额之间的差异,制造费用一部分与当

期生产量发生联系，而大部分则与企业的规模发生联系。因此，对制造费用差异进行分析，要按制造费用与固定性制造费用进行分析。

对变动性制造费用差异进行分析，要对效率差异与耗用差异两部分进行分析。计算公式为

$$变动性制造费用耗用差异=(实际分配率-标准分配率)×实际工时 \quad (8-13)$$

$$变动性制造费用效率差异=(实际工时-标准工时)×标准分配率 \quad (8-14)$$

固定性制造费用数额的大小，一般与一定的生产规模相联系，故对固定性制造费用差异的分析，不仅要对耗用差异、效率差异进行分析，还要对生产能力利用的差异进行分析。计算公式为

$$固定性制造费用效率差异=(实际工时-标准工时)×标准分配率 \quad (8-15)$$

$$固定性制造费用能力差异=\frac{固定性制造费用预算数-}{(实际工时×标准工时)} \quad (8-16)$$

$$固定性制造费用耗用差异=\frac{固定性制造费用实际发生额-}{固定性制造费用预算数} \quad (8-17)$$

8.3.7 配送成本分析

配送成本分析的方法多种多样，具体选用哪种方法，取决于企业成本分析的目的、费用和成本的特点、成本分析所依据的资料性质等。配送成本是由多个环节的成本组成的，因此，对配送成本的分析也应当按照各环节成本进行各项分析，通过分析能够真正揭示配送费用预算和成本计划的完成情况，查明影响计划或预算完成的各种因素变化的影响程度，寻求降低成本、节约费用途径的方法。

现以配送环节的配送运输成本为例进行分析。配送运输成本报表是反映配送环节在一定时期（年、季、月）的成本的构成、成本的水平和成本计划执行情况的综合性指标报表。利用配送成本汇总表，可以分析、考核各项计划执行情况和各种消耗定额完成情况，研究降低成本的途径，从而不断改善经营管理，提高配送赢利水平。

1. 配送运输成本汇总表的结构、内容和编制方法

配送运输成本汇总表是综合反映配送部门在月份、季度、年度内配送车辆成本的构成、水平和成本计划执行结果的报表，见表8-5。配送运输成本计算表是月报，表内列有配送车辆的车辆费用和配送间接费用及各成本项目的计划数、本月实际数和本年累计实际数。计划数、实际数根据"配送支出"账户明细账月终余额填列。周转量根据统计部门提供的资料填列。成本降低额和成本降低率各按下式计算：

$$配送运输成本降低额=配送车辆上年实际单位成本×本年配送实际周转量-$$
$$本年配送实际总成本 \quad (8-18)$$

表8-5 配送运输成本汇总表

编制单位： 　　　　　　　　　年　　月　　　　　　　　　　单位：元

项　目	行次	计划数	本期实际数	本年累计实际数
1. 车辆费用	1			
工资	2			

续表

项　目	行次	计划数	本期实际数	本年累计实际数
职工福利基金	3			
燃料	4			
轮胎	5			
保修	6			
大修	7			
折旧	8			
养路费	9			
公路运输养路费	10			
行车事故损失	11			
其他	12			
2. 配送运输管理费用	13			
3. 配送总成本	14			
4. 周转量/千吨千米	15			
5. 单位成本/（元·千吨千米$^{-1}$）	16			
6. 成本降低额	17			
7. 成本降低率/%	18			
补充资料（年表填列）	19			
上年周转量	20			
上年单位成本/（元·千吨千米$^{-1}$）	21			
总行程/千车千米	22			
燃料消耗汽油柴油/（L·100 t^{-1}）	23			
历史最高水平：单位成本	24			

$$配送运输成本降低率 = \frac{配送成本降低额}{配送车辆上年实际单位成本} \times 本年实际配送周转量 \qquad (8-19)$$

表 8-5 中还要列出一些"补充资料"，包括上年配送运输总成本、上年周转量及配送总行程等项目，以供进行成本分析之用。

2. 配送运输成本汇总表的分析

配送运输成本汇总表的一般分析，主要是根据表中所列数值，采用比较分析法，计算比较本年计划、本年实际与上年实际成本升降情况，结合有关统计、业务、会计核算资料和其他调查研究资料，查明成本水平变动原因，提出进一步降低成本的意见。

配送运输成本的这种一般分析，只能了解成本水平升降的概略情况，为了进一步揭示成本变动的具体原因，需要从以下三个方面作比较深入的分析：

(1) 各种燃料、材料价格和一些费用比率（如折旧率、大修理基金提存率、养路率等）

变动对成本水平的影响。

（2）各项消耗定额和费用开支标准变动对成本水平的影响。

（3）配送车辆数及其载重量变动和车辆运用效率高低对成本水平的影响等。

8.4 配送成本的优化

企业配送成本管理的目的是实现配送成本的合理化或优化，实现较低的配送成本的优化和较高的客户服务水平的最佳配合。

8.4.1 配送不合理的表现

1. 配送资源筹措不合理

配送是通过集中筹措资源的规模效益来降低资源筹措成本，使配送资源筹措成本低于客户自己筹措资源的成本，从而取得优势。如果不是集中多个用户的需要进行批量资源筹措，而仅仅是为个别用户代购代筹，对用户来讲，不仅不能降低资源筹措费，相反却要向配送企业多支付一笔代购代筹费，因而是不合理的。

2. 库存决策不合理

配送应充分利用集中库存总量低于各用户分散库存总量，从而降低客户平均分摊的库存成本。如果库存决策不合理，库存量过大，库存成本就会增加；如果库存量过少，就会给客户造成缺货损失，影响配送中心的服务水平。

3. 配送价格不合理

一般配送的价格会低于客户自己进货的价格加上提货、运输、进货的成本总和，这样才会使客户有利可图。由于配送具有的较高服务水平，价格稍高，客户也是可以接受的，但这不是普遍的原则。如果配送价格普遍高于客户自己的进货价格，损伤了客户利益，就是一种不合理表现；价格制定过低，使配送企业处于无利或亏损的状态，也是不合理的。

4. 配送与直达决策不合理

一般的配送总是增加了环节，但是这个环节的增加，可降低用户平均库存水平，这不但抵消了增加环节的支出，而且还能取得剩余效益。但是如果客户使用批量大，可以直接通过社会物流系统均衡批量进货，与通过配送中转送货可能更节约费用。所以，在这种情况下，不直接进货而通过配送，就属于不合理范畴。

5. 送货过程运输不合理

配送与客户自提相比，尤其是对于多个小客户来讲，可以集中配装一车送几家，这比一家一户自提大大节省运力和运费。如果不能利用这一优势，仍然是一户一送，车辆达不到满载，就属于不合理。

此外，不合理运输的若干表现形式，在配送中都可能出现，使配送不合理。

6. 经营观念不合理

在配送实施中，许多属于经营观念不合理，使配送优势无从发挥，损坏了配送企业的形象，这是在准备开展配送时，尤其需要注意克服的不合理现象。例如，配送企业利用配送手段，向客户转嫁资金和库存困难，在库存过大时，强迫客户接货，以缓解自己的库存压力;在资金紧张时,长期占用客户资金;在资源紧张时,将客户委托资源挪作他用获利等。

上述几种不合理的配送形式都会使配送成本增加,会使配送企业丧失原有的领先优势,所以对配送成本控制要有系统的观点。

8.4.2 配送成本的优化途径

1. 加强配送的计划性

为了加强配送的计划性,企业应建立客户的配送计划申报制度,在实际工作中针对商品的特性制定不同的配送计划和配送制度。

2. 确定合理的配送线路

采用科学合理的配送路线,可以有效提高配送效率,降低配送费用。确定配送路线的方法很多,既可以采用方案评价法进行定性分析,也可以采用数学模型进行定量分析。无论采用何种方法,都必须考虑以下条件:

(1) 满足所有客户对商品品种、规格和数量的要求。
(2) 满足所有客户对货物发到时间的要求。
(3) 在交通管理部门允许通行的时间内送货。
(4) 各配送路线的商品量不得超过车辆容积及载重量。
(5) 在配送中心现有运力及可支配运力的范围之内配送。

3. 提高配送运输设备的利用率

运输设备的投资较大,如果利用率不高,固定成本分摊过大,就会造成配送运输成本的增加。物流企业除了自己购置一部分运输设备外,还应通过租赁运输设备来调节业务量的不平衡,这样就有利于提高配送运输设备的利用率。

4. 建立稳定平衡的配送运输体系

物流企业可以通过建立自己的物流网络,也可以和同行合作建立。前者投资大,运行费用高,但容易控制;后者投资少,运行费用低,但协调成本高。物流企业应该根据自己的具体情况进行选择,达到成本最低的目的。

5. 量力而行建立自动管理系统

在配送活动中,分拣、配装占全部活动的 60%,而且容易发生错误。如果在拣货、配装中运用自动管理系统,应用条形码技术,就可以使拣货快速、准确,配货简单、高效,从而提高配送效率。

6. 采用适当的配送成本控制策略

对配送成本的控制就是要在满足一定的顾客服务水平的前提下,尽可能地降低配送成本,或者是在一定的服务水平下使配送成本最小。一般来讲,要想在一定的服务水平下使配送成本最小可以考虑以下策略。

(1) 混合策略。混合策略是指配送业务一部分由企业自营承担,一部分外包给第三物流企业完成。这种策略的基本思想是:由于产品品种多变、规格不一、销量不等,单独采用自营配送策略或完全外包的配送策略均可能产生不经济的现象。表 8-6 所列为企业配送业务自营与外包的 SWOT 分析。而采用混合策略,合理安排企业自身完成的配送和外包给第三方物流完成的配送,能使配送成本最低。

表8-6 企业配送业务自营与外包的SWOT分析

SWOT分析＼配送业务形式	配送业务自营	配送业务外包
优势 (Strength)	配送渠道与存货量控制力增强； 减少与第三方物流摩擦导致的交易成本； 自营配送信息技术配合方面容易磨合	外包节省自建配送中心或仓储设施费用，减少资本积压； 外包减少库存风险，减少流动资金占用； 外包使企业集中主业，增强竞争力； 获得配送规模经济效益与社会效益
劣势 (Weakness)	自建配送中心或仓储设施费用，资本金占用大； 存货流动资金占用增加； 企业部门增加，管理幅度与层次的增加可能导致管理成本上升； 配送业务缺乏规模效益	企业和第三方物流能否长期合作，不确定性较大； 信息技术配合方面要求较高； 企业面临的缺货风险加大
机会 (Opportunity)	市场信息的反应更加敏感； 为企业多元化经营奠定基础	减少占用资本金与流动资金，增加企业投资机会； 传统配送渠道存在的诸多问题和缺陷得到解决； 企业从单独向销售要利润转向整条供应链要利润，需要第三方物流介入
威胁 (Threats)	自建配送中心或仓储设施的行业退出壁垒增大； 库存风险加大	改变了企业与供应商或客户直接面对面交流的方式，有可能导致渠道的失控

是自建仓库还是租赁

美国一家干货生产企业为满足遍及美国的1 000家连锁店的需要，建造了6座仓库，并拥有了自己的车队。随着经营业务的发展，企业决定扩大配送系统，计划在芝加哥投资7 000万美元再建造一座新仓库并配以新型的物料处理系统，这个计划提交董事会讨论时，却发现这样不仅成本高，而且就算仓库建造起来也还是满足不了需要。于是，企业把目光投向租赁公共仓库，经过调查发现，如果企业在附近租赁公共仓库，增加一些必要的设备，再加上原有的仓库设施，企业所需的仓储空间就足够了，而且仅需投资20万美元的设备购置费，10万美元的外购包装费，加上租金，总投资远远没有7 000万美元之多。

[分析]

企业通过采取混合策略，合理安排自身能完成的配送作业，其余的配送作业选择外包给第三方物流，大大降低了企业的物流配送成本。

（2）差异化策略。差异化策略的指导思想是：产品特征不同，顾客服务水平也不同。

当企业拥有多种产品线时，不能对所有产品都按同一标准的顾客服务水平来配送，而应按产品的特点、销售水平来设置不同的库存、不同的运输方式以及不同的储存地点。

案例

"帕累托原理"在物流配送成本控制中的应用

帕累托（Pareto）是19世纪意大利的社会学家，他利用图表显示：国家财富的80%掌握在20%的人手中，这种80%—20%的关系，即是帕累托原理。因此，对不同产品的配送成本可以区别对待，采取差异化策略管理配送成本。

深圳某一家化学添加剂公司，为降低成本，按各种产品的销售比重进行了分类，A类产品的销售量占总销售量的70%以上，B类产品占20%左右，C类产品则为10%左右。对A类产品在各销售网点都备有库存，B类产品只在地区分销中心备有库存而在各销售网点不备有库存，C类产品连地区分销中心都不设库存，仅在工厂的仓库才有库存。经过一段时间的运营，事实证明这一方法是成功的，企业总的配送成本下降了20%之多。

[分析]

企业通过采取差异化策略，根据不同的客户服务水平合理安排不同库存、储存地点和配送作业，大大降低了企业的物流配送成本。

(3) 合并策略。合并策略包含两个层次：一是配送方法上的合并，另一个则是共同配送。

① 配送方法上的合并。企业在安排车辆完成配送任务时，充分利用车辆的容积和载重量，做到满载满装，是降低成本的重要途径。

② 共同配送。共同配送是一种产权层次上的共享，也称集中协作配送。它是几个企业联合，集小量为大量，共同利用同一配送设施的配送方式，其标准运作形式是：在中心机构的统一指挥和调度下，各配送主体以经营活动（或以资产为纽带）联合行动，在较大的地域内协调运作，共同对某一个或某几个客户提供系列化的配送服务。

知识拓展

配送积载成本

配送中心服务的对象是众多的客户和各种不同的货物品种，为了降低配送运输成本，需要充分利用运输配送的资源，对货物进行装车调配，优化处理，达到提高车辆容积和载货两方面的装载效率，进而提高车辆运能运力的利用率，降低配送运输成本，这就是配送积载成本。

(4) 延迟策略。延迟策略的基本思想就是对产品的外观、形状及其生产、组装、配送应尽可能推迟到接到顾客订单后再确定。一旦接到订单就要快速反应，因此采用延迟策略的一个基本前提是信息传递要非常快。

一般来讲，实施延迟策略的企业应具备以下三个基本条件：一是产品特征，即生产技术非常成熟、模块化程度高，产品价值密度大，有特定的外形，产品特征易于表述，定制后可改变产品的容积或重量；二是生产技术特征，即模块化产品设计、设备智能化程度高、定制工艺与基本工艺差别不大；三是市场特征，即产品生命周期短、销售波动性大、价格竞争激烈、市场变化大、产品的提前期短。

实施延迟策略常采用两种方式：生产延迟（或称形成延迟）和物流延迟（或称时间延迟），而配送中往往存在着加工活动，所以实施配送延迟策略既可采用形成延迟方式，也可采用时间延迟方式。具体操作时，常常发生在诸如贴标签（形成延迟）、包装（形成延迟）、装配（形成延迟）和发送（时间延迟）等领域。

（5）标准化策略。标准化策略就是尽量减少因品种多变而导致的附加配送成本，尽可能多地采用标准零部件、模块化产品。采用标准化策略要求厂家从产品设计开始就要站在消费者的立场去考虑怎样节省配送成本，而不要等到产品定型生产出来了才考虑采用什么技巧降低配送成本。

素养提高

京东：未来无人机配送成本将降五成

1. 京东新推出的"倾转旋翼无人机 VT1"

2017年8月29日，京东集团在西安针对无人机产业发展落地战略，分别与陕西省韩城市政府、麟游县政府、龙浩集团、西部机场集团、西北工业大学等合作方签署五项合作协议，协议涵盖重点示范项目建设、人才培养、科研发展、技术落地应用等多个方面。

此外，京东集团还与西安航天基地正式启动了无人机大会，并设置了1亿元奖金的挑战赛，以发掘最优秀无人机研发团队，推动技术落地转化。

2. 京东将落地三级无人机物流网布局

在京东此次与陕西省完成的五大签约中，京东将与韩城市政府合作创建全球首个"城市无人机物流平台"，建设城市智慧物流空中交通基础设施；与麟游县在规划建设通航机场及仓储配送设施、无人机+通航物流运营、优质农产品上行等方面开展合作，推动通航扶贫战略落地实施；携手龙浩集团启动"无人机+通航智慧物流体系西北示范基地"落地建设与实施；与西部机场集团合作打造全国航空物流网络；与西北工业大学共同进行无人机技术的研发及无人机人才培养。

京东集团副总裁、X事业部总裁肖军表示，京东未来将落地包含干线、支线、末端配送的三级通航无人机物流网络布局。目前已完成无人机飞控调度中心、飞服中心、研发中心、制造中心等一系列配套技术与设施的落地。

截至2020年7月31日，京东无人机在西安已完成800多架次、4 000多km、14 000多min的运营飞行。同时表示，京东无人机能够在陕西如此快速地落地运营和项目推进，得益于陕西地方政府与西安航天基地的鼎力支持，快速响应、快速推进、快速决策的高效服务与配合，充分彰显了陕西的"航天速度"。

成本方面，肖军透露，目前无人机配送仍比普通快递员略高，但未来实现定型和规模化之后，配送成本有望下降40%~50%。

3. 与陕西共建首个低空无人机物流网

京东集团与陕西省政府签订智慧物流战略合作协议，就无人机产业的发展达成了一系列共识，双方将携手共建"全球首个低空无人机物流网"。

"走通流程是当下的重点"，肖军在接受采访谈及战略方向时称，京东无人机项目当下的战略重点是在一定范围内深耕运营，把无人机配送的流程走通，同时要突破相关技术难题，而通航规模和空域面积的扩张并非当下的重点。

但值得注意的是，京东无人机项目负责人刘艳光此前在接受采访时曾表示，京东与陕西所处的战区关系紧密，京东已经获得陕西省全境的无人机空域批文！

肖军透露，京东正在研发空域申请相关软件系统，旨在提高航线审批流程的效率。

4. 无人机成智慧物流重要环节

无人机已经成为京东部署未来智慧物流体系的重要一环。2020年6月，京东完成了中国第一次乡村无人机配送。目前京东已推出包括无人车、无人机、无人仓库项目在内的多款智能终端设备，其中最新一款无人机载重达到200kg，续航达200km，该款无人机名为"倾转旋翼无人机VT1"，系京东自主研发的垂直起降固定翼系列最新产品，油电混合动力，翼展为3 786mm，机长3 423mm，机高1 130mm，该机主要应用在偏远地区远程配送。

资料来源：https://www.cqcb.com/meijia/2017-09-01/466748_pc.html

点评

提升学生通过科技发展物流业的大国情怀

智慧物流是指通过智能软硬件、物联网、大数据等智慧化技术手段，实现物流各环节精细化、动态化、可视化管理，提升物流运作效率的现代化物流模式。当前我国智慧物流飞速发展，中国正在走向繁荣富强。

本案例通过介绍京东无人机物流网布局及其对配送成本影响，让学生感受物流大国的风采，提升民族自豪感，增强学生学好本专业的兴趣、责任感、使命感，培养学生大国情怀。

本章小结

配送是现代物流的一个核心内容，通过配送，物流活动才最终得以实现，但完成配送是需要付出代价的，即配送成本。配送成本是指在配送活动的备货、储存、分拣及配货、配装、送货服务及配送加工等环节所发生的各项费用的总和，是配送过程中所消耗的各种活劳动和物化劳动的货币表现。

配送成本是用货币金额评价配送作业的实际情况，配送成本的大小取决于评价的对象——配送作业的范围和采用的评价方法等，评价范围和使用的方法如果不同，得出的配送成本的差异是很大的。所以，利用配送成本进行配送管理，必须正确确定配送成本，划分配送成本的范围。

配送成本费用的核算是多环节的核算，是各个配送环节或活动的集成，在实际核算时，涉及具体的配送活动，应当对相应的配送环节活动进行核算。配送各个环节的成本费用核算都具有各自的特点，应分别根据其特点用不同方法核算费用。

配送成本控制与分析是运用一定的方法对配送过程中构成配送成本的一切耗费，进行科学严格地计算、控制和监督，将各项实际耗费限制在预先确定的预算、计划或标准的范围内，并通过分析实际偏离计划或标准的原因，积极采取对策，以实现全面降低配送成本目标的一种管理工作。通过配送成本的分析能够真正揭示配送费用预算和成本计划的完成情况，查明影响计划或预算完成的各种因素变化的影响程度，寻求降低成本、节约费用的途径和方法。

配送成本的优化是配送成本管理的目标，要采取多种途径来实现配送成本的优化，从而降低物流成本，提高企业的经济效益。

同步测试

思考与练习

1. 什么是配送成本？配送成本具有哪些特征？
2. 配送成本是如何分类的？分别陈述其构成。
3. 影响配送成本的主要因素是什么？
4. 配送运输成本项目包括哪些内容？
5. 陈述分拣成本的具体计算方法。
6. 什么是配送成本控制？常见的配送成本控制的方法有哪些？
7. 有哪些配送成本控制的策略可供企业选择？
8. 配送成本的优化有哪些途径？

实训项目

参观你所在地区的某物流配送企业，了解其配送成本的控制方法和策略，并对影响配送成本的因素进行分析，活动结束后分组讨论并完成调查报告。

综合案例

"宅急送"打破配送"瓶颈"

物流配送是电子商务的"瓶颈"，目前国内电子商务网站大多处在"自行车加鼠标"阶段。近日，"宅急送"开通自己的网站，使同城快递可降为8元/件。"宅急送"开通了自己的网站，从而成为国内大型物流企业中第一个实现"网上办公"的企业。这将使"宅急送"

明显地缩短配送时间和降低成本,也为突破物流配送这一电子商务的"瓶颈"提供了示范。前两年盛极一时的电子商务网站,如今有不少不知去向或偃旗息鼓,一个重要的原因在于物流配送的失败。一家网上商城的负责人说,它们的收支很简单:收入就是卖出一件商品后的返利,支出则是把这件商品送到用户手里的费用。人们在网上购买的大多是价廉利小的小商品,返利超过10元的极少,而北京的同城快递最低也要10元。据中国物流与采购联合会对国内20多家电子商务网站的调查显示,如果我国的同城速递的价格能从现在的10元下降到6元,大多数电子商务网站就可以实现保本经营。这一国外70%以上的物流公司都能达到的价格水平,在我国却只有几家公司可以达到。更多的企业还处在骑自行车送货的阶段,它们与现代电子商务网站的合作也就很难成功,甚至有人将这种合作戏称为"草鞋配西装""自行车加鼠标"。

"宅急送网上速递配送系统"投入使用,客户在网上就可以实现业务委托、货物查询和网上支付等基本功能了。与此同时,"宅急送"还采用了GPS全球卫星定位技术,对其货运车辆实行全国范围内的全程监控。"宅急送"客户经授权可在自己的办公室上网,监控运送自己货物车辆的具体位置。实际上,国内其他物流公司也都认识到了实施信息化改造的重要性,他们为什么迟迟没有行动呢?原因在于投入太大。那么,"宅急送"是如何巧妙地以低成本实现了信息化呢?他们预计总投入不到500万元,先期投入不到300万元。"宅急送"总裁陈平笑着揭开了谜底:充分认识到传统企业自身的价值,与IT企业互惠互利,共同成长。说得明白一些,很多信息化建设都不一定要花钱。首先,"宅急送"没有在网络高潮中实施信息化改造,而是在目前的低潮中才与IT企业合作建设,使自身处于一个有利的位置。其次,他们充分认识到自身在信息化过程中会为合作IT厂商带来的潜在价值,并以此为由不付费或者少付费。"网上速递配送系统"是"宅急送"委托首都信息发展股份公司建设的。"宅急送"没有付费,因为这套系统建起来后,客户的网上支付都将通过"首信"的在线支付平台进行,"首信"可以到合作银行那里去收取佣金。而当一家叫"择易"的做ERP、客户服务中心系统的公司找上门时,陈平对他们说:"我为你们提供传统物流企业的运作流程,你们出技术人员编物流业ERP软件,做出来后你们就可以此开拓物流软件市场,所以我不会按全价付费。我们采取共同合作的方式。"由于这种说法有一定道理,"择易"公司同意按照陈平总裁的要求合作。中国物流与采购联合会负责人说,物流业的电子商务实际上是网络和条码技术的结合,它可以在短短一两分钟之内接受货单、完成结算,并对运输工具进行高度整合,以发挥最佳效益,从而减少配送时间和降低配送成本。

"宅急送"上网,仅是国内物流业在电子商务进程中迈出的第一步,但业内专家称,这一步已足以使"宅急送"的同城快递成本下降2元左右,达到8元/件。如果进一步实现ERP,让所有物流都能通过电脑管理,该公司的成本就会降至6元/件左右——这正是国内电子商务网站得以存活的下限。果能如此,中国的电子商务网站就可以从整体上真正进入起步发展阶段。

资料来源:http://www.chinawuliu.com.cn/cflp/newss/content1/200409/764_14960.html

案例讨论

"宅急送"是如何打破配送成本"瓶颈"的?

阅读建议

［1］朱伟生．物流成本管理［M］．北京：机械工业出版社，2004．
［2］李雪松．现代物流仓储与配送［M］．北京：中国水利水电出版社，2007．
［3］易华．物流成本管理［M］．北京：清华大学出版社，北京交通大学出版社，2005．
［4］高本河，等．仓储与配送管理基础［M］．深圳：海天出版社，2004．
［5］杜学森．物流成本管理实务［M］．北京：中国劳动社会保障出版社，2006．

第 9 章

装卸搬运成本管理

知识目标

1. 了解装卸搬运成本的含义和构成。
2. 掌握装卸搬运成本的核算过程和方法。
3. 掌握装卸搬运成本的分析方法。
4. 明确装卸搬运成本的优化途径。

技能目标

1. 进行装卸搬运成本的核算。
2. 进行装卸搬运成本的指标分析。

素质目标

1. 培养学生具备装卸搬运成本管理意识的职业素质。
2. 培养学生具备装卸搬运成本核算、分析、优化的职业要求。

先导案例

云南双鹤药业为何飞不高?

云南双鹤医药有限公司是一家以市场为核心、现代医药科技为先导、金融支持为框架的新型公司,是西南地区经营药品品种较多、较全的医药专业公司。公司成立以来,效益一直稳居云南同行业前列,属下有制药厂、医药经营分公司以及医药零售连锁药店。它有着庞大的销售网络,该网络以昆明为中心,辐射整个云南省乃至全国,包括医疗单位网络、商业调拨网络和零售连锁网络。

虽然云南双鹤已形成规模化的产品生产和网络化的市场销售,但其流通过程中物流管理严重滞后,造成物流成本居高不下,不能形成价格优势。这严重阻碍了物流服务的开拓与发展,成为公司业务发展的"瓶颈"。

装卸搬运活动是衔接物流各环节活动正常进行的关键,它渗透到物流各个领域,控制点在于管理好储存物品、减少装卸搬运过程中商品的损耗率、装卸时间等。而云南双鹤恰好忽视了这一点,由于搬运设备的现代化程度较低,只有几个小型货架和手推车,大多数作业仍处于人工作业为主的原始状态,工作效率低,且易损坏物品。另外仓库设计得不合理,造成长距离的搬运。并且库内作业流程混乱,形成重复搬运,大约有70%的无效搬运,这种过多的搬运次数,损坏了商品,也浪费了时间。

资料来源:云南医疗信息网(资料节选)

9.1 装卸搬运概述

9.1.1 装卸搬运的含义

物品在指定地点以人力或机械装入运输设备或卸下叫做装卸,装卸是指物品以垂直方向为主的空间位移。在同一场所内,对物品进行水平移动为主的物流作业叫做搬运,搬运是指物品以水平方向为主的空间位移。装卸搬运通常发生在某一物流节点范围内,是一种改变物品的存放状态和空间位置的活动。有时候在特定场合,单称"装卸"或单称"搬运"也包含了"装卸搬运"的完整含义。

习惯上,物流领域(如铁路运输)经常将装卸搬运这一整体活动称作"货物装卸",在企业物流中经常将这一整体活动称作"物料搬运",其实活动内容都是一样的,只是领域不同而已。装卸和搬运两者是密不可分的,在物流活动中通常是作为一种活动来对待。

知识拓展

关于装卸搬运的一组数据:

(1)据统计,我国的铁路货运以500 km为分界点,运距超过500 km,运输在途时间多于起点站和终点站的装卸搬运时间;运距低于500 km,装卸搬运时间则超过实际运输时间。

(2)美国与日本之间的远洋航运,一个往返需25天,其中运输时间13天,装卸搬运时间12天。

(3)据我国对企业生产物流的统计,机械工厂每生产1 t 成品,需进行252吨次的装卸搬运,其装卸搬运成本为加工成本的15%。

在物流活动中,装卸搬运是发生频率最高的一项作业,所以装卸搬运在物流成本中所占的比重也较高,因此,从降低物流成本的目标出发,应当加强装卸搬运活动的组织管理和经装卸搬运机械的操作管理。

9.1.2 装卸搬运作业的构成

装卸搬运作业主要是指在短距离范围内所进行的移动、堆垛、拣货、分选等作业。按照作业内容可分为:

1. 装货卸货作业

往卡车、火车、船舶、飞机等运输工具上装货,以及从这些运输工具上卸货的活动。

2. 搬运移送作业

对物品进行短距离的移动活动,包括水平、垂直、斜行搬运或由这几种方式组合在一起的搬运移送活动。

3. 堆垛拆垛作业

堆垛是把物品从预先放置的场所移送到运输工具或仓库内的指定位置,再按要求的位置和形状放置物品的作业活动。拆垛是与堆垛相反的作业活动。

4. 分拣配货作业

分拣是在堆垛、拆垛作业前后或配货作业之前发生的作业,把物品按品种、出入库先后顺序进行分类整理,再分别放到规定位置的作业活动。配货包括把物品从原定位置,按品种、下一道作业的内容和发货对象整理分类所进行的堆放拆垛作业。

9.1.3 装卸方法

1. 单件作业法

单件作业法是逐件装卸搬运的人工方法。它主要适用于以下情况:一是装卸搬运场合不适宜采用装卸机械;二是物品形状特殊。

2. 集成作业法

集成作业法是对物品先进行集中装置,再对集装件进行装卸搬运的方法,主要包括集装箱作业法、托盘作业法、滑板作业法等。

3. 重力倾翻作业法

重力倾翻作业法是将运载工具倾斜侧翻卸出货物。

4. 流水连续作业法

流水连续作业法是采用链带式运输机械对货物连续进行装卸搬运。

9.1.4 装卸搬运成本

物品在装卸搬运过程中所支出费用的总和,构成装卸搬运成本。

装卸搬运作业所发生的主要费用构成如下:

装卸搬运成本

1. 设备投资额

设备投资额包括:

(1) 机械设备购置费。机械设备购置费是指购买机械时发生的费用。

(2) 机械安装费。机械安装费是有些固定或半固定式的装卸机械在安装调试时发生的费用。

(3) 基本折旧费。基本折旧费是按照机械使用年限而计算的每年提取的折旧费用。

(4) 附属设备费。装卸机械和运输机械在作业时往往要有相应附属设备的配合,以便使作业过程更加顺利或有利于提高设备的生产率,如装卸机械的各种吊夹具。购买或制造附属设备或工具的费用即附属设备费。

2. 运营费用

运营费用是指在某一装卸搬运机械作业现场一年内的运营总支出。运营费用包括:

（1）设备维修费用。为了延长机械设备的使用年限，确保机械工作安全，提高机械设备的作业效率，各项设备需要进行大、中、小修和必要的保养，这些修理过程中所发生的费用就是设备维修费用。

（2）人工费用。人工费用指在设备作业过程中用于支付人工的费用。人工费用与装卸搬运机械化程度有密切的关系，机械化程度越高，人工费用支出越少，反之则越大。

（3）燃料和电力费用。燃料和电力费用指在机械作业过程中所必须消耗的燃料、动力以及必要的照明费用。这部分费用的大小与设备的功率和使用时间有直接关系。

（4）轮胎费。轮胎费指装卸搬运机械领用的外胎、内胎、垫带的费用，以及轮胎翻新费和零星的修补费。

（5）租赁费。租赁费指企业租入装卸机械设备，按合同规定支付的租金。

（6）其他费用，指除了上述费用以外所发生的费用，如劳保费用、管理费用、事故损失费用等。

9.2 装卸搬运成本核算

由于物流过程中装卸搬运活动是反复出现和实施操作的，所以装卸搬运是一种附属性、伴生性的物流活动。

9.2.1 装卸搬运成本的核算程序和方法

根据成本核算的原理，装卸搬运环节的核算主要是：成本费用的确认计算，按照服务对象对成本费用进行归集，在会计结算期间终了进行分配和结转。

1. 确定计算对象和计算单位

装卸搬运成本的计算对象视具体情况而定，如以机械装卸作业为主、人工作业为辅，可不单独计算人工装卸成本；如以人工装卸作业为主、机械装卸作业为辅，可不单独计算机械装卸成本。当然，有时也可将两者分别计算。

2. 确定成本计算项目

（1）人工成本。人工成本是指按规定支付给装卸搬运工人、装卸机械司机的计时工资、计件工资以及按工资总额计提的职工福利费（如退休保险金、失业保险金、住房基金和医疗保险等），职工福利费根据工资和福利费分配表中有关装卸搬运的部分计入装卸搬运成本。

（2）燃料和电力费用。装卸机械在作业过程中需要耗用一定的燃料、动力和电力费用，燃料费用在月末根据领用燃料记录，计算实际耗用数量和金额；电力费用则根据收费单或企业分配单直接计入装卸搬运成本。

（3）轮胎费。轮胎费按实际领用数和发生数计入成本。如果一次领用的轮胎数较大，可作为预提费用或待摊费用，在一年内分月计入成本。

（4）修理费。根据安全生产的要求和提高效率的需要，装卸搬运机械、设备、设施和工具等必须定期进行修理、保养和检查，这些操作所发生的材料费、人工费等即为修理费。由专职装卸搬运机械维修工或维修班组产生的维修工料费直接计入装卸搬运成本，由维修车间进行维修的工料费，通过辅助营运费用账户归集分配计入装卸搬运成本。装卸搬运机械在运行和装卸搬运操作过程中耗用的机油、润滑油以及装卸搬运机械保修领用的材料，月终根据油料库的领料凭证直接计入装卸搬运成本。

（5）**折旧费**。装卸搬运机械按规定方法计提折旧费。可直接引入财务会计的相应装卸搬运机械设备的折旧费计入装卸搬运成本，包括选择平均年限法、工作量法、年数总和法和双倍余额递减法等。

（6）**工具和劳保费**。工具和劳保费是指装卸搬运机械耗用的工具费和使用的劳动保护用品，以及防暑、防寒等发生的各项费用。工具和劳保费在领用时按实际一次计入成本。

（7）**事故损失费**。事故损失费是指在装卸作业过程中，因此项工作造成的应由本期装卸成本负担的货损、机械损坏、外单位人员人身伤亡等事故发生的损失，包括货物破损等货损、货差损失和损坏装卸机械设备应支付的修理费用。事故损失费应由本期负担的净损失计入成本。

（8）**外付装卸费**。外付装卸费是指支付给外单位支援装卸工作所发生的费用。将实际发生数直接计入成本。

3. 计算总成本和单位成本

将计算期内各装卸搬运成本计算对象的成本加总即得总成本，再除以计算单位的数量，就得到单位装卸搬运成本。

9.2.2 装卸设备配备费用的计算

装卸机械设备的选择与装卸机械设备作业所发生的费用有很大关系，这些费用主要包括设备投资费用、设备运作费用和装卸作业成本。

1. 设备投资费用

装卸机械设备的设备投资费用是指平均每年装卸机械设备投资的总和与相应的每台机械在一年内完成的装卸作业量之比，公式为

$$C_c = C_t / 365G \tag{9-1}$$

式中　C_c——装卸机械设备投资费用；

　　　C_t——平均每年装卸机械设备总投资；

　　　G——装卸机械平均每日装卸作业量。

平均每年装卸机械设备的总投资，包括装卸机械的购置费用、机械安装费用以及与机械设备直接有关的附属设备费用，公式为

$$C_t = (C_j + C_z) \cdot K + C_f \cdot K \tag{9-2}$$

式中　C_j——装卸机械的购置费；

　　　C_z——机械安装费用；

　　　K——各项设备的基本折旧率；

　　　C_f——附属设备费用，包括车库、充电设备、电网、起重运行轨道等费用。

2. 设备运作费用

设备运作费用是指在某一种装卸机械作业现场，一年内运营总支出和机械完成装卸量之比，公式为

$$C_y = C/C_n \tag{9-3}$$

式中　C_y——装卸每吨货物支出的运营费用；

C_n——装卸机械年作业量；

C——一年内运营投资总费用。

运营投资总费用包括有关装卸搬运活动的维修费用、工资费用、燃料和动力费用及照明费等。

3. 装卸作业成本

装卸作业成本是指某一作业现场，装卸机械每装卸 1 t 货物所支出的费用。它用每年平均设备投资支出和运营费用支出总和与每年装卸设备作业现场完成的装卸总吨数的比值表示，公式为

$$C_b = (C_t + C)/C_n \tag{9-4}$$

式中　C_b——装卸 1 t 的作业成本；

C_n——装卸机械每年完成的总吨数。

不同装卸搬运设备具有不同的投资费用、运作费用和作业成本。因此在购置时，要综合考虑各种费用水平，选择费用小的设备，从而降低装卸搬运成本。

9.2.3　装卸搬运成本核算应用举例

例 9-1　畅通物流公司装卸队 2020 年 10 月发生工资如下：机械装卸队司机及助手 29 000 元，保修工人 6 000 元；人工装卸队 48 000 元，保修工人 2 000 元；队部管理人员 9 000 元。

解：企业的人工成本可根据"工资结算表"等资料，编制工资及福利费汇总表，直接计入装卸搬运成本，见表 9-1 和表 9-2。

表 9-1　畅通物流公司装卸队 2020 年 10 月工资汇总表　　　　　单位：元

成本计算对象	直接人工	制造费用
机械装卸队	29 000+6 000	
人工装卸队	48 000+2 000	
		9 000
合　　计	85 000	9 000

表 9-2　畅通物流公司装卸队 2020 年 10 月职工福利费汇总表　　　　单位：元

成本计算对象	直接人工	制造费用
机械装卸队	4 060+840	
人工装卸队	6 720+280	
		1 260
合　　计	11 900	1 260

注：根据工资总额的 14% 计提职工福利费。

例 9-2　畅通物流公司装卸队 2020 年 10 月领用装卸过程用的燃料 54 468 元（按实际成本计算），其中：机械装卸队 48 960 元，人工装卸队 5 508 元。机械装卸队耗用电力，应付电力费 2 000 元。

解：燃料和电力费用企业可于每月终了根据油库转来的装卸机械领用燃料凭证计算实际消耗数量计入成本，耗用的电力根据供电部门的收费凭证或企业的分配凭证直接计入装卸搬

运成本，见表9-3。

表9-3　畅通物流公司装卸队2020年10月燃料和电力费用汇总表　　　　单位：元

成本计算对象	直接材料	直接材料（电费）	合　计
机械装卸队	48 960	2 000	50 960
人工装卸队	5 508		5 508
合　计	54 468	2 000	56 468

例9-3　畅通物流公司装卸队2020年10月领用外胎3 360元，领用内胎、垫带780元，机械装卸队送保养场零星修补轮胎，分配修补费用260元，机械装卸队委托外单位翻新轮胎，支付翻新费用1 000元。

解：物流企业装卸机械的轮胎磨耗是在装卸场地操作过程中发生的，因此其轮胎费用不宜采用里程摊提方法处理，一般于领用新胎时将其价值一次直接计入装卸成本。如果一次集中领换胎数量较多，为均衡各期成本负担，可将其作为待摊费用按月份分摊计入装卸成本，或者分两次进行摊销，第一次领用时分摊一半，第二次是在轮胎报废时分摊一半。装卸机械轮胎的翻新和零星修补费用，一般在费用发生和支付时，直接计入装卸成本。装卸队配属各种车辆所领用新胎及翻新和零星修补费用，也可按上述方法计入装卸搬运成本，见表9-4。

表9-4　畅通物流公司装卸队2020年10月轮胎费用汇总表　　　　单位：元

成本计算对象	直接材料——轮胎			合计
	外胎、内胎	修补轮胎	翻新轮胎	
机械装卸队	3 360+780	260	1 000	5 400
人工装卸队				
合　计	4 140	260	1 000	5 400

例9-4　畅通物流公司机械装卸队2020年10月保养修理装卸机械领用备品配件、辅料及其他材料20 670元，其中：机械装卸队领用15 400元，人工装卸队领用5 270元。另外，当月机械装卸队送保养场大修装卸机械，发生大修理费用13 890元。

解：物流企业由专职装卸机械保修工或保修班组进行装卸机械保修作业的工料费，直接计入装卸成本；由保养场（或保修车间）进行装卸机械保修作业的工料费，通过"辅助营运费用"账户核算，然后分配计入装卸搬运成本，见表9-5。

企业的装卸机械计提大修理费用一般按下列公式计算：

$$装卸机械月大修理费计提额 = 当月机械运转台班 \times 装卸机械台班大修理费计提额 \qquad (9-5)$$

$$装卸机械台班大修理费计提额 = \frac{机械由新至废运转台班定额 - 1}{大修理间隔台班定额 \times 机械由新至废运转台班定额} \times 一次大修计划费用 \qquad (9-6)$$

装卸机械在运行和装卸操作过程中耗用的机油、润滑油及装卸机械保修领用周转总成的价值，月终根据油料库、材料库提供的领料凭证直接计入装卸搬运成本。

表 9-5　畅通物流公司装卸队 2020 年 10 月保养修理费用汇总表　　　单位：元

成本计算对象	其他直接材料		合计
	保养修理费	大修理费	
机械装卸队	15 400	13 890	29 290
人工装卸队	5 270		5 270
合　　计	20 670	13 890	34 560

例 9-5　畅通物流公司装卸队 2020 年 10 月应计提固定资产折旧如下：机械装卸队用装卸机械 38 400 元，人工装卸队用装卸机械 5 760 元，装卸队部用房屋 160 元。

解： 物流企业装卸机械的折旧应按规定的折旧率计提，根据固定资产折旧计算表（格式与表 9-1 相似）直接计入各类装卸搬运成本，见表 9-6。

装卸机械计提折旧适宜采用工作量法，一般按其工作时间（以台班表示）计提。其计算公式如下：

$$装卸机械台班折旧额 = \frac{装卸机械原值 - 预计残值 + 预计清理费用}{装卸机械由新至废运转台班定额} \quad (9-7)$$

$$装卸机械台班折旧额 = 当月运转台班 \times 台班折旧额 \quad (9-8)$$

表 9-6　畅通物流公司装卸队 2020 年 10 月装卸机械折旧费汇总表　　　单位：元

成本计算对象	直接费用	制造费用
机械装卸队	38 400	
人工装卸队	5 760	
装卸队用房屋		160
合　　计	44 160	160

例 9-6　畅通物流公司装卸队 2020 年 10 月发生的各项其他费用，予以汇总。

解： 装卸机械领用的随机工具、劳保用品和装卸过程中耗用的工具，在领用时根据领用凭证可将其价值一次计入各类装卸搬运成本，一次领用数额过大时，可作为待摊费用处理。

工具的修理费用以及防暑、防寒、保健饮料、劳动保护安全措施等费用，在费用发生和支付时，可根据费用支付凭证或其他有关凭证，一次直接计入各类装卸搬运成本。

物流企业对外发生和支付装卸费时，可根据支付凭证直接计入各类装卸搬运成本。事故损失一般于实际发生时直接计入有关装卸搬运成本，或先通过"其他应收款——暂付赔款"账户归集，然后于月终将应由本期装卸搬运成本负担的事故净损失结转计入有关装卸搬运成本，见表 9-7。

表 9-7　畅通物流公司装卸队 2020 年 10 月各项其他费用汇总表　　　单位：元

成本计算对象	其他直接费用
机械装卸队	890
人工装卸队	742
合　　计	1 632

例 9-7 畅通物流公司装卸队 2020 年 10 月发生的管理费和业务费，除工资及福利费 10 260 元、折旧费 160 元以外，还分配水电费、支付办公费、报销差旅费等 1 080 元，合计 11 500 元。已归集的机械装卸与人工装卸机械的直接费用，分别为 164 840 元和 74 280 元。根据装卸支出明细账和营运间接费用（装卸）明细账记录，编制营运间接费用（装卸）分配表。

解： 装卸直接开支的管理费和业务费，可在发生和支付时直接列入装卸搬运成本。当按机械装卸和人工装卸分别计算成本时，可先通过"营运间接费用"账户汇集，月终再按直接费用比例计入各类装卸搬运成本，见表 9-8。

表 9-8 畅通物流公司装卸队 2020 年 10 月营运间接费用（装卸）分配表　　单位：元

成本计算对象	分配标准（直接费用）	分配率	分配额
机械装卸队	164 840		7 900
人工装卸队	74 280		3 600
合　计	239 120	0.05	11 500

例 9-8 畅通物流公司装卸队 2020 年 10 月完成的机械装卸作业量为 140 千操作吨，人工装卸作业量为 80 千操作吨，装卸总作业量为 220 千操作吨。以机械装卸作业为例，其总成本为 172 740 元。

解： 物流企业的装卸搬运总成本是通过"主营业务成本——装卸支出"账户的明细账所登记的各项装卸搬运费用总额确定的。装卸搬运支出明细账的格式与登记方法，与上述运输支出明细账相同。

机械装卸单位成本 = 172 740 ÷ 140 = 1 233.86（元/千操作吨）

同时经营装卸业务的物流企业，除编制运输成本计算表外，还要按月编制装卸成本计算表，见表 9-9。

表 9-9 畅通物流公司装卸成本计算表

2020 年 10 月　　　　　　　　　　　　　　　　　　单位：元

项　目	行次	计划数	本月实际数			本月累计数		
			合计	机械装卸	人工装卸	合计	机械装卸	人工装卸
1. 直接人工	1	略	87 780	39 900	57 000	略	略	略
2. 直接材料	2		61 868	56 360	5 508			
燃料和动力	3		56 468	50 960	5 508			
轮胎	4		5 400	5 400				
3. 其他直接费用	5		80 352	68 580	11 772			
保养维修费	6		34 560	29 290	5 270			
折旧费	7		44 160	38 400	5 760			
其他费用	8		1 632	890	742			
4. 营运间接费用	9		11 500	7 900	3 600			
5. 运输总成本	10		250 620	172 740	77 880			
6. 装卸作业量/千操作吨	11		220	140	80			
7. 单位成本/（元/千操作吨）	12		1 139.18	1 233.86	973.50			

9.2.4 作业成本法在装卸搬运成本核算中的应用

现代成本管理的重点越来越集中于作业层次的管理，在装卸搬运成本核算中应用作业成本法，通过对作业的追踪，形成一个清晰的动态信息系统，进行动态的信息反馈，从而达到改进装卸搬运活动的目的，作业成本法对于装卸搬运成本核算无疑具有重要的意义。

作业成本法在装卸搬运成本核算中的运用步骤如下：

1. 分析和确定装卸搬运作业

装卸搬运作业是一个占用时间、空间和场地的实际操作过程，它与包装作业、保管作业、流通加工作业、物流信息处理作业等信息相关。

由于装卸搬运作业成本取决于装卸搬运作业的业务数量和复杂程度，因此装卸搬运作业可以按照作业层级进行分解，大作业中包含若干小作业，每个小作业又包含若干更小的作业，最终分解为员工、设备的每一个具体动作，就可以明晰费用与时间。

在分析和确定装卸搬运作业资源时，根据需要把一些会计账目和预算账目结合起来，组合成一个资源库。

2. 建立作业成本库，按不同的作业成本库归集成本

装卸搬运作业管理部门必须建立必要的作业成本库，以便核算管理，可以采用成本核算关联表，由专人负责管理，按不同的作业成本库归集成本。

3. 将各作业成本库中的成本按相应的成本动因率分配到各产品中去

通过对各作业特性及其与个作业关系的分析，为各个作业找出相对应的成本动因，计算出成本动因率，然后列表计算分配到各作业中去。

4. 计算作业成本

根据每次的作业成本进行计算，这个过程通常会在作业清单上进行，列出各项作业内容和每次作业成本，并存入成本库，作为信息反馈的渠道。

9.3 装卸搬运成本分析

物流装卸搬运成本计算出来以后，就要进行相应的成本分析，以便更好地进行物流装卸搬运成本的优化管理。

9.3.1 装卸搬运成本的分析方法

装卸搬运成本的分析方法可以采用会计、统计或数学方法。在实际成本分析工作中，使用比较广泛的主要有成本分析法、指标分析法和标准成本差异分析法等。

1. 成本分析法

成本分析法具体可以采用趋势分析和比较分析。趋势分析是根据历年的成本资料分析各成本的发展趋势并加以研究，对变化较大的因素要作重点研究，分析原因，加强管理和控制。比较分析是将本期成本项目的各项实际成本与本期的计划水平进行比较，与本企业前期成本进行比较，与同行业先进水平进行比较，分析原因查出差距，采取有效措施加以改进。

2. 指标分析法

指标分析法是指根据本期的物流成本计算单中的实际成本发生额与计划成本，计算总成本降低额和降低率，计算单位成本降低额和降低率，分析成本升降的原因，以便加强管理。指标分析法一般按年进行分析，实际应用中可根据具体情况按月或季度进行分析。

3. 标准成本差异分析法

标准成本差异分析法是指以预先制定的标准成本为基础，用标准成本与实际成本进行比较，对成本差异进行分析的一种方法。标准成本的制定是使用该方法的前提和关键，其中成本差异的计算和分析是标准成本差异分析法的重点，可以促成成本控制目标的实现，并以此为依据进行绩效考评。

9.3.2 装卸搬运成本的分析指标

1. 成本降低额

成本降低额是根据上年度实际单位成本与本期周转量计算的总成本减去本期实际总成本的差额，是考核成本完成计划情况的主要指标，其计算公式为

$$成本降低额 = 上年度实际单位成本 \times 本年实际装卸作业量 - 本年实际装卸作业成本 \tag{9-9}$$

2. 成本降低率

成本降低率是成本降低额与按上年度实际单位成本计算的总成本的比率，是考核成本降低幅度和计划完成程度的主要指标，其计算公式为

$$成本降低率 = \frac{成本降低额}{上年度实际单位成本 \times 本年实际装卸作业量} \times 100\% \tag{9-10}$$

例 9-9 某物流公司装卸搬运队 2020 年装卸作业实际单位成本为 1 200 元/千操作吨，全年装卸作业总量为 250 千操作吨，从年度统计装卸成本明细表中得到 2019 年实际装卸作业成本为 290 000 元。试计算该装卸队 2008 年装卸作业的成本降低额及成本降低率。

解： 成本降低额 = 1 200×250 - 290 000 = 10 000 元

$$成本降低率 = \frac{10\ 000}{1\ 200 \times 250} \times 100\% = 3.33\%$$

表明装卸总成本节约 10 000 元，成本降低了 3.33%。

3. 费用降低额

费用降低额是指以年初费用计划数与本期实际费用发生额的差额，公式为

$$费用降低额 = 某项费用期初计划数 - 本期实际费用发生数 \tag{9-11}$$

4. 费用降低率

$$费用降低率 = \frac{费用降低额}{上年度费用计划额} \times 100\% \tag{9-12}$$

例 9-10 某物流公司机械装卸队拥有装卸叉车 2 台，根据机器的日常使用情况，企业核定今年计划维修费为 5 000 元，本年装卸机械在运行和装卸操作过程中耗用的机油、润滑油等费用为 250 元，小修理用的工料费为 2 000 元，其中一台叉车产生修理费 5 000 元，试计算该费用的降低额及降低率。

解： 费用降低额 = 5 000 - (250×2 + 2 000 + 5 000) = -2 500（元）

费用降低率 = (-2 500/5 000)×100% = -50%

表明叉车费用超支了。对超支情况进行分析，其中一台叉车的修理费较大，深入分析原因，是由于操作工技术不熟练或者机械本身存在隐患等。

装卸搬运作业中的各项成本费用，可以根据各种凭证汇总表、分配表和计算表等数据进

行费用降低率的分析。

5. 标准成本差异

标准成本法是以预先制定的标准成本为基础,用标准成本和实际成本进行比较,核算和分析成本差异的一种方法,它是一种物流成本控制方法。实际成本和标准成本的差异,叫做标准成本差异。

企业为了消除或减少不利差异,要对差异原因进行分析,其关键是对成本形成的过程和结果进行分析,采取有效的管理措施提高企业效益。

(1) 装卸搬运人工成本差异分析。人工费用的标准成本是指装卸搬运单位产品所需的标准工时乘以标准工资率。标准工资率是指按单位产品或单位标准工时支付的直接人工工资,目前分为计时工资和计件工资。

装卸搬运人工成本差异,是指直接人工实际成本与标准成本之间的差额,它包括"价差"和"量差",价差是指实际工资率脱离标准工资率形成的人工成本差异,按实际工时计算确定,又称工资率差异。量差是指实际使用工时脱离标准工时而造成的人工成本差异,其差异额是按标准工资率计算的,又称人工效率差异。

$$工资率差异 = 实际工时 \times (实际工资率 - 标准工资率) \quad (9-13)$$

$$人工效率差异 = (实际工时 - 标准工时) \times 标准工资率 \quad (9-14)$$

例 9-11 某物流公司采取定额工时工资制度,人工装卸队本期装卸货物 1 150 件,实际耗用 5 630 工时,实际支付工资 7 200 元,标准工时每件 5 工时,标准工资率为 1.2 元,试计算工资率差异和人工效率差异。

解: 按实际工量计算的标准工时为:1 150×5 = 5 750(工时)

直接人工标准成本为:1 150×5×1.2 = 6 900

实际小时工资率水平为:7 200/5 630 = 1.28

直接人工成本总差异为:7 200 - 6 900 = 300(元)(不利)

其中,工资率差异:5 630×1.28 - 5 630×1.2 = 450(元)(不利)

人工效率差异:5 630×1.2 - 5 750×1.2 = -145(元)(有利)

从上面的计算可以看出,总的人工成本大于预期标准成本,其中工资率差异为不利因素,说明不需要高技术的岗位安排了高技术、人工费用高的工人。人工效率差异为有利因素,说明效率有所提高。

(2) 装卸搬运机械费用成本差异分析。装卸搬运机械费用的标准成本是指装卸搬运单位产品所需的标准工时乘以标准分配率,标准分配率是根据事先制定的装卸搬运机械预算费用计算确定的。装卸搬运机械费用成本差异是指实际装卸搬运机械费用与标准成本之间的差额。装卸搬运机械费用主要指机械设备的折旧费用,一般情况下,它经企业选定折旧法计算确定后,无特殊原因不再变动,所以与装卸搬运作业量没有直接关系。

装卸搬运机械费用成本差异分为耗费差异和能量差异。耗费差异是指装卸搬运机械费用的实际发生金额与预算金额之间的差异;能量差异是指装卸搬运机械费用预算与装卸搬运机械费用标准成本的差额,它反映了未能充分使用现有装卸搬运能量而造成的损失。

$$耗费差异 = 装卸搬运机械费用实际发生额 - 装卸搬运机械费用预算额 \quad (9-15)$$

$$能量差异 = 装卸搬运机械费用预算额 - 装卸搬运机械费用标准成本$$
$$= 固定费用标准分配率 \times 实际工量标准工时$$

$$=（生产能量标准工时-实际产量标准工时）×固定费用标准分配率$$
(9-16)

例 9-12 某储运中心预计能量标准总工时为 4 000 h，应完成预算工量 950 件，单件标准工时为 5 h/件，机械费用总预算额为 8 000 元。本期发生费用如下：实际完成搬运量为 900 件，实际发生工时为 900 h，机械费用发生额为 8 500 元。试计算耗费差异和能量差异。

解：固定费用标准分配率＝机械费用总预算额/预计能量标准总工时
$$=8\,000/4\,000=2（元/工时）$$
$$装卸机械费用差异=8\,500-900×5×2=-500（元）$$
其中：耗费差异＝8 500-8 000＝500（元）
能量差异＝（4 000-900×5）×2＝-1 000（元）

从上面的计算可以看出，装卸搬运机械耗费差异是正值，表明实际支出大于预算，应从企业内部寻找原因，能量差异较大主要是由于机械搬运设备利用不充分造成的。

企业装卸搬运的材料费用、维修费用、轮胎费用等也可以制定相应的标准成本，并在此基础上进行差异分析，找出不利因素和有利因素，其成本差异分析方法基本相同。

9.4 装卸搬运成本优化

由于装卸搬运作业是衔接物流各个环节的活动，也是出现频率最高的一项物流活动，其效率的高低直接影响到物流整体活动效率的高低，影响到物流成本的高低。

装卸搬运作业合理化要坚持省力化、短距化、顺畅化、集中化和人性化原则，尽量采用集装箱装卸、托盘一贯制装卸、多式联运、机械水平搬运、流水线作业、专业装卸线、专业装卸区以及厂矿仓库共用专用线等，既要保证货物完好无损，也要坚持文明装卸，保障人身安全。其目标是节省时间和劳动力，合理组织装卸搬运作业，提高装卸搬运作业的效率，优化装卸搬运成本。

9.4.1 提高装卸搬运活性

装卸搬运活性的含义是指把物品从静止状态转变为装卸搬运状态的难易程度。如果很容易转变为下一步的装卸搬运而不需要做过多的装卸搬运前的准备工作，则活性就高，反之就是活性不高。因此提高装卸搬运活性是装卸合理化的重要因素，"活性指数"分 0~4 共 5 个等级，分别表示活性程度从低到高。表 9-10 为装卸搬运活性指数表。

表 9-10 装卸搬运活性指数表

货物的放置状态	需要进行的作业				活性指数
	整理	架起	提起	拖动	
散放地上	要	要	要	要	0
放置在容器内	不要	要	要	要	1
集装化	不要	不要	要	要	2
在无动力车上	不要	不要	不要	要	3
在传送带或车上	不要	不要	不要	不要	4

由于装卸搬运的速度决定了整个物流的速度，因此提高装卸搬运活性对于减少装卸搬运的次数以及缩短装卸搬运时间具有重要作用，对于降低装卸搬运成本具有重要意义。

知识拓展

日本物流界从工业工程的观点出发，总结出改善物流作业效率的"六不改善法"，具体内容如下。

（1）不让等：闲置时间为零。通过正确安排作业流程和作业量，使作业人员和作业机械能连续工作，不发生闲置现象。

（2）不让碰：与物品接触为零。通过利用机械化、自动化物流设备进行装卸、搬运、分拣等作业，使作业人员在从事装卸、搬运、分拣等作业时，尽量不直接接触物品，以减轻劳动强度。

（3）不让动：缩短移动距离和次数。通过优化仓库内物品放置位置和采用自动化搬运工具，减少物品和人员的移动距离和次数。

（4）不让想：操作简便。按照专业化、简单化和标准化的3S原则进行分解作业活动和作业流程，并应用计算机等现代化手段，使物流作业操作简单化。

（5）不让找：整理整顿。通过作业现场管理，使作业现场工具和物品放置在一目了然的地方。

（6）不让写：无纸化。通过应用条码技术等物流信息技术使作业记录自动化。

9.4.2 防止无效装卸

无效装卸会造成装卸成本的浪费，物品受损的可能性加大，降低物流速度。因此应该尽量减少无效装卸。无效装卸具体反映在以下三个方面。

1. 过多的装卸次数

过多的装卸次数必然导致货损的增加。从发生的费用来看，一次装卸的费用相当于几十千米的运输费用，从而增加了物流成本，降低了物流速度。

2. 过大包装的装卸

包装过大、过重，在装卸时反复消耗不必要的劳动。

3. 无效物资的装卸

进入物流过程的货物，有时其中混杂着没有使用价值或对用户来说使用价值不对路的各种掺杂物，如煤炭中的煤矸石、矿石表面水分、石灰中的未烧熟石灰及过烧的石灰等，在反复的装卸中，实际上是对这些无效物资反复消耗劳动，形成无效装卸。

9.4.3 充分利用重力或消除重力影响，减少装卸的消耗

在装卸时考虑重力因素，可以利用货物本身的重量，进行有一定落差的装卸，以减少装卸动力或根本不消耗动力，这是装卸合理化的重要方式。例如，从货车或从火车卸货时，利用其与地面或搬运车之间的高度差，使用溜槽、溜板之类的简单工具，可以依靠物品本身的重量从高处自动滑到低处，这就不需要消耗动力。

在装卸时尽量消除或减弱重力的影响，也会减轻体力劳动及其他劳动消耗。例如，在进行两种运输工具换装时，采取不落地搬运就比落地搬运要好，后者使物品落地后再抬升一定

高度进入下一个运输工具，就会因为克服物品的重力要发生动力消耗，减少这个消耗就是合理化装卸的体现。

9.4.4 实现装卸的集装化、机械化、标准化

通过各种集装化，实现间断装卸时一次操作的最合理装卸量，从而实现规模装卸，降低单位装卸成本。

随着生产力的发展，装卸搬运的机械化程度将不断提高，装卸搬运的机械化能把工人从繁重的体力劳动中解放出来，尤其对于危险品的装卸作业，机械化能保证人和货物的安全，这也是装卸搬运机械化程度不断提高的动力。

标准化有利于节省装卸作业时间，提高作业效率，在货物的集装化中，应制定托盘、集装箱的使用标准。根据仓储物资的物理化学性质、形态、包装类型和各种设备的使用性能及操作要求，制定出各种作业的安全操作规程和标准，并在实际作业中加以执行。

9.4.5 推广组合化装卸

在装卸搬运作业过程中，根据物料的种类、性质、形状以及重量的不同来确定不同的装卸作业方式。在物料装卸搬运中，处理物料装卸搬运的方法有三种形式：普通包装的物料逐个进行装卸搬运，叫做分块处理；将颗粒状物资不加小包装而原样装卸，叫做散装处理；将物料以托盘、集装箱、集装袋为单位进行组合后进行装卸，叫做集装处理。对于包装的物料，尽可能进行集装处理，实现单元化装卸搬运，可以充分利用机械进行操作。

本章小结

在物流活动中装卸搬运作业是发生频率最高的一项作业，降低装卸搬运成本对于降低物流成本具有重要的意义。

加强装卸搬运成本管理需要了解装卸搬运成本的构成，加强装卸搬运成本核算和分析，从而控制装卸搬运成本。

促进装卸搬运成本的优化是每个企业考虑的一个重要问题，通过实施合理化措施将会对企业装卸搬运成本管理起到积极的作用，建立优化的装卸搬运成本管理系统对企业具有深远的影响。

同步测试

思考与练习

1. 什么是装卸搬运？装卸搬运的作业构成有哪些？
2. 简述装卸搬运的作业构成。
3. 简述装卸搬运的作用和意义。
4. 简述装卸搬运成本的构成。
5. 什么是装卸搬运活性？如何提高其活性？
6. 远东装卸搬运有限公司设有人工装卸队、机械队，在 2020 年 12 月发生各项费用如下：

（1）工资费用。机械装卸队司机及助手 59 000 元，保管修理人员 4 000 元；人工装卸队 68 000 元，保管修理人员 3 000 元；队部管理人员 8 000 元。

（2）公司装卸队在当月领用装卸搬运过程用的汽油等燃料 67 800 元。其中，机械装卸队 60 000 元，人工装卸队 7 800 元。

（3）公司机械装卸队机械操作耗用电力，分摊为应付电费 2 500 元。

（4）公司机械装卸队在 12 月领用外胎 5 300 元，领用内胎、垫带 1 850 元；人工装卸队领用抓斗、货盘工具 1 600 元。

（5）公司机械装卸队在 12 月保养修理装卸机械领用备品配件、润料及其他材料 5 000 元。其中，机械装卸队领用 4 000 元，人工装卸队领用 1 000 元。

（6）公司机械装卸队在 12 月应计提固定资产折旧如下：机械装卸队用装卸机械 48 300 元，人工装卸队用装卸机械 6 750 元，装卸队部用房屋 200 元。

（7）公司租用外单位的叉车两台，租金为 1 200 元。

（8）公司为装卸队的设备购买了 2011 年财产险 16 800 元。

（9）公司支付了工作服费，其中机械队 2 000 元，人工队 500 元。

（10）机械队在一次作业中发生事故，赔偿客户损失 4 500 元。

要求：以成本责任部门的装卸业务为成本核算对象，即将远东装卸搬运有限公司按机械装卸和人工装卸计算成本，编制 2020 年 12 月份的装卸成本计算表。

7. 某物流公司的装卸队 2020 年 8 月份完成的机械作业量为 150 千操作吨，总成本为 186 500 元，其单位成本是多少？

8. 某企业年初制定本年装卸机械计划维修费为 8 000 元，本年装卸搬运机械在运行和装卸搬运过程中耗用的机油、润滑油等费用为 6 500 元，修理用的工料费为 2 000 元，计算该费用的降低额和降低率。

9. 某物流储运中心本期装卸货物 300 件，实际耗用 4 800 小时，实际支付工资 40 000 元，标准工时每件为 20 小时，标准工资率为 8 元。请计算其工资率差异和人工效率差异。

实训项目

结合学习内容，调查一家物流企业的装卸搬运成本的构成情况，掌握该企业的成本装卸搬运成本的核算方法，最好能与财务科成本会计进行交流。了解该企业装卸搬运成本管理的优化措施，并完成一份调研报告。按照专业能力、方法能力、沟通能力和社会能力给每个学生评分。

综合案例

云南烟叶公司通过优化装卸搬运作业降低物流成本

云南烟叶公司在改进现有的生产物流系统时认为：装卸搬运不仅不能增加烟叶的价值和使用价值，相反，随着流通环节的增加和流程的繁杂，烟叶的"综合碎耗"和生产成本随之增加。公司在物流系统设计中研究了各项装卸搬运作业的必要性，千方百计地取消合并装卸搬运的环节和次数。为了真正实现物流系统管理的思路，公司改进了现有的生产物流系统。

为了保证实行机械化、自动化作业，公司在安排存储保管物流系统的卸载点和装载点时就要尽量集中充分，利用和发挥机械作业，如叉车、平板货车等，增大操作单位，提高作业效率和生产物流"活性"，实现物流作业标准化；在货场内部，同一等级、产地的烟叶应尽可能集中在同一区域进行物流作业，如建立专业货区、专业卸载平台等。

进行托架单元化组合，充分利用机械进行物流作业。公司在实施物流系统作业过程中要合理分解装卸搬运程序，改进装卸搬运各项作业，提高装卸搬运效率，力争在最短时间内完成烟叶加工的所有工艺流程。公司通过加强现场管理，减少简化生产工艺流程，从而达到降低综合损耗的目的。为此公司采取了三个方面的措施。

一是公司完成了"加湿降尘"和"加湿降碎"系统的技术改造，完善了加湿系统上的皮带加湿改造，改进和调整初烟解包投料方法，充分利用新建成使用的加湿系统，做到计划投料，加湿保湿。

二是改进了烟叶的传统堆码方法，改变了过去初烟解包码板后再进行挑选容易形成二次三次造碎的方法，采用整包保湿，在挑选工序完成烟叶解包的方式，有效地减少了解包挑选工序的烟叶损耗。

三是对挑选生产的主要物流载体如烟笼、托盘等进行技术改造，在烟笼原结构基础上加装"斜三角支撑"，堆码高度由原来的三层增加到四层，实现了挑选生产系统和存储保管系统烟叶物流的"托架一体化运输"，有效地降低烟叶生产的"综合碎耗"和生产成本投入。

生产物流是公司烟叶产品成本的一个关键点。通过对生产物流系统的建设和管理，强化了生产现场管理，整合了公司的现场管理系统，降低了烟叶的综合损耗，为降低企业的物流成本奠定了坚实的基础。

资料来源：物流产业网

案例讨论

结合案例，讨论云南烟叶公司是如何通过优化装卸搬运作业来降低物流成本的。

阅读建议

［1］何开伦．物流成本管理［M］．武汉：武汉理工大学出版社，2007．
［2］杜学森．物流成本管理实务［M］．北京：中国劳动社会保障出版社，2006．
［3］汪晓娟．物流成本管理［M］．北京：机械工业出版社，2007．
［4］商务部推进商贸物流标准化　重点企业物流成本降低10%［EB/OL］．［2016-12-13］．http：//www.chinawuliu.com.cn/zixun/201612/13/317718.shtml

商务部推进商贸物流标准化

物流成本绩效评价

知识目标

1. 掌握物流成本绩效评价的含义及步骤。
2. 了解物流责任中心的含义、特征、分类。
3. 明确物流责任预算、责任报告和业绩考核。
4. 了解物流企业绩效综合评价。

技能目标

1. 运用物流成本绩效评价指标体系进行物流成本绩效评价。
2. 编写物流成本绩效评价报告。
3. 运用平衡计分卡法进行物流成本绩效评价。
4. 运用标杆法进行物流成本绩效评价。

素质目标

1. 培养学生具备物流成本绩效评价的职业素质。
2. 培养学生具备物流成本绩效评价报告编写及方法运用的职业要求。

先导案例

哪一个客户的物流成本高？

某公司 A、B 两客户每年都从公司购买 500 件产品。但 A 客户每次订 20 件，B 客户每次订 25 件。由于公司产品 20 件装箱，对 B 的订货还需使用散装货。表面上公司似乎能从 B 客户处获得更多的利润，因为 B 客户只订 20 次货。但经过成本计算发现，公司由于为 B 客户提供了散装货服务，与 A 客户比较，公司为 B 客户多提供了 100 个散装产品的挑选、移动作业，结果发生在 B 客户上的实际物流成本比 A 客户高。如果没有将成本和服务综合考虑，很可能会得出公司从 B 客户处得到的利润与 A 客户一样多，甚至得出公司从 B 客户处得到的利润比 A 客户更多的结论。任何活动都需要经过评价，才能知道其绩效情况。

结合此案例进行讨论，绩效的含义是什么？为什么要进行物流成本绩效评价？

10.1 物流成本绩效评价概述

10.1.1 物流成本绩效评价的含义

物流成本绩效评价是物流企业绩效评价的重要内容，其实质是对物流成本的效益进行分析，通过对物流财务指标的分析，力求比较全面地反映物流成本效益水平，为物流成本管理和决策提供依据。企业经营的目标是效益的最大化，因此必须对企业物流经营的各个方面进行详细的了解和掌握，及时发现问题，挖掘潜力，为企业持续降低成本不断提高效益奠定坚实的基础。

物流成本绩效评价是以物流活动分权管理为基础，将企业物流过程划分为各种不同形式的责任中心，对每个责任中心明确其权力、责任及其绩效计量和评价方式，建立起一种以责任中心为主体，责、权、利相统一的机制，通过信息的积累、加工、反馈，从而形成的物流系统内部的一种严密控制系统。

知识拓展

绩效评价是管理学的概念，我国企业目前还没有直接以"物流预算"名义存在的预算体系，而是分解为诸如销售预算、生产预算、采购预算、设备预算和人员预算等等，因此可以从上述预算中抽取合并成物流预算。

物流成本绩效评价的基础工作包括以下内容：

1. 合理划分责任中心，明确规定权责范围

实施物流成本绩效评价首先要按照分工明确、责任明确、便于考核的原则，合理划分物流责任中心。其次必须依据各个物流责任中心的特点，明确规定其权责范围，使每个物流责任中心在其权责范围内，独立行使其职责。

2. 定期编制责任预算，明确各物流责任中心的考核标准

定期编制责任预算，使物流活动的总体目标按各个物流责任中心进行分解、落实和具体化，并以此作为开展日常物流经营活动的准则及评价工作成果的基本内容。考核标准应当具有可控性、可计量性和协调性，其考核内容应作为物流责任中心可控制的因素；考核指标的实际执行情况，要能准确计量和报告，并使各个物流责任中心在完成物流活动总目标的过程中，明确各自的目标和任务，以实现局部与整体的统一。

3. 区分各个物流责任中心的可控和不可控费用

对各个物流责任中心工作成果的评价与考核，应仅局限于其可控项目，不能把不该由它负责的不可控项目列为考核项目。因此，要对企业所发生的全部物流成本一一判别责任归属，分别落实到各个物流责任中心，并根据可控费用来科学地评价各个物流责任中心的成绩。

4. 合理制定内部转移价格

为分清经济责任，正确评价各个物流责任中心的工作成果，各物流责任中心之间互相提供的产品、劳务和服务，要根据各物流责任中心经营活动的特点，合理制定内部转移价格，并据此进行结算。企业内部制定的转移价格，要有利于调动各方面的工作积极性和主动性，有利于实现总体目标。

5. 建立、健全严密的记录、报告系统

要建立一套完整的日常记录，计算和考核有关责任预算执行情况的信息系统，以便计量和考核各物流责任中心的实际经营业绩，并对各个物流责任中心的实际业绩起反馈作用。一个良好的报告系统，应当具有相关性、适时性和准确性等特征，报告的内容要适应各级管理人员的需要，要列出其可控范围内的有关信息；报告的时间要适合报告使用者的需要；报告的信息要有足够的准确性，保证评价和考核的正确合理性。

6. 制定合理有效的奖惩制度

要对各个物流责任中心制定一套既完整又合理有效的奖惩制度，根据其实际工作成果的好坏进行奖惩，做到功过分明，奖惩有据。奖惩制度及其执行包括以下内容：

（1）奖惩制度必须结合各物流责任中心的预算责任目标制定，体现公平、合理、有效的原则。

（2）要形成严格的考评机制，包括建立考评机构、程序，审查考评数据，按照制度进行考评，执行结果。

（3）要把过程考核和结果考核结合起来，把即时考核和期间考核结合起来，一方面要求在绩效评价过程中随时考核各物流责任中心的责任目标和执行情况，并根据考核结果进行奖惩；另一方面要求一定时期终了，根据预算的执行结果，对各物流责任中心进行全面考评，并进行相应奖惩。

10.1.2 物流成本绩效评价的步骤

物流成本绩效评价可以按以下步骤进行：

1. 确定评价工作的组织机构

评价工作的组织机构直接组织实施评价活动。该机构成员要具备丰富的物流管理经验和财务会计专业知识，熟悉物流成本绩效评价业务，能够坚持原则，秉公办事，并具有较强的综合分析判断能力。

2. 制定评价方案

评价工作机构在制定评价方案时，应当明确评价对象。物流成本绩效评价的对象是整个物流企业。其次是建立评价目标，选择评价标准、评价方法和报告形式，评价目标是整个评价工作的指南；评价指标是评价的具体内容，是评价方案的重点和关键；评价标准由年度预算标准和物流行业标准确定，标准的选择取决于评价目标；物流成本绩效评价主要采取定量评价的方法；根据评价目标，形成绩效报告形式。

3. 收集和整理相关数据资料

需要收集的相关数据资料包括：物流企业以前年度的物流成本绩效评价报告；同行业的评价标准和评价方法；物流企业的各项物流作业业务数据和财务数据。

4. 进行绩效评价

根据既定的评估方案和确定的评估方法，利用收集的数据资料加以整理，计算评价指标的数值。

5. 编制绩效评价报告

根据评价方案中的评价报告形式，将绩效评价的实际指标值填列到报告中，并对相关指标进行分析。

6. 得出绩效评价报告

对评价过程中形成的各种书面材料进行分析，并结合相关材料，得出绩效评价结果，形成绩效评价报告，建立绩效评价档案。

10.1.3 物流成本绩效评价的原则和意义

在物流成本绩效评价时要坚持以下原则：

1. 整体性原则

绩效评价要反映整个物流系统的运营情况，不仅仅是某一个环节的运营情况，在设计评价指标和标准时，要着眼于整体的优化，不因为局部利益而损害整体利益。

2. 动态性原则

绩效评价要反映未来物流系统的运营情况，对未来的趋势进行预测，这就要求通过成本绩效评价，预见未来趋势并作出正确的判断。

3. 例外性原则

物流活动涉及面广，内容较多。通过评价，要找到例外情况的存在，使管理人员将注意力集中到少数严重脱离预算的因素和项目，并对其进行深度的分析。

物流成本绩效评价的意义在于可以正确评价物流企业过去的业绩状况，指出企业取得的成绩，找出存在的问题以及产生的原因；可以全面反映和评价物流企业的现状；可以准确估计物流企业的潜力，满足投资者的需求；还可以充分揭示物流企业存在的风险。

10.2 物流责任中心

10.2.1 物流责任中心的含义

为了对企业物流活动实施有效的绩效评价，按照统一领导、分级管理的原则，通常将企业的物流经营过程划分为若干责任单位，明确各责任单位应承担的经济责任、具有的权力和享有的经济利益，促使各责任单位各负其责，相互协调配合。物流责任中心就是承担一定的经济责任，并具有一定的权力和享有经济利益的各级物流组织和各个物流管理层次。

企业为了保证预算管理的顺利实施，可以把总预算中确定的目标和任务，按照物流责任中心逐层进行指标分解，形成物流责任预算，并以此为依据对各个物流责任中心的预算执行情况进行检查和业绩评价。因此，建立物流责任中心是进行物流绩效评价的基础。

10.2.2 物流责任中心的特征

物流责任中心具有以下特征：

1. 物流责任中心是一个责权利相结合的实体

每个物流责任中心要对一定的财务指标的完成承担责任，同时企业赋予物流责任中心与其责任大小和范围相对应的权力，并制定相应的业绩考核标准和利益分配标准。

2. 物流责任中心具有相对独立的经营活动和财务收支活动

物流责任中心具有与经营活动相应的责任、权力和利益，并对其负责的经营活动项目具有可控性，一般来讲，责任层次越高，可控范围就越大。物流责任中心具有履行经营活动的能力，并对其后果承担责任。

3. 物流责任中心进行独立经济核算

物流责任中心不仅要划清责任而且要单独核算，划清责任是前提，单独核算是保证。只有进行独立经济核算的物流企业内部单位，才能作为一个物流责任中心。

10.2.3 物流责任中心的分类

根据企业内部各物流责任中心的权责范围及业务特点的不同，可以分为物流成本中心、物流利润中心和物流投资中心三大类。

1. 物流成本中心

在企业内部，通常形成一个自上而下、层层负责的物流成本中心体系。企业物流成本中心只对成本和费用负责，一般包括企业内部从事物流采购、运输、仓储、配送、流通加工、包装以及信息处理等部门给予一定费用指标的物流管理部门。

企业物流成本中心分为技术性物流成本中心和酌量性物流成本中心。技术性物流成本中心是指其成本发生数额可以通过技术分析相对准确地估算出来，例如，商品在包装和流通加工过程中发生的直接材料、直接人工和间接制造费用等，技术性物流成本可以通过弹性预算予以控制。酌量性物流成本中心是指其成本发生数额可以通过管理人员决定，主要包括各种物流管理费用和间接成本，如商品的研发费用、信息系统费用等，酌量性物流成本的控制着重在预算总额的控制上。

物流成本中心的成本与传统物流成本有很大的区别：第一，它是以物流责任中心为对象进行成本收集、核算，是责任成本；第二，它所计量和考核的成本是可控成本，是针对特定责任中心而言的，其业绩评价和考核以其可控成本作为主要依据，不可控成本仅作参考。

2. 物流利润中心

物流利润中心既能控制成本，也控制销售收入和利润，一般是具有独立经营决策权的物流组织和部门。

企业物流利润中心包括两种形式：一是自然物流利润中心，它是企业内部的一个责任单位，如企业内实行独立核算的运输、配送等物流部门；二是人为物流利润中心，这种物流利润中心仅对本企业提供各种物流服务，不面向市场提供劳务和服务。

物流利润中心业绩的考核和评价，主要是通过一定期间实际实现的利润同"责任预算"所确定的预计利润进行比较，对差异产生的原因和责任进行具体分析，从而对物流利润中心进行业绩评价和奖惩。通常以"边际贡献"作为业绩评价指标，其计算公式为

$$边际贡献 = 销售收入总额 - 变动成本总额 \tag{10-1}$$

对物流利润中心进行业绩评价时，必须正确区分部门经理业绩与部门业绩。因此边际贡献指标用于物流利润中心业绩评价时，有分部经理毛益和分部毛益两种。

（1）分部经理毛益。衡量分部经理业绩的分部经理毛益的计算公式如下：

销售收入

减去　变动成本和边际贡献

减去　经理人员可控的可追溯固定成本和分部经理毛益

即得　分部经理毛益（可控边际贡献）= 销售收入 − 经理人员可控的可追溯固定成本

（2）分部毛益。衡量分部业绩的分部毛益的计算公式如下：

销售收入
减去　　变动成本和边际贡献
减去　　分部经理可控的可追溯固定成本和分部经理毛益（可控边际贡献）
减去　　分部经理不可控但高层管理部门可控的可追溯固定成本和分部毛益（部门边际贡献）
即得　　分部毛益(部门边际贡献)= 销售收入-经理人员可追溯的成本

上述公式可看做严格意义上的边际贡献在物流利润中心绩效评价中的自然延伸，是可控性原则的具体表现。分部经理毛益（可控边际贡献）主要用于评价责任中心负责人的经营业绩，在可追溯固定成本的基础上，将成本区分为可控成本和不可控成本，就可控成本进行业绩评价、考核。分部毛益（部门边际贡献）所反映的是对责任中心（分部）的业绩评价和考核，因而仅将分部可控制的可追溯固定成本从边际贡献中扣除，其所反映的是分部补偿共同性固定成本后为企业利润总额所做的贡献。

3. 物流投资中心

物流投资中心既要对收入、成本和利润负责，又要对投资效果负责。物流投资中心是最高层次的责任中心，一般情况下是采取分权管理的大型企业，承担母公司物流业务的子公司往往属于物流投资中心。

为了准确计算各物流投资中心的效益，要对各物流投资中心共同使用的资产划定界限，对共同发生的成本按标准进行分配，各物流投资中心之间相互调剂使用的资金、物资，均应计息清偿，有偿使用。同时，根据各物流投资中心的投入产出之比进行业绩评价和考核，除了考核利润指标以外，主要计算投资利润率和剩余收益两个指标，其计算公式为

$$投资利润率 = \frac{利润}{资产额} \times 100\% \qquad (10-2)$$

或

$$投资利润率 = 资本周转率 \times 销售成本率 \times 成本费用利润率 \qquad (10-3)$$

$$剩余收益 = 利润 - 投资额 \times 规定或预期的最低投资报酬率 \qquad (10-4)$$

对于投资利润率和剩余收益两个指标的差异，可以举例说明。

例10-1　某企业下设A、B两个物流配送中心，具有独立的经营权和投资决策权。该企业加权平均最低投资利润率为10%，现两中心追加投资，有关资料见表10-1。

表10-1　物流投资中心指标计算　　　　　　　　　单位：万元

项目		投资额	利润额	投资利润率	剩余收益
追加投资前	A	20	1	5	1-20×10% = -1
	B	30	4.5	15	4.5-30×10% = +1.5
	Σ	50	5.5	11	5.5-50×10% = +0.5
A中心追加投资10万元	A	30	1.8	6	1.8-30×10% = -1.2
	B	30	4.5	15	4.5-30×10% = +1.5
	Σ	60	6.3	10.5	6.3-60×10% = +0.3
B中心追加投资20万元	A	20	1	5	1-20×10% = -1
	B	50	7.4	14.8	7.4-50×10% = +2.4
	Σ	70	8.4	12	8.4-70×10% = +1.4

根据表 10-1 中资料评价 A、B 两个物流投资中心的经营业绩可知，如果以投资利润率为考核指标，追加投资后 A 的投资利润率由 5% 提高到 6%。B 的投资利润率由 15% 下降到 14.8%，则 A 投资效果比 B 好；但以剩余收益作为考核指标，A 的剩余收益由原来的 -1 万元变成 -1.2 万元，B 的剩余收益由原来的 1.5 万元变成 2.4 万元，应当向 B 投资。如果从整个公司的角度进行评价，就会发现 A 追加投资时全公司投资利润率由 11% 下降到 10.5%，剩余收益由 0.5 万元下降到 0.3 万元；B 追加投资后，全公司投资利润率由 11% 上升到 12%，剩余收益由 0.5 万元上升到 1.4 万元，这和用剩余收益指标评价各物流投资中心的结果一样。所以，以剩余收益作为评价指标可以保持各物流投资中心目标与公司总获利目标的一致性。

10.3　物流责任预算、责任报告和业绩考核

10.3.1　物流责任预算

1. 物流责任预算的含义

物流责任预算是以物流责任中心为主体，以其可控成本、收入、利润和投资为对象编制的预算。通过编制物流责任预算可以明确各物流中心的责任，并通过与物流总预算的吻合来确保物流总预算的完成。物流责任预算也为控制和考核物流责任中心的经营管理活动提供依据，物流责任预算是物流总预算的补充和具体化。

2. 物流责任预算的责任指标

物流责任预算是由各种责任指标组成的，这些指标分为主要责任指标和其他责任指标，主要责任指标是必须保证完成的指标，其他责任指标是根据总目标分解得到的或者是为保证主要责任指标完成而确定的指标。这些指标反映了各种不同类型的物流责任中心之间所承担的责任和拥有的权力，不同物流责任中心所要完成的指标也是有所区别的。

物流责任预算的责任指标主要有劳动生产率、设备完好率、出勤率、材料消耗率和职工培训等。

3. 物流责任预算的编制

物流责任预算的编制程序有两种形式：一是以物流责任中心为主体，将物流总预算在各物流责任中心之间层层分解而形成的物流责任中心的预算。它是自上而下提出物流总预算目标，这是一种常用的预算编制程序。其优点是企业整个物流活动形成一个整体，便于统一指挥和调度；其缺点是会抑制各物流责任中心的主动性和积极性。二是各个物流责任中心自行确定各自的预算目标，自下而上层层汇总，最后形成企业的物流总预算。其优点是有利于发挥各物流责任中心的主动性和积极性；其缺点是各物流责任中心往往只从自身的角度和利益考虑，造成彼此协调困难，甚至影响到企业物流总预算目标的实现，因此其工作量大，时间较长。

物流责任预算的编制程序与企业组织机构设置和经营管理方式有密切的关系。因此在集权制的组织结构中，公司总经理独揽大权，对企业的成本、收入、利润和投资负责，既是利润中心，又是投资中心，公司下属的各部门（包括物流部门）都是成本中心，各部门只对权责范围内的成本负责。在集权制的组织结构中，把公司的物流总预算自上而下层层分解，

形成各个物流责任中心的预算,然后建立物流责任预算执行情况的跟踪体系,记录实际完成情况,定期汇总,自下而上汇报到最高管理层。

在分权制组织结构中,物流经营管理权分散在各个物流责任中心,物流部门也可以是利润中心或是投资中心,既要控制成本、收入、利润,也要对全部资产负责。因此它首先将公司的物流总预算从高层向各个层次逐级分解,形成物流责任单位的预算,然后建立物流责任预算执行情况的跟踪体系,记录预算实际执行情况,以及销售收入情况,通过编制业绩报告逐层向上汇总,到达最高管理层次。

10.3.2 物流责任报告

物流绩效评价是以物流责任预算为基础,对物流责任预算的执行情况进行全面的反应。以实际的完成情况同预算目标对比,可以评价和考核各个物流责任中心的工作成果。物流责任中心的业绩评价和考核通过编制物流责任报告来完成。

物流责任报告也叫做业绩报告,它是根据会计记录编制的反映物流责任预算实际执行情况,揭示物流责任预算与实际执行差异的内部会计报告。

物流责任报告的形式主要有报表、数据分析和文字说明等,要揭示物流责任预算与实际执行结果的差异,可以运用定量分析、定性分析以及其他分析方法来分析差异,并指出差异产生的原因,并提出改进建议。

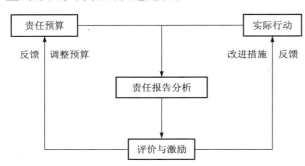

图 10-1 物流责任报告、责任预算和反馈控制流程

物流责任报告是对各个物流责任中心执行物流责任预算情况的系统概括和总结。根据物流责任报告,可以具体分析差异产生的原因,使上层物流责任中心对物流活动实行有效的控制和调节,促进物流责任中心卓有成效地开展工作。物流责任报告、责任预算和反馈控制流程如图 10-1 所示。

物流责任中心是逐级设置的,物流责任报告也是自下而上逐级编报。

10.3.3 物流业绩考核

物流业绩考核是以物流责任报告为依据,分析、评价各物流责任中心责任预算的实际执行情况,找出差距,查明原因,考核各个物流责任中心的工作成果,进行奖惩,促进各个物流责任中心积极纠正偏差,完成物流责任预算的过程。

物流责任中心的业绩考核包括狭义和广义两种。狭义的业绩考核仅对各物流责任中心的价值指标,如成本、收入、利润和资产占用等责任指标的完成情况进行考核;广义的业绩考核除了上述价值指标之外,还包括对各物流责任中心的非价值责任指标的完成情况进行考核。

物流责任中心的业绩考核还可以分为年终考核和日常考核,年终考核通常是指一个年度终了(或预算期终了)对物流责任预算执行结果的考评,其目的是进行奖惩以及为下一年度的预算提供依据。日常考核通常是指在年度内(或预算期内)对物流责任预算执行过程的考评，其目的是通过信息反馈，调节和控制物流责任预算执行过程的偏差，保证物流责任预算的最终实现。

物流业绩考核可以根据不同物流责任中心的特点进行，分为物流成本中心业绩考核、物流利润中心业绩考核和物流投资中心业绩考核。

物流成本中心只对成本负责，因此只考核物流责任成本，它是以物流责任报告为依据，将实际成本与预算成本进行比较，确定其差异，找出原因，加以改进，并以此为依据对各物流成本中心进行奖惩，促进各物流成本中心降低成本。

物流利润中心既对成本负责，也对收入、利润负责，它是以物流收入、边际贡献和息税前利润为重点进行分析，特别是对一定期间实际利润和预算利润的对比，找出差异，分析原因，明确责任，以此为依据对各物流利润中心进行奖惩。

物流投资中心不仅要对收入、成本和利润负责，还要对投资效果负责。物流投资中心除了考核收入、成本和利润外，还要考核投资效果，重点考核投资利润率和剩余收益两项指标。

从管理层次来看，物流投资中心是最高一级的责任中心，业绩考核涉及各个方面，考核较为全面。由于物流投资中心层次高，涉及的管理范围较大，内容复杂，因此需要深入分析，具体分清责任，落实奖惩，才能取得考核的效果。

10.4　物流成本绩效评价指标分析

10.4.1　物流成本的全面指标分析

物流成本的全面指标分析是以物流企业整体的物流成本为依据，通过物流成本和其他要素的相关关系来分析评价企业物流活动的水平。

1. 物流成本率

$$物流成本率 = \frac{物流成本}{销售额} \times 100\% \qquad (10\text{-}5)$$

使用该指标时是把物流部门作为独立的利润中心进行考核的，该指标用来说明单位销售额需要支出的物流成本。公式中的物流成本是完成物流活动所发生的真实成本，包括采购成本、运输成本、配送成本、库存成本和包装成本等。这个指标值越高则其对价格的弹性越低，说明企业单位销售额需要支出的物流成本越高。从历年的数据中，可以大体了解其动向，通过与同行业和其他行业进行比较，可以进一步了解企业的物流成本水平。但该比率受价格和交易条件的变化影响较大，因而存在一定的缺陷。

2. 单位物流成本率

$$单位物流成本率 = \frac{物流成本}{企业总成本} \times 100\% \qquad (10\text{-}6)$$

使用该指标进行分析时是把物流部门作为成本中心来考核的，该指标用来评价企业物流成本占企业总成本的比重。这是考核物流成本占总成本比率的一个指标，一般作为考核企业内部的物流合理化或检查企业是否合理化的指标来使用。该指标越大，说明物流成本占企业总支出的比重越大，此时应分析原因，找出改进的方法。

3. 单位营业费用物流成本率

$$单位营业费用物流成本率 = \frac{物流成本}{销售费用 + 一般管理费用} \times 100\% \qquad (10-7)$$

该指标用来分析物流成本占营业费用的比重。公式中的物流成本指的是物流活动的全部成本；销售费用是指企业销售过程中发生的全部支出，一般管理费用是指企业日常经营过程中发生的支出。通过该指标可以判断企业物流成本的比重，且该指标不受进货成本变动的影响。该指标适合于作为企业物流过程合理化的评价指标。

4. 物流职能成本率

$$物流职能成本率 = \frac{物流职能成本}{物流总成本} \times 100\% \qquad (10-8)$$

使用该指标时，企业应合理划分企业的物流职能，采用切实可行的方法计算出各项物流职能的成本，为提高物流过程的管理水平提供依据。该指标可以计算出包装费、运输费、保管费、装卸费、流通加工费、信息流通费、物流管理费等各物流职能成本占物流总成本的比率，为企业物流成本控制提供依据。

5. 产值物流成本率

$$产值物流成本率 = \frac{物流成本}{企业总产值} \times 100\% \qquad (10-9)$$

该指标用来分析企业创造单位产值需要支出的物流成本，是一定时期生产一定数量产品过程中物流成本占总产值的比率。该指标表明每生产 100 元产值所需耗费的生产成本。该指标反映了物流过程所耗费的经济效果，企业投入产出率高，物流成本耗费低，该指标的值就越低。

6. 物流成本利润率

$$物流成本利润率 = \frac{利润总额}{物流成本} \times 100\% \qquad (10-10)$$

该指标表明在物流活动中，耗费一定量的资金所获得的经济利益的能力。它是分析一定时期生产和销售一定数量产品所发生的物流成本与所获得的利润总额的比率。该指标高，说明市场竞争能力强，产品成本水平低，盈利能力强。但该指标受众多因素的影响，主要有销售产品的价格、销售数量、销售税金及附加、其他业务利润、营业外收支、产品的结构、各功能物流成本的大小等。

7. 物流效用增长率

$$物流效用增长率 = \frac{物流成本本年比上年增长率}{销售额本年比上年增长率} \times 100\% \qquad (10-11)$$

该指标用来分析物流成本变化和销售额变化的关系，说明了物流成本随销售额的变化而变化的水平。该指标合理的比例应该小于 1，如果比例大于 1，说明物流成本的增长速度超过了销售额的增长速度，应引起重视。

10.4.2 物流成本的具体评价指标分析

1. 进出货物流过程指标分析

进货是货物进入物流中心的第一个阶段，而出货是物流过程的最后阶段，出货和进货是否有效率，严重影响其他物流进程。

(1) 每小时处理进出货量。

$$每小时处理进货量 = \frac{进货量}{进货人员数 \times 每日进货时间 \times 工作天数} \quad (10-12)$$

$$每小时处理出货量 = \frac{出货量}{出货人员数 \times 每日出货时间 \times 工作天数} \quad (10-13)$$

$$进货时间率 = \frac{每日进货时间}{每日工作时数} \quad (10-14)$$

$$出货时间率 = \frac{每日出货时间}{每日工作时数} \quad (10-15)$$

(2) 每台进出货设备的装卸货量。该指标用来评价每台进出货设备的工作量。

$$每台进出货设备的装卸货量 = \frac{进货量+出货量}{装卸设备数} \times 工作天数 \quad (10-16)$$

(3) 每台进出货设备每小时的装卸货量。该指标用来评价每台进出货设备的工作效率。

$$每台进出货设备每小时的装卸货量 = \frac{进货量+出货量}{装卸设备数 \times 工作天数 \times 每日进出货时数} \quad (10-17)$$

2. 储存物流过程效率分析

(1) 储区面积率。储区是物流过程不可缺少的部分,该指标用来衡量厂房空间的利用率是否恰当。

$$储区面积率 = \frac{储区面积}{物流中心建筑面积} \quad (10-18)$$

(2) 可供保管面积率。该指标用来判断储区内的通道规划是否合理。

$$可供保管面积率 = \frac{可保管面积}{储区面积} \quad (10-19)$$

(3) 储位容积使用率和单位面积保管量。

$$储位容积使用率 = \frac{存货总体积}{储位总容积} \quad (10-20)$$

$$单位面积保管量 = \frac{平均库存量}{可保管面积} \quad (10-21)$$

(4) 库存周转率。该指标可用来检查公司的营运绩效和衡量现今存货是否恰当。

$$库存周转率 = \frac{出货量}{平均库存量} \quad (10-22)$$

或

$$库存周转率 = \frac{营业额}{平均库存金额} \quad (10-23)$$

(5) 库存掌握程度。该指标作为设定产品标准库存的比率依据。

$$库存掌握程度 = \frac{实际库存量}{标准库存量} \quad (10-24)$$

(6) 库存管理费率。该指标用来衡量每单位存货的库存管理费用。

$$库存管理费率 = \frac{库存管理费用}{平均库存量} \quad (10-25)$$

（7）呆废料率。该指标用来衡量物料耗损对资金积压的影响情况。

$$呆废料率 = \frac{呆废料件数}{平均库存量} \quad (10-26)$$

或

$$呆废料率 = \frac{呆废料金额}{平均库存金额} \quad (10-27)$$

3. 盘点作业效率分析

（1）盘点数量误差率。该指标是用来衡量库存管理优劣，作为是否加强盘点或改变管理方式的依据，以降低公司的损失机会。

$$盘点数量误差率 = \frac{盘点误差量}{盘点总量} \quad (10-28)$$

（2）盘点品种误差率。该指标是由衡量盘点误差品种数据的大小来检讨盘点误差主要的发生原因。

$$盘点品种误差率 = \frac{盘点误差品种数}{盘点实施品种数} \quad (10-29)$$

4. 物流订单作业效率评价

以下八项指标用来观察每天的订单变化情况，据此研究拟定客户管理策略及业务发展状况。

（1）平均每日来单数。

$$平均每日来单数 = \frac{订单数量}{工作天数} \quad (10-30)$$

（2）平均客户订单数。

$$平均客户订单数 = \frac{订单数量}{下游客户数} \quad (10-31)$$

（3）平均每订单包含货物件数。

$$平均每订单包含货物件数 = \frac{出货量}{订单数量} \quad (10-32)$$

（4）平均客户订单价值。

$$平均客户订单价值 = \frac{营业额}{订单数量} \quad (10-33)$$

（5）订单延迟率。该指标是用来衡量交货的延迟情况。

$$订单延迟率 = \frac{延迟交货订单数}{订单数量} \quad (10-34)$$

（6）订单货件延迟率。该指标是用来衡量公司是否应实施客户重点管理。

$$订单货件延迟率 = \frac{延迟交货量}{出货量} \quad (10-35)$$

（7）缺货率。该指标是用来反映存货控制决策是否得当，是否应该调整订购点与订购量的基准。

$$缺货率 = \frac{接单缺货量}{出货量} \quad (10-36)$$

(8) 短缺率。该指标能反映出货作业的精确度。

$$短缺率 = \frac{出货品短缺数}{出货量} \qquad (10-37)$$

5. 拣货作业效率分析

以下两项指标用来衡量公司对拣货作业的投资程度，以及检查有无相对贡献的产出情况。

(1) 拣货人员装备率。

$$拣货人员装备率 = \frac{拣货设备成本}{拣货人员数} \qquad (10-38)$$

(2) 拣货设备成本产出比率。

$$拣货设备成本产出比率 = \frac{出货品体积数}{拣货设备成本} \qquad (10-39)$$

以下四项指标将拣货成本与产出的拣货效益作比较，以控制拣货成本，提高捡取效益。

(1) 每订单投入拣货成本。

$$每订单投入拣货成本 = \frac{拣货投入成本}{订单数量} \qquad (10-40)$$

(2) 每订单笔数投入拣货成本。

$$每订单笔数投入拣货成本 = \frac{拣货投入成本}{订单总笔数} \qquad (10-41)$$

(3) 每取货件数投入拣货成本。

$$每取货件数投入拣货成本 = \frac{拣货投入成本}{拣货单位累计总件数} \qquad (10-42)$$

(4) 单位体积投入拣货成本。

$$单位体积投入拣货成本 = \frac{拣货投入成本}{出货品体积数} \qquad (10-43)$$

6. 配送作业效率评价指标

以下四项指标用来评估配送人员的工作分摊及其物流过程贡献度，以衡量配送人员的能力负荷与物流过程绩效，判断是否需要增配配送人员人数。

(1) 平均每人的配送量。

$$平均每人的配送量 = \frac{出货量}{配送人员数} \qquad (10-44)$$

(2) 平均每人的配送距离。

$$平均每人的配送距离 = \frac{配送总距离}{配送人员数} \qquad (10-45)$$

(3) 平均每人的配送重量。

$$平均每人的配送重量 = \frac{配送总重量}{配送人员数} \qquad (10-46)$$

(4) 平均每人的配送车次。

$$平均每人的配送车次 = \frac{配送总车次}{配送人员数} \qquad (10-47)$$

以下三项指标用来评估车辆的负荷，以判断是否需要增减配送车数量。

(1) 平均每台车的吨千米数。

$$\text{平均每台车的吨千米数} = \frac{\text{配送总距离} \times \text{配送总重量}}{\text{自车数量} + \text{外车数量}} \quad (10-48)$$

(2) 平均每台车的配送距离。

$$\text{平均每台车的配送距离} = \frac{\text{配送总距离}}{\text{自车数量} + \text{外车数量}} \quad (10-49)$$

(3) 平均每台车的配送重量。

$$\text{平均每台车的配送重量} = \frac{\text{配送总重量}}{\text{自车数量} + \text{外车数量}} \quad (10-50)$$

以下五项指标用来评价配送成本花费的多少。

(1) 配送成本比率。

$$\text{配送成本比率} = \frac{\text{自车配送成本} + \text{外车配送成本}}{\text{物流总费用}} \quad (10-51)$$

(2) 单位重量配送成本。

$$\text{单位重量配送成本} = \frac{\text{自车配送成本} + \text{外车配送成本}}{\text{配送总重量}} \quad (10-52)$$

(3) 每体积配送成本。

$$\text{每体积配送成本} = \frac{\text{自车配送成本} + \text{外车配送成本}}{\text{出货物体体积}} \quad (10-53)$$

(4) 每车次配送成本。

$$\text{每车次配送成本} = \frac{\text{自车配送成本} + \text{外车配送成本}}{\text{配送总车次}} \quad (10-54)$$

(5) 每千米配送成本。

$$\text{每千米配送成本} = \frac{\text{自车配送成本} + \text{外车配送成本}}{\text{配送总距离}} \quad (10-55)$$

7. 采购作业过程效率分析

(1) 采购成本占营业额的比率。该指标用来衡量采购成本的合理性。

$$\text{采购成本占营业额的比率} = \frac{\text{采购成本}}{\text{营业额}} \quad (10-56)$$

(2) 货物采购及管理总费用。该指标用来衡量采购和库存政策的合理性。

$$\text{货物采购及管理总费用} = \text{采购物流过程费用} + \text{库存管理费用} \quad (10-57)$$

以下三项指标用来评价进货的准确度及有效度，以便调整安全库存。

(1) 进货数量误差率。

$$\text{进货数量误差率} = \frac{\text{进货误差量}}{\text{进货量}} \quad (10-58)$$

(2) 进货不良品率。

$$\text{进货不良品率} = \frac{\text{进货不合格数量}}{\text{进货量}} \quad (10-59)$$

(3) 进货延迟率。

$$进货延迟率 = \frac{延迟进货数量}{进货量} \tag{10-60}$$

8. 物流作业整体效率分析

使用以下两项指标可以了解人员对公司的营运贡献是否合理及观察商品价格的趋势情况。

（1）人员生产量。

$$人员生产量 = \frac{出货量}{公司总人数} \tag{10-61}$$

（2）人员生产率。

$$人员生产率 = \frac{营业额}{公司总人数} \tag{10-62}$$

（3）固定资产周转率。该指标用来衡量固定资产的运作绩效，评估所投资的资产是否充分发挥效用。

$$固定资产周转率 = \frac{营业额}{固定资产总额} \tag{10-63}$$

（4）产出与投入平衡。该指标用来衡量是否维持低库存量，与零库存差距有多远。

$$产出与投入平衡 = \frac{出货量}{进货量} \tag{10-64}$$

（5）每天营业金额。该指标用来衡量公司营运过程的稳定性。

$$每天营业金额 = \frac{总营业额}{工作天数} \tag{10-65}$$

（6）营业成本占营业额比率。该指标用来衡量营业支出占营业额比率是否过高，测定营业成本费用与负担对该期损益影响的程度。

$$营业成本占营业额比率 = \frac{营业额成本}{营业额} \tag{10-66}$$

用以上这些指标来考核、分析工作成绩。如果采取提高各项水平的措施，是不能取得预期效果的。必须充分考虑有关因素之间的二律背反关系，采取对策，实现降低物流成本的目标。

10.5 物流企业绩效综合评价

传统的物流绩效评价系统侧重于静态的财务业绩评价，随着物流活动日益复杂化，单纯的财务指标已经难以全面地评价企业物流部门的经营业绩。20 世纪 90 年代以来，西方的一些大企业发现传统的财务业绩指标和方法已经越来越阻碍企业物流业务的发展，存在着重短期利益轻长期利益、重局部利益轻全局利益的诸多缺陷。因此，人们提出了将财务指标和非财务指标相结合的绩效评价方法，如平衡记分卡法、标杆法等。

知识拓展

绩效评价是管理学的概念，绩效评价的方法有很多，如全面总结法、目标任务法、指标法、综合指标法等。不同的绩效评价方法的含义不同，有的指过程，有的指结果，而且评价的内容和指标都有所不同。

10.5.1 平衡记分卡法

1. 平衡记分卡法的含义

平衡记分卡法（the Balance Score-Card，BSC）是由美国哈佛大学的卡普兰教授（Robert S. Kapian）和诺顿教授（David D. Norton）于1992年在《哈佛商业评论》上率先提出来的。它打破了传统的绩效评估体系，建立了一个全新的绩效评估体系，为管理人员提供了一个全面的框架，用于把企业的战略目标转化为一套系统的绩效测评指标。平衡记分卡法应用于绩效评估与控制，可以克服传统的绩效评估的不足，将财务测评指标和业务测评指标结合在一起使用，从而能够同时从几个角度对绩效进行快速而全面的考察。

平衡记分卡法使用了一些关键的绩效指标，其中大多数是非财务的指标，针对传统的财务指标为主的业绩考核方式，它为管理者提供了实现战略目标的更好的方法。

平衡记分卡法一方面考核企业的产出（上期的结果），另一方面考核企业未来成长的潜力（下期的预测），再从客户的角度和公司业务角度两方面考核企业的运营状况参数，把公司的长期战略与短期行动联系起来，把远景目标转化为一套系统的绩效考核指标。

2. 平衡记分卡法的指标

与传统的财务导向的指标相比，如果能够识别与战略目标实现相关的关键绩效指标，并以这些指标为基础，就可以建立相应的绩效衡量的平衡记分卡法。平衡记分卡将任务与战略转化为目标和衡量指标，它强调非财务指标的重要性，它是从财务、客户、内部业务过程、学习和成长四个方面来衡量绩效。依照平衡记分卡法的框架，对物流企业的绩效评价也从以下四个方面来研究。

（1）财务绩效评估指标。财务绩效评估指标显示了物流企业的战略及其执行对于股东利益的影响。企业的主要财务目标涉及盈利、股东价值实现和增长，相应的将其财务目标简单表示为生存、成功和价值增长。生存目标的评估指标有现金净流量和速动比率，成功目标的评估指标有权益净利率，价值增长目标的评估指标为相对市场份额增加额。平衡计分卡的财务绩效衡量显示企业的战略及其实施和执行是否正在为最终经营结果的改善作出贡献。常见的指标包括资产负债率、流动比率、速动比率、应收账款周转率、存货周转率、资本金利润率、销售利税率等，见表10-2。

表10-2 财务绩效评估

目标	评价指标	可量化模型
生存	现金净流量 速动比率	物流业务进行中的现金流入-现金流出（流动资产-存货）/流动负债
成功	权益净利率	净利润/平均净资产
价值增长	相对市场份额增加额	物流业务在规定评价期内的业务增加额/在规定的评价期内同行业企业总收入增加额

注：上述评价指标的设计以属于投资中心的物流部门为例。

财务层面的绩效评估涵盖了传统的绩效评估方式，但是财务层面的评估指标并非唯一的或最重要的，它只是企业整体发展战略中不可忽视的一个要素。

(2) **客户层面绩效评估指标**。物流企业的经营不仅是为了获取财务上的直接收益，还要考虑战略资源的开发和保持。这种战略资源包括外部资源和内部资源，外部资源即客户。客户层面的绩效就是企业赖以生存的基础，具体要从企业进行客户开发的业绩和从客户方面的获利能力来衡量：一是客户对物流服务满意度的评价；二是企业的经营行为对客户开发的数量和质量的评价。平衡计分卡的客户衡量包括客户满意程度、客户忠诚度、客户获得、获利能力和在目标市场上所占的份额，见表10-3。

表10-3 客户评价

目标	评价指标	可量化模型
市场份额	市场占有率	客户数量、产品销售量
保持市场	客户保持率	保留或维持同现有客户关系的比率
拓展市场	客户获得率	新客户的数量或对新客户的销售量
客户满意	客户满意程度	客户满意率
客户获利	客户获利能力	份额最大客户的获利水平、客户平均获利水平

(3) **内部业务绩效评估指标**。内部业务流程方面，内部经营过程衡量方法所重视的是对客户满意程度和实现组织财务目标影响最大的那些内部过程。企业物流的内部业务业绩来自企业的核心竞争力，即如何保持持久的市场领先地位、较高的市场占有率和营销的方针策略等，企业应当明确自己的优势，如高质量的产品和服务、优越的区位、资金的来源、优秀的管理人员等。平衡计分卡方法把革新过程引入到内部经营过程之中，要求企业创造全新的产品和服务，以满足现有和未来目标客户的需求，这些过程能够创造未来企业的价值，提高未来企业的财务绩效，内部业务评价见表10-4。

表10-4 内部业务评价

目标	评价指标	可量化模型
价格合理	单位进货价格	每单位进货量价格
可得性	存货可得性	缺货率、供应比率、订货完成率
作业绩效	速度、一致性、灵活性、故障与恢复	完成订发货周期、速度，按时配送率，配送需求满足时间、次数，退货更换时间
可靠性	按时交货率、对配送延迟的提前通知、延期订货发生次数	按时交货次数 总业务数配送延迟通知次数 配送延迟发生次数、延期订货发生次数
硬件配置	网络化（采用JIT、MRP）等物流管理系统的客户	使用网络化物流管理的客户数/所有客户数
软件配置	优秀人员（完成规定任务的时间、质量、专业教育程度）	雇员完成规定任务的时间 雇员完成规定任务的差错率 接受过专业物流教育的雇员数/雇员总数

(4) 创新和学习层面绩效评估指标。 创新和学习方面，组织的学习和成长有三个主要来源：人才、系统和组织程序。创新和学习层面强调企业不断创新，并保持其竞争能力和未来的发展趋势，因此无论是管理层还是基层员工都需要不断地学习，不断推出新产品和新服务，迅速有效地占领市场，减少运营成本，提高经营效率从而增加股东的价值。平衡计分卡法揭示人才、系统和程序的现有能力与实现突破性绩效所必需的能力之间的巨大差距，并加以改进，见表10-5。

表10-5 创新与学习的评价

目标	评价指标	可量化模型
信息系统方面	员工获得足够信息	成本信息及时传递给一线员工所用时间
员工能力管理方面	员工能力的提高，激发员工的主观能动性的创造力	员工满意率 员工保持率 员工的培训次数
调动员工积极性	激励与能力指标	员工建议数量 员工建议被采纳或执行的数量
业务学习创新	信息化程度、研发投入	研究开发费增长率 信息系统更新投入占销售额的比率 同行业平均更新投入占销售额的比率

3. 平衡记分卡法的运用程序

(1) 确定公司的物流目标及策略。目标要求简单明了，对部门具有意义。

(2) 成立平衡记分委员会或小组。该组织负责揭示公司物流目标及策略，负责建立四类衡量指标。

(3) 确定最重要的业绩衡量指标。根据不同时期的具体目标灵活确定，并根据企业特点确定各个指标的权重，见表10-6。

表10-6 确定最重要的业绩衡量指标

类别权重	评价指标	权重
财务（60%）	利润（与竞争者比较）	18.0
	投资报酬率（与竞争者比较）	18.0
	成本降低率（与计划比较）	18.0
	新市场销售增长率	3.0
	现市场销售增长率	3.0
客户（10%）	市场占有率	2.5
	客户满意度	2.5
	经销商满意度	2.5
	经销商利润	2.5
内部业务（10%）	订货完成率	10.0

续表

类　别　权　重	评　价　指　标	权　　　重
创新、学习（20%）	员工工作环境满意度	10.0
	员工技能水平	7.0
	信息系统更新率	3.0

（4）公司内沟通和教育。利用刊物、电子邮件、公告栏、标语、会议等多种形式，让各层管理者知道自己的使命、目标、策略与评价指标。

（5）制定评价指标具体数字标准，并纳入计划、预算之中。

（6）制定与平衡记分卡法相配套的奖励制度。

平衡记分卡的优点是它既强调了绩效管理与企业战略之间的紧密关系，又提出了一套具体的指标框架体系，能够将部门绩效与企业、组织整体绩效很好地联系起来，使各部门工作的努力方向与企业战略目标的实现联系起来。

10.5.2 标杆法

1. 标杆法的含义

标杆法是建立在过程概念之下，通过对先进的组织或者物流企业进行对比分析，了解竞争对手的长处和具体的行事方式，在此基础上，对比自己的行事方式，然后制定出有效的赶超对策来改进自己的产品服务以及系统的一种有效的改进方式或活动。

简而言之，标杆法就是：

（1）研究竞争对手的物流战略战术；

（2）学习竞争对手先进的物流模式；

（3）改进物流企业的物流流程及各种操作模式。

物流标杆法就是找一个物流企业作为参照系，这个参照系与自己物流企业的水平不能相差太多，否则就没有意义了。所以要特别注意寻找比较合适的参照物流企业。

2. 传统物流绩效标杆的局限性分析

（1）无法及时反映物流供应链的动态运营情况。传统的物流绩效评估基本上通过财务数据来评估，在时间上较为滞后，无法及时反映出物流供应链的动态运营情况。此外，从成本构成来看，传统的物流绩效评估估算更多的是显性成本，还没有涉及隐性成本。例如运输费用、仓储费用等，很多物流企业甚至连显性成本占年销售总额的百分比都没有算过，控制物流成本就比较困难了，所以传统的绩效标杆，对物流并没有引起足够的重视。

物流不仅涉及仓储运输，还涉及管理的各个方面，包括预算、决算等。所以按照物流成本占销售总额的百分比就可以做到动态控制成本，由于销售在变化，物流成本也应该随之变化。

（2）不能客观评估物流运营情况。传统的物流绩效评估主要评估物流企业职能部门的工作完成情况，而无法对物流企业的整个物流业务流程进行科学的评估，更不能客观地评估整个物流供应链的运营情况。

职能部门的工作完成情况往往局限于本部门，并没有关注部门之间的关系，也没有跟整个供应链的物流运作情况加以比较。比如运输，供应商送货过来，厂内运输则是各自为政，成品又是另外一批人运输，因为运量小，成本自然降不下来。如果三方同用一个运输车队，因为运输量大，运输成本就可以大幅下降。

所以，整个供应链都很重要，不能局部看问题，局部的优化代替不了整体的优化，整体的优化效果远远超过局部的优化效果。

（3）**不能即时分析，只是事后总结**。传统的物流绩效评估不能对物流供应链的业务流程进行即时的评价和分析，而是侧重于事后分析评价。因此，当发现偏差时，偏差已成现实，其危害和损失已经造成，往往很难补偿。

3. 美国施乐公司的物流绩效标杆

在北美洲，绩效标杆法（Bench Marking）这个术语是和施乐公司同义的。在过去 15 年中，有 100 多家物流企业去学习施乐公司在这个领域的专门知识。施乐公司创立绩效标杆法开始于 1979 年，当时日本的竞争对手在复印行业中取胜，他们以高质量、低价格的产品，使施乐的市场占有率在几年时间里从 49% 减少到 22%。为了迎接挑战，施乐高级经理们引进了若干质量和生产率计划的创意，其中绩效标杆法就是最有代表性的一项。

所谓"绩效标杆法"就是对照最强的竞争对手，或著名的顶级物流企业的有关指标而对自己的产品、服务和实施过程进行连续不断的衡量。施乐考虑到了顾客的满意度，绩效标杆法执行得比原先最佳的实践还要好。

达到这个目标的主要实践方法是取悦顾客，展示给顾客看与施乐公司做生意是多么容易和愉快；达到这个目标的主要途径是公司与顾客之间的接触点。例如拿取和填写订货单、开发票的全过程都必须保证顾客满意的最佳实践标准。

在施乐公司，绩效标杆法是一个由如下四个阶段和十个步骤组成的程序。

第一阶段（三个步骤）：识别什么可以成为标杆；识别可作为对照或对比的物流企业；数据的收集。

第二阶段（三个步骤）：确定当今的绩效水平；制订未来绩效水平计划；标杆的确认。

第三阶段（两个步骤）：建立改进目标；制订行动计划。

第四阶段（两个步骤）：执行行动计划和监督进程；修正绩效标杆。

一个绩效标杆作业往往需要 6~9 个月的实践，才能达到目标。需要这么长时间，是因为绩效标杆既需要战略的，也包括战术或运作的因素。从战略上讲，绩效标杆涉及物流企业的经营战略和核心竞争力问题；从战术上讲，一个物流企业必须对其内部运作有充分的了解和洞察，才能将指之与外部诸因素相对比。

绩效标杆的实践运作主要包括以下三种类型：

第一种类型是工作任务标杆。比如搬运装车、成组发运、排货出车的时间表等单个物流活动。

第二种类型是广泛的功能标杆。就是要同时评估物流功能中的所有任务，例如改进仓储绩效的标杆（从储存、堆放、订货到运送等每一个作业）。

第三种类型是管理过程的标杆。把物流的各个功能综合起来，共同关注诸如物流的服务质量、配送中心的运作、库存管理系统、物流信息系统及物流操作人员的培训与薪酬制度等。这种类型的标杆更为复杂，因为它跨越了物流的各项功能。

运用绩效标杆法实际上可打破传统的思维模式，将物流企业的经营目标与外部市场有机地联系起来，从而使物流企业的经营目标得到市场的认同而更加合理化。

例如，它建立了物流顾客服务标准，鼓励员工进行创造性的思维和竞争性的思维，并经常提高员工物流运作成本和物流服务绩效的意识。

缺乏准备是绩效标杆法失败的最大原因。对其他物流企业做现场视察，首先要求物流经理能完全理解本物流企业内部的物流运行程序，这种理解有助于识别哪些是企业要完成的，哪些是要从绩效标杆中寻求的信息。

施乐公司物流绩效标杆已取得了显著的成效。以前公司花费了80%的时间关注市场的竞争，现在施乐公司却花费了80%的精力集中研究竞争对手的革新和创造性活动，施乐公司更多地致力于产品质量和服务质量的竞争而不是价格的竞争。结果公司降低了50%的成本，缩短了25%的交货周期，并使员工增加了20%的收入，供应商的无缺陷率从92%提高到95%，采购成本也下降了45%，最可喜的是，公司的市场占有率有了大幅度的增长。

本章小结

物流绩效评价是将企业整个物流过程划分为各种不同形式的责任中心，对每个责任中心明确其责权及其绩效计量和评估方式，建立起以责任中心为主体，责、权、利相统一的机制，通过信息的积累、加工、反馈，形成物流系统内部的一种严密控制系统。

物流责任中心按照其内容的不同可以分为物流成本中心、物流利润中心和物流投资中心。不同的责任中心，其物流绩效考核的内容也不同。

在企业经营管理中，利用物流责任预算的制定和执行、责任报告的编制，实现对企业物流的正确而有效的业绩考核。

现行的绩效考核方法包括平衡记分卡法和标杆法等，平衡记分卡法除了财务指标以外，还包括一些非财务指标对物流企业的综合绩效进行评价。

同步测试

思考与练习

1. 什么是物流成本绩效评价？它的主要内容是什么？
2. 简述物流成本绩效评价的步骤。
3. 物流责任中心有哪些种类？如何对其绩效进行考核？
4. 什么是平衡计分卡？如何利用平衡计分卡进行综合绩效评价？
5. 什么是标杆法？其主要步骤有哪些？
6. 物流绩效倍增系统是一个对企业现有物流条件进行一系列改善，达到提升物流绩效的方法体系。它的核心点主要有三个：绩效、分析检查、管理。它们的英文单词第一个字母合在一起为PAC，所以该系统又被称为PAC系统，如图10-2所示。

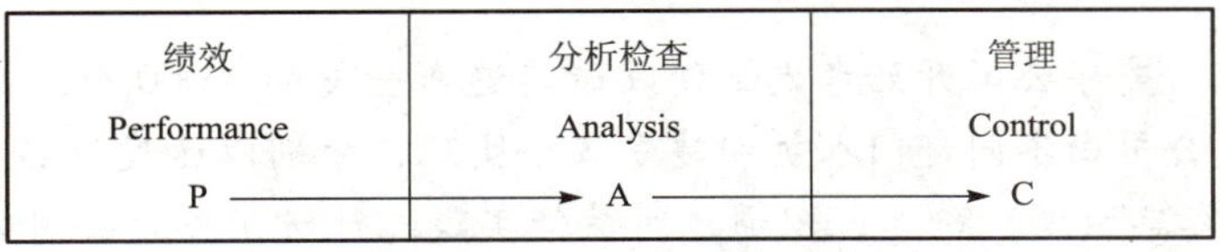

绩效 Performance	分析检查 Analysis	管理 Control
P ⟶	A ⟶	C

图10-2　PAC系统核心点

PAC 系统的运作程序如下：
（1）确定作业生产工时；
（2）分析绩效损失原因；
（3）确定作业标准工时；
（4）测算绩效损失状况；
（5）消除物流绩效损失。

下面是一组企业实施 PAC 系统前后的效果对比：

甲企业是一家玩具生产厂商，在它的物流配送中心，员工有 100 名。在引入 PAC 系统之前，员工的作业效率约为 65%。在引入 PAC 系统之后的第 13 个月，物流作业效率提升为 118%；在第 15 个月，提升为 132%。实施大约两年后，物流作业效率提升为 200%。

乙企业是一家家用电器生产厂商，在它的物流配送中心，员工有 120 名。在引入 PAC 系统之前，员工的作业效率约为 61%。实施大约两年后，物流作业效率提升为 110%。

请结合此资料，利用互联网和对相关物流企业的调研，对 PAC 系统作深入的分析，并了解其他企业提升业绩的成功经验。

实训项目

1. 了解一家企业的成本绩效评价采用了哪些分析指标，并提出对策建议。
2. 调查一家企业的物流成本绩效评价情况，结合学习内容，针对该企业的情况提出建议，并完成一份调研报告。

综合案例

美孚成功的标杆管理

2000 年，埃克森美孚公司全年销售额为 2 320 亿美元，位居全球 500 强第一，人均产值为 193 万美元，约为中国石化集团的 50 倍。埃克森美孚公司在全球 120 多个国家销售其燃料油和化工产品，在约 200 个国家销售润滑油，在大约 50 个国家有勘探或生产作业。埃克森 1997 年以 828 亿美元收购美孚石油公司，使埃克森美孚成为全球最大的石油天然气公司。此前美孚石油就已因其卓越的管理而成为石油行业的佼佼者，1992 年美孚石油实行的标杆管理措施无疑给美孚以至今天的埃克森美孚注入了强大的活力。

1992 年，美孚石油是一个每年有 670 亿美元收入的公司，年初的一个调查让公司决定对自身的服务进行变革。当时美孚公司询问了服务站的 4 000 位顾客什么对他们是重要的，结果得到了一个令人震惊的数据，仅有 20% 的被调查者认为价格是最重要的。其余的 80% 想要三件同样的东西：能提供帮助的友好的员工、快捷的服务和对他们的消费忠诚予以一些认可。

根据这一发现，美孚公司开始考虑如何改造其遍布全美的 8 000 个加油站，讨论的结果是实施标杆管理。公司由不同部门人员组建了 3 个团队，分别以速度（经营）、微笑（客户服务）、安抚（顾客忠诚度）命名，以通过对最佳实践进行研究作为公司的标杆，努力使客户体会到加油也是愉快的体验。微笑团队将以提供优异的客户服务著称的公司为标杆；速度团队将以提供快速传递著称的公司为标杆；安抚团队将以致力于客户忠诚著称的公司为标杆。

速度小组找到了 Penske，它在印地（Indy）500 强中以快捷方便的加油站服务而闻名。你可以想象到，在印地 500 强比赛中看到的景象，驾驶员偶尔需要停靠，他需要尽可能快地上下车。速度小组仔细观察了 Penske 在比赛中如何为通过快速通道的赛车加油：这个团队身着统一的制服，分工细致，配合默契。美孚公司的速度小组还了解到，Penske 的成功部分归功于电子头套耳机的使用，它使每个小组成员能及时地与同事联系。

速度小组提出了几个有效的改革措施，首先是在加油站的外线上修建他们的停靠点，设立快速通道，供紧急加油使用；让加油站员工佩带耳机，形成一个团队，安全岛和便利店可以保持沟通，及时为客户提供诸如汽水一类的商品；服务员身着统一的制服，给顾客一个专业加油站的印象。"他们总把我们误认为是管理人员，因为我们看上去非常专业。"服务员阿尔比说。

微笑小组考察了丽嘉·卡尔顿宾馆的各个服务环节，以找出该饭店是如何获得不寻常的顾客满意度的。丽嘉·卡尔顿宾馆对所有新员工进行了广泛的指导和培训。员工们深深地铭记：自己的使命就是照顾客人，使客人舒适。他们希望尽可能地为客人提供最好的个人服务。观察一天之后，小组的斯威尼说："丽嘉的确独一无二，因为我们在现场学习过程中实际上都变成了其中的一部分。在休息时，我准备帮助某位入住顾客提包，我实际上活在他们的信条中。这就是我们真正要应用到自己业务中的东西。在那种公司里，你能体会到很好地为你的客户服务而带来的自豪感，就是丽嘉给我们的真正魔力。在我们的服务站，没有任何理由可以解释为什么我们不能有同样的自豪感，不能有与丽嘉·卡尔顿酒店一样的客户服务。"

微笑小组发现，美孚公司同样可以通过建立员工导向的价值观，以及进行各种培训，来实现自己的目标。"在顾客准备驶进的时候，我已经为他准备好了汽水和薯片，有时我在油泵旁边，准备好高级无铅汽油在那儿等着，他们都很高兴——因为你记住了他们的名字。"现在身为友好服务人员的阿尔比说。

安抚小组最后到"家庭仓库"去调查该店为何有如此多的回头客。美孚公司的格顿从家庭仓库中学到，公司中最重要的人是直接与客户打交道的人。没有致力于工作的员工，你就不可能得到终身客户。这意味着要把时间和精力投入到如何雇佣和训练员工上。而在美孚公司，那些销售公司产品，与客户打交道的一线员工传统上被认为是最无足轻重的人。

安抚小组的调查改变了公司的观念，现在领导者认为自己的任务就是支持一线员工，使他们能够把出色的服务和微笑传递给公司的客户，传递到公司以外。

美孚公司提炼了他们的研究成果，并形成了一个新的加油站服务概念——"友好服务"。美孚公司在佛罗里达州的 80 个服务站开展了这一试验。"友好服务"与其传统的服务模式大不相同。希望得到全方位服务的顾客，一到加油站，迎接他的是服务员的微笑和问候。所有服务员都穿着整洁的制服，打着领带，配有电子头套耳机，以便能及时地将顾客的需求传递到便利店的出纳那里。希望得到快速服务的顾客可以开进站外的特设通道中，只需要几分钟，就可以完成洗车、加油和收费的全部流程。

美孚公司由总部人员和一线人员组成了叫做 SWAT 的实施团队，花了 9 个月的时间来建构和测试"友好服务"系统。"友好服务"系统的初期回报是令人兴奋的，加油站的平均年收入增长了10%。

案例讨论

结合上述案例,讨论企业什么过程需要标杆管理?如何选定标杆学习伙伴?如何收集及分析信息?如何评价和提高?

阅读建议

[1] 赵忠玲. 物流成本管理 [M]. 北京:经济科学出版社,中国铁道出版社,2007.
[2] 杜学森. 物流成本管理实务 [M]. 北京:中国劳动社会保障出版社,2006.
[3] 汪晓娟. 物流成本管理 [M]. 北京:机械工业出版社,2007.
[4] 智慧物流解锁成本密码 [EB/OL]. [2016-12-29]. http://www.chinawuliu.com.cn/xsyj/201612/29/318105.shtml

智慧物流解锁成本密码

供应链物流成本管理

知识目标

1. 了解中国企业供应链的现状及其存在的问题。
2. 明确供应链成本的划分。
3. 明确供应链成本绩效评估体系。
4. 掌握供应链物流成本控制方法。

技能目标

1. 运用 QR 进行供应链物流成本控制。
2. 运用 ECR 进行供应链物流成本控制。
3. 运用 VMI 进行供应链物流成本控制。
4. 运用 JMI 进行供应链物流成本控制。

素质目标

1. 培养学生具备供应链物流成本管理意识的职业素质。
2. 培养学生具备供应链物流成本绩效评估、成本控制方法运用的职业要求。

先导案例

吉列的成功之道——供应链中的成本控制

在 20 世纪 90 年代末，吉列公司，一个 90 亿美元销售额的消费产品供应商，发现由于不断攀升的成本使它的市场占有率持续下降。于是在 2000 年 1 月，成立了一个新的运营部门，将采购、包装、物流和物料管理合并在同一个组织中，并赋予其权力来全面重新规划供应链系统。在接下来的 18 个月里，这个团队将整个供应链上的库存降低了 30%，削减了相当于 40 天的物料库存，价值 4 亿美元。供应链团队相信他们才刚刚起步，然而已经为公司节省了9 000万美元。

11.1 供应链成本的划分及其影响因素

供应链成本

11.1.1 供应链成本的划分

在供应链管理模式下，企业的竞争已不再是单个企业之间的竞争，而是各企业所在供应链之间的竞争。最有竞争力的供应链不仅要提供最优的服务，还要使产品以最合理的成本进入市场。所以，产品成本控制模式就不仅仅是企业内部的成本控制问题，而是从产品形成的源头（原材料）开始，直到最终用户为止。供应链成本源自供应链成员企业为了维持供应链的运作，而消耗在供应链系统中的物流、信息流、资金流及商务流上的所有成本。这可以通过借鉴以往的成本分析方法来实现，即对供应链中发生的成本进行重新分析，使之适应新的竞争环境。供应链的成本管理应体现供应链的价值增值水平，即"价值增值＝用户价值－用户成本"；而用户成本的降低应从整个供应链的角度去考虑，即"用户成本＝供应成本＋制造成本＋销售成本"，这三部分成本分别对应于供应链的上游成本、企业内部成本和供应链下游成本，如图11-1所示。

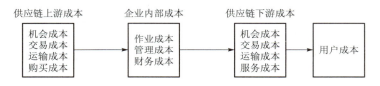

图11-1 供应链成本分析图（一）

为了简化计算，同时又能说明问题，本章仅考虑单一产地和单一销地（即只包含一个制造商和一个零售商）的情况（忽略管理成本和财务成本）。在将产品由产地运至销地的过程中，可以细分为五项活动：

（1）在产地，产品由生产车间运至仓库；

（2）在仓库内等待运输；

（3）产品被装货；

（4）将产品运输至销地；

（5）经卸货、搬运至销地仓库后，等待销售。

这五项活动归纳起来可以分为两类，分别用来克服两种距离——时间距离和空间距离。克服时间距离所发生的成本称为持有成本；克服空间距离所发生的成本称为移动成本。持有成本包括库存维持（持有）成本、订货成本和缺货成本，移动成本包括运输成本和搬运成本。具体关系如图11-2所示。

如果按照供应链中承担成本的不同成员划分，当考虑供应链成员之间的合作与竞争时，成本分为：供应商承担的成本（简称为供应商成本，以此类推）、制造商成本、分销商成本、零售商成本、顾客成本。

当考虑供应链中的局部优化问题（非企业内部的优化问题）时，如：建立供应链合作伙伴关系的优化模型时，可以把成本分为如图 11-3 所示的成本类型。

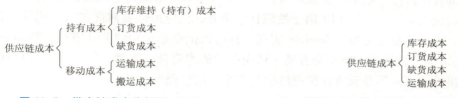

图 11-2　供应链成本分析图（二）　　　图 11-3　供应链成本分析图（三）

11.1.2　供应链成本的影响因素

影响供应链成本的因素众多，物流、信息流、资金流及商务流的业务流程改变、各种业务流程上的诸活动的作业方法的变化、效率的提高或降低、资源消耗的降低或提高、库存量的变化等，都会影响供应链成本。现在就以下四个主要因素进行分析。

1. 缺乏透明性

供应链成本一般都必须满足财务报告的需要，因此通常许多细节都没有被清晰地描述出来。在供应链环节中，成本涉及许多企业，这些企业可能采用的都是各自不同的会计法则或统计方法，而且他们对于降低成本也有着各自不同的要求。这就必然带来一系列的问题。因为各自不同的会计法则和统计方法，使供应链上各个企业的成本没有可比性，也就缺乏对供应链成本的有效监督和把握。

供应链上这种不透明的成本核算体系的存在，导致在供应链上不能获取有助于改进流程、降低成本的事件或方法，进而影响到供应链成本的优化和降低。

2. 多变性

导致供应链成本多变性的根本原因主要有两种：一是流程中固有的；二是管理行为导致的。前者可以通过工艺学解决，如采用更可靠的机械工具、流程控制、员工培训等。概括地讲，有效的方法就是采用全方位的流程分析。管理行为导致的供应链成本变化更是难以控制。例如，许多企业在最后一个季度想方设法增加财务报表上的财政收入。这导致了供应链的扭曲，不能反映真实状况，正常的计划和安排都被打乱。

这种类似"曲棍球杆"的行为非常普遍，这需要对管理理念加以改变。因为，无论是流程中固有的变化还是管理行为引起的变化，都有可能导致供应链运作过程中的技术风险和费用风险，这些对供应链成本的节省显然是不利的。

3. 产品设计

产品设计对供应链成本起着相当重要的作用。设计不合理的产品将会大大增加供应链的复杂程度，同时必须具备一个更为精细复杂的系统用于跟踪。产品设计的不合理还会导致产品的多余和更多的不确定因素，使用不需要的零部件，生产的难度和装配的难度都大大增加，存在缺陷的产品由此也大为增加，导致复杂的退货流程。解决这一问题的方案是采用好的应用软件用于产品开发，而且产品的设计要符合工艺制造原则。

4. 信息共享

供应链信息共享，或者说是供应链协同正在快速发展，共享将逐渐建立双方良好的合作关系，通常这是一种从上而下的程序。一些较低技术层面的解决方案往往比那些较高层次的方案具有更为重要的意义。较好的方法是联合进行产品开发，共享预测和实际销售数据，并且致力于降低整个供应链的成本。

在供应链合作伙伴关系中，应该是从合作而非技术和挑战的角度说服供应链伙伴共享信息。例如，假设需要供应商将 EDI 用于处理日常事务，供应商需要对此进行大规模的投资。而比较经济、先进的技术是通过 Internet 实现，即应该把企业采用的 EDI 方式，转而发展基于 Internet 的方案。这样的方案将会有助于供应链的成本降低。类似这样问题不是仅通过技术就可以解决的，更是涉及双方在供应链中的关系和信任程度。

11.2　基于供应链管理思想的物流成本绩效管理战略

物流成本控制是现代供应链管理和运作中非常重要的环节，供应链敏捷响应的最终目的就是建立一个快速响应的客户导向的经营系统。在该系统中，供应链各参与方相互合作，从而通过协同运作取得顾客价值最大，同时使供应链成本最小，这势必涉及供应链运作各环节究竟什么地方是控制和管理成本的关键、通过什么战略途径来实现这种系统成本的控制，此外供应链绩效的实现需要运用系统的观点来整合业务和管理，但是如何整合业务以及整合哪些业务，这些都成为物流成本和供应链绩效管理的核心。

11.2.1　通过实现供应链管理、提高对顾客物流服务的管理来削减成本

随着当今各行业价格竞争的激化，ECR 等新型供应链物流管理体制不断得到了发展与普及，同时也为各企业广泛认同与效仿。这种新型的物流管理体制使得用户除了对价格提出较高的要求外，更是要求企业能有效地缩短商品周转时期，真正做到迅速、正确、高效地进行商品管理。显然，要实现上述目标，仅仅本企业的物流体制具体有效率化是不够的，它需要企业协调与其他企业（如部件供货商等）以及顾客、运输业者之间的关系，实现整个供应链活动的效率化。有些研究也表明，企业间的知识分享会促进信息交流，帮助合作伙伴提高特定的吸收能力，从本质上讲，ECR 是一种知识分享和设计企业间链接的手段，从而促进组织学习，共同增强顾客价值。也正因为如此，追求成本的效率化也不仅仅是企业物流部门或生产部门的事，同时也是经营部门以及采购部门共同的事，甚至是跨企业部门之间的工作，亦即将降低物流成本的目标贯彻到企业所有职能部门和整个供应链之中。

提高对顾客的物流服务是企业确保利益的最重要手段，也是降低物流成本的有效方法之一。但是，超过必要量的物流服务不仅不能带来物流成本的下降，反而有碍于物流效益的实现。例如，随着多频度、少量化经营的扩大，对配送的要求越来越高，而在这种情况下，如果企业不充分考虑用户的产业特性和运送商品的特性，一味地开展商品的翌日配送或发货的小单位化，无疑将大大增加发货方的物流成本。所以，在正常情况下，为了既保证提高顾客物流服务，又防止过剩的物流服务出现，企业应当在考虑用户产业特性的和商品特性的基础上，与顾客方充分协调、探讨有关配送、降低成本等问题，如果能实现一周 2~3 次的配送，可以商讨将由此生产的利益与顾客方分享，从而相互促进，在提高物流服务的前提下，寻找寻求降低物流成本的途径。

11.2.2　借助于现代信息系统的构筑降低物流成本

上面已经论述过，各企业内部的物流效率化仍然难以使企业在不断激化的竞争中取得成

本上的竞争优势,为此,企业必须实现与其他交易企业之间形成一种效率化的交易关系。即借助于现代信息系统的构筑,一方面使各种物流作业或业务处理能正确、迅速地进行;另一方面,能由此建立起战略的物流经营系统。具体来讲,通过将企业定购的意向、数量、价格等质量信息在网络上进行传输,从而使生产、流通全过程的企业或部门分享由此而带来的利益,充分对应可能发生的各种需求,进而调整不同企业间的经营行为和计划,这无疑从整体上控制了物流成本发生的可能性。Moberg 等人的研究证实了上述状况,他们的实证研究证明了信息的质量和关系的承诺对信息交流具有重要的影响,而有效的信息分享和交流极大地促进了企业的供应链绩效。也就是说,现代信息系统的合理构筑(即根据所需信息的要求而构筑信息系统)为彻底实现物流成本的降低,而不是向其他企业或部门转嫁成本奠定了基础。从图 11-4 中,就可以看到现代信息系统对降低生产、销售、物流成本都具有积极的意义。

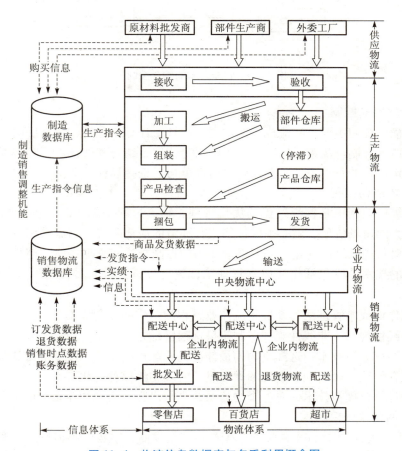

图 11-4　物流信息数据库与多重利用概念图

11.2.3　建立综合有效的成本控制框架

要想从供应链物流管理的角度合理控制物流成本,实现既定的绩效目标,综合物流成本控制体系必须能够得到有效的建立。物流综合成本控制的实现框架一般由物流成本横向控制、物流成本纵向控制和计算机网络管理系统控制三部分组成,如图 11-5 所示。图 11-5

反映了三个部分之间的关系，计算机控制系统将物流成本的横向、纵向连接起来，形成一个不断优化的物流系统的循环，通过循环、计算、评价，整个物流系统不断优化，最终形成总成本最低的最佳方案。

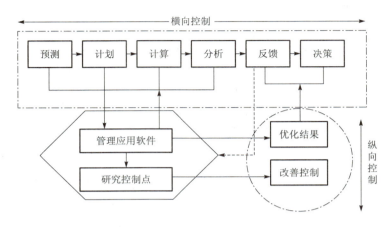

图 11-5　物流成本的综合控制

1. 物流成本横向控制

物流成本横向控制主要有物流成本的预测、计划、计算、分析、信息反馈和控制、决策等步骤，物流成本控制与决策是以物流成本资料为依据，结合其他技术、经济因素等进行研究、分析，决定采取的行动方针，并进行可行性分析后选择最佳方案。

2. 物流成本纵向控制

物流成本纵向控制也是物流过程的优化管理。物流过程是创造时空价值的经济活动过程，要达到最大的市场价值，就必须保证物流各环节的最佳配置。物流系统是一个庞大而复杂的系统，要对其进行纵向优化，需要借助适当的控制方法和管理手段，使其与横向控制交织进行。常见的技术手段包括作业成本管理法，数理分析方法和最优化原理来组织物流系统，实现：

（1）利用作业成本管理法，掌握物流作业过程的运作绩效和成本。
（2）运用线性规划、非线性规划，制定最优运输计划。
（3）运用系统分析技术，选择货物的最佳配比及配送路线，实现商品配送优化。
（4）运用存储论，确定经济合理的库存量，实现物流储存优化。
（5）运用计算机模拟技术，对整个物流系统进行研究，实现物流系统的最优化。

3. 计算机网络系统控制

计算机网络系统是连接许多供货商、生产商、批发商、零售商和客户的大系统。物流成本控制引入计算机网络系统，可以大大提高控制的效率。采购人员根据计算机管理信息系统提供功能，收集并汇总各机构订货的商品名称、订货数量，根据供货商的可供商品货源、供货价格、交货期限、供货商的信誉等资料，向指定的供货商下达采购指令。供货商根据网络中心转来的相关信息，及时安排出货。完成交易双方交换的信息不仅仅是订单和交货通知，还包括订单更改、订单回复、价格变动通知、提单、对账通知、发票、退货等许多信息。计算机网络系统控制示意图，如图 11-6 所示。

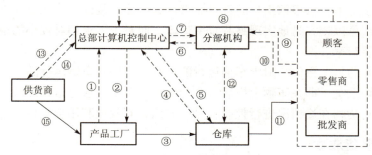

图 11-6　计算机网络系统控制图

①—实际产量信息；②—库存补充指令；③—产成品入库；④—产品实际库存信息；⑤—各库产品出库指令；
⑥—分部机构的信息；⑦—给予分部机构的信息；⑧—顾客、零售商和批发商信息直接通过网络反馈；
⑨—顾客、零售商和批发商订货与咨询；⑩—顾客、零售商和批发商服务；
⑪—产品出库流向：顾客、零售商和批发商；⑫—分部处理退货、订单更改及其他事项；
⑬—订货信息；⑭—供货信息；⑮—原料供应

通过计算机通信网络连接的方式将各种信息传递到总公司、分公司、批发商、商品供货商或制造商，可以做到快速反应。它能处理从新商品资料的说明直到会计结算所有商品交易过程中的作业，可以涵盖整个物流过程。上述物流成本综合控制的三个组成部分是一个有机的整体。它以计算机网络系统控制为核心，通过设计企业物流成本控制理想的运作模式，不断优化结果，实现物流成本综合控制的最大效应。

11.2.4　通过效率化的配送降低物流成本

对应于用户的订货要求建立短时期、正确的进货体制是企业物流发展的客观要求。但是，伴随配送产生的成本费用要尽可能降低，特别是最近多频度、小单位配送要求的发展，更要求企业采用效率化的配送方法。一般来讲，企业要实现效率化的配送，就必须重视配车计划管理、提高装载率以及车辆运行管理。

所谓配车计划是指与用户的订货相吻合，将生产或购入的商品按客户指定的时间进行配送的系统。对于生产商而言，如果不能按客户指定的时期进行生产，也就不可能在用户规定的时间配送商品，所以，生产商配车计划的制订必须与生产计划相联系来进行。同样，批发商也必须将配车计划与商品进货计划相联系开展。当然，要做到配车计划与生产计划或进货计划相匹配，就必须构筑最为有效的配送计划信息系统。这种系统不仅仅处理配送业务，而是在订货信息的基础上，管理从生产到发货全过程的业务系统，特别是制造商为缩短对用户的商品配送，同时降低成本，就必须通过这种信息系统制订配送计划，商品生产出来后，装载在车辆中进行配送。对于发货量较多的企业，需要综合考虑并组合车辆的装载量和运行路线，也就是说，当车辆有限时，在提高单车装载量的同时，事先设计好行车路线以及不同路线的行车数量等，以求使配送活动有序开展的同时，追求综合成本的最小化。另外，在制订配车计划的过程中，还需要将用户的进货条件考虑在内，如进货时间、司机在客户作业现场搬运的必要性、用户附近道路的情况等都需要关注和综合分析，还有用户的货物配送量也对配车计划具有影响，货物配送量少，相应的成本就高，所以，配车应当优先倾向于输送量较多的地域。

在提高装载率方面，最近先进企业的做法是，将本企业接收的商品名称、容积、重量等数据输入到信息系统中,再根据用户的订货要求计算出最佳装载率。从总体上看,对于需求比较集中的地区,可以较容易地实现高装载率运输,而对于需求相对较小的地区,可以通过共同配送来提高装载率。

削减配送成本的另一方面是追求车辆运行的效率化,提高车辆运行的一个有效方法是建立有效地货车追踪系统,即在车辆上搭载一个全球定位系统,通过这种终端与物流中心进行通信:一方面,对货物在途情况进行控制;另一方面,有效地利用空车信息,合理配车。

11.2.5 削减退货成本

退货成本也是企业物流成本中一项重要的组成部分,它往往占有相当大的比例。退货成本之所以成为某些企业主要的物流成本来源,是因为随着退货会产生一系列的物流费、退货商品损伤或滞销而产生的经济费用以及处理退货商品所需的人员费和各种事务性费用。特别是存在退货的情况下,一般是商品提供者承担退货所发生的各种费用,而退货方不承担商品退货而产生的损失。因此,容易很随意地退回商品,并且由于这类商品大多数量较小,配送费用有增高的趋向。不仅如此,由于这类商品规模较小,也很分散,商品入库、账单处理等业务也都非常复杂。例如,销售额100万元的企业,退货比率为3%,即3万元的退货,由此而产生的物流费用和企业内处理费用一般占到销售物流的9%~10%,因此,伴随着退货将会产生3 000元的物流费。进一步由于退货商品物理性、经济性的损伤,可能的销售价格只为原来的50%。因此,因为退货而产生的机会成本为15 000元,综合上述费用,退货所引起的物流成本为18 000元,占销售额的1.8%。以上仅假定退货率为3%,如果为5%,物流费用将达到30 000元,占销售额的3%。由此可以看出,削减退货成本十分重要,可以说它是物流成本控制活动中需要特别关注的问题。控制退货成本首要的是分析退货所产生的原因,一般来讲退货可以分为用户的原因产生的退货和本企业的原因产生的退货两种情况。通常认为用户的原因所产生的退货是不可控的,但事实上并非如此。具体来讲,对于零售商或批发商而言,为了防止商品断货而产生机会成本是它们出现过量进货的主要原因,最近虽然利用POS系统能根据不同商品过去的经营绩效来加以调整。但是,对于季节性或流行性商品,却无法合理地进行控制,在这种状况下,一旦出现商品滞销,必然会存在退货问题。显然,要杜绝此类情况发生,就必须不断掌握本企业产品在店铺的销售状况,对于销售不畅的商品应及时制定促销策略,而季节性产品或新产品,应在销售预测的基础上,根据掌握的每天的销售额来确定以后的生产量,也就是说利用单品管理建立起实需型销售体制。从方法上来讲,建立起实需型销售体制,需要在用户店铺设置本企业的EOS系统,这样企业就能及时掌握客户的经营情况,进而不断调整企业的产品生产量和产品种类,真正从根本上遏制退货现象的出现。所以,从另一个方面讲,造成退货现象的一个根本原因是生产方为了片面追求自身的经济利益,而采取推进式销售方式产生的负效应,亦即很多企业为了追求最大销售目标,一味将商品推销给最终用户,而不管商品实际销售的状况和销售中可能出现的问题,结果造成流通在库增加,销售不畅,退货成本高昂。所以,要有效降低退货成本,重要的是改变企业片面追求销售额的目标战略,在追踪最终需求动向和流通在库的同时,为实现最终需求增加而实施销售促进策略。与上述问题相关联,要根本防止退货成本,作为企业还必须改变营业员绩效评价制度,即不是以营业员每月的销售额作为奖惩的依据,而是在考察用户在库状况的同时,以营业员年度月平均销售额作为激励的标准,这样才能在防止退货出现的情况下，提高经营效率。当然，在制度上还必须明确划分产生退货的责任，诸如，是发货业务人员因为商品数量、品种与顾客要求不一致而形成的退货就应该由发货业务人员承担相应的损失；再如，因为错误配送而造成的退货就应当由运输业者承担。

11.2.6 利用复合运输、直接转运和物流外包降低成本

降低物流成本从运输手段上讲，可以通过复合运输或直接转运来实现，亦即从制造商到最终消费者之间的商品运送利用各种运输工具的有机衔接和系统的综合管理来实现，这样由于运输工具的标准化以及运输管理的统一化，节省了商品周转、转载过程中的费用和损失，也大大缩短了商品在途时间。在控制物流成本方面，还有一种行为是值得注意的，那就是物流的外包，或称第三方物流或合同制物流。它是利用企业外部的分销公司、运输公司、仓库或第三方货运人执行本企业的物料管理或产品分销职能的全部或部分。范围可以是窄的、有限的，比如对传统运输或仓储服务的简单购买；或者是广泛的，包括对整个供应链管理的复杂的合同。它可以是常规的，包括那些恰好是先前内部开展的工作，再重新对这些服务外包；或者是创新的，有选择地补充物流管理手段，以提高物流职能的效益。一个物流外包服务提供者可以让一个公司从规模经济、更多地门对门运输等有关方面实现运输费用的节约，并体现出利用这些专业人员与技术的一些优势，而且，突发事件、额外费用的运输如空运和租车等问题的减少增强了工作的有序性和供应链的可预测性。实际上，外包的利益不仅局限于降低物流成本上，企业也能在服务和效率上得到许多其他改进，如战略行动的一致性、顾客反应能力增强、降低投资需求、带来创新的物流管理技术和有效的渠道管理信系统等。

11.3 供应链物流成本控制的途径

11.3.1 QR 成本控制法

1. QR 成本控制法的含义

QR 成本控制法是指通过在供应链管理中实施快速响应（Quick Response，QR）来达到降低供应链物流成本的方法。QR 是指在供应链中，为了实现共同的目标，零售商和制造商建立战略伙伴关系，利用 EDI 等信息技术，进行销售时点的信息交换以及订货补充等其他经营信息的交换，用多频度小数量的配送方式连续补充商品，以实现缩短交货周期、减少库存、降低物流成本、提高客户服务水平和企业竞争力的供应链管理方法。一般来讲，供应链中的共同目标包括：

（1）提高顾客服务水平，即在正确的时间、正确的地点用正确的商品来响应消费者的需求。

（2）降低供应链的总成本，增加零售商和厂商的销售额，从而提高零售商和厂商的获利能力。

这种新的合作方式意味着双方都要告别过去的敌对竞争关系，要以战略伙伴关系来提高向最终用户的供货能力，同时降低整个供应链的库存量和总成本。

很多公司都采用了正确的技术，但是是用来支持目前敌对的业务关系。只有当贸易双方用技术来有效地管理彼此间的商品流和信息流的时候，只有在管理中接受这种新的"开放"

关系的时候，快速响应才能真正发挥作用。

从字面上看，"快速响应"会使人们想到"更快地做事"，从某种意义上讲，这是正确的。但它最重要的作用是，在降低供应链总库存和总成本的同时提高销售额。所以成功的"快速响应"伙伴关系将提高供应链上所有伙伴的获利能力。

快速响应业务成功的前提是零售商和厂商的良好关系。实现这种关系的方法之一就是战略厂商伙伴，包括确定业务合作关系并采用双方互利的业务战略。这种厂商关系的某些趋势已经得到验证，包括及时的跨部门项目小组决策和长期的双方互利关系。

战略伙伴关系要求厂商高级经理之间进行沟通和接触，然后将这种关系由上往下渗透到整个组织中，同时要求多个部门都参与规划和执行的各阶段工作。不是所有的贸易伙伴都能变成战略伙伴，成功的战略伙伴应具备下列条件：

① 巨大的增长潜力；
② 跨部门的沟通；
③ 长远的观点和一致的目标；
④ 永远关注顾客的需要；
⑤ 不断地监测业绩。

而下列因素对成功的战略伙伴关系是至关重要的：

① 要彼此理解对方的目标和局限；
② 建立更有效的沟通渠道；
③ 采用新的业务战略和业务实践；
④ 在公司内部推行教育计划；
⑤ 实施和强化志愿跨行业通信标准（VICS 标准）；
⑥ 双赢方式的谈判。

2. QR 控制法成功的条件

QR 控制法的成功实施必须具备以下五个条件：

(1) **改变传统的经营方式，革新企业的经营意识和组织**。改变传统的经营方式和革新企业的经营意识与组织主要表现在以下五个方面：

① 企业必须改变只依靠独自的力量来提高经营效率的传统经营意识，要树立通过与供应链各方建立合作伙伴关系努力利用各方资源来提高经营效率的现代经营意识。
② 零售商在垂直型 QR 系统中起主导作用，零售店铺是垂直型 QR 系统的起始点。
③ 通过 POS 数据等销售信息和成本信息的相互公开和交换来提高各个企业的经营效率。
④ 明确垂直型 QR 系统内各个企业之间的分工协作范围和形式，消除重复作业，建立有效的分工协作框架。
⑤ 通过利用信息技术实现事务作业的无纸化和自动化改变传统的事务作业方式。

(2) **开发和应用现代信息处理技术**。这些信息技术有商品条形码技术、物流条形码技术（SCM）、电子订货系统（EOS）、POS 数据读取系统、EDI 系统、预先发货清单技术（ASN）、电子支付系统（EFT）、生产厂家管理的库存方式（VMI）、连续补充库存方法（CRP）等。

(3) **必须与供应链各方建立（战略）伙伴关系**。具体内容包括以下两个方面：一是积极寻找和发现战略合作伙伴；二是在合作伙伴之间建立分工和协作关系。合作的目标是既要削减库存,又要避免缺货现象的发生,降低商品风险,避免大幅度降价的现象发生,减少作业人员和简化事务性作业等。

(4) **必须改变传统的对企业商业信息保密的做法**。将销售信息、库存信息、生产信息、成本信息等与合作伙伴交流分享,并在此基础上,要求各方在一起发现问题、分析问题和解决问题。

(5) **供应方必须缩短生产周期和商品库存**。缩短商品的生产周期,进行多品种少批量生产和多频度小数量配送,降低零售商的库存水平,提高顾客服务水平,在商品实际需要将要发生时采用 JIT 生产方式组织生产,降低供应商的库存水平。

3. QR 成本控制法实施步骤

实施 QR 成本控制法需要经过六步骤,如图 11-7 所示。每一个步骤都需要以前一个步骤作为基础,比前一个步骤有更高的回报,但是需要额外的投资。

(1) **条形码和 EDI**。零售商首先必须安装条形码(UPC 码)、扫描和 EDI 等技术设备,以加快 POS 机收款速度、获得更准确的销售数据并使信息沟通更加通畅。POS 扫描用于数据输入和数据采集,即在收款检查时用光学方式阅读条形码,然后将条形码转换成相应的商品代码。

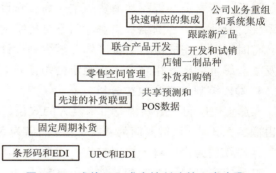

图 11-7 实施 QR 成本控制法的六个步骤

EDI 是在计算机间交换商业单证,需遵从一定的标准,如 ANSI X.12。零售业的专用标准是"志愿跨行业通信标准"委员会制定的,食品类的专用标准是 UCC 制定的。EDI 要求公司将其业务单证转换成行业标准格式,并传输到某个增值网(VAN),贸易伙伴在 VAN 上接收到这些单证,然后将其从标准格式转到自己系统可识别的格式。EFI 可传输的单证包括订单、发票、订单确认、销售和存货数据及提前运输通知等。

(2) **固定周期补货**。QR 的补货要求供应商更快、更频繁地运输重新订购的商品,以保证店铺不缺货,从而提高销售额。通过对商品实施快速响应并保证这些商品能敞开供应,零售商的商品周转速度更快,消费者可以选择更多的花色品种。

某些基本商品每年的销售模式实际上都是一样的,一般不会受流行趋势的影响。这些商品的销售量是可以预测的,所以不需要对商品进行考察来确定重新订货的数量。

自动补货是指基本商品销售预测的自动化。自动补货使用基于过去和目前销售数据及其可能变化的软件进行定期预测,同时考虑目前的存货情况和其他一些因素,以确定订货量。自动补货是由零售商、批发商在仓库或店内进行的。

(3) **先进的补货联盟**。这是为了保证补货业务的流畅。零售商和消费品制造商联合起来检查销售数据,制定关于未来需求的计划和预测,在保证有货和减少缺货的情况下降低库存水平。还可以进一步由消费品制造商管理零售商的存货和补货,以加快库存周转速度,提高投资毛利率。投资毛利率是销售商品实际实现的毛利除以零售商的库存投资额。

(4) **零售空间管理**。这是指根据每个店铺的需求模式来规定其经营商品的花色品种和补货业务。一般来讲,对于花色品种、数量、店内陈列及培训或激励售货员等决策,消费品制造商也可以参与甚至制定决策。

（5）**联合产品开发**。这一步的重点不再是一般商品和季节商品，而是服装等生命周期很短的商品。厂商和零售商联合开发新产品，其关系的密切程度不仅超过了购买与销售的业务关系，缩短从新产品概念到新产品上市的时间，而且还可以经常在店内对新产品实行试销。

（6）**快速响应的集成**。通过重新设计业务流程，将前五步的工作和公司的整体业务集成起来，以支持公司的整体战略。快速响应前四步的实施可以使零售商和消费品制造商重新设计的产品补货、采购和销售业务流程。前五步使配送中心得以改进，可以适应大量的小批量运输，使配送业务更加流畅。

同样，由于库存量的增加，大部分消费品制造商也开始强调存货的管理，改进采购和制造业务，使他们能够作出正确的响应。

最后一步要求零售商和消费品制造商重新设计其整个组织业绩评估系统、业务流程和信息系统，设计的中心围绕着消费者而不是传统的公司职能，它们要求集成的信息技术。

有时可以先完成最后一步工作，至少是设计整体体系结构，这样补货的改进和新产品的开发就会尽可能地互相吻合。在确定公司核心业务及其发展方向时，应具有战略性的眼光。

4. QR 控制法成本效益分析

实施 QR 控制法给零售业带来巨大的效益，一般来讲，大型综合超市每年节约的成本占销售额的 5.3%，百货商店为 4.9%，专门店为 5.0%。

这些效益为实施若干快速响应技术后的成本和收益之差。其技术包括 UPC 码的 POS 扫描，电子传输订单、发票和其他单证（如 EDI）、使用运输包装标识等，上述技术遵从的行业标准是由"志愿跨行业通信标准"委员会制定的。通过实施这些技术，零售商和供应商可以及时有效地跟踪顾客需求、加快订货速度、提高供货能力、增加销售额并得到其他收益，这些经营方式的变化对企业的影响称作 QR，它简明扼要地说明了零售商在适当的时间和地点向顾客提供适当商品的能力有所提高。

包括百货商店、大型综合超市和专门店在内的很多企业已经从 QR 中获得了收益：销售额增加了，削价损失降低了，库存的周转速度加快了，经营费用降低了，重要的是提高了市场份额。QR 的广泛运用所获得的巨大进步及其在商业部门日益增大的渗透率，都表明了 QR 战略巨大的发展潜力。

（1）**技术方面的收益**。首先看一下电子数据交换和运输包装标志等技术因素带来的收益。UPC 码和 POS 扫描技术使企业可以跟踪销售和库存商品的详细信息，如颜色和尺寸等，准确地了解销售了哪些商品，哪些商品需要补货。这样就使订单依赖于事实而非直觉。这项技术每年为美国的零售业节约 28 亿美元的成本，实施这项技术的初期投资是 16 亿美元。

UPC 码和 POS 扫描带来的收益包括：

① 消除店铺的账簿；
② 降低甚至消除促销商品的标签费用；
③ 降低配送中心的标签费用；
④ 通过更准确的定价减少削价损失；
⑤ 提高店铺付款台的工作效率。

零售商和厂商通过 EDI，可以使零售商小批量频繁地订货，同时大大减少了文档工作和订单错误。这就使零售商对顾客的实际需求作出更快的反应。这项技术每年可为全行业节约 2.6 亿美元，初期投资是 0.21 亿美元。

EDI 节约成本的原因是它减少了：

① 订单处理时间；

② 店员工作和文档工作；

③ 输入数据量；

④ 例外业务处理。

运输包装标志使企业扫描货箱标签时，不需要开箱、分类和盘点货物即可知道货箱的内容。这项技术可使配送中心能够更快地处理货物并把货物送到店铺。这项技术每年为全行业节约 3.99 亿美元，初期投资是 0.32 亿美元。

运输包装标志节约成本的原因是：

① 事先确定替代货品；

② 减少收货时的例外情况；

③ 使货物更快地通过配送中心。

这些技术与 QR 战略结合后使零售商获得了更多的收益，如：

① 全行业的削价损失减少 50 亿美元；

② 库存成本降低 13 亿美元。

（2）增加销售额。实施 QR 使一般商品和季节性商品的销售额平均增长了 20%，时装的销售额增长了 28%。为什么呢？首先，由于条形码和 POS 扫描使企业跟踪每种商品的销售和库存，为零售商带来了许多重要的好处：

① 比起店铺的手工账簿，这种商品跟踪技术更加准确。零售商可以对顾客的需求作出快速的反应，更多地订购那些畅销的商品，同时不会大量积压滞销商品。

② 零售商可以缩短订货周期。缩短订货周期可作为企业的战略带来竞争优势，因为用月报账簿根本无法确定订货需求。一家经营袜子的零售商在实施 QR 之前根本不知道哪些商品畅销，哪些商品滞销，只知道厂商发来了哪些货物。实施了 QR 后，公司的销售额增长了 22%，而全行业同期的销售额并没有变化。

（3）降低库存水平及成本。库存模型可以确定某家店铺、销售部门、产品线和单个商品的最低库存水平，这就可以使零售商做好两件事，一是更好地维持商品的库存水平，二是进行自动补货。这样，企业在降低订货业务的管理费用的同时降低了商品的缺货和库存水平，在 QR 环境下经营的企业可以得到更准确的销售数据，更频繁地订货，维持 97% 左右的现货率。因此，高顾客满意度和低经营费用这两个最重要的管理目标都得以实现。

（4）减少削价损失。实施 QR 使一般商品和季节商品的削价损失平均减少了 30%，时装的削价损失减少了 40%，由于企业的畅销商品库存增加，滞销商品库存减少，削价损失自然就减少了。

QR 使零售商可以根据实际的销售量和顾客需求的变化趋势，调整采购量和商品在各店铺间的配送。更快地找出滞销商品，加上频繁的小批量进货，意味着零售商可以按预计的售出量从厂商那里订货。这样，零售商就不需要盲目地订货了，也不需要订购那些滞销商品了。

在 QR 的情况下，零售商可以按店铺跟踪商品的销售情况，减少了店铺间的商品转运量。它可以降低企业的配送费用。有时，店铺间的商品转运量会达到一个荒唐的地步。例如，一家企业每月在店铺间转运商品的金额达 100 万美元，这听起来虽然不是很多，但这家企业的年销售额只有 1.2 亿美元，通过 QR，企业将改善商品的店铺配送状况。店内库存将保持在最小量，由于可以跟踪各种商品的销售，店铺的冗余商品量可减少 10%。

如今的零售商正努力对顾客的需求变化作出反应，通过 QR，他们将更快、更有效地实现这个目标。

(5) 降低经营成本。更高的销售额、更快的库存周转速度和更少的削价损失使零售商的利润增加了，但 QR 所带来的效益不止这些。QR 还可以通过降低企业的直接经营成本费用为企业带来更大的利润。

① 购销费用。QR 使百货商店的购销费用平均下降 0.6%，大型综合超市下降 1.0%，专门店下降 0.5%。购销费用是企业完成基本的采购功能时所发生的费用，包括订单的准备和创建、订单的传输或发送以及订单的跟踪。另外还包括店铺的商品处理成本，如库存盘点及促销和甩卖商品的价格变动业务所发生的成本。

② 配送费用。QR 使百货商店的配送费用平均下降 0.5%，大型综合超市下降 1.4%，专门店下降 1.0%。

企业的配送业务也应用了几种 QR 技术和观念。例如，如果厂商事先用 UPC 码为商品贴好了标记，零售商就可节约商品的标签和盘点成本。配送中心里每件商品的标签成本大约是 6 美分，用这个数字乘以每年通过配送中心的商品总数，可以发现每年节约的标签是巨大的。

同时，EDI 支持自动补货和提前运输通知。零售商一般有 20% 的到货需要进行例外处理，主要是因为货物的多装、少装或装错。QR 使例外处理业务量减少了 20%，即只有 16% 的商品需要例外处理。

QR 的另一个好处是直接店铺运输，它使商品尽快地送往店铺。通过和厂商共享各种商品的销售数据，并实现自动补货，店铺可以进行小批量进货。

当然，直接店铺运输也有缺点。这时店铺需要更大的空间和更多的人手来处理进货。对各零售商逐个进行的直接店铺运输的成本和收益分析发现，如果厂商事先为商品和货箱贴好标签，直接店铺运输将最为有效。在某些情况下，QR 会增加运输成本，因为它要求更频繁的运输。但增加的时间和资金成本不会接近 QR 为配送业务节约的成本。

③ 管理费用。QR 使百货商店、大型综合超市和专门店的管理费用平均下降 0.14%。厂商有 91% 发票是邮寄给零售商的，其中 67% 的发票需要零售商的财务部门手工对账。如果使用电子发票，65% 的百货商店发票和 78% 的大型综合超市发票将无需对账，这将使零售商的人工成本下降 2/3。

④ 库存利息。QR 使百货商店、大型综合超市和专门店的库存利息支出平均下降 0.7%。它可以显著地降低配送中心和店铺的库存水平，加快库存的周转率。

因为 QR 既可以减少过量库存又可以减少库存不足的情况，所以零售商可以在增加销售额的同时降低企业的存货水平。通过频繁地从厂商处进货，零售商就没有必要囤积大量存货了。一般商品和季节性商品的存货周转速度可加快 30%，时装的存货周转速度可加快 35%。存货周转速度的加快每年使零售商节约大量的成本。

5. QR 控制法实施的效益比

通过提高效率、改善经营、提高顾客服务水平，QR 技术和观念可以为零售商带来巨大的收益。当然，这些收益是有代价的。QR 技术的实施成本包括三个方面：信息系统的成本、资金成本和培训费用。

零售商实施全面的 QR 业务所需的信息系统包括：EDI 系统、购销系统和价格与品种管理系统，上述的每个系统都必须和零售商的业务和管理系统结合起来。实施这些关键的信息系统的一次性成本占企业年销售额的 0.75%～1.0%。

安装 POS 设备、标签设备和计算机软件需要的资金投入占大型综合超市总销售额的 0.7%，占百货商店总销售额的 1.1%。

零售商培训管理人员、采购员、配送人员和店员的费用占总销售额的 0.02%～0.03%。

实施快速响应所需的总成本与 QR 所节约的总成本相比实在是很少的。对于百货商店来说，总成本是销售额的 2.1%，而节约的成本是销售额的 4.9%；对大型综合超市来说，总成本是销售额的 1.7%，而节约的成本是销售额的 5.3%；对于专门店来说，总成本是销售额的 1.8%，而节约的成本是销售额的 5.0%。UPC 码、POS 扫描、EDI 和运输包装标志等 QR 技术为零售商带来的收益是非常诱人的。

11.3.2 ECR 成本控制法

效率型顾客响应（Efficient Consumer Response，ECR）是 1993 年初由美国食品行业发起的，由一些制造商、经纪人、批发商和零售商组成了有共同目标的联合业务小组，其目标是通过降低和消除供应链上的无谓浪费来提高消费品价值，以达到控制供应链物流成本的目的。

1. ECR 成本控制法的含义

ECR 成本控制法是指通过在供应链管理中实施 ECR 来达到降低供应链物流成本的方法。ECR 是一个由生产厂家、批发商和零售商等供应链节点组成，各方相互协调和合作，更好、更快并以更低的成本满足消费者需要为目的的供应链管理系统。

ECR 的优点在于供应链各方为了提高消费者满意度这个共同的目标进行合作，分享信息和诀窍。ECR 是一种把以前是处于分离状态的供应链联系在一起来满足消费者需要的工具。ECR 概念的提出者认为 ECR 活动是过程，这个过程主要由贯穿供应链各方的四个核心过程组成。因此，ECR 的战略主要集中在以下四个领域：有效的店铺空间安排、有效的商品补充、有效的促销活动和有效的新商品开发与市场投入。

2. ECR 控制法应用原则

应用 ECR 控制法时必须遵守五个基本原则：

（1）以较少的成本，不断致力于向食品杂货供应链客户提供更优的产品、更高的质量、更好的分类、更好的库存服务以及更多的便利服务。

（2）ECR 必须由相关的商业带头人启动。该商业带头人应决心通过代表共同利益的商业联盟取代旧式的贸易关系户而达到获利之目的。

（3）必须利用准确、适时的信息以支持有效的市场、生产及后勤决策。这些信息将以 EDI 的方式在贸易伙伴间自由流动，它将影响以计算机信息为基础的系统信息的有效利用。

（4）产品必须随其不断增值的过程，从生产至包装，直到流动至最终客户的购物篮中，以确保客户能随时获得所需产品。

（5）必须建立共同的成果评价体系。该体系注重整个系统的有效性（即通过降低成本与库存以及更好的资产利用,实现最优价值),清晰地标识出潜在的回报(即增加的总值和利润),促进对回报的公平分享。

总之,ECR是供应链各方推进真诚合作来实现消费者满意和实现各方利益的整体效益最大化的过程。

3. ECR控制法的内容

ECR控制法可把成本降低11%。食品行业的厂商、批发商和零售商采用下述五种战略来实现这个目标。

(1) **有效的店内布局**。有效的店内布局战略的目的是通过有效地利用店铺空间和店内布局来最大限度地提高商品的获利能力。零售商已通过计算机化的空间管理系统来提高货架的利用率。有效的商品分类要求店铺储存消费者需要的商品,把商品范围限制在高销售率的商品上,这样可以提高所有商品的销售业绩。

企业应经常监测店内空间分配以确定产品的销售业绩。优秀的零售商至少每月检查一次商品的空间分配情况,有的零售商甚至每周检查一次。这样使品种经理可以对新产品的导入、老产品的撤换、促销措施及季节性商品的摆放制定及时准确的决策。同时,通过分析各种商品的投资回报率,这种检查可以帮助企业了解商品的销售趋势,商品的销售趋势可以使企业对商品的空间分配进行适当的调整,以保证商品的销售能够实现事先确定的投资收益水平。

(2) **有效的补货**。有效的补货战略努力降低系统的成本,从而降低商品的售价。其目的是将正确的产品在正确的时间和正确的地点以正确的数量和最有效的方式送给消费者。有效补货的构成要素如下:

① POS机扫描;
② 店铺商品预测;
③ 店铺的电子收货系统;
④ 商品的价格和促销数据库;
⑤ 动态的计算机辅助订货系统(CAO);
⑥ 集成的采购订单管理;
⑦ 厂商订单履行系统;
⑧ 动态的配送系统;
⑨ 仓库电子收货;
⑩ 直接出货;
⑪ 自动化的会计系统;
⑫ 议付。

(3) **有效的促销**。有效的促销战略主要是简化贸易关系,将经营重点从采购转移到销售。快速周转消费品行业现在把更多的时间和金钱用来进行促销,并对促销活动的影响进行评价,消费者将从这些新型的促销活动所带来的低成本中获利。

食品行业主要有三种促销活动:消费者广告、消费者促销、贸易促销。

(4) **有效的新产品导入**。任何一个行业其新产品导入都是一项重要的创造价值的业务。其为消费者带来了新的兴趣、快乐,为企业创造了新的业务机会。食品工业在这个方面非常活跃,现在销售的商品中,有33%是10年前根本没有的。

有效的产品导入包括让消费者和零售商尽早接触到这种产品。首要的策略就是零售商和厂商应为了双方共同的利益而紧密合作。这个业务包括把新产品放在一些店铺内进行试销,然后按照消费者的类型分析试销的结果。根据这些信息决定如何处理这种新产品,处理办法包括:

① 淘汰该产品;
② 改进该产品;
③ 改进营销技术;
④ 采用不同的分销策略(如只在某些地区销售)。

(5) 有效的成本节约。ECR 战略的实施,可以减少多余的活动和节约相应的成本。
① 节约直接成本。即通过减少额外活动和相关费用直接降低成本。
② 节约财务成本。即间接的成本节约,主要是因为实现单位销售额的存货要求降低了。

具体来讲,节约的成本包括商品的成本、营销费用、销售和采购费用、管理费用和店铺的经营费用等。从表 11-1 中,可以看到节约这些成本的原因。

表 11-1　ECR 带来的企业成本和费用的节约

费用类型	ECR 带来的节约
商品的成本	损耗降低,制造费用降低(包括减少加班时间、更充分利用生产力),包装成本降低(促销包装更少,品种减少),更有效的原材料采购
营销费用	贸易促销和消费者促销的管理费用降低了,产品导入失败的可能性减小
销售和采购费用	现场和总部的资源费用降低了,简化了管理
后勤费用	更有效地利用了仓库和卡车,仓库的空间要求降低了
管理费用	减少一般的办事员和财务人员
店铺的经营费用	自动订货,单位面积的销售额更高

ECR 的导入可能会导致营业利润下降。所谓营业利润是指去掉所有的经营费用后的净收入,它主要是用来支付税收、利息和红利,剩下的钱是用于继续发展的留存盈余。

尽管营业利润降低了,但实际上制造商和零售商并没有损失,这是因为随着固定资产和流动资金(存货)的降低,投资收益增加了。

实现 ECR 之后,在整个系统的总节约成本中,厂商节约的成本占 54%,其中 47%来自直接成本的节约,7%来自财务成本的节约。分销商节约的成本占 46%,其中 32%来自直接成本的节约,14%来自财务成本的节约。

在成本节约方面,厂商所占的份额大于零销商,这是由于厂商在供应链总成本中比例(54%)高于分销商的比例(46%)。

4. ECR 控制法的构建

ECR 控制法作为一个供应链管理系统,需要把市场营销、物流管理、信息技术和组织革新技术有机结合起来作为一个整体使用,以实现 ECR 的目标。ECR 系统的结构如图 11-8 所示。构筑 ECR 系统的具体目标,是实现低成本的流通、基础关联设施的建设、消除组织间的隔阂、协调合作满足消费者需要。组成 ECR 系统的技术要素主要有信息技术、物流技术、营销技术和组织革新技术。

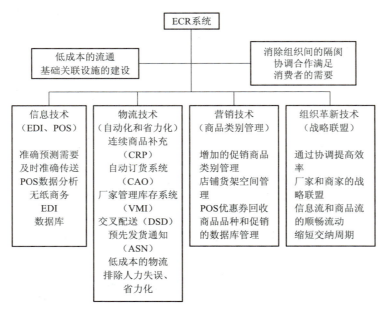

图 11-8 ECR 系统的结构

11.3.3 供应链库存管理技术与方法

1. 供应商管理库存（Vendor Managed Inventory，VMI）

长期以来，流通环节中的每一个部门都是各自管理自己的库存，零售商、批发商、供应商都采用不同的库存控制策略来管理各自的库存，因此不可避免地产生需求的扭曲现象，即所谓的需求放大现象，无法使供应商快速地响应用户的需求。在供应链管理环境下，供应链各个环节的活动都应该是同步进行的，而传统的库存控制方法无法满足这一要求。近年来，国外出现了一种新的供应链库存管理方法——VMI。这种库存管理策略打破了传统的各自为政的库存管理模式，体现了供应链的集成化管理思想，适应市场变化的要求，是一种新的具有代表性的库存管理思想。

（1）VMI 的基本思想。关于 VMI 的定义，国外有学者认为："VMI 是一种在用户和供应商之间的合作性策略，以对双方来说都是最低的成本优化产品的可获性，在一个相互同意的目标框架下由供应商管理库存，这样的目标框架被经常性监督和修正，以产生一种连续改进的环境。"归纳起来，该策略的关键措施主要体现在如下几个原则中：

① 合作精神（合作性原则）。在实施该策略时，相互信任与信息透明是很重要的。供应商和用户（零售商）都要有较好的合作精神，才能够相互保持较好的合作。

② 使双方成本最小（互惠原则）。VMI 不是关于成本如何分配或谁来支付的问题，而是关于减少成本的问题，通过该策略使双方的成本都获得减少。

③ 框架协议（目标一致性原则）。双方都明白各自的责任，观念上达成一致的目标，如库存放在哪里、什么时候支付、是否要管理费、要花费多少等问题都要回答，并且体现在框架协议中。

④ 连续改进原则，使供需双方能共享利益和消除浪费。VMI 的主要思想是供应商在用户的允许下设立库存，确定库存水平和补给策略，拥有库存控制权。

精心设计与开发的 VMI 系统，不仅可以降低供应链的库存水平，降低成本。而且，用户还可获得高水平的服务，改善资金流，与供应商共享需求变化的透明性和获得更高的用户信任度。

（2）VMI 的实施方法。库存状态透明性（对供应商）是实施供应商管理用户库存的关键。供应商能够随时跟踪和检查到销售商的库存状态，从而快速响应市场的需求变化，对企业的生产（供应）状态做出相应的调整。为此需要建立一种能够使供应商和用户（分销、批发商）的库存信息系统透明连接的方法。供应商管理库存的策略可以分成如下四个步骤实施。

第一，建立顾客情报信息系统。要有效地管理销售库存，供应商必须能够获得顾客的有关信息。通过建立顾客的信息库，供应商能够掌握需求变化的有关情况，把由批发商（分销商）进行的需求预测与分析功能集成到供应商的系统中来。

第二，建立销售网络管理系统。供应商要很好地管理库存，必须建立起完善的销售网络管理系统，保证自己的产品需求信息和物流畅通。为此，必须：① 保证自己产品条码的可读性和唯一性；② 解决产品分类、编码的标准化问题；③ 解决商品存储运输过程中的识别问题。

目前已有许多企业开始采用 MRP Ⅱ 或 ERP 企业资源计划系统，这些软件系统都集成了销售管理的功能。通过对这些功能的扩展，可以建立完善的销售网络管理系统。

第三，建立供应商与分销商（批发商）的合作框架协议。供应商和销售商（批发商）一起通过协商，确定处理订单的业务流程以及控制库存的有关参数（如补充订货点、最低库存水平等）、库存信息的传递方式（如 EDI 或 Internet）等。

第四，组织机构的变革。这一点也很重要，因为 VMI 策略改变了供应商的组织模式。过去一般由客户服务经理处理与用户有关的事情，引入 VMI 策略后，在订货部门产生了一个新的职能来负责用户库存的控制、库存补给和服务水平。

一般来讲，以下情况适合实施 VMI 策略：零售商或批发商没有 JIT 系统或基础设施来有效管理库存；制造商实力雄厚并且比零售商市场信息量大；有较高的直接存储交货水平，因而制造商能够有效地规划运输。

2. 联合库存管理（Jointly Managed Inventory，JMI）

（1）基本思想。联合库存管理是一种风险分担的库存管理模式。联合库存管理和供应商管理用户库存不同，它强调双方同时参与，共同制订库存计划，使供应链过程中的每个库存管理者（供应商、制造商、分销商）都从相互之间的协调性考虑，保持供应链相邻的两个节点之间的库存管理者对需求的预期保持一致，从而消除了需求变异放大现象。任何相邻节点需求的确定都是供需双方协调的结果，库存管理不再是各自为政的独立运作过程，而是供需连接的纽带和协调中心。

近年来，在供应链企业之间的合作关系中，更加强调双方的互利合作关系，联合库存管理就体现了战略供应商联盟的新型企业合作关系。图 11-9 所示为基于协调中心联合库存管理的供应链系统模型。与传统的库存管理模式相比，它有如下五个方面的优点。

① 为实现供应链的同步化运作提供了条件和保证。
② 减少了供应链中的需求扭曲现象，降低了库存的不确定性，提高了供应链的稳定性。
③ 库存作为供需双方的信息交流和协调的纽带，可以暴露供应链管理中的缺陷，为改

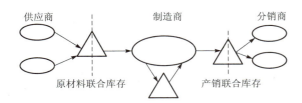

图 11-9 基于协调中心联合库存管理的供应链系统模型

进供应链管理水平提供依据。

④ 为实现零库存管理、准时采购以及精细供应链管理创造了条件。

⑤ 进一步体现了供应链管理的资源共享和风险分担的原则。

联合库存管理系统把供应链系统管理进一步集成为上游和下游两个协调管理中心,从而部分消除了由于供应链环节之间的不确定性和需求信息扭曲现象导致的供应链库存波动。通过协调管理中心,供需双方共享需求信息,因而起到了提高供应链运作稳定性的作用。

(2) 联合库存的实施策略。为了发挥联合库存管理的作用,供需双方应从合作的精神出发,建立供需协调管理的机制,明确各自的目标和责任,建立合作沟通的渠道,为供应链的联合库存管理提供有效的机制。建立供需协调管理机制,要从以下四个方面着手。

① 建立共同合作目标。要建立联合库存管理模式,首先供需双方必须本着互惠互利的原则,建立共同的合作目标。为此,要理解供需双方在市场目标中的共同之处和冲突点,通过协商形成共同的目标,如用户满意度、利润的共同增长和风险的减少等。

② 建立联合库存的协调控制方法。联合库存管理中心担负着协调供需双方利益的角色,起协调控制器的作用。因此需要对库存优化的方法进行明确。这些内容包括库存如何在多个需求商之间调节与分配、库存的最大量和最低库存水平、安全库存的确定、需求的预测等。

③ 建立一种信息沟通的渠道或系统。信息共享是供应链管理的特色之一。为了提高整个供应链的需求信息的一致性和稳定性,减少由于多重预测导致的需求信息扭曲,应增强供应链各方对需求信息获得的及时性和透明性。为此应建立一种信息沟通的渠道或系统,以保证需求信息在供应链中的畅通和准确性。要将条码技术、扫描技术、POS 系统和 EDI 集成起来,并且要充分利用因特网的优势,在供需双方之间建立一个畅通的信息沟通桥梁和联系纽带。

④ 建立利益的分配、激励机制。要有效运行基于协调中心的库存管理,必须建立一种公平的利益分配制度,并对参与协调库存管理中心的各个企业(供应商、制造商、分销商或批发商)进行有效的激励,防止机会主义行为,增强协作性和协调性。

本章小结

随着供应链管理理论在我国的实施和运用,我国企业的供应链物流成本管理工作有了很大的提高,但同时我国企业在实施供应链成本管理中也存在一些问题。

供应链成本具有多种分类,诸多因素会对供应链成本产生影响。建立中国企业供应链绩效评估体系具有重要的意义,需要明确供应链绩效评价的内容,通过设定必要的评价指标来建立并完善绩效评估体系。

通过实现供应链管理,才能对供应链中的物流成本绩效进行控制,并提高对顾客物流服务水平,构筑现代信息系统来降低物流成本,建立综合有效的成本控制框架,通过效率化的配送降低物流成本和削减退货成本,利用复合运输、直接转运和物流外包降低成本。

通过 QR 成本控制法、ECR 成本控制法和供应链库存管理技术来控制供应链物流成本,需要重点解决信息不对称的问题,特别是"牛鞭效应"现象。通过联合库存管理,即双方同时参与,共同制订库存计划,使供应链过程中的每个库存管理者(供应商、制造商、分销商)都从相互之间的协调性考虑,保持供应链相邻的两个节点之间的库存管理者对需求的预期保持一致,从而消除需求变异放大现象。

同步测试

思考与练习

1. 我国供应链管理存在什么问题?
2. 画出供应链中的成本分析图。
3. SCPR 供应链绩效评价方法是什么?
4. 什么是控制和管理供应链成本的关键?通过什么战略途径来实现这种系统成本的控制?
5. 简述供应链中物流成本控制的方法。
6. 简述 QR 控制法成功的条件。
7. 简述 ECR 控制法的内容。
8. 在供应链中各个节点的库存存在的风险如何控制?
9. 如何解决供应链中的"牛鞭效应"?

实训项目

啤酒游戏。

在这一游戏里,有三种角色可让你来扮演。从产/配销的上游到下游体系,依次为:

(1)"情人啤酒"制造商;
(2)啤酒批发商;
(3)零售商。

这三种角色之间,透过订单/送货来沟通。也就是说,下游向上游下订单,上游则向下游供货。

游戏是这样进行的:有一群人,分别扮演制造商、批发商和零售商三种角色,彼此只能透过订单/送货程序来沟通。各个角色拥有独立自主权,可决定该向上游下多少订单、向下游销出多少货物。至于终端消费者,则由游戏自动来扮演。而且,只有零售商才能直接面对消费者。

零售商的常态:

(1)销售、库存、进货。
(2)订货时间约为 4 周。
(3)每次订货 4 箱啤酒。

安分守己的零售商

首先,假设你扮演的是零售商这个角色。你是一个安分守己的零售商,店里卖了许多货品,啤酒是其中一项颇有利润的营业项目。平均来讲,每一周,上游批发商的送货员都会过来送货一次,顺便接收一次订单。这一周下的订单,通常要隔 4 周才会送来。

"情人啤酒"是其中一个销量颇固定的品牌。虽然这一品牌的厂商似乎没做什么促销动作,但相当规律地,每周总会固定卖掉约 4 箱的"情人啤酒",顾客多半是 20 来岁的年轻人。

为了确保随时都有足够的"情人啤酒"可卖,你尝试把库存量保持在 12 箱。所以,每周订货时,你已把"订 4 箱情人啤酒"视为反射动作。

为了方便起见,既把进货、订货、售出、原本库存量、结余库存量这五项数字,用图形来表示。接下来,就让我们来看看啤酒游戏的进行,零售商如何应对客户的购买行为、上游的进货行为。

零售商 1~6 周

第一周:风平浪静。第一周,一如既往,卖出 4 箱、进货 4 箱、结余 12 箱。所以你也一如既往,向批发商订货 4 箱。

第二周:多卖了 4 箱。第二周比较奇怪,"情人啤酒"突然多卖了 4 箱,变成 8 箱。因此,店里库存就只剩下 8 箱。你不知道为什么会突然多卖了 4 箱,也许只是有人举办宴会、多买了一些啤酒吧!为了让库存量恢复到 12 箱,你这一周向批发商多订了 4 箱,也就是订了 8 箱。

第三周:这一周跟上一周一样,还是卖出了 8 箱。批发商的送货员来了,送来的"情人啤酒"数量,正是 4 周前向他所订的 4 箱。现在,"情人啤酒"的库存量只剩 4 箱了。如果下一周销售量还是这样,下一周结束时,就要零库存了!为了赶快补足库存,你本来打算只订 8 箱,但是怕销售量会再上升,为了安全起见,你多订了一点,订了 12 箱。

第四周:原来如此。这一周,还是跟上一周一样,卖了 8 箱"情人啤酒"。有一天,你抽空问了一下买"情人啤酒"的客人,才知道:原来在第二周时,有一个合唱团的新专辑的主打歌里,结尾是一句"我喝下最后一口情人啤酒,投向太阳"的歌词。可能因为这样,销售量变多了。你想:"奇怪,如果这是啤酒制造商或批发商的促销手段,为什么他们没先通知我一声呢?"这一周进货量为 5 箱,批发商也开始反应增加的订单了。你预期销售量可能还会上升,而且库存也只剩下 1 箱了。所以,这一次一口气订了 16 箱。

第五周:库存没有了。本周,还是卖了 8 箱。进货 7 箱,表示上游批发商真的开始响应了。不过,库存为零了。望着空空的货架,你决定跟上周一样,订 16 箱,以免落得"流行啤酒没货"的窘状,影响商誉。

第六周:开始欠货。真惨!本周只到了 6 箱"情人啤酒"而已,还是有 8 箱啤酒的顾客需求量,但库存已然耗尽。你只好跟两位预约的老顾客说:"下次一有货,一定先通知你们……"望着空空的货架,你想着:要是还有货,不知道可以多赚多少笔呀……真可惜……好像方圆百里,只有你这一家卖"情人啤酒"。而且,照顾客预约的情况看来,抢手程度好像还会增加;以前可从来没有人会预约的。本来想再多订一点,但是,一想到前几周多下的订单,可能就快送过来了。于是,你抑制住冲动,还是维持原状:订了 16 箱,希望本周欠 2 箱的惨状能赶快解决。

以上通过介绍著名的啤酒游戏,说明供应链管理中一个很典型的现象——"牛鞭效应",从而让学生从感性上认识到,保证整条供应链的成本最小化是供应链管理的主要研究问题。启发学生思考,当价格随需求变动或生产提前发生变化时,供应链产生波动的情况。

案例讨论

请同学们讨论：如何避免"牛鞭效应"的出现？如何才能使整个供应链成本最小化？

综合案例

美国欧文斯库宁建筑材料集团
——供应链成本管理的典范

早在 20 世纪 20 年代，美国以玻璃纤维为主的建筑材料制造业蓬勃发展，但大多规模不大。直到 1932 年，一位从事建筑材料制造的年轻研究员戴尔·克雷斯特突发奇想，如果把各行各业中的建筑材料研究人员并合在一起，专门从事建筑材料的研制、制造和营销链，从规模中获取更大的效益岂不更佳？这就是今天以生产和营销玻璃纤维等建筑材料为主业的美国欧文斯库宁建筑材料集团的由来。自从 1938 年该公司在美国中部的伊利诺伊州正式成立和初见成效以来，欧文斯库宁建筑材料集团以独资和合资等形式，在全球 6 大洲 30 多个国家和地区经营建筑材料生产流水线、仓库、研究所，在全球各地所拥有的总资产超过 50 亿美元，职工 17 000 名。

1. 压力之下的成本管理

2000 年，由于面临来自全球同类产品激烈竞争和不断上升的供应链成本的巨大压力，美国欧文斯库宁建筑材料集团决定深化改革，精简公司机构，定出年内指标，大幅度降低供应链成本，把公司改造成竞争力强、效益高的跨国企业。

现代企业管理专家们指出，供应链管理的好坏和成本的高低往往牵涉到企业的生死存亡，因此供应链管理往往是当代企业改革的重点之一。建筑材料在市场销售过程中，供应链管理所产生的成本达到 55%，在有些国家的建筑材料市场销售价格中，供应链成本甚至超过 60%。由此可见，供应链成本是建筑材料市场的"瓶颈"，只要大幅度降低供应链成本，建筑材料的市场销路将更加宽广。而对于像欧文斯库宁这样如此庞大的跨国建筑材料制造营销集团来讲，加强供应链管理和降低供应链成本谈何容易？仅 2002 年，欧文斯库宁跨国集团全球销售的玻璃纤维板、输水管、涂料、防水材料等建筑用品达到总销售额 49 亿美元，其用途已经延伸到汽车和船舶制造的材料，生产流水线遍布全球 25 个国家和地区，全球各地的欧文斯库宁建筑材料配送中心达到 167 家。在全球 500 强建筑材料供应商中名列前茅的欧文斯库宁跨国集团在制定 2004 年目标时非常明确：必须从材料输送渠道，或者说从供应链的管理中要效益。

欧文斯库宁跨国集团的高层管理人员认为，以降低成本为中心任务的 2004 年供应链管理改革的具体措施不外乎是降低库存量，进一步完善零时供应质量、降低物流成本等。2004 年欧文斯库宁的供应链成本节约指标是：建筑材料销售过程中发生的交通运输费从原来的占销售总额的 7.3% 降低到 6.5%。欧文斯库宁跨国集团的产品输出大多是用汽车运输，而原材料输入大多是使用火车运输。由于不少建筑材料生产流水线分布在欧洲和亚洲等地区，因此，欧文斯库宁跨国集团还有不少建筑材料是通过远洋运输完成的。即使如此，根据集团总部的降低供应链成本的统一要求，所有的建筑材料产品和原材料的运输必须统一调度，集中配送、订购和发放。预计到 2004 年年底，欧文斯库宁跨国集团仅仅从产品和原材料的供应链中可以节约 1.65 亿美元。由于供应链管理的强化，富有竞争机制的供应链管理的关键作用已经获得企业各个层面的认可，促进集团全球经营管理成本的全面性的大幅度减少，集团一年实际节约成本可能接近4亿美元。欧文斯库宁集团属下的各家公司的总经理非常重视供应链管理，把降低物流费用看做是提高竞争力的首选战略措施。供应链的设计首先着眼于降低物流成本，尤其是降低库存成本。

2. 集成供应链战略是提高生产力的关键

欧文斯库宁跨国集团的执行官们明白，仅仅依靠制订新的物流计划、减少运输费用、处心积虑削减供应链成本，尽管搞得轰轰烈烈，结果往往收效不大。而要采用集成供应链战略，即把预测、需求规划、原材料供应、加工制造和运输全面有机地结合起来。例如，欧文斯库宁跨国集团下属公司确实长期存在自我配套的机制，无论规模大小，都有各自一套的商务、销售、供应链管理和附带设施；日常经营管理人浮于事，机构重叠，互相推诿，各自为政，数据信息各搞一套，缺乏整体观念，成本居高不下，预测机制难以到位，规划不准，客户服务质量低下，结果是企业效率无法提高。直到20世纪90年代中叶，欧文斯库宁集团下决心取消500家下属公司各自的软件系统，用单一化的集团电子信息软件平台予以替代，原来企业内部各自为政的现象迅速改变。到2000年，欧文斯库宁决定把企业内部原来的17个财务管理电子信息系统全部取消，取而代之的是集团内部统一的电子商务系统。

欧文斯库宁跨国集团非常痛心地发现，被称为企业"原罪"的企业内部货运的额外成本，即所谓内部消耗，在相当长时期内拖累公司的发展，问题的关键是企业内部的发展不平衡，有的公司经营管理机制太差，与其他先进公司无法匹配。美国迈阿密物流网络服务中心一针见血地指出，美国的供应链管理中，有的非常先进，但是还有一些物流经营人员尽管也在高喊"供应链一体化集成管理"，迄今仍然停留在设想和规划的水平上，具体操作不过是储运公司的一套，连一个像样的供应链联盟也没有，也就是说还没有摸到供应链集成管理的门槛。为此，欧文斯库宁跨国集团加大投资，提高生产力较差的公司制造能力，拥有稳定、可靠和持续的企业物流，同时改善规划，加强材料管理，优化生产周期，按时交货，紧缩成本。欧文斯库宁集团的经验是，只要供应链运转正常，就不会出现库存超标或者脱销等现象。企业的经营管理成本必然下降。另外，充分利用企业内部销售机构职工的积极性，鼓励他们经常与客户深入讨论企业的经营管理方面的业务，从而可以提高企业生产经营管理的质量。

3. 信息技术是供应链成本管理的平台

美国物流专家米希尔·波特不久前进一步指出，尽管发展不平衡，但是从功能性交叉梯队联合基础上发展起来并且经过二十多年变革的供应链管理，已经从整体上进入供应链上各个环节互相联合的成熟阶段。欧文斯库宁集团的供应链管理基本概念是："如何通过供应链的集成管理和各个环节之间的密切配合找到为公司企业提供最佳物流服务的途径。"互相依赖和相互支持已经成为欧文斯库宁集团不断提高供应链集成管理的强大推动力，而供应链集成管理是通过电子信息软件等技术力量的功能达到供应链管理所必须具备的物流活动和决策操作的高度透明。欧文斯库宁集团的电子信息网站在整合建筑材料供应链的成本控制方面发挥了巨大的作用，他们原来的正规连锁（或称直营连锁）店耗资很大，成本高，相比之下用电子信息网络连接起来的专卖店就要灵活得多，成本也低得多。建筑材料商品在采购上和配进等方面分为首批采购和日常采购，避免由于库存的产生而增加成本，同时也加强了专卖店订单的智能化管理。在配发货方面分为代销产品、配货产品和订货产品三块分而治之，做到密切吻合专卖店的要求，从约定数量、订货单管理和控制库风险各个方面保证质量。在欧文斯库宁集团建筑材料厂商直供方面采用由厂商直接供货和结算由总部统一负责的途径，在提高工作效率和速度的同时降低了成本费用，减少了资金占用，降低了供应链成本。事实证明电子信息网站的确是欧文斯库宁集团在全球建筑材料制造商的竞争中获得成功的新法宝。

欧文斯库宁集团就是把电子信息技术不断更新，赶上供应链发展的步伐，通过电子信息技术与供应方、承运人、客户达到网络数据信息共享。每天产生的数据信息不断地通过交换器输送到规划预测网路网站，让企业内部各个部门、客户和托运人分享。由于信息技术的支持，作为制造商的欧文斯库宁集团的经营管理部门可以通过网站，与客户商谈订购、发货、货运、仓储和结账等业务，承运人可以通过网站确认运价、对账。通过网络对话，欧文斯库宁集团可以随时与客户做好每一笔交易，物流服务的范围更加广阔，而向纵深发展速度最快的是欧文斯库宁集团的供应链管理，供应链的实施和超越远洋运输范畴的相关物流活动，通过电子信息技术的支持，欧文斯库宁集团把建筑材料供应链结成一张覆盖全区域乃至全球的网络。欧文斯库宁集团在引进信息技术的同时，不遗余力地减缩企业内部的供应链管理成本，这是供应链深入发展和向周边空间扩张最有意义的举措。

阅读建议

［1］［美］鲍尔索克斯．供应链物流管理［M］．李习文，译．北京：机械工业出版社，2004．

［2］马士华，林勇，陈志祥．供应链管理［M］．北京：机械工业出版社，2003．

［3］宋华．物流成本与供应链绩效管理［M］．北京：人民邮电出版社，2007．

［4］杨晓雁．供应链管理［M］．上海：复旦大学出版社，2006．

［5］陈子侠，蒋长兵，胡军．供应链管理［M］．北京：高等教育出版社，2005．

［6］解读国美集团安迅物流供应链服务平台战略［EB/OL］．［2016-12-15］．http：//www.chinawuliu.com.cn/information/201612/15/317772.shtml

安迅物流供应链服务平台战略

参 考 文 献

[1] 鲍新中. 物流成本管理与控制 [M]. 北京：电子工业出版社，2006.
[2] 宋华. 物流成本与供应链绩效管理 [M]. 北京：人民邮电出版社，2007.
[3] 易华. 物流成本管理 [M]. 北京：清华大学出版社，北京交通大学出版社，2005.
[4] 何开伦. 物流成本管理 [M]. 武汉：武汉理工大学出版社，2007.
[5] 杜学森. 物流成本管理实务 [M]. 北京：中国劳动社会保障出版社，2006.
[6] 汪晓娟. 物流成本管理 [M]. 北京：机械工业出版社，2007.
[7] 赵忠玲. 物流成本管理 [M]. 北京：经济科学出版社，2007.
[8] 李建丽. 物流成本管理 [M]. 北京：人民交通出版社，2007.
[9] 计国君. 生产物流运作及模型（国外制造和物流模拟游戏）[M]. 北京：中国物资出版社，2006.
[10] 朱伟生. 物流成本管理 [M]. 北京：机械工业出版社，2005.
[11] 傅桂林. 物流成本管理 [M]. 北京：中国物资出版社，2004.
[12] 李雪松. 现代物流仓储与配送 [M]. 北京：中国水利水电出版社，2007.
[13] 高本河，等. 仓储与配送管理基础 [M]. 深圳：海天出版社，2004.
[14] ［美］鲍尔索克斯. 供应链物流管理 [M]. 李习文，译. 北京：机械工业出版社，2004.
[15] 杨晓雁. 供应链管理 [M]. 上海：复旦大学出版社，2006.
[16] 陈子侠，蒋长兵，胡军. 供应链管理 [M]. 北京：高等教育出版社，2005.
[17] 马士华，林勇. 供应链管理（第二版）[M]. 北京：机械工业出版社，2006.
[18] 王淑云，孟祥茹，等. 物流外包与管理 [M]. 大连：东北财经大学出版社，2005.
[19] 李永生，郑文岭. 仓储与配送管理 [M]. 北京：机械工业出版社，2007.